新工科·普通高等教育汽车类系列教材

汽车共享服务与管理

主　编　彭　勇
副主编　刘　松
参　编　邢恩辉　张　玺　程　翠　田　野
　　　　刘一枝　牟向东　聂化东　陈富豪
　　　　罗　雷　陈钟瀚

机械工业出版社

本书从汽车共享服务的概念与内涵着手，系统介绍了汽车共享服务与管理所涉及的需求预测、服务流程设计、设施选址、供求管理、服务接触与顾客满意管理、营销管理、质量管理、人力资源管理、信息管理、共享服务创新等知识。书中引入了较多的案例，将理论和实践紧密结合，以进一步加深学生对知识的理解。

本书可作为高等院校交通运输类专业和汽车类专业本科生的教材或教学参考书，也可供从事相关工作的人员参考。

本书配有 PPT 课件，免费赠送给采用本书作为教材的教师，可登录 www.cmpedu.com 注册下载。

图书在版编目（CIP）数据

汽车共享服务与管理/彭勇主编. —北京：机械工业出版社，2022.1（2025.1重印）

新工科·普通高等教育汽车类系列教材

ISBN 978-7-111-40949-6

Ⅰ.①汽⋯ Ⅱ.①彭⋯ Ⅲ.①汽车-商业模式-高等学校-教材 Ⅳ.①F570.71

中国版本图书馆 CIP 数据核字（2022）第 017414 号

机械工业出版社（北京市百万庄大街 22 号　邮政编码 100037）
策划编辑：宋学敏　　　　　责任编辑：宋学敏　於　薇
责任校对：郑　婕　王明欣　封面设计：张　静
责任印制：常天培
固安县铭成印刷有限公司印刷
2025 年 1 月第 1 版第 3 次印刷
184mm×260mm·20.5 印张·504 千字
标准书号：ISBN 978-7-111-40949-6
定价：59.80 元

电话服务　　　　　　　　　　网络服务
客服电话：010-88361066　　　机　工　官　网：www.cmpbook.com
　　　　　010-88379833　　　机　工　官　博：weibo.com/cmp1952
　　　　　010-68326294　　　金　书　网：www.golden-book.com
封底无防伪标均为盗版　　　　机工教育服务网：www.cmpedu.com

前　言

所谓共享，就是一件物品或信息的使用权、知情权为多人共同拥有，有时也包括产权共同拥有，其本质就是人人都分享自己过剩的资源，弱化资源的所有权，强调资源的使用权。共享概念早已有之。在传统社会中，朋友之间借东西或共享信息都属于共享。汽车共享是有需要的乘客对汽车使用权的分享。按此理解，汽车共享服务早已有之，如传统的汽车租赁服务。只是随着移动通信技术的成熟和电子支付手段的普及，涌现出各种各样借助互联网平台、基于汽车使用权让渡、向顾客提供出行服务的新模式，如分时租赁、P2P租赁、网约车等。这些出行服务模式可以看作是通过组织创新、人车重新搭配来实现资源共享、物尽其用的新型服务模式。新兴的汽车共享服务模式的实践急需具备汽车共享服务与管理能力的专业人才。

本书充分吸收国内外近年来汽车共享服务与管理的研究与实践成果，结合编者对汽车共享服务与管理知识的理解，经集体讨论后分工编写而成。在编写过程中，既注重全书内容的逻辑性和系统性，又尽可能通过案例结合实际，注重应用性。全书从汽车共享服务的概念与内涵着手，重点介绍汽车共享服务与管理中的需求预测、服务流程设计、供求与质量管理等内容。本书每章的导读环节均引入案例，力求提高读者的学习兴趣；在每章正文后，均附知识应用与拓展环节，提供应用案例或拓展知识，深化读者对知识的掌握、拓展视野，并通过思考与练习巩固所学知识。本书可作为高等院校交通运输类专业本科生的教材或教学参考书，也可供从事相关工作的人员参考。

本书由重庆交通大学彭勇担任主编，刘松担任副主编。重庆交通大学张玺，重庆邮电大学罗雷，烟台大学牟向东、邢恩辉，重庆公共运输职业学院程翠，合肥铁路工程学校聂化东，南京金肯职业技术学院刘一枝，中国汽车工程研究院股份有限公司田野，重庆港九股份有限公司陈富豪，重庆市交通规划勘察设计院有限公司陈钟瀚参加编写。全书共分11章，其中第1章、第3章、第11章由彭勇、刘松编写，第2章由邢恩辉编写，第4章由张玺编写，第5章由程翠编写，第6章由田野、刘一枝编写，第7章由牟向东编写，第8章由程翠、聂化东编写，第9章由刘松、陈富豪编写，第10章由罗雷、陈钟瀚编写。在本书编写过程中，重庆交通大学黎元钧、向中华、邹佩琳、柳冬、赵子翔、王爱同学做了大量的资料收集及文字整理工作，在此表示衷心的感谢。

本书的编写参阅了大量国内外相关资料，在此特向这些资料的作者表示深深的感谢。

本书的编写与出版得到了教育部人文社会科学研究规划基金项目（17YJA630079）、重庆市社会科学规划项目（2019YBGL049）、重庆市研究生教育教学改革研究项目（yjg183084）的支持，在此一并表示感谢。

由于编者水平有限，书中难免存在不妥之处，恳请读者批评指正。

编　者

目 录

前言
第一章　绪论 ... 1
　　导读 ... 1
　　第一节　共享经济 ... 1
　　　一、共享经济的概念及特征 ... 1
　　　二、共享经济的发展 ... 2
　　第二节　汽车共享服务的概念和特点 ... 4
　　　一、汽车共享服务的概念、类型及流程 ... 4
　　　二、汽车共享服务的特点 ... 10
　　第三节　汽车共享服务发展历史与现状 ... 13
　　　一、国外汽车共享服务发展历史与现状 ... 13
　　　二、我国汽车共享服务发展历史与现状 ... 15
　　第四节　汽车共享服务存在的问题及解决措施 ... 16
　　　一、提供驾驶劳务的汽车共享服务 ... 16
　　　二、不提供驾驶劳务的汽车共享服务 ... 18
　　第五节　汽车共享服务的发展趋势 ... 21
　　【知识应用与拓展】 ... 24
　　思考与练习 ... 28

第二章　汽车共享服务需求预测 ... 29
　　导读 ... 29
　　第一节　汽车共享服务需求预测概述 ... 29
　　　一、需求预测的含义与作用 ... 29
　　　二、需求预测的基本原理与原则 ... 31
　　　三、需求预测的类型与内容 ... 34
　　　四、需求预测的基本程序 ... 36
　　第二节　汽车共享服务需求预测影响因素 ... 39
　　　一、预测精度及其度量指标 ... 39
　　　二、提高预测精度的途径 ... 40
　　　三、需求预测与市场调查的关系 ... 41
　　第三节　需求预测方法 ... 42
　　　一、专家集体预测法 ... 42
　　　二、市场景气预测法 ... 45
　　　三、因素分析预测法 ... 47
　　　四、直接推算预测法 ... 48
　　　五、时间序列预测法 ... 50
　　　六、回归分析预测法 ... 52
　　【知识应用与拓展】 ... 53
　　思考与练习 ... 55

第三章　汽车共享服务流程设计 ... 56
　　导读 ... 56
　　第一节　服务流程 ... 56
　　　一、服务流程的含义 ... 56
　　　二、服务流程的类型 ... 56
　　　三、服务流程图 ... 56
　　第二节　服务利润链 ... 57
　　　一、服务利润链理论 ... 57
　　　二、服务利润链核心等式 ... 61
　　　三、方法应用 ... 63
　　第三节　服务蓝图 ... 71
　　　一、服务蓝图概述 ... 71
　　　二、服务蓝图设计 ... 73
　　　三、方法应用 ... 75
　　第四节　过程链网络 ... 81
　　　一、过程链网络（PCN）的基本概念和PCN图绘制方法 ... 81
　　　二、基于PCN的服务流程优化原则 ... 81
　　　三、网约车PCN图绘制 ... 82
　　【知识应用与拓展】 ... 84
　　思考与练习 ... 85

第四章　汽车共享服务设施选址 ... 86
　　导读 ... 86
　　第一节　汽车共享服务设施选址的基本思想 ... 86
　　　一、汽车共享服务设施选址概念 ... 86
　　　二、汽车共享服务设施选址原则 ... 92
　　　三、汽车共享服务设施选址影响因素 ... 93
　　　四、汽车共享服务设施选址过程及内容 ... 95

目录

第二节　汽车共享服务设施选址分析
　　　　方法 ·················· 100
　　一、AHP-模糊综合评价法 ········ 100
　　二、空间聚类分析法 ············ 104
　　三、启发式算法 ·············· 105
　　四、重心法 ················ 108
　　五、方法选择 ··············· 109
　【知识应用与拓展】 ············· 110
　　思考与练习 ················ 116

第五章　汽车共享服务供求管理 ······ 117
　导读 ·················· 117
　第一节　汽车共享服务供求及其矛盾
　　一、汽车共享服务需求特征 ········ 117
　　二、汽车共享服务供给特征 ········ 119
　　三、汽车共享服务供求矛盾 ········ 121
　第二节　平衡服务的供求关系策略 ····· 122
　　一、供求平衡理论 ············· 122
　　二、汽车共享服务供求平衡 ········ 124
　　三、汽车共享服务供求管理策略 ····· 125
　第三节　顾客排队等待管理策略 ······ 128
　　一、排队论理论基础 ············ 128
　　二、汽车共享服务排队系统 ········ 131
　　三、汽车共享服务排队等待与管理 ···· 133
　【知识应用与拓展】 ············· 135
　　思考与练习 ················ 136

第六章　汽车共享服务接触与顾客满意
　　　　　管理 ················· 137
　导读 ·················· 137
　第一节　服务接触管理 ············ 138
　　一、服务接触概述 ············· 138
　　二、服务接触的三元组合 ········· 140
　　三、服务接触交互概述 ·········· 141
　　四、服务交互管理 ············· 145
　第二节　顾客满意度管理 ··········· 147
　　一、顾客满意度的含义 ·········· 148
　　二、顾客满意度衡量 ············ 151
　第三节　服务承诺与补救 ··········· 160
　　一、服务承诺 ··············· 160
　　二、服务补救 ··············· 163
　【知识应用与拓展】 ············· 169
　　思考与练习 ················ 175

第七章　汽车共享服务营销管理 ······ 176
　导读 ·················· 176
　第一节　汽车共享市场营销概述 ······ 178
　　一、汽车共享市场营销概况 ········ 178
　　二、汽车共享市场营销环境 ········ 180
　　三、汽车共享市场营销竞争 ········ 182
　　四、汽车共享市场营销供应商 ······ 185
　第二节　汽车共享市场细分与目标市场 ·· 189
　　一、汽车共享市场细分 ·········· 189
　　二、汽车共享目标市场定位 ········ 193
　第三节　汽车共享市场营销策略与机会 ·· 196
　　一、汽车共享市场营销策略 ········ 196
　　二、汽车共享市场机会 ·········· 205
　【知识应用与拓展】 ············· 207
　　思考与练习 ················ 209

第八章　汽车共享服务质量管理 ······ 210
　导读 ·················· 210
　第一节　服务质量管理概述 ········· 210
　　一、质量与服务质量概述 ········· 210
　　二、汽车共享服务质量概述 ········ 215
　第二节　服务质量评价 ············ 217
　　一、服务质量评价基本理论 ········ 217
　　二、汽车共享服务质量评价指标体系 ·· 220
　第三节　服务质量改进 ············ 223
　　一、服务质量改进的原则 ········· 224
　　二、汽车共享服务质量改进工具 ····· 224
　【知识应用与拓展】 ············· 230
　　思考与练习 ················ 233

第九章　汽车共享服务人力资源管理 ··· 234
　导读 ·················· 234
　第一节　人力资源与人力资源管理 ····· 234
　　一、人力资源的基本概念 ········· 234
　　二、人力资源与相关概念 ········· 237
　　三、人力资源管理的基本概念 ······ 239
　　四、人力资源管理的基本职能 ······ 240
　第二节　人力资源规划 ············ 243
　　一、人力资源规划与供需平衡 ······ 243
　　二、人力资源需求预测 ·········· 246
　　三、人力资源供给预测 ·········· 248
　第三节　人员招聘 ··············· 250
　　一、人员招聘概述 ············· 250
　　二、招聘的渠道与程序 ·········· 253
　第四节　绩效管理与激励 ··········· 259
　　一、绩效管理概述 ············· 259

V

二、绩效管理的流程 ………………………… 263
三、激励方法 ……………………………… 265
【知识应用与拓展】 ………………………… 269
思考与练习 ………………………………… 271

第十章　汽车共享服务信息管理 ……… 272
导读 ………………………………………… 272
第一节　信息管理概述 …………………… 272
一、信息的概念 …………………………… 272
二、信息管理 ……………………………… 274
第二节　信息技术 ………………………… 277
一、信息技术概述 ………………………… 277
二、相关信息技术 ………………………… 279
第三节　共享汽车管理信息系统 ………… 285
一、共享汽车管理信息系统需求分析 …… 285
二、共享汽车管理信息系统功能模块 …… 286
三、共享汽车管理信息系统的实现 ……… 290
第四节　信息化管理的发展趋势 ………… 291

【知识应用与拓展】 ………………………… 292
思考与练习 ………………………………… 293

第十一章　汽车共享服务创新 ………… 294
导读 ………………………………………… 294
第一节　创新与服务创新概述 …………… 294
一、创新 …………………………………… 294
二、服务创新 ……………………………… 295
三、汽车共享服务创新 …………………… 300
第二节　创新思路与动力 ………………… 302
一、创新思路 ……………………………… 302
二、创新的驱动力与影响因素 …………… 303
第三节　创新的方法 ……………………… 305
第四节　创新的模式 ……………………… 310
【知识应用与拓展】 ………………………… 313
思考与练习 ………………………………… 317

参考文献 …………………………………… 318

第一章

绪　论

导读

随着移动互联网的发展、移动通信技术的成熟和电子支付手段的普及，共享经济成为引领经济增长的重要力量。它秉承着"凡有剩余，皆可共享"的理念，衍生出共享充电宝、共享篮球、共享书店等一系列共享产品。而随着社会经济的不断发展，人们的生活水平不断提高，交通行业也随之飞速发展，然而交通行业快速发展的同时也带来了许多不能忽视的问题，如交通拥堵、交通事故及环境污染等。共享汽车以低排放、高效率、经济等优势，逐渐被用户熟悉并认可。

新时代的汽车共享使用体验堪比私家车，经济实用又便捷。根据实际需要，汽车共享还存在多种模式，如网约车、分时租赁等服务，满足日常短时高频的用车需求，十分便利。

从某种层面上讲，汽车共享属于使用公共交通出行的延伸。共享汽车的投放使用，可以减少停车位的投放，满足人们的出行需求，很适用于我国的国情。共享汽车在乘坐席位、舒适度以及成本消耗等方面更精进，将会大大提高乘客出行的效率；另外，随着车辆信息、手机预约、实时查看等功能的不断完善，乘客会更放心地使用，更能促进共享汽车的发展。

第一节　共享经济

一、共享经济的概念及特征

（一）共享经济的概念

共享的基本含义为分享，是指将一件物品或信息的使用权、知情权与他人共同拥有，有时也包括产权共同拥有。

共享经济本质上就是人人都分享自己过剩的资源，弱化资源的所有权，强调资源的使用权，它是资源所有权的暂时转移。共享经济是以获得一定报酬为主要目的，基于陌生人且存在物品使用权暂时转移的一种新的经济模式。其本质是整合线下的闲散物品、劳动力、教育医疗资源等。有时也说共享经济是人们公平享有的社会资源，各自以不同的方式付出和受益，共同获得经济红利。此种共享更多的是以互联网作为媒介来实现的。

共享经济模式是使用权大于所有权的社会新需求背景下的一种新商业模式。例如，汽车有租赁市场和销售市场，买房子是购买房子的使用权和所有权，而租房子只是购买房子的使用权，两者都能解决住宿问题，但两者所花费的费用相差较大。

因此，使用权大于所有权是今后的发展趋势，由此会产生很多共享经济的商机。此模式在于不需要所有，只需要使用方式来产生价值。所以谁租给谁不重要，重要的是在没有所有权的前提下使用了产品或服务。也就是说过程无所谓，关键在于谁购买了使用权。

（二）共享经济的特征

（1）**以网络作为信息平台** 通过公共网络平台，人们可以在个人终端上访问企业数据。员工不仅能访问企业内部数据，还可将电脑、电话、网络平台全部连通，让办公更便捷。

（2）**以闲置资源使用权的暂时性转移为本质** 共享经济可以将个体所拥有的闲置资源进行社会化利用，即共享经济倡导"租"而不是"买"。物品或服务的需求者通过共享平台暂时性地从供给者那里获得使用权，以相对于购置而言较低的成本完成使用目标后再移转给其所有者。

（3）**以物品的重复交易和高效利用为表现形式** 共享经济的核心是通过频繁地易手闲置资源，重复性地转让给其他人，以"网络串联"形成的分享模式把被浪费的资源利用起来，提升现有物品的使用效率，高效地利用资源，实现个体的福利提升和社会整体的可持续发展。

（4）**供应者和消费者的角色转换** 在共享经济模式下，商品或服务的供应者和消费者之间的界限模糊，买卖双方都让位于产消者，产权让位于资源共享，所有权让位于使用权，市场让位于网络；在共享经济模式下，产品的边际成本逐渐下降，最终趋向于零。

二、共享经济的发展

共享概念早已有之。传统社会，朋友之间借书或共享一条信息、邻里之间互借东西，都属于共享。随着互联网 web 2.0 时代的到来，各种网络虚拟社区、BBS、论坛开始出现，用户在网络空间上开始向陌生人表达观点、分享信息。

伴随着共享经济的发展，各行各业都趋之若鹜，如共享充电宝、共享雨伞、共享篮球、共享睡眠舱等，随处可见共享概念，而真正崛起于共享经济概念的商业模式当属 Uber 和 Airbnb。

数据显示，2017 年我国共享经济行业规模达到 53494.8 亿元，比 2016 年增长 41.6%。随着行业监管政策的落地，行业洗牌的结束，市场规模将稳定扩大，2018 年，我国共享经济行业规模已达到 69596.7 亿元，与 2017 年相较增长 30.1%（见图 1-1 和图 1-2）。

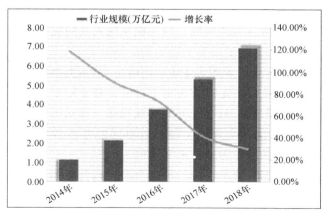

图 1-1 2014—2018 年我国共享经济行业规模

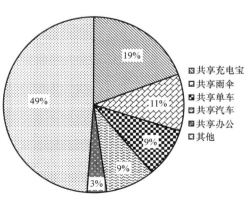

图 1-2 2017 年我国共享经济企业行业分布占比情况

随着物联网和移动支付的快速发展,共享经济将迎来井喷,借助大数据挖掘分析、云计算等互联网技术,资源调度、实时监控等精细化管理能力将进一步提升。新能源动力、无人驾驶技术的发展将革新出行领域产业结构,创新发展模式。随着移动互联网技术的快速发展,共享经济模式正在改变出行、酒店、旅行等领域。

(1) 旅游　在旅游共享经济场景中,旅游地居民将个人闲置的空间、时间、资产、技能等通过网络平台转化为接待能力,满足游客的多样化的消费需求。例如,部分游客想寻找当地人生活背后的真实故事,不再满足于星级饭店、快捷酒店、古镇客栈等千篇一律的房间、设备和服务,共享经济住宿短租平台可以让游客入住当地居民的家中,深度体验当地文化,发现未知故事。

(2) 金融　P2P(个人对个人,peer-to-peer)金融利用闲散资金投资获利。随着大数据、云计算、人工智能、区块链等现代信息技术的不断发展与广泛应用,原本的B2B(企业对企业)市场组织体系正受到平台化C2C(消费者对消费者)、P2P(个人对个人)模式的冲击。传统商业模式下普遍存在的信息不对称问题逐步缓解,信息更加透明,最初由公司承担的信用机制和评价模式呈现出被平台化替代的趋势。在此背景下,个人供给逐渐回归市场,消费者由"以买为主"向"以租为主"过渡,共享经济模式开始走进社会生产、生活的各个领域。

(3) 物流　共享物流的本质是共享物流资源,围绕着共享配送资源、共享仓储资源、共享物流信息资源、共享物流技术与装备资源及跨界共享等方面,共享物流将重构物流作业的现实场景,其发展无疑将成为物流业转型升级的新动能。共享物流与传统物流不同,共享物流更加系统化,物流体系互连互通,深入到物流运输的各个细节,大到车辆运输,小到托盘租赁,大幅度降低了物流成本。共享物流的核心价值在于,它能通过互联网的大数据收集将社会的闲置资源进行整合利用,解决传统物流行业效率低、成本高的现状。例如,对于异地运输、空车往返的现象,通过社会闲置交通资源的整合,减少资源浪费。再如根据企业淡旺季来租赁或出租叉车、托盘等物流工具,达到企业降本增效的目的,也打造了更为良好的物流运输环境。换句话就是,利用互联网技术,首先将社会闲置资源收集起来,然后按需分配。

(4) 教育　共享教育主要是利用在线教育。我国在线教育发展了二十余年,包括三个重要的里程碑:2000年左右新东方、沪江网校等老牌的传统线下培训机构开始拥抱互联网,将线下复制到了线上;2013年—2014年,国家教育部及相关部门先后出台了一系列教育改革政策,在线教育发展也因此呈现井喷态势,百度、阿里巴巴、腾讯等开始在这一行业试水,VIPKID、作业帮等一一出现;2017年至今,在共享经济的影响下,AI(人工智能)、VR(虚拟现实)、AR(增强现实)等技术的创新运用开始更为深刻地影响在线教育,推动行业进入2.0阶段,即共享教育新时代。相对传统教育,在线教育有其自身的巨大优势,比如通过充实题库内容,拥有教学大纲体系下完整的知识框架与标准的编辑模板,可结构化地呈现内容,提供丰富多样的内容展现形式,包括文本、图片、声音、视频等。但许多在线教育APP的模式瓶颈在于,仅仅是将线下课程开到线上,只有网校、在线题库、在线视频课等。

(5) 交通　交通行业对共享经济应用得较为广泛:空闲车主接单有Uber等;空闲车辆出租有PP租车、凹凸租车等;顺路拼车有嘀嗒拼车、51用车等;车位闲置出租有停简单、停易停等。

第二节 汽车共享服务的概念和特点

一、汽车共享服务的概念、类型及流程

(一) 汽车共享服务的概念

汽车共享服务作为共享经济在交通行业的应用，逐渐被人们熟悉并使用，从而迅速发展。但汽车共享服务到底是什么？有学者认为，汽车共享服务是指有所需的乘客对汽车只有使用权，而不具备拥有权，一般是某个企业负责管理汽车，并且需要负责共享汽车的保险和停放问题。这种共享的方式既可以让消费者省掉一笔大额固定支出，又可以提高汽车的使用率。也有学者认为共享汽车服务模式呈现多样化，主要分为传统租车模式、P2P租赁模式、汽车共享出行模式、分时租赁模式。还有学者将汽车共享服务简单等同于分时租赁。目前，针对汽车共享服务尚无统一的定义。深入分析这些概念内涵，我们将汽车共享服务定义为：一种新兴的，借助互联网平台，基于汽车使用权让渡，向顾客提供的一种出行服务，也可以理解为一种新兴的汽车租赁服务。从狭义上理解，汽车共享服务是指不随车提供驾驶劳务的汽车租赁服务，如分时租赁、P2P租赁等；从广义上理解，汽车共享服务包括随车提供驾驶劳务的汽车租赁服务，如网约车等。

汽车共享服务可以看作通过组织创新、人车重新搭配、资源共享而实现的物尽其用的新型服务，它可以使消费者在不想购买、不必要购买或无力购买私家车的情况下，通过汽车共享满足交通需求。国际研究汽车共享服务的机构认为，尽管汽车的类型、大小、耗油不尽相同，但是总体上来说，汽车的固定成本占到60%左右，而使用成本却只占到30%~40%。从成本收益角度分析，通过汽车共享可以大大减少汽车的固定费用。

汽车共享是相对私家车而言的。有报告显示，38%的私家车用来日常代步，如买菜、去医院、接送小孩，上下班通勤，还有旅游出行、商务出行，另外还有9%是为彰显身份。实际上，汽车共享是满足绝大多数私家车应用场景的创新模式。

(二) 汽车共享服务的类型

1. 提供驾驶劳务的汽车共享服务

提供驾驶劳务的汽车共享服务是指乘客使用共享汽车时，租车平台配备驾驶员，其典型代表为网络约车。网络约车是指乘客通过智能手机应用软件向移动出行平台发送出行请求，平台通过匹配供需信息，向乘客提供路径最优的非巡游出租汽车服务，包括快车、专车及顺风车等多种服务类型。网络约车打破了路边拦车的传统出行方式，通过互联网平台将司乘需求进行有机融合，一方面优化了乘客出行体验，缓解了传统出行打车难的问题；另一方面降低了车辆空驶率，实现了汽车资源利用最大化。

(1) 网约快车

代表平台：Uber、易到、神州、美团打车等。

定位：定位于大众市场，经济实惠，为大众提供高效、经济、舒适的出行服务，用户群最大，使用率较高。

车型：车辆多为10万元左右的A级车（紧凑型车）。

驾驶员：主要以私家车主加盟为主。

价格定位：单价低，无起步价，多为短程，单均10～20元，是日常出行的实惠之选。

（2）网约专车

代表平台：礼橙专车、神州专车、首汽约车、曹操专车等。

定位：服务于中高端客群，提供高品质服务，主打中高端商务用车服务市场，多为企业管理人员用车，车程一般较长。

车型：车辆多为B级车（中型车），以自有车辆或大型租赁公司正规租赁车辆为主，如神州和首汽均为自有租赁或合作租赁公司车辆，曹操为自有吉利新能源车辆。

驾驶员：神州、首汽等以自有全职驾驶员为主，或与专业驾驶员服务公司合作。

价格定位：订单单价较高，多有起步费，曹操专车等单均30～40元，神州、首汽单均50～80元。

（3）网约顺风车

代表平台：嘀嗒拼车、高德顺风车等。

定位：真正意义上的共享出行，顺路的车主和乘客实现共享车辆出行，从而有效提高车辆利用率，减少能源消耗和空气污染，缓解城市交通高峰期出行压力。根据距离远近可细分为上下班顺风车、市内顺风车、跨城顺风车等。

车型：私家车为主，车型不限。

驾驶员：私家车主实名认证、车辆认证、人车相符即可。

价格定位：一般为快车订单费用50%。

（4）约租车

代表平台：首汽、斑马快跑等，区别于传统单一的巡游出租车，可称约租车。

定位：巡游出租车和共享出行的融合，通过"互联网+交通"思维，运用大数据匹配人们的出行需求，改变了人们以往站在路边招车的传统打车方式，使人们的出行更加便捷、高效，同时也有助于出租车驾驶员提高收入。

车型：车辆均为出租车公司所有，主要是网约车平台与传统出租车合作，或收购传统出租车企业。

驾驶员：出租车公司全职驾驶员，年轻人较多，加入网约车平台以网约方式接单。

价格定位：有起步价，单价较高，接入网约车平台后多实行浮动的定价，但总体价格高于快车。

2. 不提供驾驶劳务的汽车共享服务

不提供驾驶劳务的汽车共享服务是指乘客使用共享汽车时，租车平台不配备驾驶员，消费者完成租车、驾驶、还车整个过程，主要的代表模式是分时租赁。

分时租赁是一种以小时计费并能随取随用的租车服务，消费者拥有租赁期间汽车的使用权。分时租赁可以实现汽车使用权全天候共享，极大地提高了车辆的利用率。这种模式在时间和地点上更为灵活，而且普遍借助智能手机应用预订车辆，通过带有电子感应功能的会员卡自助租车，比传统租车便捷得多，也更可能替代私家车。

（1）**按车辆来源划分** 按照车辆的来源，汽车共享服务可以分为四类。

第一类是独立汽车共享服务。这类服务的性质很像一般的租车公司，完全是根据市场的需求选择合适的车型，然后向汽车厂商购买。因为汽车共享一般是短途用车，车型的需求跟传统租车按天甚至按周、按月租车不太相同。国外最出名的汽车共享公司Zipcar就属于这种类型。Zipcar 是美国的一家分时租赁互联网汽车共享平台，该平台由罗宾·蔡斯（Robin Chase）与安特耶·丹尼尔斯（Antje Danielson）于 2000 年共同创办。我国的 EVCARD 和盼达等属于独立汽车共享服务。EVCARD 是一个电动汽车分时租赁平台，由上汽集团和上海国际汽车城集团共同出资成立，为企业和政府机构提供新能源汽车分时租赁解决方案和充电技术服务，以及其他新能源相关业务；盼达用车是由力帆控股战略投资的新能源汽车智能出行平台，提供分时租赁、专车租赁、企事业机构团体长租等形式的"移动互联网+车联网+能源互联网+用车服务"的公司。除了单纯作为租车公司存在的汽车共享服务商以外，还有其他机构也提供租车服务。

1）城市政府机构提供。该服务既解决了公务员的公车需求，又给城市的低收入人群提供一种福利，如美国旧金山湾区的 City Car Share（城市汽车共享）。

2）大学提供。在一些非常大的校园，汽车共享服务既解决大学公务用车需求，如短途出差或不同校区往来，又提供了一种可行的公共交通方式，避免了学生买车带来的空气污染、停车位高成本和堵车的问题，也减轻了学生的经济负担。例如，加州大学尔湾（Irvine）分校就提供了这样的服务。

3）轨道交通运营方提供。对于一些城际火车、通勤火车的运营商来说，因为下设车站没有地铁那么密集，而且经过的很多地区是低密度郊区，离乘客家有一定距离，而公共交通和出租车可能又不方便，所以如果能同时在车站提供短时租赁服务，就能给乘客带来便利，又能获得额外收入。德国 DBAHN 公司旗下的租车服务 Flinkster 就属于此类型。

第二类是传统租车公司提供的汽车共享服务。在很多西方国家，除机场店以外，传统租车公司的大部分服务网点并不是 7×24h 运营的，工作日营业也只是朝九晚五，周六只有上午营业，而周日根本就是歇业的；然而大部分租车的需求又集中在周末，取还车很不方便，这使租车公司常常需要推出一些从周五到周一连租三天的优惠项目，以吸引顾客。汽车共享的概念开始流行以后，很多大型传统租车公司也开始在自己的租车网点的停车场中同时提供按小时收费的自助式租车服务，比如 Enterprise 推出了 WeCar⊖，Hertz 推出了 Hertz On Demand⊜，U-Haul（美国最有名的搬家公司之一）也提供了 U-HaulCarShare，以满足短途搬家需求。我国传统的租车企业对汽车共享的探索始于一嗨租车⊜，2009 年，一嗨租车推出全自助式租车服务"一嗨快车"，通过这项服务，用户可以根据自己的需要选择取还车地点，整个租车过程只需通过网络或手机完成，无须与门店服务人员接触。与一嗨租车在个人汽车共享上的积极探索不同，神州租车则侧重于企业用户。神州租车是我国领先的汽车租赁服务提供商，也是我国最大的全国性大型连锁汽车租赁企业之一。

第三类是汽车厂商提供的租车服务。这一类汽车共享服务是由汽车厂商成立的子公司提供，最典型的例子如奔驰的 car2go⊛ 和宝马的 DriveNow⊝。汽车厂商自己提供租车服务的好

⊖ WeCar 是 Enterprise 集团基于 2008 年推出的汽车共享计划而建立的一个子公司，倡导了一种方便、环保、节约的出行方式。

⊜ Hertz On Demand 是一种自助小时租车计划，向会员提供各种车辆的全天候使用权限，以满足其随时随地的需要，而不必拥有车辆。

⊜ 一嗨租车创立于 2006 年 1 月，是我国首家实现全程电子商务化管理的汽车租赁企业。

⊛ car2go 是国际知名豪车制造商戴姆勒旗下的汽车共享项目，主要采用奔驰 Smart 车型组成单程、自由流动式汽车即时共享体系，租车人无须在指定地点租车和还车，租车用车更为便捷、灵活。

⊝ DriveNow 是宝马公司推出的交通出行概念，通过向用户提供便捷灵活和可持续发展的出行服务，并与城市管理和服务层面合作，改变私人购买并拥有汽车的消费习惯，用以减轻交通压力，解决排放问题。

处是可以通过在城市中大量停放自己的车辆，让很多人可以很容易地深度体验自己的车型，从而达到对旗下车型进行宣传的效果。同时因为全部是自己生产的车辆，保养和维护也更加方便。

第四类是以普通民众的私人车辆提供短时租赁的汽车共享平台，即 P2P 租赁平台。这种模式更符合汽车共享的原意。如果普通民众家里有暂时不使用的车，可以通过这种租车平台把车租出去。对于车主来说，可以获得收益；而对于消费者来说，租车的地点、车型、价格区间都更为广泛，在国外这类平台有 JustShareIt 和 Turo 等。JustShareIt 简称 JSI，创立于美国硅谷，是一家基于云技术的移动友好型 P2P 汽车共享平台，用户可直接在平台上租用或共享私人车主的汽车。Turo 前身为 RelayRides，该公司于 2015 年完成了 4700 万美元的 C 轮融资，并更名为 Turo，其业务模式能够帮助人们有效利用闲置车辆，为车主和有租车需求的人构建了一个服务平台，将闲置车辆车主和租车用户需求对接，一方面让车主通过闲置车辆获益，另一方面也方便租车用户。我国 P2P 平台代表有宝驾租车、凹凸租车、友友租车等。宝驾租车 APP 在驾客（租客）和私家车拥有者（车主）之间搭建了一个在线的通过地理位置就近找车、分享车辆的平台，通过移动互联技术即时连接有租车出行需求的人以及在附近分享座驾的车主。通过宝驾租车 APP，驾客可以随时随地搜索到附近可供租用的私家车，通过手机即可完成车辆预订提交和预订沟通，并可以安全地完成预订支付。凹凸租车和友友租车的使用流程与宝驾租车类似。

（2）**按取还车模式划分** 按照取车和还车的限制，汽车共享服务可以分成两大类。

第一类是每一辆车有固定的停车点，从一个地方取了车，用完以后还必须像传统租车一样，归还到原来的地点。这种模式一般也叫 Stationed Carsharing（固定站点汽车共享）或者 Round-trip Carsharing（往返汽车共享）。固定的停车点又有以下几种：

1）租车公司停车场。传统租车公司提供汽车共享服务一般利用自己的停车场。Enterprise、Hertz 和 U-Haul 的小时租车都是如此。

2）轨道交通车站附近的停车场。德国铁路的 Flinkster 即采用此种形式。

3）由租车公司向城市政府、商业停车场、公寓公司购买的街边车位或地下停车场、立体停车场的停车位。Zipcar 以及奔驰的豪华车共享服务 car2go Black 都是这种形式。

4）私人停车位。私人车辆停在私人停车位上，有时也可能停在街边的公共停车位。但也有汽车共享公司自己的车辆使用私人停车位提供服务的。采用这种模式的最有代表性的租车公司就是德国的 CiteeCar。CiteeCar 是一家主打汽车共享模式的租车网站，其将拥有的车辆以一年为期限出租给"车主"，其他租客可以通过提供停车位的方式换取车辆一定时间的免费使用权，CiteeCar 用户就有可能享受到"每小时 1 欧元"的超低租车费。使用这家公司的服务可以将自己的车位贡献给公司用于提供汽车共享服务，然后作为回报无须缴纳年费或月费，同时每个月可以在一定的里程或时间内免费用车。

第二类是没有固定停车点，用车完毕以后，还车时可以在城市一定区域内的任意公共停车位停放。这种停车方式也叫 Free-Floating Carsharing（自由流动式汽车共享），或 One-way Carsharing（单程汽车共享）：用户可以在 A 点取车，然后还到 B 点，这样用车就灵活了很多。如乘客可以乘坐公共交通去超市，买完东西以后可以在附近租车，然后开到家附近把车还了回家。但如果乘客要去的地方不在服务范围内，也可以像普通汽车共享一样，办完事以后再开回服务区内。一般采用这种模式运营的汽车共享服务在收费方式上和固定车位会有所不同，会按分钟计价，时长计算更为灵活，但平均价格更贵些。如果下车办事，但又因为在服务区外，或者离开时间较短，留着车更方便的话，也可以选择锁车的同时不归还车辆，这样，每分钟的价格会更低些。

实现这种运营模式的汽车共享公司需要跟整个城市签订协议，旗下车辆可以在限时停车的公共街边停车位或停车场不受时间限制地停放；在没有停车电子计时器（咪表）的地方，用户也不必自己付费，而由公司按照在该城市的车辆总数量一起支付总费用。

car2go 和 DriveNow 都是这种模式。car2go 的优势是全部采用 Smart fortwo（梅赛德斯-奔驰生产的两座微型车）车型，这款小车会比普通车节省停车面积，可以减少向政府支付的停车位费用；DriveNow 的优势则是，旗下全部车型的 iDrive 多媒体系统在车辆进入可还车服务区域后会自动进行语音提示。iDrive 系统是宝马公司特有的智能驾驶控制系统"intelligent-Drivesystem"的缩写，是一种全新、简单、安全和方便的未来驾驶概念，属于自动化、信息化驾驶系统的范畴，某些高级轿车和概念车上配备了这项最新的科技。

（3）按公司车队的构成划分　按公司车队的构成，汽车共享服务可以分为三类。

第一类：混合车型。包括小型车、紧凑型车、中型豪华轿车等多种车型，需求量最高的一般是小型车和紧凑型车，用户有搬家等需求时也会选择面包车或皮卡。Zipcar 就是这种模式，图 1-3 是 Zipcar 在美国洛杉矶投放的车型。

图 1-3　Zipcar 在洛杉矶投放的车型

第二类：某一品牌的车型。因为目的是对自己的品牌进行宣传，同时降低维护难度，所以宝马 DriveNow 的所有车型都是宝马公司或 Mini 公司生产的，投放的也主要是一些适合用于共享的车型（见图 1-4）。

图 1-4　宝马共享汽车车型

第三类：单一或有限车型。实际上，大部分使用共享汽车的用户可能不太在意租到的是什么车型，只要价格低廉，车辆分布密集广泛，行驶品质也不差就行，因此也有很多公司选择的是一款或有限的几款最适合的车型，从而既能够统一定价，也能够最大限度地降低维护难度。

至于选择的车型，奔驰的 car2go 自然是 Smart fortwo，有些地区也提供电动版的 Smart ED（一种适合全天候使用的电动车型）。站点固定的 car2go Black（梅赛德斯推出的汽车共享业务）则选择奔驰 B 级车。

（4）按租赁时间划分　共享汽车可按租赁时长划分为两类。

第一类：租赁时间≥1 天的日租、月租型共享汽车。其中，根据轻重资产模式又可分为 B2C 传统门店型和 P2P 互联网共享型（见图 1-5）。

图 1-5　日租、月租型共享汽车分类

第二类：租赁时间<1 天的分时租赁型共享汽车。根据行业背景，又可分为互联网创业公司、车企背景和出行平台巨头背景三类（见图 1-6）。

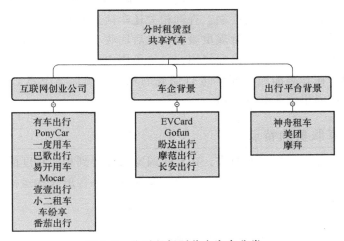

图 1-6　分时租赁型共享汽车分类

(三) 汽车共享服务流程

随车提供驾驶劳务的汽车租赁服务的流程比较方便，直接通过互联网完成。如预约网约车时，只需在手机上安装相应 APP，输入自己的信息，预约车辆，等待车主接单即可。

不随车提供驾驶劳务的汽车租赁服务流程如图 1-7 所示，用户可登录网站或者手机 APP 预订汽车，网站根据用户的租赁条件（包括车型、租赁有效时间、所在网点等）找到合适车款。之后，用户到租车点自助终端查询或验证相关信息，并刷卡取车，用车，最后还车。

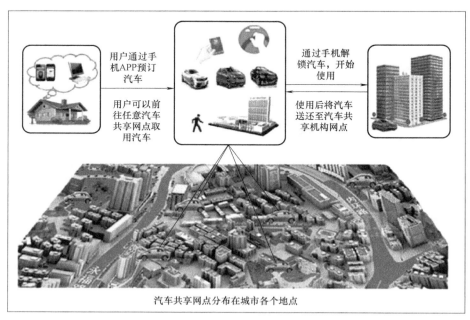

图 1-7 分时租赁汽车的流程

分时租赁汽车与私家车根本的体验区别就是"取"和"还"。

（1）**取车** 用户至有人工服务的租赁网点租车，由管理员授权用户使用并验证信息后交付车钥匙，完成租车；或者采用扫码等信息技术手段实现自助租车，从而取得车辆。

（2）**还车** 用户根据还车约定到达还车点，将车辆停放好后，刷卡确认使用结束，完成自助还车。用户可到网点的自助终端上查询相关还车信息并确认还车成功。或者，用户前往有人工服务的租赁网点还车，由管理员验证信息后回收车钥匙，完成还车。

自助租还和人工服务模式可以搭配使用，以给予用户良好的体验。

应当注意，用户在开车前应对车辆进行彻底的检查，确保车况良好。如果发现任何损坏，应在起动车辆前通报汽车共享公司。

二、汽车共享服务的特点

汽车共享作为一种创新型交通模式，在发达国家已经得到相当程度的发展，在我国更具有推广应用前景。实践表明，虽然不同类型的汽车共享服务在形式和运行方式上有差异，但是总体上有一些共同特点。

1. 出行即服务

从投入巨资购买汽车，并且支付不菲的燃料、停车及保养费用等，到只需简单通过网络就可享用专业的出行服务,可以节省时间和精力,免除停车、保养等麻烦,出行者从传统的买车、养车转变为只要按需出行、按需付费即可。这是汽车共享服务的第一大特点。

对出行用户而言,出行即服务意味着出行者从传统的基于私有车辆出行的方式转变为按需购买出行服务;而对汽车供应商而言,出行即服务意味着整合不同的交通运输方式,通过特定平台或终端的界面统一呈现给用户。从所有权交易到使用权交易,一方面极大地降低了用户的成本;另一方面,定制化、按需出行等也极大地改变了供应商的服务方式。此外,出行即服务的模式集网约车、顺风车等多种出行方式于特定应用程序(APP),用户只需利用APP进行简单操作即可获得查询、下单、匹配、支付等服务。这种方式为用户提供的无缝式服务能够有效克服以私人拥有出行工具为基础的交通系统效率低下且不可持续等弊端,极大地方便了出行者,降低了私家车出行的成本,引导使用私家车的出行者转而使用共享出行模式,从而促进可持续交通模式的推广和应用。

2. 平台化创新

网络出行平台成为共享汽车出行系统的核心,取代传统出行服务商与出行者的直接交易,这是汽车共享出行模式的又一大特点。Uber等给传统出租车市场带来了强烈冲击,产生了超乎想象的影响力。受Uber等模式的影响,平台模式一时成为众多企业追捧的对象。近年来,北京、上海、广州等地的出租车公司也先后上线了官方网约车应用软件,改变了传统的约车模式。

网络出行平台一般由信息与通信技术(ICT)及其基础设施支持,是由前端和后端两部分组成的系统。其前端旨在为双边或多边市场提供信息输入、数据处理、交易匹配、线路规划及线上支付等服务,后端旨在从道路和交通基础设施规划的角度进行优化。整个平台借助移动互联网技术和大数据分析技术,综合出行基于位置的信息服务(LBS)、线上支付、出行需求预测、线路规划等功能,连接用户和供应商的双边市场或多边市场,成为用户与服务商之间的匹配者和撮合者,它所提供的专业化交易服务大大降低了出行行业内部的交易成本。网络出行平台本质上是一套复杂的智能化数据处理系统,一方面,用户在平台APP中就可轻松预订网约车等出行服务,并完成信息查询、预订、线路规划及线上支付等活动;另一方面,用户可以查询周围的车辆位置、车型等并进行预订,实现按需出行以及实时定制化服务。与此同时,由于平台与出行者或乘客接触并发生各种交易,因此原来由运输商所承担的各种风险逐渐转移给了出行平台。从实践来看,网络出行平台可由互联网或IT公司发起并运营,但这些公司并不拥有车辆,属于轻资产模式平台;也可以由公交公司或其他租车公司等发起并运营,这些公司拥有运营车辆,属重资产模式。平台的设计和建立可委托专业的软件公司完成。

3. 服务效益高

新型的汽车共享服务具有灵活、方便等一系列优点,更在社会、经济、环境等方面带来了显著的外部正效应。

(1) **社会效益** 随着我国当前传统燃油汽车数量的急剧增加,其所带来的社会问题也越来越多。首先是交通拥堵问题,根据2017年交通运输部发布的数据,全国26%的城市处于拥堵状态,55%的城市在高峰时段处于缓行状态;其次是停车问题,当前国内大小城市"停车难""一位难求"的现象十分严重,一些发达国家的小汽车和停车位之比为1∶1.3,而根据国家发展和改革委员会(以下简称发展改革委)公布的数据,我国各个城市的比值仅为1∶0.8。面对这些问题，国家对传统汽车的出行采取了一系列限制措施，并积极鼓励大众出行时选择共享汽车的方式。

随着共享汽车这一出行方式不断普及，很大程度上缓解了交通压力、减少了车位占用，并且提高了汽车的使用率。由于共享汽车业务的普及，越来越多的年轻人和家庭转变了必须购买汽车的消费观念，继而放弃对第二辆、第三辆汽车的购买计划，更有许多人甚至连购买第一辆车的计划也取消了，在一定程度上降低了城市汽车的保有量，对改善城市的交通状况发挥了重要作用，也极大地降低了对停车位的需求量。可见，共享汽车的使用所带来的社会效益是不容小觑的。

（2）**经济效益** 共享汽车服务行业能够给用户带来不少的经济效益。当前，我国的私家车保有量虽然越来越大，但是高昂的养车成本却使许多家庭不堪重负，于是在出行上越来越倾向于选择公共交通或汽车共享服务（如网约车、分时租赁），其中分时租赁模式中的新能源租赁汽车极大地节约了出行成本。通过对不同出行方式的成本进行比较（见表1-1）可知，使用私家车一年的花费基本上要达到1万元左右，其中一般的汽车百公里油耗近7L，大概要花费50元左右，而纯电动租赁汽车百公里只需15度电，仅花费15元左右，大概是私家车花费的1/3。即使是尽可能地减少私家车的使用次数，每年高昂的保险和保养费用也不能省，而租赁新能源汽车则可以完全避免这些费用，节约大量的出行成本，使出行更加便捷和实惠。

表1-1 不同出行方式成本比较分析

出行方式	百公里花费	过路费	保险费	保养费	其他
传统汽车	约50元	50元/次	5000元/年	4500元/年	1000元/年
新能源租赁汽车	约15元	50元/次	0元	0元	押金600~1000元不等（可退回）

数据来源：根据速途研究院公布信息整理。

（3）**环境效益** 共享汽车的普及能够带来巨大的环境效益。汽车共享最初发起的主要目的，就是缓解环境压力。共享汽车的出现首先减少了私家车的保有量；且和传统的私家车出行服务相比，新型的汽车共享服务还有部分车辆是新能源汽车，而且新能源汽车租赁行业发展迅速，逐渐在汽车共享服务中占据较大份额。

我国新能源汽车租赁行业的发展开始于2011年，当时国内只有几家传统汽车租赁企业，但是到了2015年年底，随着国家和地方政府对新能源汽车租赁行业出台了一系列激励政策，极大地刺激了新能源汽车租赁市场的发展。根据速途研究院发布的行业报告进行整理和调研分析可知（见图1-8），2016年，新能源汽车租赁行业的市场规模已经从前一年的0.5亿元增长到3.6亿元，增长率为620%；2017年，新能源汽车租赁行业所占市场份额为17.29亿元，增长率为380%；进入2018年以后，汽车租赁市场变得更加活跃，用户规模也持续扩大。由此可见，新能源汽车租赁的用户需求量仍有极大的增长空间，同时市场规模也将更大。

新能源汽车的运行能耗比汽车行业平均水平低38%，根据中商产业研究院公布的资料可知，仅北京、上海、广州、深圳这四座特大城市，一辆新能源租赁汽车平均一年就可以节约汽油700L。新能源汽车租赁的普及可以直接降低有害气体的排放。随着新能源汽车租赁

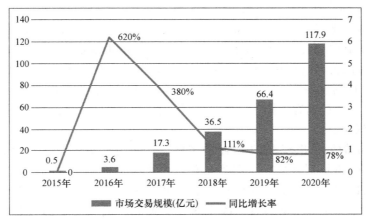

图 1-8　2015 年—2020 年我国新能源汽车租赁行业市场规模

服务不断推广，越来越多的消费者充分认识到并愿意使用新能源汽车出行，从而带动整个新能源汽车产业和技术的不断创新与发展，推动社会可持续发展目标的实现。

综上所述，汽车共享服务的综合效益见表 1-2。

表 1-2　汽车共享服务的综合效益

层面	社会效益	经济效益	环境效益
社会层面	减少停车所占用的土地，改善交通拥堵情况，减少停车位的需求，推动新型交通模式的发展	减少公共停车场等交通设施，降低政府建设的经济负担；减少的汽车保有量，有效缓解交通拥堵问题；避免交通拥堵导致的财政损失，提高汽车使用效率	可以有效缓解各大城市交通拥堵、停车难的问题；共享汽车通常配置了先进的排放控制和高效节能技术，节能减排，减轻对环境的影响
消费者层面	汽车共享使更多用户采用多种交通模式结合的方式出行，更多地使用公共交通，间接降低了私人汽车的出行次数和距离	降低家庭购买车辆的成本；汽车共享服务商会为会员提供事故、盗窃、伤害、伤亡等方面的保险，使消费者的经济风险降低	汽车共享服务组织有选定的停车场，顾客用完车后可将车停到服务商安排好的停车场中，有效解决城市出行停车难的问题

第三节　汽车共享服务发展历史与现状

一、国外汽车共享服务发展历史与现状

20 世纪 20 年代，汽车开始大规模进入家庭。这一时期，除了偶尔在家庭成员之间共享之外，汽车基本上只是私人所有的代步工具。为了提高使用效率，欧洲国家从 20 世纪 40 年代起开展了一系列共享汽车试验。最早的汽车共享可以追溯到 1948 年在瑞士苏黎世发起的一个名叫 "Sefage" 的汽车合作社。人们加入此合作社主要是出于经济考虑。当时很多人想乘坐小轿车但又买不起，于是汽车共享显得很有吸引力。进入 20 世纪 80 年代末期，汽车共享在欧洲出现了加速发展的趋势。为了推广汽车共享服务。1991 年，"欧洲汽车共享协会"成立。该组织拥有 6 万名会员和 2000 余辆车，在 400 多个社区的 900 多个地方设立了服务网点。目前，全欧洲有近 200 个汽车共享服务组织，遍布瑞士、德国、英国、奥地利、荷

兰、丹麦、瑞典、挪威等国家，会员达到125万人。

北美的汽车共享服务发展较晚，但是自20世纪90年代中期以来，北美的汽车共享业务加快了发展速度。1997年，新加坡、日本汽车制造公司也发起了汽车共享服务。NTUCN-COME汽车合作有限公司（CarCooP）和新加坡一家房地产开发商联合发起了一个"社区共车系统"，虽然只计划发展80名会员，但是很快就有150名会员参加了此项计划。在此项计划中，平均每40名会员拥有一辆车，停车点设立在公交站点附近，会员用完车后，可以很方便地转乘公共汽车。

共享汽车真正的繁荣出现在21世纪的美国。2000年，共享汽车行业的领先者Zipcar、Flexcar和CityCarClub同时成立，一些汽车租赁公司也开始在美国和欧洲市场推出汽车共享服务。截至2012年1月，Zipcar已经拥有100多万名会员，车辆超过12000辆，业务遍布美国、加拿大、英国、比利时、西班牙及奥地利，成为共享出行市场中当之无愧的龙头企业。

2010年，以Uber为代表的点对点汽车共享系统问世，其主推的网约车模式再次把共享汽车出行推向高潮，Uber也成为当时世界上最大的第三方共享出行平台。截至2018年年底，Uber拥有1.1亿名注册用户，在全球70多个国家的400余个城市提供出行服务。Uber在美国拥有69%的客运市场份额，以及25%外卖市场份额，远远超越一些传统交通运输企业，成为共享汽车行业乃至整个共享经济的典型代表。在美国，另一个网约车公司是Lyft。Lyft成立于2012年，到2018年年底，Lyft共拥有的190万名平台合作驾驶员，为3070万名乘客提供出行服务，总预订量达到81亿美元，在美国网约车市场占据高达39%的份额。

国外汽车共享服务发展非常迅速，已经逐渐渗透到了人们的生活中，其模式主要侧重于分时租赁、网约车等，代表平台如Zipcar、Uber等。

1. Zipcar

Zipcar通过吸纳会员，发放会员卡来运营。Zipcar的汽车停放在居民聚居地区，会员可以直接登录Zipcar的网站或者通过手机APP搜寻需要的车。系统根据车与会员所在地的距离，通过电子地图排列出车辆的基本情况和价格，会员选择汽车，进行预约取车。会员使用后于预约的时间将车开回原本的地方，用会员卡上锁。Zipcar支付方便，公司通过网络寄发电子账单，会员以信用卡支付费用，所有费用均从信用卡上自动划账，方便快捷。

2. Uber

Uber（即优步）原先只是一家传统的网络租车服务公司。在2010年转型，利用智能手机客户端和GPS定位，提供私家车搭乘服务，使用户通过手机随时随地都能方便地搭车。使用Uber时，当用户发出打车请求后几分钟内，一辆私家车就会开到用户面前，行程结束后，用户支付现金或通过信用卡完成交易。

Uber对自己的定位不仅仅是一款打车应用软件，而是"为乘客提供一种高端和更私人的出行方案"。在美国，用户可以通过走优质服务路线的Uber Black服务订到像加长林肯、凯迪拉克、宝马、奔驰等豪华私家车，驾驶员会带着白手套彬彬有礼地提供服务，让乘客享受到高端的服务感受，感觉到自己多花费的资费是值得的；也可以通过Uber X服务订到丰田普锐斯和大众捷达这样的紧凑型轿车。自己并不拥有任何车辆的Uber却擅长整合各类资源。在美国，Uber和出租车公司、汽车租赁公司甚至私人签署合同，以使车主通过Uber接收订单。

二、我国汽车共享服务发展历史与现状

我国共享汽车行业起步较晚，但发展势头非常迅猛。2011年，车纷享公司在浙江杭州成立，成为我国最早的汽车共享企业，提供汽车分时租赁服务。2013年，以微公交和EV-CARD为代表，更多平台进入共享出行领域。与此同时，共享汽车公司迅速成长为我国共享经济快速发展的标杆。虽然我国共享汽车起步较晚，但因技术起点高，直接引入了相对成熟的商业模式，加上共享出行公司投入巨量资金实施双边补贴，吸引了大量用户注册，其市场规模已为全球之首。

2016年，戴姆勒Car2Share、首汽Gofun、巴歌、绿狗、TOGO（途歌）等多家企业也开始在我国提供汽车共享服务。我国注册运营分时租赁的企业数量已近400家，其中有三四家投放车辆数量超过1000辆。我国3.5亿人拥有驾照，汽车保有量为1.8亿辆（其中私家车1.4亿辆），将近2亿名驾照持有者没有车，他们都是汽车分时租赁的潜在消费者。同时，我国旅游业市场需求量大，无论自驾游还是跟团游，均将带动租车需求，租车出行已经成为年轻人外出旅游的重要选择。

2017年开始，行业发生分化，有实力的企业独占鳌头，实力不佳的企业逐步退出市场。知名投资机构、互联网巨头、汽车产业链纷纷入局共享汽车。即使个别共享汽车企业出现倒闭的情况，资本在2017年和2018年依然聚焦有发展潜力的共享汽车公司进行投资：互联网巨头阿里巴巴旗下的蚂蚁金服领投了立刻出行；大众集团的大众资本和奇瑞汽车投资了GoFun出行；新能源产业的多氟多投资了一步用车。

我国共享汽车平台的种类和分布已经非常广泛。采用网约车模式的平台有易到、神州等，采用分时租赁模式的平台有car2go、GoFun、易开出行、EVCARD、零派乐享、盼达用车、联程共享等。其中的代表企业为EVCARD、GoFun等。

1. EVCARD

作为我国电动汽车分时租赁的领导品牌，EVCARD电动汽车分时租赁采用按分钟与小时计算收费的电动汽车租赁模式，是依托于分时网点及互联网移动终端，实现无人值守、自助服务、任一网点借还、网上付费的新型汽车租赁模式。它是在公共交通和出租车之间可供选择的另一种全新的、清洁高效的出行方式，旨在解决"城市最后一公里出行"，为乘客往返公司与地铁、地铁与家，以及往返于其他出行目的地提供更便捷、更健康、更休闲环保的交通解决方案，达到共享的目的，从而减少道路占用，节约停车资源，丰富出行方式，降低出行成本，是能够解决城市交通配套不足的高效、环保的出行方式，将有效地提升区域竞争力。EVCARD业务已拓展至浙江、江苏、四川、海南、重庆等地，在全国已建网点13000多个，已注册车辆50000余辆，注册会员达至780000名。

EVCARD有六大服务优势：

1）纯电动汽车，低碳环保。EVCARD分时租车所采用的所有租赁车型均为电动汽车，其中绝大部分为纯电动汽车，极少部分为插电式混合动力汽车，如奇瑞EQ、荣威E50、北汽EC180等。

2）全程自助租还。EVCARD分时租车从预订车辆、取车驾驶到最后还车结算，全部过程通过手机APP完成，无人工干预。

3）按分钟计费。EVCARD分时租车计费的唯一标准就是租赁时长，最小单位为1min，

当日租赁超过 6h 后不再计费。

4）众多热点任意租还，已全面启动超过 6000 个热点。EVCARD 有异点租还和同点租还两种模式，分时租车的用户可以通过手机 APP 查找最近的租还热点预订车辆，驾驶到目的地后同样将车辆归还到离目的地最近的租还热点。

5）完备的保险且提供 24h 救援服务。EVCARD 分时租车为所有车辆购买了完备的保险；如驾驶途中发生事故或车辆故障，EVCARD 分时租车还提供免费的 24h 道路救援服务。

6）电动汽车不限行。我国目前鼓励推广电动汽车，在各大城市，EVCARD 分时租车的车辆在行驶、停车及使用环节都享有各种优惠政策。

2. GoFun

GoFun 出行是首汽集团针对移动出行所推出的新能源共享汽车服务平台。首汽集团依托自身的行业经验和优势资源，响应政府号召，迎合"新能源+车联网"的趋势，对用户的碎片化用车需求加以整合，为他们提供更加方便快捷的出行服务。GoFun 平台是共享产业中的一种全新租车模式。在这种模式下，车辆无人值守，用车全程以 APP 操作，提供汽车的即取即用、分时租赁服务，消费者可按个人用车需求预订车辆。GoFun 出行已相继在全国多个城市完成布局，其中不乏北京、武汉、成都等一二线城市，更有西安、青岛、昆明、桂林、三亚等重要的旅游城市。

第四节 汽车共享服务存在的问题及解决措施

一、提供驾驶劳务的汽车共享服务

提供驾驶劳务汽车共享服务的典型代表模式为网络约车（网约车），网约车不仅解决了传统出租车"打车难、打车贵"的问题，还能增加就业岗位，激发交通服务业的市场活力，推动经济发展，但在发展的同时许多问题也逐渐暴露了出来。

（一）存在的问题

1. 监管制度不完善

政府对平台的监管制度不全面。网约车的监管主体是监管政策的制定者和执行者，即政府监管部门和网约车平台公司。但网约车平台使用类似互联网企业的经营方式，与传统企业大为不同，导致传统的监管手段有时会失灵。某个平台出现事故后，交通运输部等多部门组成的检查组会进驻这一平台，开展安全专项检查。但这不是长期有效的监管政策，加上网约车市场各主体的发展快速活跃，组织进驻平台展开专项检查等方法已不能解决目前严峻的监管问题。

网约车平台监管不力。网约车平台对驾驶员审查不严，网约车平台为了提升平台驾驶员的活跃度，对加入平台的驾驶员和车辆都给予最大宽限。以驾驶员向平台提供的信息为基础，不论其真假，但凡符合注册平台的部分资质便能立即加入运营，有权限接单。而目前网约车驾驶员主要来源于社会人员，有的驾驶员素质不高，有的隐瞒自身的一些不良情况进入行业，大大增加了网约车市场的风险。车辆性能合格与否严重影响着车辆运行安全。由于平台没有专门设置车辆审查地，审查都是在线上进行，因此，有些负有重大交通责任事故、来源不明、存在安全隐患、乱套牌的社会车辆蒙混过关。平台也很难对相关信息进行一对一的绑定和定期的检查,并要求整改。如此一来,平台无法保证车辆的安全性,对网约车驾驶员失去了监管和控制,导致在平台使用过程中存在危险,增加了市场的不稳定性。

2. 缺乏完善的权利救济机制

1)乘客面临个人信息泄露风险。从乘客的角度来看,网约车平台收集了大量个人信息,如果没有行业标准和规范来约束个人信息的管理,就会造成信息泄露等许多的潜在风险。在如今大数据的背景之下,如果网约车平台不能很好地保护使用者的个人信息,就将严重危害消费者的个人隐私安全,造成恶劣的影响。

2)乘客的人身安全得不到保障。乘客的安全不仅关乎行业的可持续发展,还事关人身和财产安全。近来偶有发生乘客遇害案件,网约车乘客的人身安全保障问题也越发被全社会所关注。乘客在面对突发事件和侵害时缺乏合理的解决方式,并且陌生且偏远的环境下往往加大了乘车的危险性,也为不良事件的发生提供了条件。

驾驶员的人身、财产安全得不到保障。在网约车市场的大环境下和公众舆论对网约车驾驶员的固有印象下,网约车驾驶员处于舆论的风口浪尖上,人们更多地注重对驾驶员的职业道德和社会道德的要求,却忽视了驾驶员的人身安全也需要保护。针对网约车驾驶员群体的分析来看,部分网约车驾驶员是兼职,基于特殊的工作形式,关于其是否属于合格的劳动者、在接单过程中发生的交通事故等意外事件如何归责、第三方平台是否需要对其进行人身损害和财产损害的赔偿等问题尚未解决。

3. 第三方平台赔偿的救济机制不够完善

各第三方平台都有提供相应的投诉平台,通过联系客服来解决消费过程中存在的争端,但缺乏相应主管部门机构对其进行监督,无法对问题的处理情况进行后续跟进,导致消费者维权困难。因此,网约车平台的服务质量和赔偿机制还有待提高和改善。

(二)解决措施

1. 完善相关法律法规

由于网约车和出租车拥有一样的服务性质,建议将网约车纳入出租汽车管理条例,由相关行政机关进行统筹管理。同时,各地方政府要结合本地域特色,因地制宜地制定和普及相关法律、法规。

2. 明确监管责任

平台对申请注册的驾驶员进行严格审查,主要审查机动车驾驶证、是否有犯罪记录、是否受过刑事处罚,以及是否存在大额欠款等,筛选并剔除一些素质和品质上存在问题的驾驶员,同时要定期对已经注册的驾驶员进行再次审查,及时对不符合资格的驾驶员进行注销,严格贯彻"一车一平台"的原则。

对车辆进行严格审查,包括对车辆的车龄、是否出过安全事故、违章状况以及车辆是否购买了保险等方面进行审查,以加强车辆的运行安全。除此之外,还要对已投入使用的车辆进行严格的年检,对不合格的车辆及时要求驾驶员进行整改或淘汰。

3. 加大对硬件设施的投入

平台可以加大科技投入,完善和升级定位跟踪系统,并在公安系统进行备案,与其建立共享系统,双方共同对网约车进行监督。若发现驾驶员异常脱离平台,网络系统便立即与乘客进行联系,如果乘客联系不上,可直接请警方介入,以此约束驾驶员行为,最大限度地保证乘客的乘车安全。

4. 完善消费者权利救济

1）人身、财产权益保障。针对目前出现的网约车驾驶员刑事犯罪，消费者可以根据我国现行的《刑法》《民法典》等法律来保护自己的权益，对驾驶员按照刑事程序追责。对财产损失可要求驾驶员与网约车平台承担赔偿责任。

2）个人信息权保护。加大宣传力度，通过宣传栏、自媒体、设立流动宣传车等多种多样的方式进行相关内容的宣传，提升公民保护个人信息的意识。同时，相关司法部门，如司法局，应联合做好关于公民信息泄露后如何保障自身权益的普法工作，让公民知道通过哪种合法途径来保护个人信息安全。

5. 完善网约车驾驶员权利救济

提高维权意识。首先，网约车驾驶员与第三方平台签约时应该就报酬、保险福利等待遇等方面进行详细协商，并写入合同，在合法、合理范围内最大限度地保护自己的权益以及财产和人身安全。其次，驾驶员也可以通过劳动仲裁、提起诉讼等方式来保护自身权利。最后，网约车驾驶员可要求第三方平台为其提供车辆保险、安装卫星定位和报警装置等设施。

公开平台的相关信息。公开平台的相关信息，可以让驾驶员结合自身实际情况进行合理的选择。明确平台的员工福利、工资待遇等内容，确定平台与驾驶员的利润分配比例，避免驾驶员合法权益受到侵害、权益保障受阻。通过公开透明的信息，给予劳动者自由的选择权和平等的主体地位。

6. 为网约车设置专门险种

根据网约车运行中的事故特点，邀请保险公司为网约车设置价格合理的专门险种，利用新险种降低网约车的运营成本，促进网约车行业健康、活跃发展。

二、不提供驾驶劳务的汽车共享服务

（一）存在的问题

不提供驾驶劳务的汽车共享服务的典型代表模式为分时租赁。不同于欧美日等国家和地区的分时租赁共享汽车行业起步早、规模大，我国分时租赁共享汽车行业起步晚但市场需求大，在发展过程遇到很多问题。

1. 行业门槛高，运营资源稀缺

分时租赁行业的重资产模式使得企业进入该行业难、盈利更难。比如新能源汽车的采购，一辆新车成本通常几万到十几万元，如果一辆车的购置成本为10万元，融资1000万元也仅能采购100辆车。盼达租赁公司截至2016年年底采购并投入运营的新能源车辆约6400辆，通过综合计算，盼达租赁的车辆及配件的采购成本约为11.55万元/辆。除了巨额的采购成本，共享汽车运营企业还需要支付的成本包括：电费或油费、停车费、路桥费、保险费以及日常运营维护费等。根据公开资料显示，结合各方面因素来计算，分时租赁共享汽车的日租收益远低于运营成本。

2. 运营模式单一，企业盈利困难

2017年3月10日，"友友用车"由于之前签署的投资款项未如期到位而宣布停止运营。友友用车平均一个月的亏损高达200万元，巨额的运营费用让企业难以盈利。

由于共享汽车项目回报周期长，一辆汽车维持60%~70%的小时出租率也要3~5年才能回本。这就注定了如果没有强大的资金链支撑，共享汽车很难实现规模效应。

此外，企业采用自营模式成本高，如果采用平台模式，也面临较大的后期运营压力。总体说来，共享汽车目前处于推广期，尚无巨大需求，没有核心流量入口，平台运营缺乏可操作性。另外，由于汽车共享是重服务业务，行业发展初期或是"烧钱"补贴，或是让用户获得极致体验。如果采用平台运营，由于难以对终端服务状况把控到位，将致使服务质量缺乏保障。人员运营成本高昂，加上后期车辆的维修、保养、停车费用的支付，高额成本极其考验企业自身的运营与造血能力。在生存艰难的背景下，企业难以像欧美企业一样有多余的精力从事运营模式的研究与推广。

3. 车辆数量少，用户体验差

由于行业处于发展初期，目前，共享汽车在我国的发展仍呈现网点少、车辆少的局面。如北京这类一线大城市，共享汽车实际投入运营的数量与市场需求量的差额约为 1.5 万辆，远不能满足客户需求。

一线城市停车成本高，车辆数量少，充电设备覆盖面小以及部分汽车共享公司采用的是定点租还，均非常影响用户体验。不仅如此，"自由流动式共享"在我国并未真正实现。一些支持自由还车的企业不时因为"不定点租还"而产生额外的停车费。如 TOGO 公司，允许用户在任意停车点还车，但超过运营网点 1km 则需要根据距离远近加收服务费；TOGO 公司还提供接力用车服务，但是非网点接力用户需要支付上一位用户产生的停车费。由于网点数量少、车辆少，"随借随还"目前尚未实现，降低了用户租车的美好体验。

4. 责权难界定，监管难度大

目前，共享汽车的监管和运行维护均出现了真空地带。原因是共享汽车几乎所有的环节都由用户与 APP 交互完成，而大部分共享汽车均未使用面部识别系统，人工智能技术有待完善、征信体系尚不健全。同时，在汽车的使用过程中，由于部分共享汽车随取、随用、随还的特性，用户破坏车内卫生，毁坏车内物件，以及如果出现单车事故或剐蹭等现象，如何判断车辆"接力使用"过程中的责任归属也是一大问题。

此外，由于共享汽车基本没有配备行车记录仪和驾驶员识别系统，任何人用账号都可以驾驶共享汽车，造成在发生交通事故追责时，对实际驾驶者的监控手段严重缺乏，这也导致未成年人驾车、无照驾车、盗用他人账号驾车等现象时有发生。我国在共享汽车领域的法律政策几乎空白，对行业内的规范监管、交通事故的处理和剐蹭纠纷、合乘共享的规则等问题均没有明确的规定，也缺少一定的奖罚手段。

（二）解决措施

1. 增加财政补助

共享汽车有很大的资金需求，这让财政部门的财政补助变得尤为重要。新能源共享汽车可以减少环境污染，因此政府应该推进奖励政策，对共享汽车进行补贴，减免车辆购置税，同时增加对该行业企业的贷款力度，确保资金链的稳定，鼓励金融机构在保证其可持续发展的情况下，采用绿色信贷等融资方式，拓宽新能源共享汽车的融资租赁渠道，加快新能源共享汽车的推广。

另外，针对用户群体也可以适量增发用车优惠券，现行活跃的共享汽车用户仍然是少数，一辆汽车维持 60%～70% 的使用率需要 3～5 年才能收回本金，因此强大的资金支持背后需要提供足够的适用人群。据研究表明，新能源共享汽车每年需要行驶 10000km 以上才更有成本竞争优势，适度地派发优惠券，让一些潜在用户进行共享汽车的体验，可以大大提升平台的知名度以及使用率，但同时也要防止企业间进行不当的利益竞争。

2. 完善基础设施

基础设施是共享汽车产业的核心。首先，可以在停车场或有空置区域的地方设立共享汽车专属停车位；结合新的停车场修建和自动化技术，摒弃以往平面停车场的修建方式，实现立体停车场的供应。而这些车位可供不同的共享汽车使用，以缓解停车难的问题。

其次，建立全域内充电网络也十分有必要，续航里程的保障可以增强用户对共享汽车的使用意愿，并且全域内充电网络同时也可以满足现在市场上非共享的新能源车和部分共享电动车的需求，让新能源车渐渐发展起来。

再次，除了有形的基础设施，还存在无形的。例如，政府可以引导汽车共享平台合作经营，构建信息共享平台。平台构建后，用户一次注册就可使用不同平台的共享汽车，简化程序；同时各平台之间已有停车点实行共享制度，有效提高停车点的利用率，短时间内实现共享汽车行业的快速规模化。而平台的网络化和集约化可以吸引更多的用户，政府也可以对其进行统一管理和监管。还有个人信用体系的评估和监督，建立信用分级的评估和监督机制，做好对公众的宣传，对于失信者进行处罚，对一些个人信用存在风险隐患的或是对其进行破坏的，应限制或禁止其使用共享汽车。增强共享汽车行业的风险防范能力，同时完善社会信用等级制度，在各行业、各领域都能筛选出优质用户也能于无形中保障基础设施的建设。

3. 完善制度政策建设

规范共享汽车行业市场秩序，就需要完善各项法律法规制度。通过政策性、法规性方案统筹规划城市内存量用地；同时可根据存量用地和主要人口聚集区域的分布情况，划分出一部分专用地成为共享汽车的专用停车位，并设置充电桩。另外，政府对汽车共享公司应当给予政策支持，制定服务标准，提供技术和资金支持。发展汽车共享不是一个小项目，政府应给予其相应的补贴优惠，帮助公司解决运营过程中出现的棘手问题，保障汽车共享项目的顺利开展。除了给予企业政策支持和资金帮助外，政府还应帮助企业制定一系列详细的操作规范和服务质量标准，如营业网点要求、具体的节能环保指标、用户就近取车的时间和距离范围等。同时，为了帮助企业更好地服务于消费者，政府还要给予企业技术支持。另外，政府还要对汽车共享组织做好监督工作，如地方政府交通管理部门对汽车共享企业的规模、会员对服务质量的评价进行跟踪调查，并根据调查结果采取相应的措施，保证汽车共享组织的良好发展。表1-3为我国推广新能源汽车、解决城市出行问题的部分政策措施。

表1-3 部分新能源汽车政策

国家政策	2017年8月8日，交通运输部、住房城乡建设部联合发布了《关于促进小微型客车租赁健康发展的指导意见》，鼓励分时租赁发展
地方政策	成都：2017年7月6日，成都市发布《成都市关于和规范新能源汽车分时租赁业发展的指导意见》，明确至2020年年底，全市覆盖广泛的新能源汽车分时租赁服务网络，服务网点达到5000个，充电桩达到20000个
	深圳：2017年7月3日，深圳市起草了《深圳市汽车租赁管理规定（征求意见稿）》和《关于规范分时租赁行业管理的若干意见（征求意见稿）》，面向行业公开征求意见
	上海：2018年6月12日，上海市发布《上海市小微型客车分时租赁管理实施细则》，明确到2020年年底，基本形成覆盖广泛、互联互通的充电设施网络，新能源汽车分时租赁服务网点超过6000个
	广州：2018年11月20日，广州市发布《促进广州市小微型客车分时租赁行业规范健康发展的指导意见》，明确鼓励使用新能源汽车，在充电基础设施布局和建设方面给予扶持

第一章 绪论

（续）

地方政策	海南：2016年04月15日，海南省发布《海南省人民政府关于大力推广应用新能源汽车促进生态省海南建设的实施意见》，其中提到探索"全程自助、随借随还"新能源汽车分时租赁服务模式
	浙江：2016年5月23日，浙江省发布《浙江省新能源汽车产业"十三五"发展规划》，明确积极探索新能源汽车"互联网+"应用新模式，深化发展车辆分时租赁
	陕西：2016年10月18日，陕西省发布《关于进一步加快新能源汽车推广应用的实施意见》，其中提到：在个人领域，鼓励推广以小时计费、随取即用的新能源汽车分时租赁等运营模式

4. 明确事故责任

共享汽车在使用过程中的违法违规行为严重破坏信用文化，阻碍共享汽车的推广和发展。驾驶人通过注册成为共享汽车平台用户，也就意味着双方达成契约协议，驾驶人在使用平台所提供服务的同时，也必须履行相应的义务和承担相应的责任。我国目前对于共享汽车的法律政策方面几乎空白，对行业内的规范监管、交通事故的处理等规定和剐蹭纠纷等问题没有明确的规定，缺少一定的奖惩措施。交通事故或违章情况发生时，以往的扣分罚款政策应该进行相应调整，对于共享汽车平台和用户之间如何更加具体地问责，还需要政府与各汽车共享平台一同协商，在广泛征求市场意见的前提下尽快制定相应的法律法规。

5. 实行复合型运营模式

共享汽车企业单独完成运营就需要完成场地、车辆、人员的一体化程序，而多种类型企业多样化参与，分别提供各自手头的资源可以更加高效。停车场公司可以提供共享汽车停车位，这样不仅可以增加停车场收入，还能缓解共享汽车取车、停车难的问题。汽车厂商将汽车以较低的价格出售给共享汽车企业，并提供汽车日后的维修服务，相对地，共享汽车企业通过一些车内广告推广自己。如此一来，共享汽车企业减少了开支，汽车厂商继续完成生产，环境压力也能因为共享汽车的普及而有所缓解，人们的生活变得更加便捷美好，可以说是多方共赢的局面。

第五节 汽车共享服务的发展趋势

近年来兴起的共享经济是"互联网+"时代的信息化应用，主要由互联网信息技术催生，即通过平台化建设强化信息配置能力，提高资源使用效率。在此阶段，汽车共享服务通过提供汽车使用权代替拥有权的方式，形成分时租赁和网约车两种代表模式，为城市出行提供一种新的选择。

截至2017年年底，汽车共享出行覆盖全国35%的人口，渗透率达到15%，即在所有小汽车出行里程数中，有15%的里程由汽车共享出行完成，"共享而不是拥有"已成为一种新的生活风尚；从世界范围来看，我国的汽车共享出行发展水平远超美国，尽管美国的新能源车、自动驾驶技术和出行平台发展均较为成熟，但2020年美国汽车共享出行渗透率仅为3.5%左右，预计2025年会超过10%（见图1-9）。

在不同汽车共享出行模式中，顺风车和快车方便快捷、价格优势大、发展最快，更具发展优势和潜力。顺风车渗透率从2015年的0.14%发展到2017年的1.78%，增长了近12倍；快车渗透率从2015年的0.25%发展到2017年的1.87%，增长了6.5倍。专车和分时租赁的渗透率增速较小；相较而言，租车和出租车的渗透率变化不明显。可见，具有价格优势、方便快捷的汽车共享出行模式的发展更为快速。

汽车共享化趋势重塑汽车产业生态，经营重心由产品向服务迁移，MaaS（出行即服务）逐渐增强对私人汽车消费的替代能力。在共享化的产业生态中，用户出行需求是汽车产业提供服务的目标，平台是配置资源实现汽车共享化的核心部门，资源所有方（即汽车企业、租赁公司、车主等汽车所有方，政府、物业等车位所有方，充电桩、加油站等能源设施提供方）将成为汽车共享化的主要参与者，

图 1-9　2013 年—2017 年我国汽车共享出行和私家车出行里程增速

金融等配套服务将成为汽车共享化的有效支撑。以网约车为例，互联网平台公司通过信息技术优化用户与驾驶员的出行服务对接，以"互联网+"赋能出租车等传统出行服务。以分时租赁为例，汽车企业或租赁公司与车位、充电桩所有方合作，在城市定点投放车辆，通过平台实现用户租车、车辆调配等经营管理工作。

主要汽车企业均已开始在共享汽车领域加强布局，更多集中在分时租赁等重资产、重技术的共享模式。2018 年，戴姆勒和宝马宣布将各自的共享汽车业务合并，双方分别持有新合资企业 50% 的股份。其中，戴姆勒旗下 car2go 在美国、加拿大、欧洲和亚洲共投放 14000 辆汽车，注册用户 330 万名；宝马旗下 DriveNow 投入近 4000 辆汽车，全球拥有近 100 万名用户。大众于 2011 年推出 Quicar 汽车共享项目，于 2018 年宣布将在重点城市推出名为"WeShare"的纯电动车共享服务，提出要在 2025 年转型成为"优秀的全球智能出行服务提供商"。2018 年年初，丰田在 CES 车展上宣布要转变成出行公司，密集开展共享汽车领域布局，目前已同 Uber、Grab 合作开展拼车服务，与 Getaround、Avis 合作开展汽车共享与租车服务。通用汽车于 2016 年成立汽车共享服务公司 Maven，涉及分时租赁、长期租车等共享服务模式，开展汽车共享化经营探索。

区别于分时租赁等重资产模式，网约车领域更多是以轻资产模式为主，行业主要参与者为第三方技术平台，目前全球市场格局表现为双极多强特征。网约车相对于分时租赁模式出行成本更高，主要在于包含了驾驶员服务但规避了分时租赁模式"最后一公里"的出行短板及停车管理等问题，在智能手机与移动互联网的推动下，无论在市场规模还是在运营模式方面，均有更为成熟的表现。

近年来，我国已成为汽车共享化实践的主要市场。有关数据显示，我国分时租赁市场起步较晚，但增速较快，市场规模已从 2016 年的 3.62 亿元成长至 2018 年的 36.48 亿元。2018 年，我国网约车市场规模已达 2943.3 亿元，其中专车、快车板块市场规模为 2224.96 亿元，出租车 APP 端市场规模为 486.23 亿元，顺风车市场规模为 232.14 亿元。从增速看，2015 年—2018 年，我国的网约车市场规模保持近 70% 的年复合增长率，其中专车、快车板块市场规模年复合增长率达 80%，出租车 APP 端市场规模保持 60% 的年均增速，顺风车市场规模保持 23% 的年均增速。比较各细分板块的变动趋势，网约车领域经营模式呈现出从轻资产向重资产转变，对平台车辆的管理更加规范化和专业化，部分网约车汽车企业开始布

局稳定、高标准的自营车队。

参考新能源汽车与无人驾驶技术进步及应用情况，汽车共享出行将经历行业积累期（2018年—2025年）、快速成长期（2025年—2040年）和发展成熟期（2040年—2050年）三个发展阶段，乐观预计到2040年之后渗透率稳定在80%左右（见图1-10）。

图1-10　汽车共享出行发展趋势示意图

（1）**行业积累期**（2018年—2025年）　平台技术逐渐发展成熟，新能源车初步普及，一部分人放弃持有私家车，汽车共享出行呈现线性增长，渗透率从15%增至25%。

（2）**快速成长期**（2025年—2040年）　在平台大规模应用无人驾驶技术以及新能源和无人驾驶汽车能够大规模、低成本普及应用的情景下，在使用环节带来显著成本叠加优势，汽车共享出行渗透率呈现指数型增长，有望增至80%。越来越多人少开乃至放弃私家车，私家车保有量将出现负增长。2025年，无人驾驶汽车将可以实现小批量量产并开始市场导入，但受政策和安全性限制，还未能广泛应用，自动驾驶出租车成为最佳的应用场景，具有调度、管理能力的共享出行平台会是最早的应用方。

（3）**发展成熟期**（2040年—2050年）　乐观预计汽车共享出行渗透率有望最终稳定在80%左右，拥有私家车和拥有奢侈品一样成为少数人的偏好。

汽车共享化发展已在深刻影响汽车产业生态。例如，随着分时租赁等汽车共享模式推广，汽车出行服务商将成为汽车产品需求方，要求汽车企业结合城市地理、气候、用户偏好等特点，生产定制化汽车，甚至出现了多种交通工具融合发展。例如，为补齐分时租赁"最后一公里"的服务短板，平台企业进一步整合多模式交通工具，共享单车、滑板车等将成为分时租赁模式的有效补充。在未来有如下发展趋势：

趋势一：共享汽车将成为出行领域多场景解决方案提供商。随着共享汽车行业逐步成熟，共享汽车的使用场景将进入更多细分领域，为用户出行提供便利。例如，聚焦于城市通勤人群，在城市主要生活区和工作区布局网点；聚焦于旅游场景，提供景区和城市短途旅游接驳；聚焦于飞机场、火车站等公共枢纽或公共交通工具末梢，提供交通接驳服务；或聚焦于政府公务出行或企业商务出行，提供更高档次的汽车服务等。

趋势二：电动化、智能化、网联化与汽车共享协调发展，共建智慧出行系统。共享出行与新能源汽车的结合可以提高共享出行车辆的易用性和安全性，未来更多的汽车生产商也将向出行服务商转变；与智能化技术的结合将提升用户体验和运营效率；网联化将使汽车向移动智能空间转变，为共享出行提供更多想象力。

趋势三：无人驾驶技术将给共享汽车市场提供更多发展空间，实现泛共享出行。无人驾驶技术的实现将从多个方面降低共享汽车的运营成本，提升用户的使用体验，从而为共享汽车行业提供更多发展想象空间。当前，汽车共享模式存在着诸多瓶颈，包括网约车人工服务成本过高、网约车安全风险、汽车租赁的用户道德风险问题（如行车习惯等人为因素加速车辆损耗）、分时租赁"最后一公里"问题等。未来，自动驾驶技术取得突破，尤其是车辆实现了完全的无人驾驶，汽车共享服务运营模式将迎来更广阔的发展空间，网约车和租赁等形式届时将会逐渐退出市场，通过出行服务平台配置自动驾驶车辆，根据目的地规划路径，匹配最合适的运营路线。2019年7月，特斯拉CEO马斯克表示，"一旦解决全自动驾驶技术，就将停止销售汽车"。他的设想是将无人驾驶的特斯拉汽车作为出租车运营，为特斯拉公司创造收入。

趋势四：共享汽车将优先侧重区域规模化发展。由于汽车的资金投入巨大，共享汽车无法像共享单车那样依赖车辆的大量投放吸引用户；优先选择在一些适合发展共享汽车的区域进行车辆投放和网点布局，达到一定的密度和服务半径，形成局部区域的规模效应，是未来共享汽车企业的发展趋势。

趋势五：中小共享汽车企业兼并重组或将到来。资本寒冬让尚不具备强造血能力的中小共享汽车创业公司获得输血的机会减少，互相抱团取暖或被资本收购将成为中小共享汽车企业的发展出路。

【知识应用与拓展】

面向未来智慧城市的汽车共享出行发展战略

一、汽车共享出行新技术、新需求以及新模式

汽车共享出行是关联众多创新技术、集聚融合不同产业生态以及构建城市交通可持续发展模式的重要载体，不断涌现的创新技术支持汽车共享出行所面临的新需求，新需求所激发的应用场景构建出汽车共享出行的新型商业模式，新模式又对创新技术提出了新的要求，从而向汽车共享出行生态圈不断注入新活力、新动力以及新魅力，使得汽车共享出行体系逐渐完善，从而成功构建出按需取用、节约共享的新型汽车社会（见图1-11）。

1. 新技术

随着新一轮技术革命的发展，创新技术相互交织正成为汽车共享出行快速发展的强大驱动力，汽车共享出行也成为目前各种高新技术以及未来前沿技术的最佳载体。汽车共享出行所产生的海量供需数据、出行轨迹数据、交通动态数据、车辆状况数据以及用户行为数据需要具备超高实时性、超强稳定性以及超快计算速度的云计算服务器才能得以实现。核心计算处理器通过人工智能算法对海量数据进行精准供需动态匹配、最优化路径动态规划以及智能动态调价，给用户提供最佳的共享出行服务；同时，智慧城市大脑对城市交通进行实时精准管理，实现资源高效利用。为了向用户提供更加安全可靠的共享出行服务，

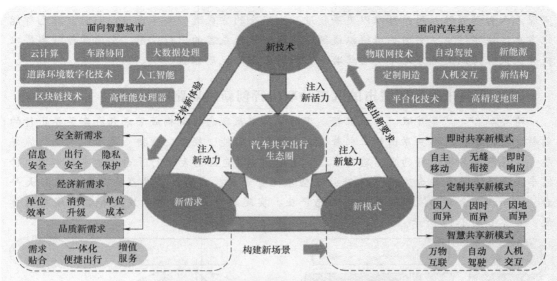

图 1-11　汽车共享出行新技术、新需求和新模式

区块链技术已经融入汽车共享出行，能够保证共享出行供需双方具有可信的数字身份以及信誉质量。汽车共享出行也是无人自动驾驶技术成熟之后的最佳应用场景，目前众多企业纷纷推进无人自动驾驶在共享出行领域方面的发展。百度 Apollo 自动驾驶共享汽车于 2018 年 5 月在重庆市自动驾驶示范园区开放试运营；谷歌旗下 Waymo 自动驾驶公司于 2018 年 12 月推出全球首个商业化自动驾驶出租车服务，无人自动驾驶技术正驱动着汽车共享出行向理想化状态前进。

2. 新需求

汽车共享出行能够满足乘客精准的消费需求、提供完善的应用场景，是其实现健康商业化的坚实基础。消费者对汽车共享出行的首要需求即为安全。新时代消费者对安全有了新的定义，包括自身隐私数据是否安全、随车驾驶员驾驶技能是否可靠、汽车租赁流程是否合规合法、车辆自身安全性能是否稳定、智能驾驶系统是否成熟、事故发生后是否有快速响应的应急预案以及满足不同情景的保险服务等。在确保出行安全的前提下，消费者更为关注出行的性价比，企业想要获得持续盈利，需加强对关键技术的研发，以解决共享出行全流程内制约其成本过高的主要因素。同时，随着汽车共享出行服务品质的不断提升，消费者将会更加注重体验并享受汽车共享出行所带来的新服务，包括一体化便捷出行服务、需求即时响应服务以及所衍生的增值服务，如汽车社交、汽车唱吧及汽车影院等。

3. 新模式

构建灵活、个性以及智慧的绿色智能化汽车共享出行新模式，能够有力地保证城市交通实现可持续发展。即时共享新模式是指在用户发布出行需求后，共享出行平台能及时、快速地完成汽车调度或租车调度，用户可以享受车辆自主移动、无钥匙启停、自动代客泊车等人性化智能服务，同时还可以体验无缝衔接、空闲等待时间缩减、出行效率提高的出行过程。定制共享新模式能够为用户提供不同出行场景所需最合适的车型，如方便残疾人使用的无障碍出行车、主打旅游体验的导游车、配置休闲小吃的娱乐车以及辅助个性办公的商务车，使用户可以尽情享受出行过程，从而满足用户出行体验。智慧共享新模式能够实现无人自动驾驶,用户可以以更高精度、更安全的方式进行共享出行;同时,绿色智能化汽车使城市污染、交通拥堵得以缓解,互联时代使乘客的出行效率、交通管理效率得以提升,乘客得以更充分地享受智慧共享出行所带来的优质体验。

二、面向未来智慧城市的汽车共享出行创新发展路径

跨界融合、产品升级、产业重塑、市场重构以及理念转变构成了未来汽车共享出行的创新发展内涵,汽车共享出行正朝着安全、绿色、智能、经济、便捷、灵活的方向快速发展。实现汽车共享出行的具体路径也逐步清晰,主要包括移动出行平台、造车新势力、传统车企等多方跨界融合发展,政府引导整合优势资源,共同打造共享出行集成服务大平台,从而形成全新的汽车共享出行生态产业,实现城市交通可持续发展和智慧城市的建设,具体如图1-12所示。

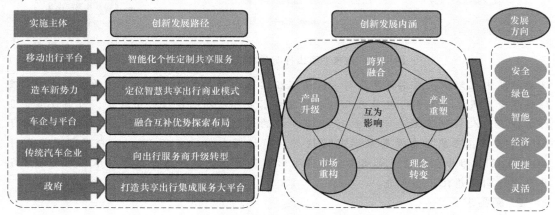

图1-12 全新汽车共享出行生态产业

1. 移动出行平台智能化个性定制共享服务

移动出行平台对共享出行的可持续发展有着直接的影响,打造一站式一体化移动出行平台、提升共享车辆运行维护和管理能力,个性定制乘客共享出行服务等,都是移动出行平台可追寻的发展路径。一些网约车平台在出行服务生态链已经基本成型后,下一步将聚焦于可持续发展的共享出行交通新模式,为此已经在定制共享出行服务领域内进行了初步探索。

2. 造车新势力定位智慧共享出行商业模式

定位清晰的商业模式对提高企业核心竞争力有着极其重要的影响。造车新势力将其定位于智慧共享出行是战略决策的创新之举。同时,造车新势力具有重新审视用户需求并提升用户体验的巨大优势。造车新势力"威马汽车"创立之初就致力于推动智慧出行产业生态体系的发展,其旗下打造的"即客行"旅游共享出行平台目前主要在海南省为消费者提供汽车日租服务,并计划逐步打通热点旅游城市的汽车共享出行。这是造车新势力进入汽车共享出行领域并能准确定位用户及场景的最优途径之一。造车新势力"零跑汽车"与移动出行平台新势力"大道用车"携手打造"造车+共享出行"新模式,共同打造城市汽车共享全场景出行平台,目标定位于城市年轻群体,为其提供"随时随地有车开"的全新共享交通服务。

3. 车企与出行平台融合互补优势探索布局

车企拥有整车研发制造的核心优势,移动出行平台拥有信息资源的核心优势,车企有

效利用移动出行平台的庞大信息资源,移动出行平台依靠车企打造定制化、绿色智能化车辆,双方通过将自身优势积极融合,推出更有价值的共享出行服务,是未来在出行领域实现共赢的关键之举。以丰田汽车公司为例,丰田汽车公司积极与移动出行服务领域内的企业合作,以此抢占未来汽车共享出行的制高点。2016年,丰田汽车公司与以P2P租车模式发展的美国汽车共享公司Getaround开展合作,基于丰田汽车公司研发的出行服务平台来吸引更多能够提供共享服务的驾驶车辆,以此为更多的消费者提供共享乘车出行服务。2018年6月,丰田为东南亚规模最大的共享出行平台Grab投资10亿美元;同年12月,为Grab提供个性化定制的Total-care Service移动出行服务方案,该方案能够提升Grab公司对车队的管理效率以及乘客的乘坐体验,并逐步增加网约车使用数量。2018年8月,丰田汽车公司宣布向Uber投资5亿美元,此次合作主要专注于汽车共享出行领域,为Uber驾驶员提供一种全新的汽车租赁服务。汽车共享出行浪潮也是丰田汽车公司与Uber实现双赢的好机会。

4. 传统汽车制造商向出行服务商升级转型

传统汽车制造商不仅应该聚焦于如何制造安全可靠的汽车产品,还应该思考如何向绿色智能的出行服务商转型升级。戴姆勒集团推出的car2go汽车共享出行项目,对奔驰Smart汽车采用自由流动式即时共享体系,以提供更为便捷的租车服务。同样,宝马集团也推出了BMW DriveNow汽车共享出行项目。为了能够在汽车共享出行领域占据巨大的市场份额和全球影响力,戴姆勒股份公司与宝马集团共同宣布,整合各自所属的汽车共享品牌car2go和BMW DriveNow共享出行业务,携手打造规模巨大的移动出行服务商。我国的传统汽车制造商也抢抓此次转型发展机遇,中国第一汽车集团有限公司、东风汽车有限公司和长安三家汽车集团整合三方优势资源,联合腾讯、阿里巴巴等互联网企业,于2019年3月22日在南京共同出资组建T3出行服务公司,联手进入汽车共享出行领域,着力打造"智慧出行生态圈"。吉利汽车推出新能源汽车出行服务品牌"曹操专车",长城汽车推出共享汽车出行品牌"欧拉车享",上海汽车集团有限公司推出全新移动出行战略品牌"享道出行"。传统汽车制造商向移动出行服务商升级转型成为汽车共享出行创新发展的重要路径,车辆本身提供的出行服务所带来的价值受到更多关注,一个崭新的汽车共享出行产业生态圈正在形成。

5. 政府引导打造共享出行集成服务大平台

政府在促进产业跨界融合、引导居民共享出行以及保障共享出行安全等方面有着巨大的影响力,是汽车共享出行发展过程的有力助推者,也是共享出行集成服务大平台的最佳建设者。汽车共享出行目前正处于市场探索发展时期,还存在许多需要政府助推才能解决的问题:一方面,关于共享出行的政策尚未完善,消费者信用体系尚未健全;另一方面,汽车共享出行领域投入成本较高,可持续发展的商业模式还未清晰,短期内无法实现盈利。政府首先应鼓励汽车共享出行市场的发展,早日出台面向新时代的汽车共享出行战略规划及具体路线图,探索建立共享出行集成服务大平台,加强车路协同、智能物流等城市基础设施的研发支持,并且从车型、牌照、停车等制约因素出发,多维度进行政策鼓励;其次,政府应建立健全消费者信用体系,对人为损坏、恶意偷取等行为进行严格惩罚,同时营造绿色智能化汽车共享出行的社会氛围,逐步形成共享出行的新型汽车文化;最后,政府应着力加强针对汽车共享出行每一环节的安全监管,不仅要确保消费者的生命安全,还应保障共享汽车的财产安全,通过建立集智能管理、智慧分析、实时监控、行为监管以及预警处置为一体的共享出行服务大平台,实现汽车共享出行产业生态可持续健康发展。

三、未来智慧城市汽车共享出行生态构想

伴随着交通出行逐步向低碳绿色化、智能网联化、移动共享化模式更迭变革，城市发展变迁正朝着生态持续化、管理动态化、服务智慧化的方向快速升级转型。汽车共享出行作为城市交通出行体系的重要环节，能够为促进绿色出行、发展可持续交通、建设智慧城市提供十分重要的发展支撑。未来，智慧城市汽车共享出行呈现的生态特征包括三个方面，生态构想如图1-13所示。

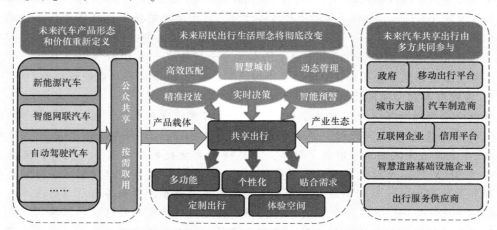

图1-13 未来智慧城市汽车共享出行生态构想

1. 未来汽车产品形态和价值重新定义

传统人工驾驶汽车全部更替为无人自动驾驶汽车，无人自动驾驶汽车成为居民使用智能化程度最高的日常用品；新材料、新结构、新功能使得汽车产品形态发生颠覆性变化，居民共享出行更加舒适便捷；汽车不再是出行空间中的独立个体，而是万物互联的连接节点；汽车的价值将从私享重新定义为共享。

2. 未来汽车共享出行由多方共同参与

共享出行不仅仅需要政府、移动出行平台、汽车制造商等主要角色参与构建，未来还需要融合信用体系平台、城市大数据管理决策平台、出行服务供应商以及智慧道路基础设施企业等多方共同参与构建智慧共享出行集成化体系。

3. 未来居民出行生活理念将彻底改变

汽车作为简单的代步工具将转变为提供个性化服务的多功能移动空间；时间短与路线优的简单出行需求与体验感强的定制出行服务有机融合；私人独享、资源闲置的传统观念演变成公众共享、按需取用的新型汽车社会文化；汽车共享出行效率的提高使得城市建设去中心化，居民享有更自由的城市体验空间。

思考与练习

1. 按车辆来源划分，分时租赁汽车共享服务可以分为哪几种类型？
2. 简述我国汽车共享服务的特点。
3. 简要分析提供驾驶劳务的汽车共享服务存在的问题及解决措施。
4. 简述汽车共享出行发展趋势。

第二章

汽车共享服务需求预测

导读

作为私家车和公共交通之间的创新出行方式，汽车共享服务可以减少城市交通流量、大气污染，提高交通时效。在汽车共享服务的发展与管理过程中，科学合理地对需求进行预测能够为运营商提供车辆调度方面的基础数据，避免投入过多车辆，造成资源的浪费，以最小的成本投入实现车辆的合理调度，满足用户的用车需求，有利于汽车共享服务的推广。

第一节 汽车共享服务需求预测概述

一、需求预测的含义与作用

汽车共享服务需求预测是在汽车共享服务市场调查的基础上，运用预测理论与方法，对汽车共享服务市场未来发展趋势做出估计与测算，为汽车共享企业决策提供依据的过程。需求预测是为决策者提供信息服务的重要手段，是正确决策的基础。

汽车共享服务需求预测具有服务性、描述性和局限性三大特征。

（1）**服务性** 汽车共享服务需求预测是为汽车共享企业者提供决策服务的。"凡事预则立，不预则废"，从程序上讲，预测在先，决策在后，决策是根据预测结果做出的。汽车共享服务需求预测可为汽车共享企业提供生产经营环节及其外部环境发展的趋势、方向和演变程度等方面的信息，从定性和定量的角度全方面进行预测；而汽车共享企业决策则以预测结果为基础，通过分析比较，趋利避害，选取最优方案。因此，预测是决策的先导，是科学决策的前提。没有准确、科学的预测，就不可能做出成功的决策。而决策是企业经营管理的养分，关系着汽车共享企业的生存和发展。决策失误，必然导致汽车共享企业经营管理混乱、经营亏损，甚至倒闭；决策正确，可以使汽车共享企业管理有序、经营成功，还能提高企业的经济效益。因此，在实际工作中要充分认识到预测的服务性，把汽车共享企业的预测与决策有机地结合起来，从而达到企业持续盈利的良好效果。

（2）**描述性** 汽车共享服务需求预测是认识汽车共享市场、掌握汽车共享市场客观规律的一种科学方法。汽车共享服务需求预测在调查研究、科学实验和广泛收集汽车共享市场信息资料的基础上，通过一定的程序和数学统计方法，掌握汽车共享市场的发展变化规律，取得关于汽车共享市场未来发展变化趋势的各种信息，即对各种可能出现的情况和结果做出客观而科学的描述，描述汽车共享市场各种因素之间相互作用的关系与影响程度，反映汽车共享市场发展变化的客观规律。在汽车共享服务需求预测过程中，无论是建立定量预测的数学模型还是建立定性预测的逻辑思维理念,都是预测程序中不可缺少的重要步骤。汽车共享服务需求预测是汽车共享服务需求预测人员对汽车共享市场认识的一种描述。这种描述一方面反映了汽车共享服务需求预测具有科学性,不是主观随意猜测;另一方面也反映了汽车共享服务需求预测具有精准性,贴近实际情况。因为这种描述是根据汽车共享企业、市场已知因素与预期发展情况做出的推测,而影响汽车共享企业生产经营的内部因素和外部环境错综复杂且不断变化,汽车共享市场所要面对的机遇与挑战也会增多。因此,这种描述会在一定程度上与汽车共享市场将来发生的实际情况有所偏差。即使目前汽车共享服务需求预测结果是建立在严格逻辑论证和科学实验基础之上,未来也不可能按照这一趋势永恒发展下去。因此,对汽车共享服务需求预测结果的描述要求准确,但也要允许误差的存在。当然,要尽力缩小误差范围,提高预测精度,使预测成为汽车共享企业决策的可靠依据。

(3) **局限性** 汽车共享服务需求预测是汽车共享服务需求预测人员对汽车共享市场的未来发展做出的科学判断,而预测人员对汽车共享市场未来的认识有一定的局限性。这是因为汽车共享市场发展变化受许多因素的影响,汽车共享市场发展规律也只有在汽车共享市场发展过程中逐步明显化,慢慢地被汽车共享服务管理者所认知。预测人员对汽车共享市场未来的预测,往往受到经验、知识、时间和工具等多方面的限制,预测误差在所难免。

市场经济从某种意义上来讲是信息决策的商品经济。需求预测是企业正确实施市场营销管理的基础,是企业进行决策的前提和先决条件。正确的预测可以向企业提出风险警示,为企业制订应急方案提供依据,使企业既可以抓住市场机会,又可以避开市场风险,减小风险给企业经营活动造成的不良影响。

汽车共享服务需求预测的作用可以归纳为以下几点:

(1) **有利于更好地满足消费需要** 随着居民收入的增加,消费者的物质文化需求迅速变化,汽车共享企业的生产经营活动与市场结合得更紧密。我国汽车共享市场越来越大,这就促使汽车共享企业树立市场营销观念,通过预测及时掌握汽车共享市场需求变化趋势和可能达到的需求水平;根据汽车共享企业的经营条件,选择和确定企业的目标市场,避免盲目经营,不断地满足汽车共享市场的现实需求并发掘汽车共享市场的潜在需求。

(2) **有利于利用市场调节,合理配置资源** 市场调节是市场经济条件下资源配置的一种形式。它是按市场价格波动来调节,各个企业自动决定商品产需衔接,自发地形成社会资源配置流向。汽车共享服务需求预测能向汽车共享企业决策者提供汽车共享市场价格波动反映的汽车共享产品供求变化趋势,以便汽车共享企业适应社会对汽车共享产品需求量的变化,自觉地选择和调整生产经营方向,采取经营策略,使汽车共享产品及时打入并占领市场,合理组织人、财、物的比例和分配流向,减少资源在使用中的浪费,促进汽车共享企业资源最佳组合得以充分利用,保证汽车共享企业实现合理的自我发展、自我约束,使汽车共享市场活而不乱,生产协调发展。

(3) **有利于提高汽车共享企业的竞争能力** 现代竞争观念与传统竞争观念有着根本的不同。传统竞争观念认为,企业是否具有较强的竞争能力取决于企业技术、人才占有的实力。现代竞争观念认为,决定企业竞争能力的关键是看企业对信息情报占有的多少和质量高低。在激烈的市场竞争中,谁先占有情报谁就能居于主动。如果汽车共享企业技术先进、人才济济,但不能及时开展需求预测及对情报进行全面、综合的利用,认清汽车共享市场变动,就会因缺乏预见能力、判断能力而使企业拥有的有利因素不能充分发挥作用。相反,对

第二章 汽车共享服务需求预测

于条件差的汽车共享企业，如果能及时预测汽车共享市场动向，采取有效对策，则在汽车共享市场竞争中也可以由弱变强。

二、需求预测的基本原理与原则

需求预测是应用预测的一般原理与原则，是以市场行情为主要对象所进行的预测。市场行情同世界上任何事物一样，都是一种客观存在。

(一) 需求预测的基本原理

需求预测的基本原理主要有：可知性原理、系统性原理和服务性原理。

1. 可知性原理

可知性原理是指需求预测对象的未来发展趋势是可知的，人们可以借助对市场规律的认识和运用科学的方法对其进行预测。市场全部预测活动均建立在可知性原理的基础上。根据可知性原理，尽管汽车共享市场变化莫测，但大量消费者所表现出的总的购买力呈现出一种有规律的现象，因而在实践中可以逐步认识、掌握和运用这种规律，以将汽车共享市场未来的变化趋势和动向等信息提示给消费者。因此，可知性原理是汽车共享服务需求预测的基本原理之一。

2. 系统性原理

系统性原理是指把预测对象看作一个系统，以系统管理指导预测活动。每个系统内部各个组成部分之间相互联系、相互作用，同其他系统事物之间也存在着某种联系和制约。系统性原理强调系统的目的性、整体性和层次性，强调运用系统分析的方法对所要预测的问题加以定量化和模式化。根据系统性原理进行汽车共享服务需求预测，可以把汽车共享市场行情看成一个系统。汽车共享服务需求预测存在于社会经济预测这个大系统内，同其他预测系统，如人口预测、工业预测等相互联系、相互制约。它的内部有汽车共享产品需求预测、汽车共享产品资源预测等子系统，子系统内又有更小的系统，可以分成若干层次，每个层次之间也是相互联系、相互制约的。从系统论的观点来看，汽车共享服务需求预测不是孤立的，不能封闭起来，必须同其他预测系统密切结合，相辅相成，彼此交流信息。进行汽车共享服务需求预测，既需要从宏观经济方面预测汽车共享市场供求关系，汽车共享产品消费需求结构及其发展变化趋势；也应从微观经济方面研究汽车行业和汽车共享企业本身在历史上的市场份额，其他汽车共享企业现实经营情况，汽车共享企业自身的经营优势和劣势，影响汽车共享企业经营的内部、外部、可控和不可控等各种因素及其变化情况，预测期内采用改善经营管理的新措施、新方法的可能性，可能会遇到的变化和阻力等。这样，才能通过系统、全面和翔实的材料进行汽车共享服务需求预测，提出较能接近实际情况的整体最优方案，有利于汽车共享企业做出正确的经营决策。

3. 服务性原理

服务性原理，是指需求预测本身是环节而不是最终目的，它是为企业经营决策服务的，即对企业做出未来的战略目标和发展方向提供科学依据。汽车共享服务需求预测与经营决策是汽车共享企业经营活动中两个既有区别又互相联系的阶段，但从总体上看，预测是经营决策过程中的一个重要组成部分。

一般来讲，汽车共享企业的决策过程大致分为以下三步：

1）提出问题，确定目标，通过调查等方法搜集大量准确的数据。

31

2）进行汽车共享服务需求预测，拟订决策方案，并对多种决策进行可行性分析，包括对其技术经济效果的评价。

3）进行决策选择，即由汽车共享企业决策人员或决策集体，在多种方案中选出最佳方案。

从决策的大致过程可以看出，汽车共享服务需求预测是前提、是基础，也是最复杂的阶段，但是最关键的阶段是决策。因为决策得正确与否，关系到汽车共享企业经营活动的成败与取得经济效益的多少。

（二）需求预测的基本原则

1. 连续性原则

连续性原则，又称连贯性原则或惯性原则，是指一切客观事物的发展都符合某种规律，这种规律具有一定的连续性。市场作为一个客观经济事物，从时间上考察，它的发展是一个连续的过程，即未来的市场是在过去和现在的基础上演变而来的，是过去和现在的延续。因此，汽车共享企业在进行需求预测时，必须首先从搜集过去和现在的资料入手，然后推测出汽车共享市场将来的发展变化趋势。其中应用最多的预测技术是利用时间序列外推法建立趋势预测模型，这种趋势预测模型就是以连续性原则为前提建立起来的。

在汽车共享服务需求预测中，运用连续性原则需注意以下两个问题：

1）要求汽车共享企业预测目标的历史发展数据所呈现的变化趋势具有一定的规律性。例如，进行汽车共享服务需求预测时，如果汽车共享市场的变化是无规律的，带有很大的偶然性，就不能依据连续性原则进行预测。

2）要注意分析汽车共享企业预测目标历史演变规律发生作用的客观条件，在未来预测期内是否会发生变化，如汽车共享市场发展的内在规律是在一定的条件下显示出来的，是会随着客观条件的变化而变化的。应用连续性原则进行预测，要以汽车共享企业这个经济系统的稳定性为前提，即只有在汽车共享企业稳定时，汽车共享企业各因素之间的内在联系及基本特征才有可能延续下去。然而，由于汽车共享企业所处的营销环境非常复杂，汽车共享企业这个经济系统的发展又易受各种偶然因素的影响，因此绝对稳定的汽车共享企业系统是不存在的。一般而言，只要认为汽车共享企业系统是处于相对稳定状态或者汽车共享企业预测目标的发展处于相对稳定的阶段，就可以运用连续性原则进行预测。

2. 类推原则

类推原则，是指许多事物相互之间在发展变化上常有类似之处，利用预测对象与其他事物发展变化的时间先后不同，但有类似之处的特点，有可能根据已知事物的基本结构和发展模式，通过类推的方法对今后发展事物的前景做出预测，如利用美国汽车共享市场的发展历程来预测我国汽车共享市场的发展进程。这种类推既适用于同类事物之间，也适用于不同类事物之间。

利用类推原则进行汽车共享服务需求预测，必须首先弄清用来类比的两事物之间在发展变化上是否具有类似性。一般来讲，越类似的事物，类推预测的效果越好。当然，类似并不等于相同，再加上地点、时间、范围以及其他许多条件的不同，常常会使两事物的发展变化产生较大的差距。因此，在运用类推原则进行汽车共享服务需求预测时，必须考虑哪些是可比因素，哪些是不可比因素，尽量设法修正不可比因素所带来的偏差，然后进行类比，使预测结果具有更高的可信度。当用局部去类推整体时，则应注意这个局部的特征能否反映整体的特征，是否具有代表性。因为在任何整体中都可能存在与整体发展相异或某些特征与整体特征差别较大的局部，用这些不具有代表性的局部去类推整体就会出较大的误差，甚至得出完全相反的结论。

3. 相关原则

任何事物的发展变化都不是孤立的，都是与其他事物的发展变化相互联系、相互影响的，汽车共享市场需求量和供应量的变化也存在着各种相关因素。因此，当知道了影响汽车共享市场需求量的某一个因素发生变化时，就可以预测出汽车共享产品需求量的增减。一元线性回归和多元回归中的因果关系法，就是根据这一原则建立起来的。因果关系是相关性多种表现形式中最重要的、应用最广的一种形式。同时，相关性还包括不表示为因果关系的某一事物伴随着其他事物的变化而变化的相关现象。因此，相关性和因果性并不完全等同。因果关系，是指任何事物的发展变化都是有原因的，它的变化是原因作用的结果，人们可以通过已知的原因推测未知的结果。一般情况下，原因在前，结果在后，或者原因与结果几乎同时出现。但在一定条件下，原因和结果可以互相转化，此时此地是结果，在彼时彼地就成为原因。而且在事物的发展过程中，还存在着一因多果、一果多因和互为因果等种种复杂情况。因此，在汽车共享服务需求预测中，只有对汽车共享市场各因素之间的因果关系进行具体的、全面的分析，才能正确地找出对汽车共享服务需求预测目标起作用的主要和次要、内部和外部的原因，把握影响汽车共享服务需求预测目标的诸多因素，再根据各因素的不同作用，预测出汽车共享市场发展的必然趋势和偶然因素可能产生的干扰。相关原则常常是汽车共享企业进行预测工作时首先要考虑的一个重要原则和方法。特别是对于定量分析方法，如果能找到一个或几个与汽车共享企业预测目标密切相关的、可控的或可以预先知道其变化情况的经济变量，利用历史数据建立起它们与汽车共享企业预测目标之间的数学模型，一般就能收到较好的预测效果。

4. 质、量分析结合原则

质、量分析结合原则，是指在需求预测中要把量的分析法（定量预测方法）与质的分析法（定性预测方法）结合起来使用，才能取得良好的预测效果。质、量分析相结合的原则，是汽车共享服务需求预测得以科学进行的一项重要原则。

近几十年来，随着市场经济的发展、企业对预测的重视以及科学技术的迅猛发展，预测方法名目繁多。据西方国家有关研究机构统计，预测方法有上百种之多，其中使用比较广泛、比较有效的约有二三十种，经常使用的有十几种。这么多预测方法如何分类，国内外也还没有一个统一的方法。最常见的一种分类方法，是把预测方法分为量的分析法（定量预测方法）与质的分析法（定性预测方法）两大类。

（1）**量的分析法** 即根据一定数据，运用数学模型来确定各变数之间的数量关系，并据此预测市场未来的变化。量的分析法的主要特点是"凭数据说话"，能够通过各变数之间的数量关系，较准确地测算市场未来的发展趋势，为企业经营决策提供科学依据。它的不足之处是，单纯进行量的分析会忽视非量的因素，会把需求预测问题完全埋没在烦琐的数学模型圈子里。

（2）**质的分析法** 即依据预测者个人的经验和分析能力，通过分析、判断和推理各种因素对市场变化的影响，推测市场未来的发展。它的特点是简便易行，不需要经过复杂的数学运算过程。但也正因为如此，它不能以精确数据为依据进行精准的需求预测，而只能提供市场未来发展的大致趋势。为扬长避短，在汽车共享服务需求预测的实践中，应将量的分析法与质的分析法结合起来使用，保证汽车共享企业对汽车共享市场未来的发展变化做出科学的预测。

5. 可控性原则

可控性原则，是指企业对所预测的客观社会经济事件在未来发展趋向和进程方面，一定程度上是可控的。根据可知性原理，客观世界是可知的。客观事物的发展变化是有规律的，这种规律性是可以认知的。当人们认识了客观事物发展的规律性后，就可以创造条件，使预测对象在企业控制下朝着所希望的方向发展。在预测中，企业之所以可以利用可控性原则，对于本来属于不确定的未来事件，通过有意识的控制，预先较有把握地使其不确定性极小化，其理论依据是唯物主义的认识论和反映论，即世界是可知的，虽然物质决定意识，但意识对物质也有反作用。反映到预测实践中，即在影响预测对象发展变化的诸因素中，有些是可控因素，有些是不可控因素，有些因素可以直接控制，有些因素只能间接控制。具体到汽车共享企业，如果要预测汽车共享市场的发展变化趋势，那么在汽车共享市场的诸多影响因素中，如国际政治局势、经济形势、科技状况、竞争状况以及其他汽车共享企业的发展情况等，都属于不可控因素；可控因素主要指汽车共享企业本身的人、财、物的潜力，有可能采取的改善经营管理的方法、措施及汽车共享企业经营战略的修正，等等。

利用可控性原则进行汽车共享服务需求预测，就是要利用可控因素研究不可控因素，尽量避免不可控因素对汽车共享企业预测目标可能产生的干扰。因此，在运用可控性原则进行汽车共享服务需求预测时，应当与以随机现象为研究对象的数理统计方法——如概率推断法相结合。

三、需求预测的类型与内容

（一）需求预测的类型

1. 按预测期的长短分类

按预测期的长短，需求预测可分为短期、近期、中期和长期四种：

（1）**短期预测** 预测期一般为1周以上半年之内，主要是为汽车共享企业日常经营决策服务，讲究时效性。

（2）**近期预测** 预测期一般在半年以上2年之内，主要是测算年度汽车共享市场需求量，为汽车共享企业编制年度计划、安排市场和组织货源提供依据。

（3）**中期预测** 预测期一般在2年以上5年之内，主要是对政治、经济、技术和社会等对汽车共享市场发展起长期作用的因素进行预测。在调查分析后，做出汽车共享市场未来发展趋势预测，为汽车共享企业制定中期规划提供依据。

（4）**长期预测** 预测期一般在5年以上，是为汽车共享企业制定长期发展规划提供依据。

预测的准确性随着预测期的长短而不同，预测期越长，误差就越大，准确性就越低。预测期的长短应满足汽车共享企业决策的需要。

2. 按预测采用的方法分类

按预测采用的方法，可分为定性预测和定量预测。

（1）**定性预测** 定性预测是指熟悉业务知识、经验丰富和综合分析能力强的汽车共享服务从业人员或专家，根据已掌握的历史资料和直观材料，运用个人的经验和分析判断能力，对汽车共享服务的未来发展做出性质和程度上的判断，然后综合各方面的意见，科学地进行预测。

（2）**定量预测** 定量预测是根据已掌握得比较完备的汽车共享服务历史统计数据，运用一定的数学方法进行科学的加工整理，借以揭示有关变量之间的规律性联系，用于预测和推测汽车共享服务未来发展变化情况的一类预测方法。

（二）需求预测的内容

汽车共享市场需求预测是预测有货币支付能力的消费者或用户在一定时期、一定市场范围内，对汽车共享产品的需求。它包括汽车共享产品需求量的预测和所需求汽车共享产品的类型、品牌、款式、质量和性能等变动趋势的预测。

汽车共享市场需求预测包括质与量两个方面。从质的方面考查，汽车共享市场需求预测要解决"需求什么汽车共享产品"的问题；从量的方面考查，汽车共享市场需求预测需要解决"需求多少汽车共享产品"的问题。

1. 汽车共享企业寻求市场机会的第一步

汽车共享企业寻求市场机会的第一步是估计市场需要什么样的汽车共享产品。这方面的预测主要包括以下内容：

（1）**顾客调查与分析** 顾客的需求是汽车共享企业一切经营活动的出发点和中心，对顾客的调查研究便理所当然地成为汽车共享市场需求预测的重要内容。通俗些说，需求预测首先要弄清楚需求者是谁。对顾客的调查与分析，一般应包括：

1）谁是汽车共享产品的需求者，并把需求者按照消费需求的不同分成若干顾客群。

2）现有顾客数量、地区分布，顾客的消费心理活动和购买动机。

3）顾客的购买行为。

4）顾客对汽车共享产品的质量、性能、用途、款式、品牌和服务等方面的意见和要求。

5）顾客的收入来源和支出构成。

6）顾客消费结构的变化。

7）潜在顾客的情况。

（2）**市场需求趋势分析预测** 消费者的市场需求受多种因素的影响，其中主要的影响因素是消费者收入的变化。随着城乡居民收入大幅度的增加，必然带来汽车消费结构、消费倾向的巨大变化。因此，不断进行汽车共享市场需求趋势分析预测，与汽车共享企业的生存和发展关系重大。

（3）**消费需求倾向的变化趋势预测** 汽车消费需求倾向的变化可以分为以下几种类型：

1）需求量在一定时期直线上升，即出现供不应求，但对汽车共享产品类型、质量的要求又有所变化。

2）挑选性强、地区性强以及类型式样变化快。

3）需求季节性很强，适时则销量大增，过时则销量急剧下降。

4）需求波浪起伏，如新产品上市销量突增，然后逐渐滞销，加以改进后又开始畅销。

（4）**消费心理变化趋势分析预测** 人们的消费心理引起消费动机，消费动机又引发购买行为。随着收入的增加，攀比心理、赶时髦心理、趋同心理、归属心理以及表现自我价值的非趋同心理（追求汽车共享产品的个性化）等，对汽车共享产品购买行为的影响越来越大，甚至直接影响着汽车共享市场的需求。

2. 汽车共享企业寻求市场机会的第二步

汽车共享企业寻求市场机会的第二步是估计市场的总需求量。在上述四项内容预测分析的基础上，通过在历史资料分析基础上建立起来的汽车共享产品需求与各因素的函数关系，就可以测算出未来汽车共享市场的需求数量，最后结合定性分析确定未来汽车共享市场的需求水平。

（1）市场供应预测 汽车共享市场供应预测，是指对进入市场的汽车共享产品资源总量及其构成以及各种具体汽车共享产品市场可供应量的变化趋势的预测。它同汽车共享市场需求预测结合起来，可以预见未来汽车共享市场供求矛盾的变化趋势。

预测汽车共享产品生产的发展及其变化趋势，要搜集历史资料，了解汽车共享产品历年的产值产量、成本和销售等情况；要了解汽车共享产品现有生产企业的数量、生产能力、原材料供应生产设备、生产技术和汽车共享产品质量的现状，以及各项经济指标在汽车行业达到的水平；了解汽车生产企业的设备更新、技术引进以及近期挖潜、革新、改造的措施和基建规划，并在预测汽车生产结构的基础上，对于预测期内的各种汽车共享产品，研究可能提供汽车共享产品资源的汽车共享企业及其生产能力，已有汽车共享产品的数量、质量、类型、式样和规格等的发展变化，新产品的生产发展趋势、生产技术、原材料和能源消耗、成本和价格等的变化，汽车共享产品销售的竞争能力及汽车共享市场需求动向等，进而测算出汽车共享产品资源量、适应汽车共享市场需求的程度及其发展趋势。只有在摸清汽车共享产品资源的基础上，预测出各种汽车共享产品的发展前景，才能结合汽车共享市场需求的变化，较精确地预测汽车共享市场供求关系的发展趋势，做出正确的经营决策。

（2）科学技术发展预测 科学技术发展预测，是指对科学技术在未来的发展及其对社会、生产和生活的影响。汽车共享服务需求预测强调对汽车共享企业生产经营活动的影响，尤其注重对汽车共享产品有关或与材料、工艺、设备等有关的学科技术发展水平、发展方向、发展速度和发展趋势等方面情况的分析研究和预测，为制定汽车共享企业科学技术决策及科研发展规划服务。

科学技术迅猛发展给汽车共享企业经营带来的影响，主要体现在以下几个方面：
1）汽车共享产品的市场生命周期有明显缩短的趋势。
2）汽车共享领域技术的比重增长。
3）汽车共享服务方式将向更加现代化的方向发展。
4）对汽车共享企业的领导结构及人员素质提出更高的要求。

四、需求预测的基本程序

汽车共享服务需求预测是在汽车共享市场调查研究的基础上，明确预测目标、收集资料、进行分析判断并运用预测方法得出预测结论的复杂过程。这一过程具体包括以下程序：

1. 确定预测目标

确定预测目标，是进行汽车共享服务需求预测首先要解决的问题。要完成一项汽车共享服务需求预测，首先要明确预测的目的是什么、预测的对象是什么。只有预测目标明确了，才能根据预测目标有意识地收集各种资料，采用预测方法进行预测。

确定预测目标，就是要明确预测的目的、要求，具体包括要确定的预测对象、预测项目、预测的空间范围和时间要求。预测目标应尽量具体、详尽，不能含糊、抽象。它既关系到整个汽车共享服务需求预测活动的成败，又关系到预测中其他步骤的进度，如收集什么样的资料、采用什么样的预测方法，以及如何制定该项汽车共享服务需求预测的具体工作计划和进度等。

确定了预测目标，就使整个汽车共享服务需求预测工作有了明确的方向和内容。例如，某地区为制定分时租赁行业长远规划，开展了该地区2019年分时租赁市场需求预测。该项需求预测目标明确，预测对象是分时租赁市场，预测项目涉及居民出行行为分析、影响居民分时租赁需求的各种因素（如居民收入水平）的预测。该项汽车共享服务需求预测属于长期的市场预测。对汽车共享企业而言，确定预测目标应根据汽车共享企业生产经营管理的需要，服从汽车企业经营决策的要求。

2. 收集有关资料

科学的汽车共享服务需求预测，必须建立在掌握充分的汽车共享市场资料的基础上。预测目标确定后，就要围绕预测目标，广泛收集汽车共享市场各种历史和现实资料。汽车共享市场资料众多，在预测中应收集什么样的资料，完全由预测目标来决定。

汽车共享服务需求预测所需资料有两类：

1）关于预测对象本身的历史和现实资料，如某地区居民近年来分时租赁出行的统计资料。

2）影响预测对象发展过程的各种因素的历史和现实资料，如影响居民分时租赁选择的资料有：居民收入状况及变化、小轿车价格变动资料以及城市道路发展变化等。围绕汽车共享服务需求预测目标，收集汽车共享市场资料，要求收集资料的完整性、可靠性、准确性和适用性。收集历史资料和收集现实资料，在内容和方法上有所不同。历史资料包括汽车共享企业已经建档和各级政府统计机构发布或经报刊、会议文件等多种途径发布的各种经济与社会发展资料，包括宏观的、中观的与微观的各种历史统计资料，诸如人口状况、就业与人均收入的变化情况、社会购买力、货币流通量、汽车生产与销售情况、汽车共享企业经营的各种业务和财务数据等。从历史资料的分析中，可以认识与揭示汽车共享企业预测目标的发展变化规律，进而推测汽车共享市场的未来变化趋势。历史资料的收集，主要通过文献调查法获得。现实资料是指当前正在发生的有关经济和社会活动的各种资料，主要通过实地调查，如对消费者进行口头访问或问卷调查、观察调查来获得。对现实资料的分析研究，可以了解汽车共享企业预测目标的现实状况。

3. 分析判断

分析判断是指对收集的历史和现实资料进行综合分析，对汽车共享市场未来的发展变化趋势做出判断，为选择预测方法、建立预测模型提供依据。在进行汽车共享服务需求预测时，需要分析判断的内容有以下几方面：

(1) 汽车共享市场各种影响因素对汽车共享市场未来需求的影响 分析汽车共享市场各种影响因素对汽车共享市场未来需求的影响，主要需要分析以下几方面内容：

1）分析国家方针、政策和经济形势对汽车共享市场未来需求的影响。例如，《关于促进小微型客车租赁健康发展的指导意见》将对分时租赁市场需求产生影响。

2）分析居民的收入水平和汽车消费结构变化对汽车共享市场未来需求的影响。例如，居民汽车消费结构变化直接决定汽车共享市场需求的结构。

3)分析各种出行服务之间的替代关系和依存关系对汽车共享市场未来需求的影响。例如,P2P租车与分时租赁之间具有一定的出行替代关系,P2P租车供给的变化会引起分时租赁需求的变化;出租车与网约车之间具有一定的出行替代关系,出租车供给的变化会引起网约车需求的变化。

4)消费者消费心理、消费倾向等对汽车共享市场未来需求的影响。该项主要需要分析消费者的消费心理、消费倾向、消费行为和价值观念等的变化对汽车共享市场未来需求的影响。

(2) **预测期内汽车共享服务供求情况** 主要需要分析以下几方面内容:

1)分析汽车共享服务供求关系及其变化,即汽车共享服务供应是否能满足汽车共享市场需求,供求关系将发生何种变化。

2)分析汽车共享服务结构是否与消费者、用户需求结构相适应。

4. 选择预测方法并建立预测模型

汽车共享服务需求预测要依赖预测方法。根据汽车共享企业的预测目标,在对有关资料进行分析判断后,就要选择预测方法。预测方法选择得是否适当,将直接影响预测结果的可靠性。预测方法主要有定性预测法和定量预测法两大类。

在进行汽车共享服务需求预测时,预测方法的选择一般应从以下三方面考虑:

(1) **要根据汽车共享企业的预测目标和要求选择预测方法** 预测方法要服从于汽车共享企业的预测目标和预测要求。例如,若预测项目是短期和近期的,一般采用集合意见法、市场调研预测法、移动平均法和指数平滑法等;若预测项目是中长期的,一般采用趋势延伸法、回归分析法和德尔菲法等。

(2) **要根据汽车共享服务本身的特点选择预测方法** 预测方法要根据汽车共享服务的属性和内在特点进行选择,不同的汽车共享服务往往具有不同的属性和内在特点。

(3) **要在汽车共享企业切实可行的基础上选择预测方法** 随着社会经济的不断发展,各种新的预测方法层出不穷,但在汽车共享服务需求预测实践中还是要受到数据资料、经费、人力和设备等方面条件的制约。因此,选择预测方法时要考虑是否具备相应的条件。

5. 得出预测结论

这是汽车共享服务需求预测工作的最后一个阶段,包括以下两个环节:

1)利用汽车共享服务需求预测模型计算出预测值。就是根据具体的预测模型,输入有关数据资料,经过运算求出预测值。

2)评价预测值的合理性,最后确定预测结论。

利用汽车共享服务需求预测模型计算出来的预测值,只是初步预测的结果。由于种种原因,预测值和实际情况总是存在一定偏差,这就是预测误差。因此,在最后确定预测结论时,一般需要对预测的误差做出估计。预测误差实质上是对汽车共享服务需求预测模型精确度的评价,直接决定着是否认可汽车共享服务需求预测模型,是否需要对其做出修正。如果预测误差较小,符合预测要求,最后就可确定预测结论,即确定最终的预测值。

需要指出,为了保证预测值的准确性,在汽车共享服务需求预测中,常常要同时采用不同的预测方法与预测模型。通过对它们的预测结果进行比较分析,做出对预测值可信度的评价,进而确定最符合汽车共享市场实际的预测值。

第二章 汽车共享服务需求预测

 第二节 汽车共享服务需求预测影响因素

一、预测精度及其度量指标

在汽车共享服务需求预测中,有关预测精度的问题难以回避。由于汽车共享服务需求预测的对象是汽车市场现象中的各变量之间的对应关系,而这种关系的形成过程必然会受到人们的意志和行为的强烈影响,如汽车消费者的购买决策行为。因此,不论采用什么预测方法和预测模型,预测误差都会产生。从理论上讲,预测本身就包含着一定程度的误差。汽车共享服务需求预测是对汽车市场未来变化趋势做出的一种判断,而汽车共享市场的未来变化是不确定的。

尽管不能期待预测结果百分之百的准确,但对汽车共享企业来讲,应尽可能地追求准确的预测结果。误差较大的预测所带来的危害是严重的,特别是对未来汽车共享市场需求的预测,因受诸多因素的交叉影响,使得汽车共享市场需求的发展变化经常处于很不稳定的状态,所以预测精度更应得到汽车共享企业的重视。汽车共享服务需求预测的目的和要求不同,对预测精度的要求亦不同。一般就预测期长短而言,预测期越短,其预测精度要求越高;从预测方法来看,不同的预测方法在准确地预测某种基本数据样式和预测该样式发展过程的转折点方面,能力各不相同。例如,时间序列分析法用来预测数据的长期趋势比较合适,而对因汽车共享市场饱和及经济萎缩或消费过热等原因引起的汽车共享市场转折是根本不能预测的;用多元回归分析法和经济计量模型、市场调查预测法、扩张指数法就能较好地预测上述汽车共享市场转折点,提高预测精度,满足汽车共享企业的决策要求。

从根本上说,汽车共享服务需求预测的目的是汽车共享企业根据预测结果制订企业计划、规划或做出有关问题的决策,以取得良好的企业经济效益和社会经济效益。因此,汽车共享企业总希望预测结果和未来实际情况更接近一些,预测误差更小一些。预测误差,是指预测值与实际值之间的偏差。预测误差的大小表明预测精度的高低。实际的预测误差通常要在汽车共享企业计划、规划或某项决策实施之后,通过预测追踪把预测值和实际值进行比较,才能知晓误差的大小和范围,进而分析产生误差的原因,以便改进汽车共享企业的预测工作,提高预测精度。

在选择定量方法进行汽车共享服务需求预测的过程中,汽车共享企业预测人员往往利用选择预测方法的数学模型来测定该预测方法的理论预测误差大小,并将其作为选择合适预测方法和调整预测值的依据。度量预测精度的指标主要有预测平均绝对误差、平均相对误差以及均方误差。

1. 平均绝对误差

$$\text{平均绝对误差} = \frac{\sum_{i=1}^{n}(Y_i - \hat{Y}_i)}{n} \quad (i=1, 2, 3, \cdots, n)$$

式中,分子为某段历史时期内每个观察周期的实际观察值 Y_i 与数学预测模型测算值 $\hat{Y}_i$ 偏差的总和;n 为该段时期内的观察周期数。

也就是说，平均误差只是将每个观察周期的理论误差加起来求平均值。

2. 平均相对误差

$$\text{平均相对误差} = \frac{\sum_{i=1}^{n}(Y_i - \hat{Y}_i)}{\sum_{i=1}^{n} Y_i} \quad (i=1, 2, 3, \cdots, n)$$

3. 均方误差

均方误差是把每个观察周期理论误差值平方，再计算这些理论误差平方值的平均数。从统计观点来看，均方误差优于平均绝对误差。但均方误差在数值上要比平均绝对误差大，由于人们从数值上总是愿意接受较小的偏差值，而不愿接受较大的偏差值，故一般很少采用此项指标。

汽车共享服务需求预测人员在选用定量预测法进行预测时，在历史数据样式基本不变的情况下，往往是把均方误差和平均绝对误差这两项指标作为评价和选择精确度的依据。

二、提高预测精度的途径

1. 充分可靠的数据资料

充分可靠的数据资料，是提高预测精度的重要保证。掌握全面而可靠的数据资料是汽车共享企业进行需求预测的基础。数据资料不全会影响汽车共享服务需求预测的准确性，甚至会导致汽车共享服务需求预测的失败。不能等到要预测的时候才去收集数据资料，这样做会导致一时难以收集到必要的数据资料，也无法保证数据资料的可靠性。因此，汽车共享企业应建立自己的数据库，保存有关企业预测所需要的各类数据和资料。

2. 高素质的预测人员

预测人员素质高是提高预测精度的有效途径。汽车共享服务需求预测精度的高低还取决于预测人员素质的高低。对于承担汽车共享服务需求预测工作的人员来讲，熟悉基本的经营理论和具有一定的实践经验是最起码的要求。汽车共享服务需求预测人员必须对汽车共享市场有充分的了解，并且掌握对其进行分析的足量知识，除此之外还要具备一定的职业素质、文化素质和心理素质等。汽车共享服务需求预测人员有无经验、水平的高低和心理素质的好坏，都会直接影响汽车共享服务需求预测的精度，而且所预测的对象越复杂，难度越大，对预测人员的要求越高。因此，培养预测人员的预测能力，提高预测人员的素质，是汽车共享企业提高汽车共享服务需求预测精度的有效途径。

3. 决策者的参与

决策者的参与程度是提高预测精度的关键。汽车共享服务需求预测是为汽车共享企业决策服务的。从预测人员提出的多种预测方案中选择最优方案或满意的方案，起决定性作用（最后拍板）的是汽车共享企业决策者。决策者（含决策组织）是决策的主体，是汽车共享企业的权力机构和经营管理者。汽车共享企业决策者的素质水平和参与程度决定了汽车共享企业预测的精确程度。好的汽车共享企业决策者能充分认识到汽车共享服务需求预测的重要性，并亲自过问和参与，给汽车共享服务需求预测工作以正确的领导和全力的支持，使汽车共享服务需求预测与汽车共享企业决策密切结合，顺利开展，精确度高，从而使汽车共享企业兴旺发达；差的汽车共享企业决策者，对汽车共享服务需求预测工作的重要性缺乏认识，认识不到预测是决策的基础，决策是经营的关键，预测与决策密不可分，从而对汽车共享服务需求预测工作漠不关心。再好的汽车共享服务需求预测方案遇上这样的决策者也只能是"束之高阁"，这会直接影响汽车共享服务需求预测的顺利进行，进而影响汽车共享服务需求预测的精度。因此，决策者的参与是提高预测精度关键且重要的途径之一。

三、需求预测与市场调查的关系

汽车共享服务需求预测与汽车共享市场调查既相互联系，又相互区别。

1. 需求预测和市场调查相互联系

首先，汽车共享服务需求预测和汽车共享市场调查有共同点：

（1）**两者主体相同** 汽车共享服务需求预测和汽车共享市场调查的主体都是对汽车共享市场信息资料具有需求的汽车共享企业。

（2）**两者研究的客体相同** 汽车共享服务需求预测和汽车共享市场调查的客体都是汽车共享市场现象及其相关因素。

（3）**两者根本目的相同** 汽车共享服务需求预测和汽车共享市场调查的具体任务虽然不同，但根本目的是一致的，都是为汽车共享企业制定科学的经营决策和营销计划服务的。

其次，汽车共享服务需求预测和汽车共享市场调查是密切相关的。汽车共享市场调查是汽车共享服务需求预测的前提和基础。汽车共享市场调查为汽车共享服务需求预测提供必要的市场变化的数据和资料，没有汽车共享市场调查，汽车共享服务需求预测就是盲目和无根据的，不可能有科学性和准确性。汽车共享服务需求预测是汽车市场调查的延续和深化。只有汽车共享市场调查，没有汽车共享服务需求预测，汽车共享企业对汽车共享市场信息的掌握将是不完整的。只有在汽车共享市场调查的基础上，开展汽车共享服务需求预测活动，汽车共享企业才能获得包括汽车共享市场的历史、现状和未来变化趋势在内的完整的汽车共享市场信息，才能进行正确的经营决策。

2. 需求预测和市场调查相互区别

虽然汽车共享服务需求预测和汽车共享市场调查有许多共同点，两者是密切关联的，但汽车共享服务需求预测不等同于汽车共享市场调查，它们的主要区别如下：

（1）**两者的研究重点不同** 汽车共享市场调查和汽车共享服务需求预测虽然都研究汽车共享市场供求关系及其影响因素，但汽车共享市场调查侧重于对汽车共享市场现状和历史的研究，是一种客观的描述性研究，目的是了解汽车共享市场的客观实际情况，弄清事实真相，并及时捕捉汽车共享市场信息；汽车共享服务需求预测则侧重于对汽车共享市场未来的研究，这是一种预测性研究，着重探讨汽车共享市场供求关系的发展趋势及各种影响趋势变化的因素，目的是对未来的汽车共享市场及时做出推断和估计。

（2）**两者的研究结果不同** 进行汽车共享市场调查和汽车共享服务需求预测，其最终目的都是通过对汽车共享市场的研究，为汽车共享企业决策提供依据。但汽车共享市场调查所获得的直接结果是反映汽车共享市场现象的各种数据、资料和调查报告，涉及的内容比汽车共享服务需求预测要广泛，因而既可作为汽车共享服务需求预测的依据和资料，又可直接为汽车共享企业的日常决策提供依据；而汽车共享服务需求预测所获得的结果是汽车共享市场未来发展变化的趋势和汽车共享市场需求的可能水平，是一种有一定科学根据的假定，主要为汽车共享企业制订计划和管理决策服务。

（3）**两者的研究方法不同** 汽车共享市场调查的方法多是了解汽车共享市场现状、捕捉汽车共享市场信息的方法，如访问调查法、问卷调查法和观察调查法等；汽车共享服务需求预测的方法包括定性预测法和定量预测法，目的是为了科学预测汽车共享市场未来的需求量和需求状况。两者的研究方法有很大区别。

第三节 需求预测方法

一、专家集体预测法

专家集体预测主要依赖于预测人员用丰富的经验和知识及综合分析能力对预测对象的未来市场需求做出性质和程度上的估计和推测。专家集体预测法不用或很少用数学模型，预测结果并没有经过定量分析，所以具有不确定性。集体预测是定性预测的重要内容，能集中多数人的智慧，克服个人的主观片面性。集体预测法简便、易于掌握，而且时间快、费用省，因此得以广泛采用。但是，集体预测法缺乏数量分析，主观因素的作用较大，预测的准确度难免受到影响。因此，在采用集体预测法时，应尽可能地结合定量分析方法，使预测过程更科学、预测结果更准确。集体预测法的具体形式较多，使用频率较高的方法有集合意见法、专家会议法、德尔菲法等。

1. 集合意见法

集合意见法是由预测人员召集汽车共享企业的经理人员、财务、统计、策划、市场研究等部门的负责人作为预测参与者，向他们提供有关需求预测的内容、市场环境、企业经营状况和其他预测资料，要求他们根据提供的资料和个人的经验，并结合自己掌握的汽车共享市场需求动态提出预测意见和结果，或者用会议的形式组织他们进行讨论，最后由组织者把预测方案、意见集中起来并结合实际工作情况进行修正，最终取得预测结果的方法，这类方法适合于做短期预测。许多预测问题只凭预测者个人的知识和经验进行预测往往具有局限性，而集合意见法则能集思广益，克服个人预测的局限性，有利于提高预测的质量。集合意见法的组织形式可以多种多样，预测组织者可根据需要和具体要求来确定。从人员构成上看，一般有三种形式：

（1）**集合经营与管理人员的意见** 将经理、管理人员和业务人员三方面的判断意见加以归纳、整理、分析，从而确定企业的预测方案。

（2）**集合企业内业务人员的意见** 提供判断意见的人员仅限于企业内部的业务人员，通过归纳、整理、分析企业内部业务人员的判断意见来确定企业的预测方案。

（3）**集合企业内外业务人员的意见** 将所属经营机构的业务人员、分支机构的业务主管人员、有业务关系的批发零售企业的业务主管人员以及联合企业的业务主管人员的判断意见，进行归纳、整理、分析，从而确定企业的预测方案。

集合意见法的操作步骤如下：

1）确定参加预测的人员，并提供项目资料和预测期限。选取预测人员时应注意以下几点：应从各部门选择经验丰富的有预测分析能力的人参与预测；应要求预测参与者经常搜集市场信息，积累预测资料；预测组织者应定期将共享汽车市场需求总形势和企业的经营情况提供给预测参与者；预测组织工作应经常化，并对预测成绩显著者给予表彰，以调动他们的积极性。

2）提出预测方案并确定最终预测方案。预测人员根据预测要求及掌握的背景资料，凭个人经验和分析判断能力提出各自的预测方案。在方案中，要确定以下三个重点：第一，确定未来共享汽车市场的集中可能状态（例如，市场需求好或者市场需求差的状态）；第二，估计各种可能状态出现的概率（主观估计）；第三，确定每种可能状态下的具体需求量。

3）计算各方案的期望值。预测者组织计算预测方案的期望值。方案期望值等于各种可能状态主观概率与状态值的乘积和。将参与预测的有关人员分类，如经理类、管理职能科室类、业务人员类等，计算各类综合期望值。由于预测参与者对共享市场需求的了解程度以及经验等不同，因此他们对最终预测结果的影响也有差异。为表示这种差异，对每类人员要分别给予不同的权数，最后采用加权平均法获得各类综合期望值。若给每位预测者以相同的权数，则表示各预测者的重要性相同。综合期望值可直接采用算术平均法或中位数法获得。预测组织者将各类人员的综合期望值通过加权平均法等方法计算出最后的预测值。

2. 专家会议法

专家会议预测法是由共享汽车市场预测组织者召开专家会议，运用共享汽车领域专家各方面的专业知识和经验，相互启发、集思广益，对未来共享汽车市场需求趋势做出判断。专家预测法的突出特点就在于，参加预测的人员必须是与共享汽车需求方面有关的专家，比如在共享汽车研究上有专门知识和特长的人员，以及具有丰富的实践经验的经济师、会计师、统计师、工程师等。另一个特点在于，因某些因素难以用数学模型定量化，在缺乏足够统计数据和原始资料的情况下，可以给出定量估计。

专家会议预测能否成功，在很大程度上取决于对专家的选择，既要选择对汽车共享服务市场有较为深入研究的专家，又要物色有经验的实际工作者，且专家要具有一定的市场调查和市场预测方面的知识和经验；还要精心选择会议主持人，以使与会专家能够充分发表意见。同时应设立专人对各位专家的意见进行记录和整理，要注意对专家的意见进行科学的归纳和总结，以便得出科学的结论。

专家会议的规模要适中，如果人数太少，限制了学科和部门的代表性，就会导致问题得不到全面深入的讨论；如果人数太多，会导致会议不易组织，会议时间拖长，预测结果处理起来也较复杂。会议人数应由主持人根据实际情况的需要与可能而定，一般以10人左右为宜。为了使会议有成效，预测组织者应事先向专家们提供与共享汽车市场需求有关的资料，以及需要讨论研究的具体题目和要求。在会议上，预测组织者不宜发表影响会议的倾向性意见，只是广泛听取意见，最后综合专家意见确定预测结果。

专家会议预测法的主要种类如下：

1）交锋式会议法，要求参加会议的专家通过各抒己见、互相讨论来预测问题，以求达到一致或比较一致的预测意见。这种方法的局限性是"权威者"可能左右与会者的意见，或者"口才"好的人左右与会者的意见，有些人虽感自己意见欠妥，但不愿收回原意见。因此，最后综合预测意见时难以完全反映与会者的全部正确意见。

2）非交锋式会议法，要求与会者可以充分发表自己的预测意见，也可以对原来提出的预测意见再提出修改或补充意见，但不能对别人的意见提出怀疑和批评。这种非交锋式会议法，也被称为"头脑风暴法"。它可以克服交锋式会议法的缺点，起到互相启发、开拓思路的作用，但最后处理和综合预测意见比较困难。

3）混合式会议法，混合式会议法是交锋式与非交锋式会议法的结合，又称"质疑头脑风暴法"。一般分两阶段进行，第一阶段采用非交锋式会议法，即直接实行头脑风暴法；第二阶段实行质疑头脑风暴法，用交锋式会议法对第一阶段提出的预测意见进行质疑，在质疑过程中又提出新的预测意见或设想，经过不断讨论，最后取得比较一致的预测结论。

专家会议预测法的实施程序：

（1）做好会议的准备工作 准备工作包括确定合适的主持人，选好会议的场所和时间，确定会议的次数，准备会议的记录。主持人要有丰富的调查经验，掌握与讨论会议内容相关的知识，并能左右或者引导会议的进程和方向。邀请专家参加会议。

（2）控制好会议的进程 会议主持人邀请大家根据共享汽车市场预测题目发展意见，提出各种各样的方案；但在会议上不得批评任何专家的方案，要让专家们打开思路、畅所欲言。同时，记录人员做好会议记录工作，可以通过录音或者录像的方法记录。会议结束后，主持人对各种方案进行比较、评价、归类，最后确定预测方案。

3. 德尔菲法

德尔菲法是美国兰德公司于1964年进行技术预测时创立的一种专家预测法。德尔菲是古希腊传说中的神谕之城，城中有座阿波罗神殿，可以预测未来，因而借用其名。德尔菲法是专家会议法的改进和发展，是为了避免集体讨论存在的屈从于权威或盲目服从多数的缺陷而提出的。在预测过程中，各位专家不通过会议形式交换意见和进行讨论，而是以匿名的方式用书面形式独立回答预测者的问题，并反复多次修改各自的意见，最后预测组织者对每一轮意见都进行汇总整理，作为参考资料再寄发给每位专家，供他们分析判断，提出新的预测意见和结果。如此几次反复，专家们的预测意见渐趋一致，预测结论越来越具可靠性。

德尔菲法具有三大特点，一是匿名性，专家们用书面形式回答预测问题，互不见面，姓名保密，只与预测组织者保持单独联系。这样有利于他们独立思考判断，既依靠了专家，又克服了专家会议的缺点。二是反馈性，轮番向专家征询意见。每次向专家征询意见，预测组织者都将上一轮专家的意见进行统计归纳后，将结果反馈给下一轮的专家，各位专家在了解了不同意见以及理由后，再完善自己的见解。三是统计性，即对每次的反馈信息都要进行统计处理，通过用专家意见的中位数或平均数反映专家的集体意见。

德尔菲法是系统分析法在意见检验和价值判断领域内的一种有益延伸，能为决策提供可靠的预测方案和依据，不仅可用于短期、中期预测，也可用于长期预测；不仅可用于定量预测，也可用于定性预测。其预测的组织程序如下。

1）确定共享汽车市场需求预测课题和内容，并成立预测负责小组。

2）设计函询调查表，准备有关共享汽车需求量的相关材料。共享汽车市场需求调查表的设计应力求简单明了、用词确切。有关材料力求详细具体，以便专家在预测时参考。同时还应将填写的要求、说明一并设计好，使各位专家能够按照统一要求做出预测。

3）选择预测专家。预测专家一般是与共享汽车市场领域有关的从事较长时期的技术或专业工作的专门人员。一般以10~50人为宜。

4）用函询调查表进行反馈调查。第一轮调查表只提出应预测的事项和基本要求。在规定的时间内收回调查表后，预测组织者应进行汇总整理，归并同类意见，排除次要意见，并设计预测意见一览表，再发给各位专家以便他们做第二次修改。第二轮由专家对第二轮调查表所列的每个事项的预测意见做出评价，提出自己的预测意见和结果，并阐明理由。调查表反馈回来后，预测组织者再对专家意见进行统计处理。第三轮、第四轮的做法与第二轮相同。一般来说，反复三四轮后，专家们的预测意见趋于一致，即可停止反馈调查。

5）对预测结果进行统计处理，最终确定预测值。为了得出专家们集中的预测意见，做出最终预测结论，提出预测分析报告，应对预测结果进行统计处理。对于预测共享汽车在未来时期的需求量，可用算术平均法或中位数进行统计归纳，求出平均预测值来反映专家预测结果的集中度。

算术平均法就是用专家所有预测值的平均数作为综合预测值。其公式是：

$$y = \frac{\sum_{i=1}^{n} x_i}{n}$$

式中，x_i 为各位专家的预测值；n 为专家人数。

中位数法就是用所有预测值的中位数作为最终的预测值。将最后一轮专家的预测值从小到大进行排列，碰到重复的数值舍去，那么中位数所处的位置（第 $\frac{n+1}{2}$ 位）的数据就是预测值。

二、市场景气预测法

汽车共享市场景气预测法，是对整个汽车共享车市场的形势和运行状态进行评价和预警，揭示汽车共享市场周期变动的规律，反映汽车共享市场形势和运行状态的冷热程度或是否正常，为汽车共享企业决策提供的一种方法。市场繁荣是汽车共享企业的发展的大好机会，市场疲软会使汽车共享企业的经营面临困境，汽车共享企业应力求避免汽车共享市场疲软的不利影响。分析预测汽车共享市场的景气状态，有利于汽车共享企业掌握未来市场需求量，有利于企业做出经营决策。

1. 领先落后指标法

领先落后指标法是通过研究前趋汽车共享市场需求的指标变化情况，用以推断后续市场需求变化趋势的一种预测方法。此预测方法指标可分成三类：

先行指标是指先于预测目标的指标，如汽车共享供求关系变动是价格涨跌的先行指标。同步指标是指与预测目标变动同时发生变化的指标，如共享汽车市场需求量、国内生产总值、财政收入等几乎同时发生变动。落后指标是指同预测目标相比，变化中落后的指标，如汽车共享服务供给总水平。落后指标可作为剩余和失衡的标志。

领先落后指标法主要利用先行指标法来推断预测目标的变化趋势。在汽车共享市场需求预测中，运用领先落后指标法预测汽车共享市场需求的一般步骤如下：

（1）**选择领先指标** 一般应根据经济理论、经济关系、实践经验及实证性分析，找出与汽车共享市场需求有直接关系并起领先变化作用的经济变量作为领先指标。其中，实证性分析一般是绘制汽车共享市场需求与领先指标的动态曲线图，然后参考两者上升或下降的变化曲线，判断先行指标变化的间隔时间和变动方向。由于领先的间隔时间有长有短，变动方向有同增同减的顺相关系，也有此消彼长的逆相关系，因此应根据具体情况做具体分析。一般来说，应选择既领先汽车共享市场需求变化，又具有顺相关系的经济变量作为领先指标。

（2）**收集和处理统计数据** 为了较正确地揭示领先指标和共享汽车市场需求的变动关

系和规律,一般来说,应收集15年以上的数据。由于个别领先指标波动频繁,难以观察领先落后关系时,可将各领先指标同期的环比个体指数以几何平均法或加权平均法求出领先指标综合指数,然后绘制领先落后关系图,借以考察领先落后的时间规律。

(3)利用领先落后关系进行外推预测　在共享汽车市场需求预测中,利用领先落后关系进行外预测,即根据领先指标变化的领先时间和变动方向推测共享汽车市场需求的变动方向。预测时应注意,领先指标一般只能用于预示共享汽车市场需求的走势或转折点,或者说只能指示未来落后指标的变动方向,但不能直接预测变化的幅度。

2. 企业景气调查法

企业景气调查起源于20世纪20年代的西方国家,此后在世界范围内迅速得到了推广和应用。我国从1984年起,国家统计局开始进行企业景气调查工作。该项工作以问卷为调查形式,并对调查资料进行汇总,计算有关景气指数来反映当期的实际景气状况和下期景气状态的走势。

景气指数,又称景气度。就共享车企业而言,对汽车共享企业景气调查中的定性指标通过定量方法加工汇总,综合反映某一特定调查群体对某一共享汽车市场需求所处的趋势所做的综合判断。汽车共享企业景气指数主要有以下两种:

1)企业家信心指数,是根据企业家对汽车共享企业外部市场需求与宏观政策的认识、看法、判断与预期而编制的指数,用以综合反映企业家对宏观经济环境的感受与信心。

2)企业景气指数,是根据企业家对汽车共享企业综合生产经营情况的判断与预期而编制的指数,用以反映汽车共享企业的生产经营状况。

企业景气指数的数值通常用纯数字的形式表示,取值范围在0~200之间,100为景气指数的临界值。当景气指数大于100时,表明需求趋势上升,处于景气状态;当景气指数小于100时,表明需求趋势下降,处于不景气状态。

3. 扩散指数法

扩散指数通常指在研究时期(月、季、年)内的一组统计指标中,上升的指标数目占全部指标数目的比重。计算公式为

$$扩散指数 = (正在上升的指标数目/全部指标数目) \times 100$$

扩散指数的变动幅度⊖在0~100之间,其数值大小与共享市场需求量变动的关系一般为:

扩散指数由50向100上升时,市场需求呈加速增长趋势。

扩散指数由100向50下降时,市场需求量仍在增加,但增长速度放慢。

扩散指数由50向0下降时,市场需求量持续下降。

扩散指数由0向50上升时,市场需求量下降速度减慢,出现回升趋势。

扩散指数在共享汽车需求市场景气状况预测中应用较广泛,但设计扩散指数时,应注意以下几点:

1)设计若干指标组成的扩散指数,应选择一组影响共享汽车市场需求变化的领先指标,以便用于外推预测。若领先指标的逐期变化不规则影响扩散指数预测能力时,扩散指数中也可以包括一些同步指标。此外,指标数目应为两位数,以使指标群的代表面大一些。

⊖　指百分数的分子部分。

2) 设计若干地区组成的扩散指数,既要注意所选指标的同一性,又要注意地区的代表性。同时,观察数目应尽可能多一些,代表面应尽可能大一些。

3) 扩散指数的计算时距有月、季、年之分,采用何种时距取决于共享汽车市场需求预测的期限。当采用月距和季距计算扩散指数时,为了消除季节变动的影响,应考察各指标与上年同期对比的增减变化,然后计算扩散指数。

4) 扩散指数只能预测共享汽车市场需求的变化趋向,不能预测共享汽车市场需求变动的幅度。扩散指数是在定量分析的基础上进行定性预测的。

4. 压力指数法

压力指数是两个有联系的统计指标的比率,其数值的大小反映了需求关系的变动,因而可作为对汽车共享市场需求预测的指南。在汽车共享市场需求预测中,可以用需求对供给的压力指数来衡量。

需求对供给的压力指数是指一定时期内的汽车共享服务需求占汽车共享服务供应的比率。比率越大,越趋向求大于供;比率越小,越趋向供大于求。计算公式为

$$需求对供给的压力指数 = (汽车共享需求量 / 汽车共享可供量) \times 100\%$$

压力指数虽然不能预测汽车共享市场需求变动幅度,但可作为汽车共享市场需求变化的预兆,指示汽车共享市场需求未来的变化方向;还可与其他预测方法配合,为汽车共享市场需求预测起到辅助作用。

三、因素分析预测法

因素分析预测法是凭借经济理论与实践经验,通过分析影响预测目标各种因素的作用大小和方向,对预测目标未来的发展变化做出推断。在汽车共享市场需求预测中,因素分析预测法具有三个作用:第一,能够综合各种因素的影响而做出汽车共享市场需求预测推断,使预测结论更为可靠;第二,能够揭示汽车共享市场需求现象的变动关系,便于做出有效的预测判断;第三,能够采用一定的标准和方法,将诸多因素指标合并为一个综合性的指标,用以评价和预测各地汽车共享市场需求的大小。

1. 因素列举归纳法

因素列举归纳法是指逐一列举影响汽车共享市场需求变动的因素,并分析各种因素对汽车共享市场需求作用的大小和方向,区分经济因素和非经济因素、可控因素和不可控因素、内部因素与外部因素,以及有利因素和不利因素,然后加以综合、归纳,全面推断汽车共享市场需求未来的变化趋向。在汽车共享市场需求预测中,因素列举归纳法的基本程序如下:

1) 列举能观察到的影响汽车共享需求变化的各种主要因素,并收集有关资料。

2) 分析评价各种因素作用的大小、方向和程度,区分各种因素的性质,判断哪些因素导致汽车共享需求变化趋于扩张,哪些因素导致汽车共享需求变化趋于收缩,有利因素与不利因素谁居主导地位等。

3) 归纳推断汽车共享需求变化的趋向。有利因素居主导地位时,未来前景看好,或需求上升;不利因素居主导地位时,未来前景暗淡,或市场疲软、需求不振等。

2. 相关因素推断法

市场需求现象之间的相互变动关系,在时间上有先行、后行关系与平行关系之分。在变动方向上有顺相关系与逆相关系之分。相关因素推断法,是分析汽车共享需求的变动趋向的

一种预测方法。

(1) **顺相关系判断法** 顺相关系是指两个市场需求现象间的变动方向为同增同减的关系,如出租车需求量与网约车需求量之间的关系就属于同向变动的相关关系。利用顺相关系,可以通过相关现象的增加或减少推断汽车共享市场需求会相应增加或减少。

(2) **逆相关系判断法** 逆相关系是指两个市场需求现象间的变动方向表现为一增一减的关系,如汽车共享需求量与私家车普及率之间就表现为此消彼长的关系。利用逆相关系,可由相关现象的增加或减少推断汽车共享市场需求是否会向相反的方向变动。

相关因素推断法,一般用于预测汽车共享需求变动的趋向。如果要预测汽车共享需求变动的数值或幅度,可先测算汽车共享市场需求相关现象间的比例关系,再由相关现象的数值推算汽车共享需求变动的数值或幅度。

3. 因素分解推断法

因素分解推断法,是指将汽车共享市场需求预测按照一定的联系形式分解为若干因素指标,然后分别研究各种因素未来变动的方向、程度和结果,最后综合各种因素变动的结果,求出汽车共享市场需求的总的变动趋势和结果。

采用因素分解综合推断法进行汽车共享市场需求预测时,必须注意采用合适的联系形式将汽车共享市场需求分解为若干因素指标,各因素指标的预测分析应力求准确,才能保证汽车共享市场需求预测最终结果的准确性。

四、直接推算预测法

直接推算预测法是带有定量性质的定性预测方法,即利用有关指标之间的相互关系,在分析研究的基础上,做出数量化的判断预测。在汽车共享市场需求预测中,直接推算预测法的意义主要表现在可以根据汽车共享市场局部与总体之间的数量关系,由已知指标数值推测未来汽车共享市场需求的数值及变化。

1. 进度判断预测法

进度判断预测法是通过分析今后的发展趋势、有利因素和不利因素,对今后和全时期的服务需求情况做出预测。在汽车共享需求预测中,它可以分为三种:增减趋势推算法、序时平均法和季节比重推算法。

(1) **增减趋势推算法** 增减趋势推算法是在前段实际水平的基础上,综合分析后段各种变化因素,判断变化趋势,以确定后段的增减率,进而预测后段和全期可能达到的总体水平,并判断经营目标能否实现的一种预测方法。

例如,某汽车共享企业某年的市场需求目标量为5000万人次,前三个季度累计完成需求量为3750万人次,其中第三季度的需求量为1280万人次。预计第四季度汽车共享需求量比上季度增长3%。据此判断全年汽车共享需求量的完成程度为

预计需求量的完成程度 = [3750+1280×(1+3%)]÷5000×100% = 101.368%

(2) **序时平均法** 序时平均法是先计算前段时期的实际(日、月、年)平均数,然后分析后期各种变化因素的影响,在前期序时平均数的基础上预计后期可能达到的序时平均水平,根据剩余时间推算后期以及全期可能达到的总水平的一种预测方法。

例如,某汽车共享企业某月需求量为800万人次,1~20日累计需求量达540万人次,日平均需求量27万人次,根据有关资料显示,由于部分共享汽车需要维修保养,导致供给

量不足，下旬完成日需求量将减少 3 万人次。据此推算预计需求量完成程度为

预计需求量完成程度 = [540+(27-3)×10]÷800×100% = 97.5%

(3) **季节比重推算法** 季节比重推算法预测过程是：当生产经营活动具有季节性时，可先计算本年内前期实际累计数，再根据历史资料分析以往同期累计数占以往全时期实际数的比重（季节比重），最后用前期实际累计数除以季节比重，即可预测全时期可能达到的总水平及经营目标的实现程度。

例如，某汽车共享企业某年汽车服务需求量目标为 8500 万人次，1~3 季度累计需求量 5985 万人次。据历史资料分析，1~3 季度的需求量约占全年的 69.5%，因而可预计

全年需求目标/预计完成程度 = (5985÷69.5%)/8500 = 101.31%

第四季度需求量 = (5985÷69.5%−5985) 万人次 = 2626.5 万人次

进度判断预测法主要用于判断一定时期内汽车共享企业经营目标能否实现，是一种近期预测。预测的准确性主要取决于对后段水平的推算是否接近汽车共享企业和汽车共享市场实际。因此，必须综合各种因素的影响，对后段情况做出较为切合实际的判断预测。

2. 比重推算法

比重推算法是利用总体中局部数值占总体数值的比重，根据总体的数值推算局部的数值，或根据局部的数值推算总体的数值，亦可根据总体中各组比重的变化推断现象发展趋向的一种预测方法。在汽车共享需求预测中，比重推算法主要应用于以下 4 个方面。

(1) **需求构成预测** 利用比重推算法预测需求构成，即利用社会消费品购买力或者社会消费品零售额的商品类别构成的统计特性，在分析判断未来需求构成变化趋向的基础上，根据预测期的社会消费品购买力推算各类汽车共享服务购买力的投向。亦可利用比重推算法，由大类商品总需求推算小类商品需求，由小类商品需求推算汽车共享产品需求。

(2) **市场占有率预测** 市场占有率是指一个企业的商品需求量在一定范围内的市场需求中所占的比重。比重越大，企业的市场占有率越高，市场竞争力越强，反之越弱。计算公式为

市场占有率 = (本企业汽车共享需求量/市场汽车共享需求量)×100%

在汽车共享需求预测中，利用市场占有率进行预测，即根据已有的宏观汽车共享市场的预测值，或政府机关发布的有关预测指标作为汽车共享企业需求预测的基础，利用企业的市场占有率推算本企业的需求预测值。预测时，首先应根据历史资料分析汽车共享行业或汽车共享企业自身市场占有率的变化趋向，再结合预测期的汽车共享市场竞争情况，确定合适的市场占有率，以用于预测推算。

(3) **总体结构变动趋向预测** 总体内部结构变动往往具有此消彼长的统计规律，即某些类别的比重上升，则另一些类别的比重下降。随着人民生活水平的日益提高，居民食物支出占总支出的比重（恩格尔系数）会减少，而出行支出比重则会上升。在汽车共享市场需求预测中，用比重推算法判断总体结构的变动趋向，一般应收集历年的具有多种分组的统计数据，并计算每一分组的比重指标，然后从历年比重的动态变化中判断汽车共享市场需求总体结构中各组成部分此消彼长的变动趋向。

3. 比例推算法

比例推算法是根据有关指标或有关现象之间的比例关系，由已知指标数值推算预测对象数值的方法。在用比例推算法进行汽车共享需求预测时应注意两方面，一方面应根据历史资

料并结合预测期有关因素确定合适的比例值;另一方面,作为推算基础指标的数值应是已知的,或者应比汽车共享需求预测对象的数值容易确定。

比例推算法的具体方法如下:

(1) **结构性比例法** 利用总体中局部与局部之间的比例关系,由已知部分的数值推算其他部分及其总体数值的一种预测方法。

(2) **相关性比例法** 利用有关汽车共享市场需求现象之间的相关关系形成的比例,从已知汽车共享市场需求现象的数值推测另一汽车共享市场需求现象数值的一种预测方法。例如,某市国内生产总值与汽车共享需求量的关系很密切,二者的比例一般为 2000:1。据预测,××年国内生产总值可达 169.8 亿元。据此推算,××年汽车共享需求量为 849 万人次。

(3) **比例联测法** 以某地汽车共享市场需求观测为基础,运用比例法推算其他地区的汽车共享市场需求量的一种预测方法。

例如,本年度甲地共享汽车需求量为 43880 人次,乙地需求量为 41379 人次,丙地需求量为 37520 人次。据预测,××年甲地共享汽车需求量为 46250 人次,用比例联测法预测乙、丙两地明年共享汽车需求量为

乙地需求量 = 46250×41397÷43880 人次 = 43633 人次

丙地需求量 = 46250×37520÷43880 人次 = 39546 人次

五、时间序列预测法

时间序列预测法的基本原理是:一方面承认事物发展的延续性,运用过去的时间序列数据进行统计分析,推测出事物的发展趋势;另一方面充分考虑到由于偶然因素影响而产生的随机性,为了消除随机波动产生的影响,利用历史数据进行统计分析,并对数据进行适当处理和趋势预测。时间序列预测法可用于短期、中期和长期预测。根据对资料分析方法的不同,又可分为:简单序时平均数法、加权序时平均数法、移动平均法、指数平滑法、趋势延伸预测法、季节性趋势预测法等。其步骤如下:

1) 收集历史资料,加以整理,编成时间序列,并根据时间序列绘成统计图。时间序列分析通常是把各种可能发生作用的因素进行分类,传统的分类方法是按各种因素的特点或影响效果分为 4 大类:①长期趋势;②季节变动;③循环变动;④不规则变动。

2) 分析时间序列。时间序列中的每一时期的数值都是由许许多多不同的因素同时发生作用后的综合结果。

3) 求时间序列的长期趋势 (T) 季节变动 (S) 和不规则变动 (I) 的值,并选定近似的数学模式来代表它们。对于数学模式中的诸未知参数,使用合适的技术方法求出其值。

4) 利用时间序列资料求出长期趋势、季节变动和不规则变动的数学模型后,就可以利用它来预测未来的长期趋势值 T 和季节变动值 S,在可能的情况下预测不规则变动值 I,然后用以下模式计算出未来的时间序列的预测值 Y

加法模式: $T+S+I=Y$

乘法模式: $T\times S\times I=Y$

如果不规则变动的预测值难以求得,就只求长期趋势和季节变动的预测值,以两者相乘之积或相加之和为时间序列的预测值。如果经济现象本身没有季节变动或不需预测分季分月的资料,那么长期趋势的预测值就是时间序列的预测值,即 $T=Y$。但要注意,这个预测值

只反映现象未来的发展趋势,即使是很准确的趋势线,在按时间顺序的观察方面所起的作用,本质上也只是一个平均数的作用,实际值将围绕着它上下波动。

1. 简单序时平均数法

简单序时平均法是一种最简单的时间序列预测法。它基本的思路就是把前几个月(或日、周、旬、季、年等)数值的平均值,作为后一个月(或日、周、旬、季、年等)的预测值。设 X_t 为第 t 月的发生值, $t=1,2,\cdots,n$。如果我们要求根据前 N 个月的发生值来预测第 $t+1$ 月的预测值 Y_{t+1},则可以由下式确定

$$Y_{t+1} = \frac{X_t + X_{t-1} + \cdots + X_{t-N+1}}{N} \quad (t \geq N)$$

2. 加权序时平均数法

加权序时平均数法就是对于组距中的 N 个数,根据它们各自对于预测值的重要程度分别设置重要度权数,然后把它们加权平均来求得预测值的预测方法。

如果设组距中 N 个发生值的权数分别为 $w_1,\cdots,w_N$,则加权序时平均数法的预测值可以用下式求得

$$Y_{t+1} = \frac{w_1 X_t + w_2 X_{t-1} + \cdots + w_N X_{t-N+1}}{w_1 + w_2 + \cdots + w_N} \quad (t \geq N)$$

3. 移动平均法

移动平均法是取预测对象最近的一组观察期的数据(或历史数据)的平均值作为预测值的方法。所谓移动,是指参与平均的数据随着观察期的推移而不断更新;所谓平均值,是指算术平均值。当一个新的数据进入平均值时,要剔除平均值中最陈旧的一个数据,并且每一次参与平均的数据都有相同的个数。

移动平均法又可以分为一次移动平均法和二次移动平均法,这里主要讨论一次移动平均法。

设实际发生值的实践序列为 X_t,组距为 N,将 X_t 按顺序以组距 N 移动,求得平均值序列为 M_t,即 M_t 可以用下形式表示为

$$X_{t+1} = M_t = \frac{X_t + X_{t-1} + \cdots + X_{t-N+1}}{N} \quad (t \geq N)$$

4. 指数平滑法

指数平滑法是在移动平均法基础上发展起来的一种方法,实质上是种特殊的加权移动平均法。该方法重视远期数据,但更看重敏感的近期数据,它对各期数据赋予的权数由近及远按指数规律递减。这种方法给予了确定权数的基本规则,使其在调整权数、处理资料时更为方便,因而在市场预测中被广泛应用。

指数平滑法按平滑次数的不同又分为一次指数平滑法、二次指数平滑法和多次(二次以上)指数平滑法,本文主要阐述一次指数平滑法。

一次指数平滑法是以预测对象的本期实际值和本期预测值为资料,用平滑系数来确定两者的权数,求得本期的平滑值,作为下一期的预测值。其计算公式为

$$S_{t+1}^{(1)} = a x_t + (1-a) S_t^{(1)}$$

式中, $S_{t+1}^{(1)}$ 为下一期的预测值; x_t 为本期实际观测值(本期实际发生值); $S_t^{(1)}$ 为本期预测值; a 为平滑系数,其取值范围为 $0 \leq a \leq 1$。

在应用指数平滑法进行预测时平滑系数 a 的选择非常重要。当 a 取值接近 1 时，近期数据的作用显著，各期历史数据的作用迅速衰减。

因此，应用到汽车共享需求市场中，若是跟踪近期需求变化，则 a 取值宜较大；若是需要消除随机波动，揭示长期变化趋势与规律，a 取值宜较小。a 值的选择，也可以通过用几个不同的 a 值试算预测值，比较预测值与实际值之间的平均绝对误差，择其最小值来确定。此外，由指数平滑法公式可知，要计算 $S_{t+1}^{(1)}$ 就需要知道 $S_t^{(1)}$。以此类推，要计算 $S_2^{(1)}$ 就要知道 $S_1^{(1)}$，而 $S_1^{(1)}$ 是没有办法计算出来的，只能估算。当资料项数较多（如 $n \geq 10$）时，初始值 $S_1^{(1)}$ 对预测结果影响较小，可以选择第一期的实际值作为初始值；当资料项数较少时，初始值对预测结果影响较大，可选择前几期（一般是前三期）数据的平均值作为初始值。

从上述公式也可以看出，一次指数平滑法在计算每一个平滑值时，只需用一个实际观察值和一个上期的平滑值就可以了，避免了储存数据过多带来的不便，计算过程简便，计算工作量不会过大。一次指数平滑法也有明显不足，一次指数平滑法只能得到未来预测一期汽车市场预测值，这在很多情况下造成了预测的局限性，不能满足市场预测的需要。此外，一次指数平滑预测模型中的第一个预测值 $S_1^{(1)}$ 和平滑系数 a，在被确定时只是根据经验，尚无严格的数学理论加以证明。

六、回归分析预测法

回归分析预测法是以遵循市场预测的因果性原理为前提，从分析事物变化的因果联系入手，通过统计分析并建立回归预测模型揭示预测目标与其他有关经济变量之间的数量变化关系，据此对预测目标进行预测的方法。此法把其他相关因素视为因，把预测目标的变化视为果，建立因果数学模型，并根据相关因素的变化推断预测目标的变动趋势。

回归分析预测法是一种实用性较高的常用市场预测方法。回归分析预测法有多种类型。依据相关关系中自变量的个数不同分类，可分为只有一个自变量的一元回归分析预测法和有两个以上自变量的多元回归分析预测法。依据自变量和因变量之间的相关关系不同，又可分为线性回归预测和非线性回归预测。

回归分析预测法的基本步骤如下：

1）根据预测目标，确定自变量和因变量。明确预测的具体目标，也就确定了因变量。如果预测具体目标是某个汽车共享企业下年度的需求量，那么需求量就是因变量。通过市场调查和查阅资料，寻找预测目标的相关影响因素，即自变量，并从中选出主要的影响因素。

2）进行相关分析。回归分析预测法是对具有因果关系的影响因素（自变量）和预测对象（因变量）进行的数理统计分析。只有当自变量与因变量确实存在某种关系时，拟出的回归方程才有意义。自变量与因变量的相关程度影响到预测值有效性的强弱，因此，自变量与因变量之间存在着显著的相关性是应用回归分析预测法的基础。

3）建立回归预测模型。根据对自变量和因变量分析的结果，利用它们在观察期的资料建立适当的回归方程，以此来描述现象之间相关关系的发展变化规律，并将回归方程作为预测模型。建立预测模型，其关键是求得方程中的系数值。

4）回归预测模型的检验及预测误差的计算。回归预测模型是否可用于实际预测，取决于对回归预测模型的检验和对预测误差的计算。只有通过各种检验且预测误差较小，回归方程才能作为预测模型。

第二章 汽车共享服务需求预测

5）计算并确定预测值。回归分析预测法的最后一个步骤就是依据经过分析和检验后的回归预测模型进行实际预测，并对预测的结果进行综合分析。利用回归预测模型确定预测值，是预测者的最终目标。预测值可以用一个点表示，但更多的情况下是根据需要求出预测值的区间估计值。区间预测值更能反映预测值的实际含义，在使用时具有充分的余地。

上述各个预测步骤仅仅是回归分析预测法建立预测模型和进行预测值确定的基本步骤。在实际的汽车共享市场需求预测中，由于市场现象的复杂性，还必须结合预测者的经验和分析判断能力，对预测模型进行合理的调整后才能使用。

【知识应用与拓展】

一、集合意见法的实践应用

某汽车共享服务供应商为了预测明年某地的汽车共享服务需求量，要求企业三名经理、三名部门（市场、财务、计划）主管以及员工做出年度需求预测。

列出各预测人员的预测方案，三名经理、三名部门（市场、财务、计划）主管以及员工的预测方案分别见表2-1、表2-2、表2-3。

表2-1 三名经理的预测方案

经理	需求估计值（万人次）						期望值（万人次）	权数
	需求高	概率	需求一般	概率	需求差	概率		
经理甲	1000	0.3	840	0.5	760	0.2	872	0.4
经理乙	1100	0.4	960	0.4	720	0.2	968	0.3
经理丙	1160	0.5	900	0.3	660	0.2	978	0.3

表2-2 三名部门主管的预测方案

部门主管	需求估计值（万人次）						期望值（万人次）	权数
	需求高	概率	需求一般	概率	需求差	概率		
市场主管	1200	0.5	800	0.2	720	0.3	976	0.5
财务主管	1080	0.4	960	0.3	680	0.3	924	0.3
计划主管	1160	0.3	880	0.3	640	0.4	868	0.2

表2-3 三名员工的预测方案

员工	需求预测值（万人次）						期望值（万人次）	权数
	需求高	概率	需求一般	概率	需求差	概率		
员工甲	960	0.3	800	0.2	720	0.5	808	0.4
员工乙	1040	0.3	960	0.3	680	0.4	872	0.3
员工丙	1080	0.3	880	0.4	640	0.3	868	0.3

由此可知，第一，未来市场对共享汽车的需求有三种可能：需求高、需求一般和需求差，这三种可能发生的概率之和等于1；第二，权数是根据预测者在企业的影响力不同而决定的；第三，方案的期望值等于各种可能状态的需求量与对应的概率乘积的和。

举例说明经理甲的方案期望值为

$$(1000×0.3+840×0.5+760×0.2)\text{万人次}=872\text{万人次}$$

其他人员的方案期望值都依此计算即可。

二、加权序时平均数法的实践应用

某网约车平台近四个月的叫车量分别为 60 万人次、65 万人次、70 万人次、80 万人次，具体资料见表 2-4。试用加权序时平均数法预测下个月的需求量。

表 2-4　某网约车近四个月的叫车量

月份	1	2	3	4
需求量（万人次）	60	65	70	80
权数	1	2	3	4

根据公式

$$Y_{t+1}=\frac{w_1X_t+w_2X_{t-1}+\cdots+w_NX_{t-N+1}}{w_1+w_2+\cdots+w_N}\quad(t\geq N)$$

第五个月的需求量为

$$Y_5=\frac{1×60+2×65+3×70+4×80}{1+2+3+4}\text{万人次}=72\text{万人次}$$

三、移动平均法的实践应用

某网约车平台某年的各月需求量资料见表 2-5，试计算 $N=3$ 和 $N=4$ 时的一次移动平均预测值。

表 2-5　某网约车平台某年的各月需求量　　　　（单位：万人次）

月份	实际需求量	三个月移动平均数	四个月移动平均数
1	3068	—	—
2	2865	—	—
3	2698	—	—
4	2941	2877	—
5	2875	2834.7	2893
6	2736	2838	2844.8
7	2806	2850.7	2812.5
8	2759	2850.7	2839.5
9	2690	2767	2794
10	2796	2751.7	2747.8
11	2708	2748.3	2762.8
12	3091	2731.3	2738.3

根据公式

$$X_{t+1}=M_t=\frac{X_t+X_{t-1}+\cdots+X_{t-N+1}}{N}\quad(t\geq N)$$

其中当 $N=3$ 时，五月份的预测值为

$$M_4 = \frac{X_4+X_3+X_2}{3} = \frac{2941+2689+2865}{3} \text{万人次} = 2831.7 \text{ 万人次}$$

当 $N=5$ 时，七月份的预测值为

$$M_6 = \frac{X_6+X_5+X_4+X_3+X_2}{5} = \frac{2736+2875+2941+2698+2865}{5} \text{万人次} = 2823 \text{ 万人次}$$

其余预测值可依此逐一计算。

四、一次指数平滑法的应用

某汽车共享企业近几个月的市场需求量资料见表2-6。

表2-6　某汽车共享企业近几个月的市场需求量　　　　（单位：万人次）

月份	需求量	$S_t^{(1)}(a=0.7)$
1	64	64
2	66	64
3	71	65.4
4	76	69.3
5	59	74
6	68	63.5
7	63	66.7
8	70	64.1
9	72	68.2
10	70	70.9
11		70.3

具体步骤如下：

第一步：确定平滑系数 a，本例中 $a=0.7$。

第二步：确定初始平滑值 $S_1^{(1)}$。本例中 $t=10$，故 $S_1^{(1)}=64$。

第三步：依此计算一次指数平滑值。当 $a=0.7$ 时

$$S_2^{(1)} = (0.7 \times 64 + 0.3 \times 64) \text{万人次} = 64 \text{ 万人次}$$

$$S_3^{(1)} = (0.7 \times 66 + 0.3 \times 64) \text{万人次} = 65.4 \text{ 万人次}$$

$$\vdots$$

$$S_{10}^{(1)} = (0.7 \times 72 + 0.3 \times 68.2) \text{万人次} = 70.9 \text{ 万人次}$$

第四步：计算下一月的预测值。

$$S_{11}^{(1)} = ax_{10} + (1-a)S_{10}^{(1)} = (0.7 \times 70 + 0.3 \times 70.9) \text{万人次} = 70.3 \text{ 万人次}$$

思考与练习

1. 简述汽车共享服务需求预测的作用和重要性。
2. 简述汽车共享服务需求预测的基本原则。
3. 因素分析预测法有哪些作用？
4. 集合意见法有哪几种？
5. 直接推算预测法有何意义？具体应用方法有哪些？

第三章

汽车共享服务流程设计

导读

服务流程设计是服务供应商最重要的工作之一。不同的汽车共享服务具有不一样的服务流程,而同样的汽车共享服务也可以有不一样的服务流程。好的服务流程设计将降低服务运营成本,提升服务运营利润及效率,为企业带来竞争优势。服务流程的分析与优化可以采用科学的理论与方法作为支撑,如服务利润链、服务蓝图及过程链网络等。

第一节 服务流程

一、服务流程的含义

服务流程是指企业把定量投入变为定量产出的一系列任务,对于服务业企业来说,产出的主要任务是服务,其中的一系列任务包括接待顾客、与顾客沟通、按照顾客的不同要求为顾客本身或顾客拥有的物品提供服务,其服务流程主要由提供服务所经历的步骤、顺序、活动构成。

对于一个服务业企业来说,即使已经设计了很好的服务产品和服务提供系统,制定了周密的竞争策略,但最后顾客是否满意,还取决于服务过程中的感受。因此,服务流程的管理是最终赢得顾客必不可少的一环,需要企业精心地管理和控制。

我们把服务过程中顾客与服务组织的接触称为"服务交锋"。顾客对一项服务是否满意,很大程度上取决于"服务交锋"的那段时间或者那一刻。因此,服务流程的管理和控制还需要对服务交锋特别关注。

二、服务流程的类型

服务流程作为一个"投入——变换——产出"的过程,其最后产出的结果不是一件有形产品,而可以被描述成为"一种行为,行为的结果或一种努力"。对于汽车共享服务来说,虽然有些服务的结果是用物品来表示的,如咨询专家的报告,但是在所有的服务中,最重要的是顾客的身体、精神、资产或信息的变换过程。

因此,根据顾客本身及其资产进入服务流程的不同情况以及服务主要作用于顾客本身还是顾客的资产,可以将服务流程划分为四种,见表3-1。

三、服务流程图

服务流程图包括业务流程图和相对应的信息流程图,它是服务组织向顾客提供服务的过

第三章　汽车共享服务流程设计

表 3-1　服务流程分类

项目	可接触	不可接触
顾客	作用于人体 　要求顾客在服务过程中必须在场，即身处服务设施内。顾客与服务组织、某员工、设施等在一段较长的时间内有密切接触 　例子：交通客运、外科手术、免疫服务、美容美发	作用于人的精神 　服务的结果主要针对顾客的精神发生作用，使其感到愉悦、增加知识、得到信息或改变想法。有时并不要求顾客身处服务设施内 　例子：娱乐教育、艺术展览、音乐会、电视节目
顾客资产	作用于顾客的有形资产（物品处理） 　要求顾客提供其物品，但不一定要求顾客在场；或服务组织上门服务，顾客只需给出足够的服务信息和指示 　例子：修理维护、服装干洗、住宅保护、花园修整、包裹递送	作用于顾客的无形资产（信息处理） 　在顾客和服务组织接触并提出要求后，顾客没有必要在场 　例子：网络服务、证券服务、保险服务、软件开发、文件处理

程和完成该过程所需要素的组合方式的信息图，展示服务行为、工作方式、服务程序和路线、设施布局、材料配送、资金流向等信息。

服务流程图是运作管理最重要的工具之一，是分析、改变流程的向导，也是确认和消除流程瓶颈、平衡流程各部分能力的基础。它们通过细分相关工作及流程而提高流程运作效率，同时也说明市场营销如何受运作的约束，说明公司能销售出去什么、不能销售出去什么。永远不要低估业务流程图或信息流程图的作用，必须清楚地知道每一步运作中顾客处于流程的什么位置。表 3-2 列明了服务流程图的分类及各类型的特点与作用。

表 3-2　服务流程图分类

服务流程图	内容	特点	作用
业务流程图	包括流程的步骤次序、设备和技术的选择、流程各步骤所需的能力、需要完成的任务等内容	对流程的描述，是一张顺序图	说明各个运作步骤之间的前后关系或并行关系
信息流程图	包括如何确定这一系列具体流程的有关信息	表明在信息流程图中应该有什么样的流程信息	区分了处于不同层次的管理者和普通工人的工作，并描述了他们之间的信息是如何流动与反馈的

第二节　服务利润链

一、服务利润链理论

（一）服务利润链理论来源

1994 年，由詹姆斯·L·赫斯克特（James L·Heskett）、W·厄尔·萨塞（W·Earl Sasser）等五位哈佛大学商学院服务管理专家在《哈佛商业评论》3—4 月刊上发表联名著作 *Service Profit Chain to Work*，第一次向学术界展示了服务利润链（SPC）的相关概念；后于 1997 年，通过《斯隆管理评论》，正式提出服务利润链（SPC）理论。指引服务行业如何从资源配置、生产过程再造和企业核心能力等方面取得提升。服务利润链（SPC）理论的构成主要基于三方面研究成果：

（1）**顾客忠诚** 20世纪七八十年代，赫斯克特和萨塞等五位哈佛大学教授组成了服务管理课题组。他们通过跟踪近千家企业，对企业的服务管理体系进行分析发现，相较市场份额，在不断变化的市场中，努力保有原有顾客这一恒量更具有前瞻性，这说明，稳定顾客忠诚度比获得更大的市场份额更能助力企业的成长，更能帮助企业提高生产经营能力。这一发现引起了学术界的广泛关注，促使各位学者开始将目光转向顾客忠诚度，为服务利润链的发展打下基础。

（2）**战略服务观** 20世纪80年代中期，赫斯克特根据多次在企业中进行观察和实践总结出的成果提出了战略服务观点，包括四要素：服务让渡系统、运营战略、服务观念、目标细分市场（见图3-1）。战略服务观点认为价值是通过权衡为顾客创造的超出成本的结果而实现的，要使服务组织的成本低于向顾客提供的价值。

1）服务让渡系统：本质上是设计一套为满足顾客让渡价值最大化的传统营销模式，通过这种方式来提升公司的核心竞争力。

2）运营战略：每一个企业在运营、财务、营销、组织等方面基于当前市场的前景，以符合公司的发展观与不损害公司利益为前提而制定的整个运营战略。

3）服务观念：市场是整个企业的指示灯，为企业的发展和行业的进步指明了方向，质量是一个企业的生命，东西的好坏直接影响到顾客的忠诚度与满意度。

4）目标细分市场：根据人类如何思考及行动并利用心理学对人群进行分类，如职业、居住地、文化程度，对他们的行为特点进行标定，根据统计学分类确定市场要素，精准定位市场。

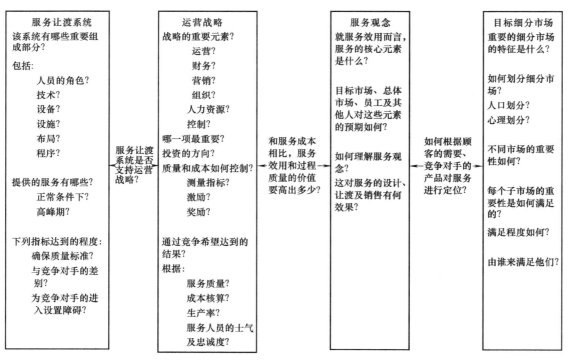

图3-1 战略服务观的组成部分

（3）**员工及顾客忠诚度的决定因素** 进入20世纪90年代后，加速发展的西方服务业促使管理者们意识到,企业运营管理的重点应该是满足顾客与员工的需求,进而保证其忠诚度,而不是一味地扩展市场份额。美国面包咖啡连锁店(Au Bon Pain)执行总裁莱昂纳多·施莱辛格(Leonard Schlesinger)发现,竞争对手之所以失败,是因为使用"失败的恶性循环"这一经营模式——给予员工较低的薪酬,同时也不提供技术的支持平台,结果员工大范围离职,进一步导致顾客的忠诚度低。任职期间,施莱辛格果断实施"伙伴/经理计划",结果在应用了该计划的店内,员工的离职率大大降低,顾客也对该企业表现出较高的满意度。该理论蕴含的核心思想是:当员工对公司具有较高的满意度时,能够有效地提高员工的生产率。

(二)服务利润链(SPC)模型

哈佛的研究者们对服务利润链模型(见图 3-2)有如下描述:"利润和增长主要来自顾客忠诚的激励,顾客忠诚是顾客满意的直接结果,顾客满意很大程度上受服务价值的影响,价值通过满意的、忠诚的、有生产效率的员工来创建;员工满意程度主要来自于鼓励员工给予顾客高品质服务的支持政策。"

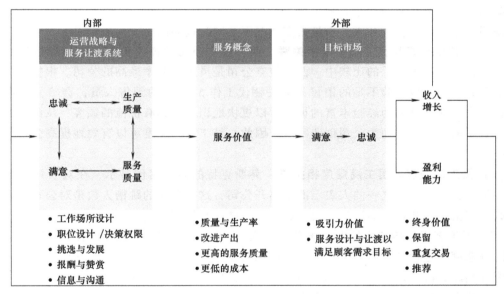

图 3-2 服务利润链模型

服务利润链的基本观点认为,公司的获利能力与顾客的满意度和忠诚度有关,顾客的满意度和忠诚度取决于顾客所接受到的服务价值,而要想提高服务价值就必须了解内部员工的重要性,包括员工的工作环境、薪酬待遇、职业发展,以及企业的激励制度等。具体而言,企业利润的增长与以下具体因素存在着一定的相关性。

(1)**利润增长与顾客忠诚度相关联** 20 世纪 80 年代,在美国出现了合并和收购的热潮,大量未占有足够市场份额的企业最终都面临被市场淘汰的局面,但是美国西南航空公司却依靠较小的市场份额连续保持 24 年盈利。其主要原因是西南航空公司鼓励前台员工时刻注意顾客需要,通过为顾客提供满意的服务来保持顾客的忠诚度,其结果也证明这种工作方法是高效的。同时,萨塞通过对许多服务业进行数据分析后发现:当顾客的忠诚度上升 5 个百分点的时候,为企业带来的利润增长将高达 25%~85%。

（2）**顾客的忠诚度与顾客满意度相关联**　为了将顾客满意度与企业盈利能力联系起来，美洲运通公司进行了仔细的调查，调查结果显示，快速服务和准确订票能带来更高的盈利，顾客订票的速度与企业的收入存在着 0.51 的正相关关系，而订票的精确性与销售收入之间存在着 0.65（甚至更高）的正相关关系。

（3）**顾客满意度与服务价值相关联**　1995 年，美国西南航空公司的业绩指标表明，在美国所有航空公司的评比中，西南航空公司飞机准时降落的比率最大，每千人中的投诉次数也最少，并且到 1996 年年中，西南航空公司连续 29 个月没有丢失一件包裹。同时，准时的起飞、好的员工以及低廉的票价，这些都为乘客带来了高额的服务价值，由于这些高额的服务价值，使得西南航空公司在 1990 年—1995 年成为美国税后利润占收入比例最高的航空公司。因此，更好的服务价值可以提高顾客的满意度。

（4）**服务价值与员工生产率相关联**　相对于其竞争者，西南航空公司员工在工作布置、时间安排等方面具有更大的灵活性，这也使得西南航空公司拥有更高的生产率，其卸货时间是行业平均时间的二分之一，飞行员的飞行效率是竞争对手的 1.4 倍，每位员工接待的乘客数比第二名高 50%，正是由于这些原因使得西南航空公司的票价比市场价低 60%~70%。这也就说明，生产率的提升和服务质量大多情况下是同时提高的。

（5）**员工生产率与员工忠诚度相关联**　西南航空公司被评为美国工作环境最佳的十大公司之一，在与竞争对手的比较中，西南航空公司是员工维系率最高的公司。根据有关汽车销售的研究，用一位经验不足的销售人员去替代工作 5~8 年的销售人员，会给公司造成巨额销售损失，这正是因为经验丰富的员工可以更快地识别出具有价值的顾客，从而为顾客提供更有效率的服务，进而为公司创造财富。因此，员工的忠诚度可以有效地提高公司员工的生产率。

（6）**员工忠诚度与员工满意度相关联**　赫斯克特的研究案例显示，在对公司持不满意见的职员中，大约三分之一的人表示准备离开公司，这一潜在的跳槽人数是对公司满意的员工人数的三倍，因此员工的满意度会对员工的忠诚度有促进作用。

（7）**员工满意度与工作的内在质量相关联**　工作环境的内在质量在很大程度上会影响员工的满意度，这种内在质量包括员工与员工之间的相处、员工对工作的认同度、员工对公司薪酬福利的看法，以及良好的职业前景。因此，良好的工作内在质量会给员工提供一个积极的工作状态，从而提高员工的满意度。

服务利润链有机地将企业、员工、顾客以及它们之间存在的关系与影响因素串联在一起，由浅入深地向我们展示了公司的盈利能力（见图 3-3）。服务利润链的传递根据服务的性质被直观地分为了内外两个部分，使之与企业的利润联系更加密切。

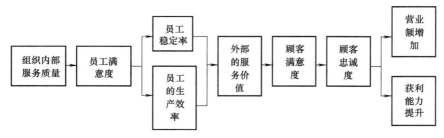

图 3-3　服务利润链逻辑关系图

服务利润链理论主要研究顾客、员工、公司、利润及其相互之间的关系，将几个组织因素有机地联系在一起，形成了服务利润链的潜在机制。

二、服务利润链核心等式

在第三产业（服务业）中，服务利润链在整个的企业管理和人员调动的方面起着决定性的作用。在服务利润链中，研究人员详细探讨了顾客的忠诚度与企业盈利之间的关系，指出顾客忠诚度对企业的利润起着决定性作用，而员工的满意度决定着员工的忠诚度，员工的忠诚度影响着顾客的满意度，顾客的满意度决定着顾客的忠诚度，最终顾客的忠诚度决定着公司的收益。

（一）员工满意度与员工忠诚度

服务利润链理论一经提出，就在整个服务行业掀起了轩然大波。哈佛商学院教授赫斯克特（1994）认为，内部服务质量（图3-4）的好坏是由于内部员工对同事、公司以及工作积极性的高低来进行判断，是以员工合作能力和团队精神为判断标准。不同企业内部服务质量的高低与所处的时期有一定关联，最主要的影响因素就是企业的成长周期。根据服务利润链理论，员工满意度、员工忠诚度、员工的工作效率和质量、客户价值、客户满意度、客户忠诚度与企业利润及其增长之间存在直接关联。

第一，内部服务质量决定着员工满意度。企业所提供的内部服务质量组成十分多元化，如公司的人才引进计划、员工的选拔与开发、绩效的奖励与认可、收集与获取多方信息的渠道和工作设计等方面；还可以让员工通过工作内容、同事相处和在企业的感受来给出满意度。

第二，员工的满意度有利于促进员工的生产积极性，进而提升员工的忠诚度和生产率。员工在考虑工作环境满意程度和职业发展前景的基础上，会对企业的运转产生认同感，进一步形成对企业的忠诚。员工满意一方面意味着员工对企业的发展有着极大的信心，坚持并始终相信该企业会给自己带来美好前程，愿意长期为企业效力；另一方面，员工也会因在优秀企业中工作而感到自豪，崇高的自豪感也会激

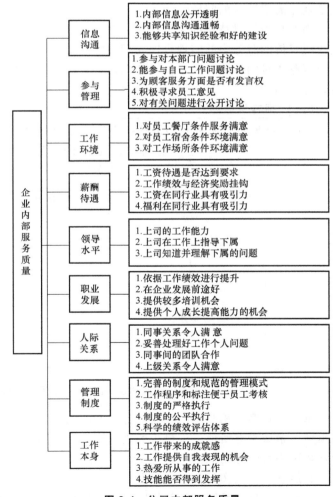

图3-4 公司内部服务质量

励员工在工作中敢于担当,并愿意为自己所做的事业负责、拼搏,为了自己发展得更好而努力奋斗。因此,员工的满意度有利于降低企业员工的更迭率以及提高员工的生产积极性。

一般而言,员工在企业找到了实现自我价值的途径,就会认可工作中的付出与收获,并会形成正反馈,从而以积极的工作态度长期留在公司,成为一名忠诚的员工。

企业所提供的内外服务质量决定着员工对企业的满意程度,员工的满意度决定着其工作积极性和工作效率,最终决定着员工对企业的忠诚度,而员工忠诚与否是决定一个企业能否长期存在下去的根本因素。

(二) 顾客满意度与顾客忠诚度

在服务利润链中所提出的顾客满意度的体现其实就是企业盈利能力的表达,员工的忠诚决定着企业是否能够长远发展。员工的忠诚直接影响企业创造价值的多少,因此员工忠诚是顾客满意的关键环节,也是让每一位顾客满意的首要条件与必要因素。顾客的满意与否决定了其是否是忠实顾客,既是对顾客忠诚的保障,也是企业发展的根本。

顾客的忠诚不仅仅影响着企业的美誉度,还影响着产品的推广程度,往往顾客满意就会衷心推荐产品给身边的人,因此让每一位顾客满意是企业经营的关键,如何让满意转变为忠诚是企业需要思考的问题。

满意是指针对特定的交易或者服务之后进而产生的一段情绪化反应,其程度取决顾客对企业所宣传的服务中的实现程度与理想中的结果是否存在较大的差异,因此顾客的满意程度受到服务质量的影响;反之,未能满足顾客的实际需求和理想期望的产品或服务,则会被顾客认为不满意。

(三) 顾客价值等式

如图 3-5 所示,服务利润链的核心是顾客价值等式,即:

$$顾客价值 = \frac{为顾客创造的服务效用 + 服务过程质量}{服务的价格 + 获得服务的成本}$$

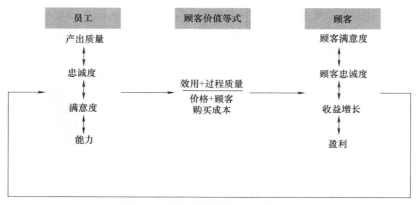

图 3-5 服务利润链顾客价值等式

每一位顾客在购买产品或者产生消费的同时,都希望获得的产品或者服务质量好于心中的预期,希望物有所值,以最少的投入获得最大的实际价值。因为物质决定意识,服务质量的好坏影响着顾客的满意程度与否,当顾客获得的实际价值大于期望值时,就会产生愉悦感、满足感;而当实际价值小于期望值时,就会产生不满。

公司在尽量满足顾客价值的同时,根据公司对于市场利润的合理需求,适当地调节顾客

价值等式的两端,既能提高顾客价值,又能降低顾客服务成本。要达到这种效果,改变公司所处的窘境,应该从以下几个方面入手:

1)增加对产品的研发资本,改善产品的本质。
2)改进公司的人才引进计划,招收高素质的人才。
3)定期举办培训交流会和培养计划,提高员工的专业素养和工作能力。
4)精简产品的制作流程,降低不必要的产品支出。
5)精简公司架构,节省报告和产品审核的流通环节,节约时间成本。

对于公司而言,由于降低总成本的支出,在不影响产品和服务质量的情况下,既保证了公司的利润,又满足了顾客的需求,进而赢得顾客对企业的忠诚。O2O 营销模式便是最好的例子,O2O 模式应用层出不穷,这些应用都拥有一个共同的特点:降低顾客获得服务的成本,即顾客能很便利地获得服务,为商家创造了盈利机会。

三、方法应用

(一) A 网约车公司服务流程分析

1. 驾驶员注册流程

图 3-6 为注册成为一名 A 公司网约车车主的基本流程,专车驾驶员需要注册成为快车驾驶员后才能成为专车驾驶员。

用户首先下载该网约车车主软件,并打开软件,填入手机号进行注册,对于想要注册成为该公司出租车驾驶员的,需要选择城市、公司,并上传身份证、驾驶证、行驶证、车辆照片、监督卡以及从业资格证等有效证件。对于想要注册成为快车驾驶员的,该公司提供了两种方案:一种是拥有车辆的私家车主,需要提上传身份证、驾驶证、行驶证和车辆照片;另一种是没有私家车,准备从租赁公司租赁小轿车从事快车运营工作的人员,需要上传身份证、驾驶证和社保缴费记录。最后,等待系统审核。

2. 总体服务流程

根据出行过程中乘客、后台系统、打车界面和驾驶员的交互关系,可将出行的总体运营流程主要分为了三个阶段:用户下单阶段、派单阶段以及行程开始-结束阶段(见图 3-7)。

用户下单阶段:用户首先打开网约车 APP,系统后台自动确定用户当前位置,从而在打车界面显示出起点位置,用户判断是否为出发地:若不是,则输入起点和终点;若是起点,则只需输入终点。同时,后台系统自动判断出当前位置是否有车,并在打车界面上显示。定位终点后,后台系统确定起点周围的车型和数量,并同时根据起点与终点的距离计算出不同车型的价格,在用户端界面进行显示,从而让乘客选择下单。

派单阶段:此阶段,系统界面会首先显示出正在为用户进行派单,同时后台系统会从所有符合条件的车辆中,综合考虑车辆的历史订单评分、距离是否最优等因素,为乘客选择最适合的车辆。该车驾驶员紧接着在客户端上完成接单任务。

行程开始—结束阶段:驾驶员接单后开往用户的起点,在此过程中会不断更新用户的订单状态,并在打车界面依次出现正接单、驾驶员赶往起点等状态。驾驶员到达起点后,乘客确认上车,驾驶员在驾驶员端界面确认订单开始,一直到行程结束。在此期间,APP 后台一直为用户出行的安全保驾护航。最后,用户抵达目的地,下车,完成交易,后台系统提醒用户进行交易评价,该行程便正式结束,驾驶员可以继续接单。

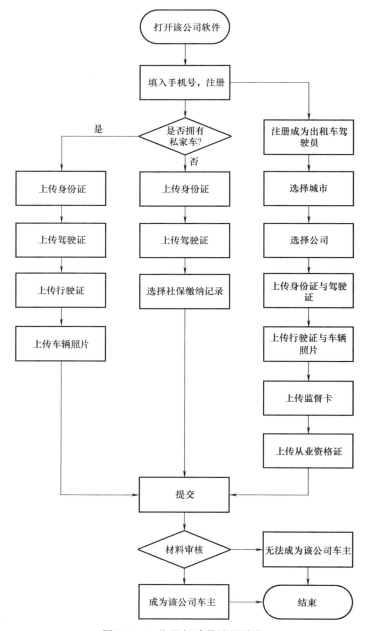

图 3-6 A 公司驾驶员注册流程

（二）问题分析及优化

根据对乘客与公司员工满意度测评（参见第六章"知识应用与拓展"），分析发现的问题并优化如下：

问题1：驾驶员服务态度差。

通过对服务链要素进行分析，发现驾驶员服务态度得分较低，都可以归为乘客对驾驶员的不满意，可以通过改善驾驶员的服务态度进行改变。

第三章 汽车共享服务流程设计

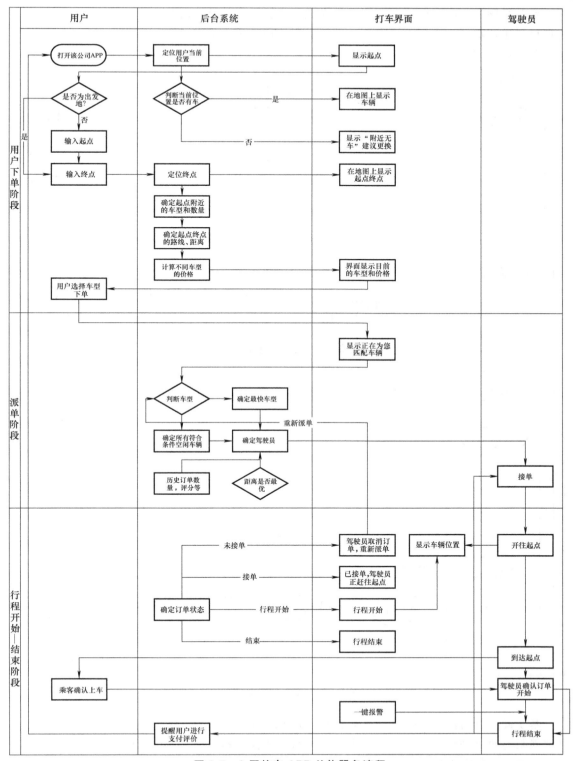

图 3-7 A 网约车 APP 总体服务流程

驾驶员服务态度差的主要原因是，在进行驾驶员资格审核的时候，只是简单地对其个人信息材料进行审核；而且，快车驾驶员不是该公司的正式员工，该公司无法对其进行专业的规范和培训（见图 3-8）。

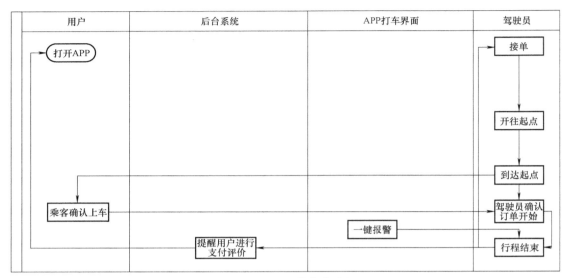

图 3-8　问题 1 优化前流程

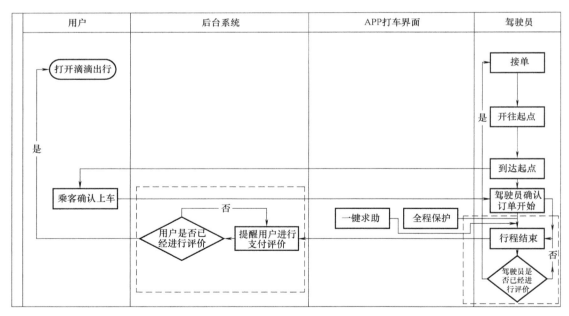

图 3-9　问题 1 优化后流程

基于此，针对图 3-8 中的运营流程进行优化的结果如图 3-9 所示，其主要优化思想是通过增强乘客对该网约车评价这一约束，对网约车驾驶员的服务态度进行调整。

问题 2：准确性差。

根据对服务链要素进行分析，发现乘客对于该网约车准确性这一指标满意度较低，主要体现在无法准时将乘客送往目的地，无法在准确的地点接到乘客，无法在准确的时间点里接到乘客。究其主要原因，一方面是硬件、算法原因，另一方面是其运营流程的缘故，通过对运营流程进行优化可以得到一定程度的缓解（见图 3-10）。

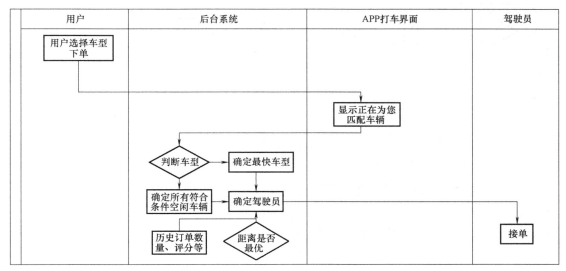

图 3-10　问题 2 优化前流程

无法在指定地点接到乘客的原因有：驾驶员或者乘客对路段不熟悉，导致乘客无法到达事先约好的位置乘车，或驾驶员无法在该路段找到乘客。

基于此问题，对该部分进行优化的结果如图 3-11 所示，额外考虑了驾驶员不熟悉路段和乘客不熟悉路段这两种情况。在进行驾驶员的匹配时，在复杂路段，系统会综合考虑该驾驶员对该路段的熟悉程度，对于不熟悉路段的乘客，系统会在其乘车前提前询问；在乘车定位的过程中，系统会为乘客主动寻找标志性建筑等易于定位的乘车地点，从而方便用户准确到达乘车地点，进行乘车。

问题 3：订单不易取消，操作界面引导性不强。

通过问卷调查以及实际使用体验发现，在发起订单后，如果离开订单界面，订单会一直运行，如果此时想取消，就极容易忽略订单还在进行中。在打车的高峰路段和高峰时段，取消订单不及时对于车辆资源是一种极大的浪费，对于乘客而言，因订单未取消，有可能驾驶员到达乘车地点后，点击乘客已上车，会对乘客端进行扣费处理。

基于此问题，对其界面设计进行优化，参考其他 APP 手机客户端，浏览的界面可以进行缩小化处理，因此，当乘客未取消订单退出时，会在右上角强行生成提示悬浮球，提醒用户有订单正在进行中，从最大程度上，保证乘客的知情权，避免因取消订单不及时而造成的恶意扣费和交通资源浪费等情况。

问题 4：乘客对该公司提供的安全保障不放心。

2018 年 9 月，A 公司宣布对其安全系统进行大整改，其中，最引人注目的便是将原有的"紧急求救"功能改为"一键报警"。

通过对一键报警功能的亲身使用，并向相关的专业人士进行咨询后，对其关系进行了进一步分析，可以将一键报警中乘客、A 公司后台以及公安系统之间的实际关系图梳理如

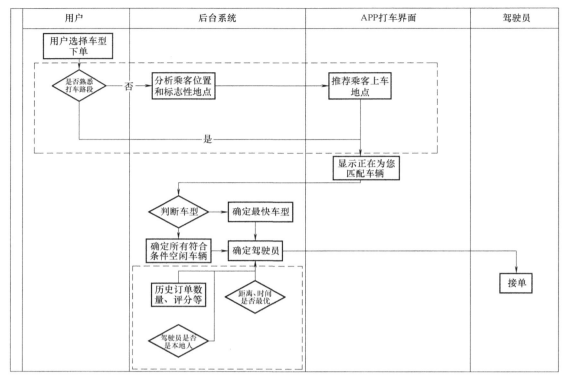

图 3-11 问题 2 优化后流程

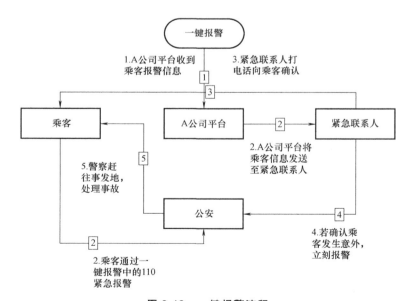

图 3-12 一键报警流程

图 3-12 所示。

通过对其关系进行梳理,并结合使用过程,可以发现原有一键报警系统主要存在以下问题:

1) A公司系统并未接入全国公安系统：当用户点击进入安全中心，使用一键报警功能，由于APP系统并未与公安系统实现对接的缘故，公安系统无法自动确定乘客的位置，无法获取驾驶员相关信息。

2) A公司平台只传递信息：从图3-12中不难看出，整个一键报警过程中，平台所起的唯一作用就是在乘客点击一键报警后，系统会将乘客的位置以及行程信息发送给紧急联系人（乘客在软件系统中提前设置的）。关于报警，全程由乘客自身以及其设置的紧急联系人完成相应的流程。

3) 短信报警功能无法实现全国联网：通过向相关的单位进行咨询后发现，目前，短信报警正在试运营阶段，并未进入到全国推广和统筹管理阶段，该公司APP也很难接进公安系统。

基于此，做出如图3-13与图3-14所示的优化，在此优化中，主要将一键报警改为一键求助，同时增加了全程保护。

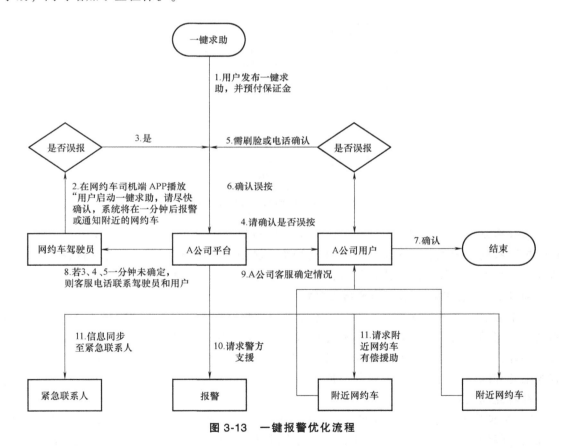

图3-13 一键报警优化流程

（1）**增加客户确定流程** 增加了客户电话认证，一方面能充分调动客服的工作积极性，另一方面还能过滤掉部分误报信息，同时还能达到对公司驾驶员的威慑作用，并在第一时间确定用户和驾驶员信息。

（2）**增加"取消流程"** 当求助人误报或者对方的态度已经有了明显转变时，乘客可以取消该流程，从而节约平台和警方的资源。

（3）增加"预付金额"保障功能　通过此功能，能够有效防止乘客恶意启动一键求助功能，也可让公司为乘客提供服务的行为提供经济保障。

（4）增加"公司驾驶员（也可以是用户）播报"功能　当驾驶员产生犯罪动机时，若乘客一键求助后，驾驶员拒绝或者未接通电话，手机会自动播报"用户已启动一键求助功能，系统将在1分钟以后通知警方或者附近的网约车进行支援"。

（5）增加附近A公司驾驶员有偿支援功能　很多时候，由于警力到达事件地点的时间较长，此时，利用公司驾驶员分布范围广、数量庞大这一特点便具有重要意义，同时为提供援助的驾驶员提供奖励，也能够调动众多驾驶员的积极性。

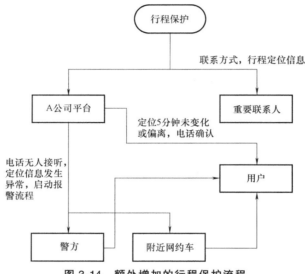

图 3-14　额外增加的行程保护流程

当乘客发现驾驶员有危险倾向时，但又不想与驾驶员发生冲突，这时候可以启动"行程保护"按钮，该按钮并不会第一时间反馈给驾驶员，但是 A 公司后台会对行程进行跟踪监督，一旦发现路线偏离，或者位置长时间未改变时，就会自动触发一键求助功能。

问题 5：平台的信任机制与客服权限机制。

当乘客需要联系驾驶员时，平台以不泄露隐私为由阻止乘客联系驾驶员，这是对乘客的不信任。当乘客出现恶意差评时，平台并不会去调查原因，而是直接告诉驾驶员按规定不能修改差评，这是对驾驶员的不信任。当发生紧急事故以及乘客或驾驶员投诉时，客服人员没有权限处理问题。信任和权限机制，是 A 公司最需要优化的运营流程。

针对此问题：

1）取消客服外包形式。目前，A 公司仍旧将企业的客服系统进行外包，客服系统外包可以大大降低企业的运营成本，但是，外包公司与企业的价值文化是否兼容，是否能实现企业价值文化向乘客传输仍旧值得考究，同时，A 公司不同于普通的网游公司找外包服务，因为 A 公司的任何一个投诉面对的都有可能是人命关天的重大紧急事故，需要客服能够接触到一些公司其他部门的数据，但对于外包客服公司而言，接触到其他部门的数据显然是不可能实现的，因此对 A 公司而言，客服外包无法有效解决乘客的投诉与求助。

2）授权客服。对于企业而言，员工的责任感是无价的，能够无形之中帮助企业分担忧虑，培养具有责任感的客服，可以帮助主管和经理们节约大量的时间。因此，为了培养客服的责任感，首先需要鼓励客服员工承担相应的责任，授权他们解决实际问题，从而培养客服人员在企业中的价值感与责任感，并将企业文化传输给乘客。而且一些重大的紧急事故，需要快速的反应，赋予客服权力，对所有相关信息进行核查，并及时报案，有助于避免悲剧的发生。

3）信任顾客。对于顾客的投诉，在处理的过程中，不仅要回复，更需要的是处理与解决方案。在订单结束后，客服系统会以保护驾驶员隐私为由，阻止乘客查看驾驶员个人信息，这对于乘客们的物件遗失等问题无法形成快速的解决方案。

4）信任驾驶员。对于网约车驾驶员的申诉，如乘客的恶意差评，客服应有权限调用各部门的数据，从而完成对该笔订单相关信息的确定，以及对驾驶员申诉信息是否属实进行确定，便于及时对该订单进行处理，保证驾驶员的合法权益不受侵害。

第三节 服务蓝图

一、服务蓝图概述

服务蓝图是详细描绘服务传递系统的地图。服务过程中涉及不同的人员，无论他们的角色或个人观点如何，都可以理解并客观地使用它。服务蓝图直观上从几个方面展示服务：描绘服务实施过程，接触顾客的地点，顾客角色与员工角色，服务传递过程中的可见要素。它提供了一种可以把服务合理分块的方法，再逐一描述过程的步骤和任务，以及执行任务的方法和顾客能够感受到的有形展示。

开发新的服务或改善已有的服务，关键是将服务概念开发、服务过程开发及市场测试等阶段准确地描绘出来，特别是能客观准确地描绘服务过程的特点，并使之形象化。这样，顾客、员工和管理者都会清楚地知道正在进行的服务是什么，以及在服务实施过程中自己所扮演的角色。通过服务蓝图，可以很好地解决上述问题。

（一）服务蓝图的内涵

服务蓝图是描述服务传递过程的可视技术，是详细描绘顾客服务系统的"引导图"或"指示图"。如同技术人员一样，参与服务过程的不同人员可以通过服务蓝图理解服务的实施过程、接待顾客的地点、顾客的角色以及服务的可见要素。

（二）服务蓝图的优缺点

1. 服务蓝图的优点

1）提供比较全面的视角，让管理者将服务视为一个不可分割的整体，并与"我想做什么"联系起来。

2）识别员工与客户之间的互动，明确客户的角色，并指出客户对服务质量的感受，从而促进感知服务的设计。

3）视觉线提示有意识地确定客户应该看到什么以及谁与客户接触，从而促进合理的服务设计。

4）内部交互线显示了交互部门之间的接口，支持可持续的质量改进。

5）阐释构成服务的各种要素及其关系，提高改进方式的可讨论性，若不能从服务整体性的角度提供一个基本立场，流程优化工作的参与各方就容易过分夸大自己的作用和前景。

6）为确定和计算服务各要素的成本、收入和投资提供依据。

7）为外部营销和内部营销打下良好的基础，服务蓝图为汽车共享服务销售团队提供了服务的全景视图，便于选择重要信息进行沟通。

8）提供一种提高质量的方法，使管理者能够识别一线或支持小组的基层员工提高质量的努力，并提供指导和支持。员工工作组可以设计一个服务蓝图，以便更清楚地应用和交流其改进服务的经验和建议。

2. 服务蓝图的缺点

服务蓝图的最大缺点是它无法完整描述服务流程。服务蓝图，能详细涵盖所有方面，不能列出基于市场细分的变量或特殊服务。因此，控制服务的能力是有限的。

1）市场细分的基本前提是每个细分市场的需求不同，因此对服务或产品的需求也相应改变。当服务流程根据细分市场而变化时，为特定客户或客户类别开发蓝图非常有用。在抽象或概念层面，客户的各种细分可以包含在蓝图中。但是在不同层面，蓝图是模棱两可的，无法最大限度地提高蓝图的效率。

2）从顾客的角度描述服务过程包括描述顾客在购买、消费和评估服务中的选择和行为。如果描述的流程是内部服务，客户就是参与服务的员工。此步骤需要共同了解客户是谁。如果细分市场以不同的方式感受到服务，那么有必要为每个不同的细分市场绘制单独的蓝图。通常，不在一线工作的经理和人员不能确切地知道客户正在经历什么、客户看到了什么，以及蓝图所需的服务的起点，更没有办法谈论它。

3）服务蓝图只能描述静态场景下的服务，但跟踪和评估整个服务过程的效果是有限的：这需要一种系统的、动态的方式来描述服务，因此蓝图本身并不能满足所有需求服务设计。

4）服务蓝图只能直观地描绘服务的可见元素，但不能描述客户心理、员工心理、服务手段等不可见元素。

（三）制定服务蓝图的必要性

1）提供一个服务的全局观念，让员工把服务视为不可分割的整体，并与"我做什么"关联起来，从而向员工强调以顾客为导向的理念。

2）识别出失误点，即识别服务行动链上的薄弱环节，确定质量改善目标。

3）互动分界线阐明了顾客的作用，并展示出顾客在何处感受服务质量的好坏，由此促进被感知的服务设计。

4）可视分界线促使企业有意识地确定出顾客该看到什么以及谁与顾客接触，从而促进合理的服务设计。

5）内部互动分界线显示出具有互动依赖关系的部门之间的界面。

（四）服务蓝图的作用

服务蓝图的作用主要体现在以下几个方面：

1）促进企业全面、准确地了解所提供的服务，有针对性地设计服务流程，更好地满足客户的需求。

2）有利于企业建立完善的服务操作流程，明确服务职责，开展有针对性的员工培训。

3）了解各部门的角色和作用，有助于提升服务提供过程中的协调性。

4)帮助企业有效引导客户参与服务过程,明确质量控制活动的重点,使服务交付过程更加合理。

5)有助于识别服务提供过程中的失败和不足,提高服务质量。

二、服务蓝图设计

(一)服务蓝图的构成

服务蓝图作为服务传递系统的一种可视技术,由感知与满足顾客需求的一组有序活动组成,包括顾客行为、前台员工行为、后台员工行为、支持过程以及可视分界线、互动分界线及内部互动分界线。前台员工行为与顾客行为由一条互动分界线隔开,而可视分界线将前台员工与后台员工隔开,有时在后台员工与支持过程之间由一条内部互动分界线分开(见图3-15)。

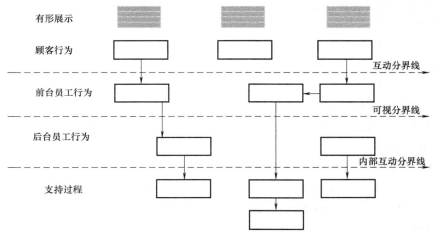

图 3-15 服务蓝图的构成

(1)**顾客行为** 包括顾客在购买、消费和评价服务过程中的步骤、选择、行动和互动。例如,在汽车共享服务中,顾客行为可能包括决定使用汽车共享服务、与汽车共享服务平台交互等。

(2)**前台员工行为** 是顾客能观察到的员工的行为和步骤。例如,在网约车服务中乘客可以看到驾驶员的行为,可能包括上下车交流、在途驾驶行为等。

(3)**后台员工行为** 是发生在幕后的员工行为。这些行为对前台的服务活动有支持作用。例如,在汽车共享服务中,汽车共享服务平台销售人员所进行的网络营销等活动。

(4)**支持过程** 包括内部的服务及员工的服务步骤和互动行为。如在汽车共享服务活动中,技术人员对汽车共享服务平台的维护、数据处理等。有时,支持性活动可被包含在后台员工行为之中,不加分离。

在设计有效的服务蓝图时,特别要注意应从顾客对服务过程理解的观点出发,逆向导入实施系统。顾客行为、前台员工行为、后台员工行为、支持过程等4个部分分别由互动分界线、可视分界线及内部互动分界线三条分界线分开。

(1)**互动分界线** 表示顾客与组织间直接的互动,一旦有一条垂直线穿过互动分界线,即表明顾客与组织发生了接触。

（2）**内部互动分界线** 用以区别接触顾客人员的工作和其他支持性服务人员的工作，垂直线穿过该线，表明发生了内部接触。

（3）**可视分界线** 把顾客能看到的服务行为和看不到的行为分开，即把员工在前台与后台的工作分开。

服务蓝图的最上方列出了服务的有形展示。有形展示是将无形的服务有形化。因为服务本身是无形的，顾客常常在购买之前通过有形线索对服务进行判断，并在消费过程中或在消费完成后对服务进行评价。

（二）服务蓝图的使用

根据企业不同的战略意图，可以采用不同方式使用服务蓝图，即横向使用、纵向使用和全面使用。

1. 横向使用

1）如果汽车共享服务企业的战略意图在于了解顾客是如何使用服务的，那么可以横向使用，跟踪顾客的行为，并提出如下的问题：

① 顾客使用各种不同类型服务的规律是什么？

② 顾客使用服务的参与程度如何？

③ 顾客对有形展示有什么要求？

④ 如何满足顾客的需求？是否能保持与服务战略和服务定位相吻合？

2）如果企业的战略意图在于了解服务员工的角色，那么可以横向使用，跟踪服务人员的行为，并提出如下问题：

① 服务人员的操作流程是否合理、有效率、有效果？

② 哪些员工与顾客直接接触？在什么时间、什么地点接触？接触的频率如何？

③ 顾客的服务是由一名服务人员直接负责到底，还是需要与其他服务人员交接？

2. 纵向使用

如果企业的战略意图在于了解服务过程中不同因素的组合，或者在大背景下识别某一员工的位置，那么可以纵向使用服务蓝图。这时，我们会清楚地看到顾客有哪些服务要求，企业的服务任务是什么，由谁来执行这些服务任务，哪些人在服务中起关键性作用，执行这些服务任务需要内部组织提供什么样的支持。为解决上述问题，企业需要考虑以下问题：

① 在关键性服务环节上，需要什么样的服务人员？

② 为支持关键性的服务接触，服务人员需要做哪些后台工作？

③ 相关的服务接触需要提供什么样的支持行为？

④ 不同的服务环节之间是如何衔接的？

3. 全面使用

如果企业的战略意图在于对服务进行重新设计，那么可以从总体上全面使用服务蓝图。

首先，需要了解服务的总体特征和服务过程的复杂程度，这是重新设计服务的基础。然后对顾客接受服务的行为进行观察，发现重新设计服务的关键性环节并进行改进。同时考虑这些变化要求服务人员如何改变行为，需要组织内部提供怎样的支持。其次，还要考察有形展示的内容是否需要发生变化，这些变化与服务战略目标能否保持一致。最后，服务蓝图还用来发现服务过程的失误点和瓶颈点，进而进行分析和研究，提出解决问题的方案。

（三）服务蓝图的建立

1. 识别建立服务蓝图的意图

在建立服务蓝图之前，首先需要识别建立服务蓝图的目的，并就此在组织内部达成共识。服务蓝图可以在企业的不同层面上建立，既可以在整体层面上建立，不涉及具体的服务细节；也可以基于某些特定的细分市场或某些服务产品建立服务蓝图。

2. 识别顾客接受服务的经历

任何服务都针对特定的细分市场，而不同细分市场的顾客需求存在差异，他们对服务质量的期望也不相同。因此，企业需要根据顾客的需求确定顾客接受服务的经历和过程。如选择快车出行顾客和选择专车出行顾客对服务需求存在差异，他们乘车的活动规律也不相同。

3. 从顾客角度描绘服务过程

该步骤是指顾客在咨询、消费以及评价中所经历的选择和行为。如果描述的是内部服务，顾客就是参与外部顾客服务的员工。从顾客角度认识服务过程，可以将注意力集中在关键性服务环节和关键服务要素上，避免从主观角度认识顾客需求，造成服务资源的浪费和顾客满意度的下降。

4. 描绘前台和后台员工的行为

首先画出顾客与服务人员的接触线以及区别前台行为和后台行为的可视分界线。然后从顾客角度和服务人员的角度设计绘制过程，并区分出前台行为和后台行为。若是对现有服务的描述，可以向一线服务人员征询其行为，以及哪些行为顾客可以看到，哪些行为发生在后台。

5. 把顾客行为、服务人员行为和支持性行为进行组合

首先画出组织内部服务的互动分界线，然后识别出服务人员的行为与内部职能部门的联系以及联系的程度。从中可以发现服务行为的关键性支持因素，也就是说，这些因素与顾客满意度的关联性较强，需要引起汽车共享服务企业的高度重视。

6. 在顾客行为上加上有形展示

服务蓝图开发的最后一个步骤就是在蓝图上添加有形展示的内容，以此说明顾客在每一个服务经历中所需要的有形物质以及看到的实体内容。这些物质实体可以通过照片、录像等形式加以反映，以帮助分析有形展示对顾客感知服务质量的影响以及是否与企业的服务战略和服务定位保持一致。

三、方法应用

（一）B 汽车分时租赁公司服务问题分析

1. 数据采集及分析

为了能够深入分析 B 汽车分时租赁公司所提供服务的效果，采用了两种方法展开 B 汽车分时租赁公司服务的问题探索与研究：

1）网络舆论分析：网络舆论能够广泛且多角度地反应用户对使用的体验。通过对网络舆论的调查分析，企业能够充分了解客户对产品的体验以及发现的问题。通过调查与分析该公司用车相关的新闻数据，从网络上论坛与报告的角度发现 B 汽车分时租赁公司新能源汽车分时租赁服务的问题。

2）半开放式调查访谈：本次调查通过人工访谈的方法，从使用该公司用车的用户的实际体验出发，多角度地发现 B 汽车分时租赁公司新能源汽车分时租赁服务上的缺点与需要改进的地方。

为了避免所获信息的局限性，主要采用两个方法来保证研究数据的客观性与可行性：

1）多渠道采集信息：通过网络论坛数据抓取和半开放方式调查访谈两种不同的途径获得与该公司新能源汽车分时租赁相关信息，从网络舆论和实际使用者的访谈两个角度进行研究，保证信息来源的广泛性。

2）多次探讨商议：调查分析过程中通过多次讨论形成完整的研究结构，对信息的采集、访谈问题的制定、数据分析结果和服务问题发现等方面进行多次分析并形成最优成果。

（1）**B 公司网络舆论收集与处理** 选取 10 个与 B 公司服务问题相关词条作为关键词在搜索引擎上进行搜索，共得到 3277 个相关新闻，分布结果见表 3-3。

表 3-3 B 公司问题数据采集结果

关键词	押金不退	登录失败	垫付不退	违章处理	还车范围	车辆故障	使用教程	车辆不足	车内不干净	车辆事故	保险问题	汇总
新闻数量	314	134	423	476	69	232	256	211	107	632	423	3277

（2）**B 公司用户访谈资料收集与处理** 采用半开放式调研访谈的方式与 B 公司用户进行交流，通过访谈交流的方式从用户的实际体验中发现 B 公司服务中存在的问题，共计得到 30 份访谈资料。通过对得到的访谈资料进行整理，得到表 3-4 中的结果。

表 3-4 B 公司服务问题统计

服务问题	车辆内部不整洁	押金、垫付退还速度慢	难订到车辆，可用车辆太少	站点离目的地距离较远	客服态度不好	租车和还车流程过于麻烦	车辆续航能力不足
提及次数	12	9	20	23	7	14	13

用户在使用 B 公司的服务过程中存在着不同的接触环节，需要对其环节进行种类的判定与区分，这样才能建立起有效的问题解决途径。在服务的提供过程中，可能会出现各种各样的服务差异或服务问题，因此需要对服务问题进行划分归类，从用户的角度将问题划分为客户端、车辆、客服、用车流程等不同方面的问题，并将这些问题分别定位到服务蓝图中的前台服务行为、后台服务行为和支持过程等环节中。通过总结归纳收集的舆论数据与访谈数据，可把 B 公司服务问题归为客户端、车辆、客服、基础建设、用车流程和第三方支持者六个主体。

2. B 公司服务问题确定

根据收集的网络舆论数据与访谈资料，再结合 B 公司分时租赁服务蓝图，可发现服务问题与服务矛盾最突出的是用车流程、客服服务与车辆状况这三类，因此选择这三个问题进行展开分析。

（1）**用车流程不便** 从网络舆论和访谈资料中可以发现，在用车流程中，如取车前操作、还车时寻找站点和还车站点位置与目的地位置过远等问题出现较多。在取车前，用户需要到达 B 公司专用停车点寻找订单上的车辆，在此过程中用户常常需要通过地图寻找停车点，对于该区域不熟悉的用户或电子地图使用不熟悉的用户会感到困难。找到订单中车辆后，解锁前需要对租用车辆前后左右进行拍照并上传，B 公司需要以此来记录车辆外观状况和保证用户在用车时未对车辆进行故意损坏，但对于 B 公司的固定用户来说该步骤过于烦琐，同时在车辆停放位置靠墙或与其他车辆挤在一起时，拍照变得尤为麻烦，导致用户对于 B 公司的服务体验变差。用户还车前，需要寻找 B 公司的还车站点，若还车站点与最终目的地距离较远也会导致用户体验变差。还车后如发现还有物品遗留在车内，也不能再次免费开锁车辆，除非再次租借该车辆。

（2）**客服服务问题** 在涉及车辆受损后的保险问题、押金退还和事故处理上时，往往需要与客服进行交涉，这个过程中用户视角与客服视角往往产生冲突。用户使用租赁车辆时难免会发生事故如追尾、剐蹭，用户在完成维修垫付后，因为保险是由 B 公司购买，所以保险赔偿金第一手是落在 B 公司手中，在退回给用户时，需要客服对用户身份证、银行信息等进行填报，在此过程中往往出现格式错误，如银行卡的支行格式不对、卡号填写错误等问题，导致垫付金退回用户失败。客服反馈不及时常常导致用户久久收不到垫付款退回而使服务体验变差而产生冲突。押金退还也是如此，由于沟通不到位，用户未能提供正确信息，押金退还出现问题而导致用户不满。在事故处理上，如在交通违规、车辆使用过程中被盗用和用户驾驶证更改等问题上，均需与客服进行交涉处理，然而随着 B 公司的发展，用户基数越来越大，客服所面临的服务对象也越来越多，常出现应接不暇的情况，导致用户常常联系不到客服人员或缺乏问题解决途径，因此降低了对 B 公司分时租赁业务的满意度。

（3）**车辆状况问题** 当分时租赁规模化后，精细化管理方面的清洁、巡检、电池更换、调度等问题就越发严重。用户在进入车辆后会遇到车内卫生情况较差，如车内存在垃圾、地毯肮脏、车内积尘较多等卫生问题，因此使用体验较差；同时会存在用户恶意盗取车内设施的问题，导致之后使用的用户不方便。同时，车辆使用时间较长后会出现装置不灵的问题，如制动不灵、转向盘不准和后视镜调整故障等问题，特别是制动与方向控制出现问题后，用户在驾驶时容易出现安全问题，这大大降低了用户对 B 公司分时租赁业务的信任度与安全感。由于电池技术发展不足，许多用户反馈在驾驶车辆时担心中途电量不足导致车辆无法驱动等情况，特别是在夏天开空调的情况下，车辆用电较快导致实际可行驶距离较短。同时在高温天气行驶时，容易出现车辆发动机或电池温度较高而自动熄火等情况，使用户在使用车辆时不得不停车等待车辆发动机或电池降温，使得旅程时间延长，用户服务体验变差。

（二）构建 B 公司服务蓝图

通过服务蓝图法描述 B 公司分时租赁服务流程，可以在分析问题时准确、具体地找出服务问题，并及时分析和解决问题。在多方收集 B 公司分时租赁服务资料并进行整合分析后，从流程角度理解服务的思想，并绘制 B 公司分时租赁的完整服务蓝图，如图 3-16 所示，□为过程或者动作，◇为相应子过程或者子动作。B 公司全流程服务蓝图分为用户行为，B 公司前台行为，后台行为和服务支持过程四个部分，由外部互相作用线、可见线和内部互相作用线三条水平分界线划分。其中，B 公司用户行为包括乘客在 B 公司平台消费使用过程所采取的所有行为和步骤；B 公司前台行为包括 B 公司前台与消费者之间发生互动的一系列行为和步骤；B 公司后台行为包括服务过程中支持 B 公司前台运作的一系列行为，对消费者不可见；B 公司服务支持过程包括各种 B 公司服务顺利进行，支持前台与后台服务运作的一系列内部行为。在使用B公司产品的过程中存在三种接触点：数字接触点、物理接触点和人际接触点。用户通过B公司客户端或通过支付宝和微信媒介与B公司系统发生交互的节点为数字接触点；用户通过有形的物理实体与B公司系统发生交互的节点为物理接触点；用户与B公司的工作人员发生人际交互的节点为人际接触点。B公司分时租赁服务蓝图如图3-16所示。

（三）基于服务蓝图的B公司流程优化

1. 用车流程优化

在寻找租赁站点与还车站点难的方面，B公司应加强与第三方的合作，如与百度地图或高德地图等行业先进技术代表，使用户在B公司客户端内即可轻松通过地图导航找到租赁站点，或者通过跳转到第三方导航客户端进行导航。在用户到达租赁站点前，B公司也要在前台行为中优化导航服务，同时在后台行为与服务支持行为上做出系统改进与优化。同时也要使用其他手段，比如增加路边告示牌，使寻找租赁站点的过程更加直观。

在取车与还车前的拍照上传流程，往往让许多长期用户感到烦琐。然而为了确保车辆不被刻意损坏和确认车辆受损时间，B公司不得不定下这个流程。据国外分时租赁经验可推出会员服务，对用户进行分级，成为会员的用户可以免除拍照这一流程，从而大大简化用车流程。因此B公司的系统中需要增加会员机制来区分对待用户，同时该改进可增加老用户对服务的优先选择性与用户黏性。

2. 客服服务优化

在用户数量日渐增大的情况下，出现客服服务不到位的情况。根据此情况，B公司应提升自动客服服务，这不仅能降低服务人员的工作量，还能提升用户的体验感。特别是在舆论资料与访谈资料反应较多的垫付退还与押金退还等问题上，可将该流程从人工服务流程改为系统服务流程，这样用户能更及时地得到反馈。因此，B公司前台行为中需要加入系统自助界面，同时在服务支持过程中也要有相应的系统，在对应的数字接触点上应增加相应的支持。

3. 车辆状况管理优化

用户发现车内状况出现问题时，往往不能及时向B公司进行问题反馈，从而导致接下来的用户继续体验不良车况。同时，B公司的工作人员不能及时发现需要进行清洁维护的车辆，因此导致工作效率不高。因此，用户的反馈对于工作人员来说非常重要，而服务蓝图中缺少用户对车辆状况的反馈环节，因此工作人员难以有目的地进行清洁与维护，可在B公司分时租赁服务中增加客服中心对工作人员的指导来优化整个系统。

用户有时会疏于对车况出现的微小问题进行反馈，导致问题车辆被遗漏，因此需要增设一个奖励机制，鼓励用户对B公司用车进行反馈以处理问题；确认反馈问题属实应进行奖励，如发放用车抵扣卷，形成良性循环。B公司可就整理的车辆故障问题与投资方进行交流，请投资方提供更好的技术支持来提高租赁车辆的质量，同时也能让投资方累积宝贵的数据，进而提高技术竞争力。

原始的B公司分时租赁服务蓝图分析后存在一些可以优化的地方，一些环节之间还可以加强互动以达到更好的效果，在单个服务过程中还可以增加新的服务内容来满足用户需要。经过总结B公司的服务问题，对问题进行优化后得到了新的B公司分时租赁服务蓝图，如图3-17所示。

第三章 汽车共享服务流程设计

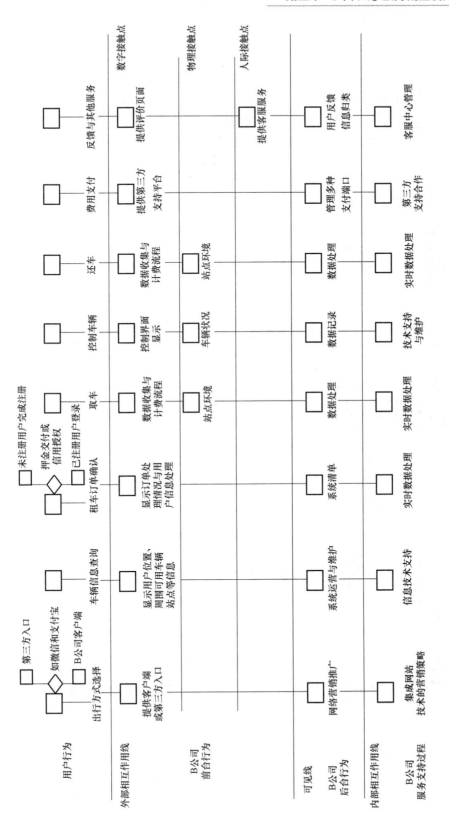

图 3-16　B 公司租赁服务蓝图

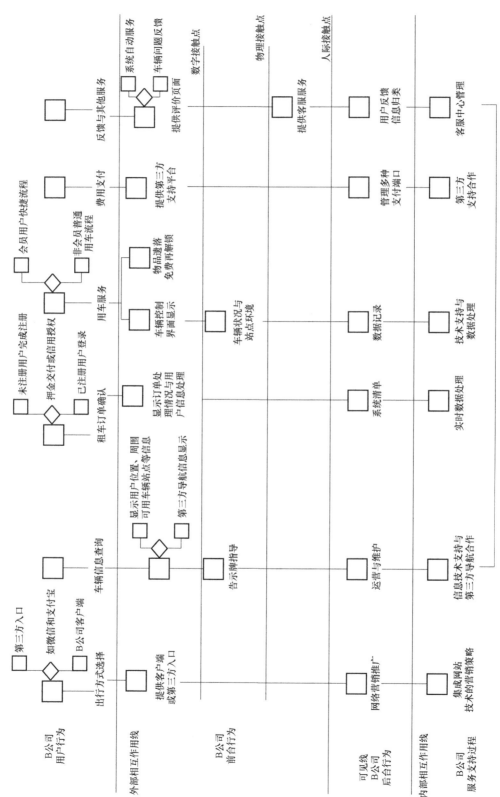

图 3-17 优化后的 B 公司分时租赁服务蓝图

第四节 过程链网络

一、过程链网络（PCN）的基本概念和 PCN 图绘制方法

（一）PCN 的基本概念

随着服务科学理论的不断发展，Normann 提出服务系统实质上是由多方参与者相互进行交互活动从而形成的服务网络，Ostrom 等认为优化服务网络以提升顾客满意度是新时代下服务科学领域的重要研究方向。在分享经济下，分享平台利用现代化信息技术将服务提供者和服务接受者高效地连接到一起，分享平台、服务提供者和服务接受者三个实体共同构成了一个服务网络。然而，由于在多方参与的服务网络中，各个实体相互之间均存在着复杂的交互，服务蓝图在描述与分析分享经济服务网络的时候具有明显的局限性。为了解决这个问题，Sampson 随之提出了过程链网络（process chain network，PCN）的方法来对服务网络中多个实体之间的复杂交互进行清晰刻画。

PCN 方法依据实体间的交互类型依次描绘服务流程中的各个步骤，从而服务网络中多个实体的复杂交互过程可利用 PCN 图清晰地描绘出来，进而克服服务蓝图在表达服务网络时的局限性。此外，利用 PCN 方法描绘出服务流程图后，可进一步根据 PCN 的优化原则识别服务流程中待优化的步骤，进而实现服务优化与创新。

PCN 分析法最主要的优势在于提供了一种结构化的方法来识别创新机遇，能够带来系统化的服务创新。它将顾客、提供商等能执行的一系列步骤的主体定义为实体，每个实体都拥有自己的过程领域用以执行步骤。

（二）PCN 图绘制步骤

PCN 图是利用 PCN 方法优化服务网络的基础，在 PCN 图中，正如传统的流程图的表示方式，箭头被用来标志服务过程中不同步骤之间的序列依赖，如果一个服务过程必须在另外一个过程之后发生，则从另外一个过程出发，绘制一个箭头指向这个过程。绘制 PCN 图的方法可总结为如下几个步骤：

1）明确要分析的服务过程，可选取服务中的重要子流程进行分析。

2）梳理这个过程中涉及的多个实体。实体即服务过程中的多个参与者，如消费者、企业员工、供应商等。比如在利用网约车平台进行打车的过程中，网约车平台就是这个过程中的一个实体，而网约车驾驶员作为服务提供者也是过程中的一个实体，同样，乘客作为服务接受者也是过程中的实体，因此，在 PCN 图中对这三个实体进行标志与描绘。

3）分析这个过程的起始与终止步骤，并在 PCN 图中记录。通常一个服务过程的起始点为消费者产生消费需求，当消费者的需求得到满足之后服务过程结束。例如，利用××出行平台进行打车的过程始于乘客产生打车需求，结束于乘客到达目的地。

4）分析服务过程中各个步骤所归属的过程领域，并根据过程领域的类型以及步骤发生的先后次序，将所有中间步骤一一列举于 PCN 图中，并以箭头的方式表示步骤之间次序的依赖关系。

二、基于 PCN 的服务流程优化原则

消费者与服务系统的接触区域存在不同的形式，可进一步将其总结归纳为三种类型，即

无接触、间接接触与直接接触。同样的，在PCN图中，实体的过程领域亦可归为独立处理、代理交互与直接交互三种类型。在独立处理区域中，步骤的执行由某个实体独立地完成，不受其他过程实体的影响，亦不受其他实体所控制的资源所制约。在代理交互过程领域中，步骤为某个实体执行，但该步骤作用于其他实体所控制的资源。在直接交互过程领域中，步骤的执行涉及多个实体，并且多个实体相互之间发生了交互行为。通过细分服务过程中的交互类型，可为服务创新与服务优化提供方向指引。

利用PCN方法可以描绘服务网络中多个实体之间的交互过程，进一步可依照过程定位、过程创新、角色转换以及精益服务等优化原则对原来的服务流程进行优化，从而实现服务创新，提高客户满意度，这些优化原则的具体含义如下。

1. 过程定位原则

（1）**过程低效** 在独立处理、代理交互以及直接交互这三种类型的交互过程中，独立处理的效率最高，直接交互的效率最低。因而在大部分情况下，通过消除直接交互区域的交互过程或者将原来位于直接交互领域的步骤迁移至代理交互领域，可以提高服务系统的效率，从而实现服务流程的优化与创新。

（2）**规模经济效益** 在服务系统中，服务提供方具有规模化、专业化的优势，相较于服务接受方，服务提供方可有效降低过程步骤消耗的单位成本，因此，过程领域越偏向于提供服务的一方，具有越高的规模经济效益。

（3）**客户化** 当过程步骤位于服务提供者的独立处理区域时，交互过程的客户化程度最低，随着过程步骤逐渐往消费者的独立处理区域迁移，交互过程的客户化程度逐渐提高。

（4）**代理定位** 通过将过程步骤迁移至代理交互领域，将服务系统置于过程效率与客户化的折中点，使得企业在提高服务系统效率的同时也没有过多地降低客户化程度，这一方法往往是企业实现服务创新的有效途径。

2. 过程创新原则

（1）**使能型创新** 即将原来由服务提供者执行的过程步骤转变为由消费者执行，具体实现方式是将过程步骤向消费者过程领域迁移。

（2）**解脱性创新** 即将原来由消费者执行的过程步骤转变为由服务提供者执行，具体实现方式是将过程步骤向服务提供者过程领域迁移。

3. 角色转换原则

通过扩展消费者在服务过程链中的角色，实现消费者在服务过程中的价值共创，可以帮助企业识别服务创新的机会，提高服务交付的价值。

4. 精益服务原则

服务运作的重点在于服务过程中企业与消费者之间的交互，精益服务要求企业对其与消费者的交互进行有效管理，比如增强战略型交互、去除冗余交互、让消费者进行自主服务，以及扩展外部服务等。

三、网约车PCN图绘制

在当前的信息时代下，互联网成为现代服务的重要属性。在依托于移动互联网的高速发展而存在的共享经济模式中，共享平台为服务提供者与服务接受者建立起连接，从而，在共享汽车服务中，乘客、驾驶员、平台作为服务系统的实体共同构成了服务系统，形成了共享汽车服务网络，三者均对打车服务交付的价值有所贡献。PCN方法可以用来描述与分析汽车共享服务网络中乘客、驾驶员与平台三个实体之间复杂的交互行为。

根据PCN方法分析服务流程的步骤，在建立汽车共享服务PCN图之前，首先需要对汽车共享的服务过程进行分析，梳理汽车共享的服务流程以及流程中的子步骤。以某出行平台为例，通过实地调查与咨询相关专家，其整个服务流程可以大致划分为乘客发起打车请求、平台向驾驶员派单以及驾驶员接送乘客三个环节，这三个环节之中包含了一些具体的子流程，具体分析如下：

（1）**乘客发起打车请求** 乘客产生打车需求，利用××出行平台客户端选择行程的上车地点、目的地以及打车类型等信息，向××出行平台发起打车请求，接着在上车的具体位置等待驾驶员前来接送。该环节主要涉及的实体包括乘客、××出行平台。

（2）**平台向驾驶员派单** 平台接到乘客的打车请求后，首先系统对打车请求进行分析，将分析结果发送至派单系统，派单系统根据一定的匹配算法选择驾驶员，然后向相应的驾驶员派单。该环节主要涉及的实体包括驾驶员、××出行平台。

（3）**驾驶员接送乘客** 驾驶员接收到打车订单后，首先使用手机联系乘客确认上车地点，双方就上车位置达成一致后前往上车地点接送乘客。到达指定位置后，乘客上车，驾驶员在打车平台的驾驶员客户端发起行程计费，接着接送乘客至目的地。到达目的地后，驾驶员在客户端结束行程计费，乘客下车。若乘客对本次打车服务没有异议，则在打车客户端上支付车费并对驾驶员的服务质量进行评价，打车服务至此结束；若乘客对本次打车服务存在异议，则可拨打平台的客服电话进行投诉，客服人员再对乘客反映的问题进行处理。该环节主要涉及的实体包括乘客、驾驶员、××出行平台。

根据其服务流程的分析结果，进一步可利用PCN描述与分析其服务流程，细化服务过程中驾驶员、乘客与平台之间的交互。依照前文所述建立PCN图的步骤，分析如下：

1）明确要分析的服务过程。本部分以某出行平台的打车服务为例分析网约车服务网络，因此，分析的对象为该出行平台的打车服务流程。

2）梳理这个过程中涉及的多个实体。在该出行平台的打车服务过程中涉及驾驶员、乘客与平台三个实体。

3）分析这个过程的起始与终止步骤，并在PCN图中记录。在××出行平台的打车服务中，服务的起始点为乘客产生打车需求；当驾驶员顺利接送乘客至目的地，乘客支付车费之后，服务结束。因此，××出行平台的打车服务PCN图起始于乘客产生打车需求步骤，终止于乘客支付车费步骤。

4）根据服务过程中各个步骤发生的先后次序与该步骤所归属的过程领域，将所有中间步骤一一列举于PCN图中，并以箭头的方式表示步骤之间次序的依赖关系。根据不同过程领域类型的定义，分析如下：①乘客产生打车需求以及利用客户端选择上车位置和目的地的属于独立处理过程领域，接着发送打车请求属于代理交互过程领域；平台分析打车请求以及向驾驶员派单均属于代理交互过程领域，利用匹配算法选择驾驶员属于独立处理过程领域；②驾驶员接收订单属于代理交互过程领域，联系乘客确认上车位置属于直接交互过程领域，前往指定位置属于独立处理过程领域，开始行程计费属于代理交互过程领域，接送乘客至目的地属于直接交互过程领域，最后结束行程计费属于代理交互过程领域；③到达目的地后，乘客若对订单无异议，支付车费以及评价驾驶员属于代理交互过程领域；若对订单有异议，联系平台客服人员属于直接交互过程领域，客服人员处理问题订单属于独立处理过程领域。

根据以上分析结果，建立该出行平台打车服务的 PCN 图，结果如图 3-18 所示。

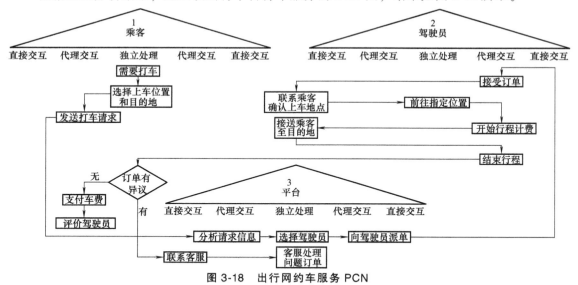

图 3-18　出行网约车服务 PCN

【知识应用与拓展】

网约车服务问题在线挖掘

乘客作为网约车分享经济的最终服务接受者，其反映的服务问题无疑是网约车平台的主要关注点，因此，将乘客评论反应的服务问题作为研究对象。通过从乘客评论中挖掘出网约车分享经济存在的服务问题，为利用 PCN 改善网约车服务质量提供方向指引。对于驾驶员反应的问题，亦可利用同样的方法进行挖掘与分析。

一、情感分析

情感分析是自然语言处理领域的一个重要研究方向，利用情感分析技术可对文本中所蕴含的情绪与观点进行挖掘与分析。例如，分析文本所表达的语义是具有积极的情感倾向还是具有消极的情感倾向。在大数据背景下，情感分析已经成为企业从海量互联网文本数据挖掘高价值信息、提升企业实时反应能力和整体竞争力的重要技术。在技术实现上，目前应用较为广泛的实现方法主要有基于情感词典的方法和基于机器学习的方法。其中，知网发布的 HowNet 情感词典是国内自然语言处理研究人员常用的中文情感词典。

对汽车共享服务而言，在乘客评论中既有网约车服务的负面性评论，也包括了网约车服务的正面性评论，然而，此处讨论的是从乘客评论中挖掘网约车分享经济存在的服务问题，因此只需要对负面评论进行挖掘与分析即可，正面性评论对与服务问题挖掘而言属于杂质。因此，需要利用情感分析技术对乘客评论进行情感倾向性分析，将负面评论从中抽取出来。为了实现这一目标，需要利用了中文自然语言处理工具 SnowNLP 对乘客评论进行分析和处理。SnowNLP 是一个针对中文的自然语言处理工具，提供了中文分词与词性标注、文本关键词提取、文本摘要提取与情感倾向性分析等功能。利用 SnowNLP 的情感分析模块对乘客评论的情感倾向进行预测。对于每一个输入文本，SnowNLP 通过训练好的模型对文本的情感倾向进行预测，输出一个 0~1 之间的概率值，表示这个文本的情感倾向为积极的概率。概率值越接近 1，说明这个文本是正面评价的可能性越高；越接近 0，说明这个文本是负面评价的可能性越高。

二、服务问题挖掘

经过上述步骤的处理，得到乘客的负面评论，接下来需要从负面评论中挖掘出网约车分享经济中频繁出现的服务问题。对于经过分词处理后的负面评论，若将分词结果视为一个事务，将每一个词视为一个项，则可将服务问题挖掘的任务转化为频繁项集挖掘的任务。进而可利用数据挖掘中的频繁项集挖掘技术挖掘乘客负面评论中的频繁共现词组，进一步通过分析挖掘结果来研究网约车分享经济中存在的服务问题。

频繁项集挖掘是常用的数据挖掘方法，可以用来发现数据集中频繁出现的模式，有趣的模式可以帮助企业做出更好的运营管理决策。挖掘频繁项集的基本算法主要包括 Apriori 算法和 FP-Growth 算法。其中，Apriori 算法是一种通过逐层迭代来挖掘频繁项集的算法。在挖掘频繁项集的迭代过程中，虽然 Apriori 算法通过"候选项集产生—剪枝"的方式在一定程度上压缩了候选频繁项集的规模，然而，由于在多次迭代生成频繁项集的过程中仍然产生了数量可观的候选频繁项集，并且每次迭代都需要重复扫描数据库对候选频繁项集进行计数，以将非频繁项集从候选频繁项集中过滤，使得算法的效率不够高。针对 Apriori 算法的不足，Han 提出的 FP-Growth 算法通过将待挖掘的事务数据库以一种特定的数据结构进行重新组织，这种数据结构称为频繁模式树（FP 树），从而得到原数据集的一种压缩表示。之后即可对生成的频繁模式树进行挖掘从而得到原数据集中的频繁项集。因此，FP-Growth 算法在挖掘频繁项集的整个过程中，仅需在生成频繁模式树的阶段对数据库进行两次扫描，而在后续挖掘频繁项集的阶段不需要再扫描数据库，从而极大降低了完成频繁项集挖掘任务所需的数据库扫描次数，且在挖掘的过程中 FP-Growth 算法无须产生大量的候选频繁项集。网约车服务问题挖掘流程如图 3-19 所示。

图 3-19 网约车服务问题挖掘流程

利用情感分析技术对乘客评论进行情感倾向分析，将负面评论从中抽取出来。接着通过分析，将网约车服务问题挖掘任务转化为频繁项集挖掘任务，进而编写 Python 程序实现 FP-Growth 算法，基于 FP-Growth 算法从乘客负面评论中挖掘出频繁共现词组。最后通过分析频繁共现词组研究网约车分享经济存在的服务问题，从而为利用服务利润链、服务蓝图、PCN 等分析工具进行网约车服务质量优化提供方向指引。

思考与练习

1. 请谈谈你对服务利润链模型的理解。
2. 构成服务蓝图的要素有哪些？
3. 试述利用 PCN 优化服务流程的原则。
4. 根据 PCN 服务流程优化原则及网约车存在的服务问题，尝试优化汽车共享服务流程，绘制优化后的 PCN 图。

第四章

汽车共享服务设施选址

导读

共享汽车的出现，满足了人们特殊的、个性化的自由出行需求。作为新时代背景下产生的新兴事物，近年来共享汽车行业发展迅猛，吸引着无数的投资者进入该领域。虽然共享汽车市场迎来快速发展期，但是不可避免的也存在着很多棘手的运营问题。其中，共享汽车网点布设数量少、可用车辆少、充电桩少（新能源汽车）以及共享汽车停车难等问题均成为制约共享汽车企业发展的关键因素。

汽车共享服务设施选址是企业满足用户需求、提升客户满意度的一个重要环节。由于共享汽车的运营网点建设有着投资大、不易更改的特点，决定了网点布设是共享汽车企业发展过程中的重要环节。因此，汽车共享服务设施网点的选址和布设是共享汽车网络化进程中的关键步骤。

第一节 汽车共享服务设施选址的基本思想

一、汽车共享服务设施选址概念

（一）服务设施选址

1. 服务设施概念

一般来说，服务设施是指为市民提供公共服务产品的各种公共性、服务性设施。按照具体的项目特点可分为教育、医疗卫生、文化娱乐、交通、体育、社会福利与保障、行政管理与社区服务、邮政电信和商业金融服务等多种类型的服务设施。

设施有基础设施和附属设施，其中基础设施是指为社会生产和居民生活提供公共服务的物质工程设施，是用于保证国家或地区社会经济活动正常进行的公共服务系统。它是社会赖以生存发展的一般物质条件。"基础设施"不仅包括公路、铁路、机场、通信、水电煤气等公共设施，即通常所说的基础建设（physical infrastructure），还包括教育、科技、医疗卫生、体育、文化等社会事业，即"社会性基础设施"（social infrastructure）。基础设施是国民经济各项事业发展的基础。在现代社会中，经济越发展，对基础设施的要求越高；完善的基础设施对加速社会经济活动，促进其空间分布形态演变起着巨大的推动作用。建设完善的基础设施往往需较长时间和巨额投资。对新建、扩建项目，特别是远离城市的重大项目和基地建设，更需优先发展基础设施，以便项目建成后尽快发挥效益。附属设施是配套设施，可以使基础设施得以更好服务、发挥更大的作用、实现保值和增值的功能。

2. 服务设施选址概念

设施选址是一个十分古老而又经典的问题，早在17世纪就引起了人们的重视。古代的选址决策往往以经验、制度为依据，缺乏科学性。1909年，德国学者韦伯第一篇选址论文的发表标志着设施选址问题进入到科学研究的时代，在其发展的百多年历史中，各时期的研究侧重点各有不同。经过长期的发展，设施选址目前已经形成相对完整的理论方法体系，在应用研究方面也取得了丰硕的成果，在实际经济活动中发挥了重要作用。服务设施选址是属于经典选址理论研究中的一个分支，是以霍特林和廖什产出导向型选址决策模型为基础的。伴随着第二次世界大战以后世界范围内服务业的迅猛发展，服务设施选址理论方法研究成为最为活跃的领域。但我们应该看到，现实经济生活中存在选址理论方法研究成果相对丰富而选址实践效果不佳并存的现象：一是服务设施选址理论和方法经过长期的研究和积累，已经拥有相当数量成熟的技术手段，有精确的数学模型；二是在服务设施选址实践方面存在大量选址不当的情况，造成巨大社会资源的浪费。随着服务产业的发展和城市化进程的不断推进，因服务设施选址不当所造成的损失更是触目惊心。因此，如何缩小选址理论方法研究与选址实践之间存在的差距，是一个值得深入探讨的课题。

服务设施选址指组织为开拓市场、提高生产能力或者提供更优质的客户服务等目的而决定建造（constructing）、扩展（expanding）或兼并（merging）一个物理实体的一种管理活动。服务设施选址问题是组合优化领域中的一类重要问题，它是寻求对需求完成分配任务的合理安排，以得到某种意义下的最优结果。

公共服务设施如何选址与布局，不仅关系到城市的正常运行以及城市居民的生活或福利水平，而且也涉及一个城市公共服务设施的总体建设成本与运营费用。城市经济条件下，公共服务设施选址与布局的优化应当是城市政府、实践界以及学术界必须考虑的问题。

3. 服务设施选址的分类

目前在选址理论研究方面，对服务设施分类尚未给予足够的重视，一般将非生产性设施选址笼统归为一类，即服务设施选址问题。这种划分过于简化，不仅模糊了不同类型服务设施在选址上所具有的特殊性，还给选址方法选择与研究带来了困难，因此以下将对服务设施选址问题的分类做进一步分析。

首先，按照国际通行的关于服务产业划分标准，可将服务设施选址问题划分为三类：

(1) 生产性服务设施选址　生产性服务设施选址中，具有代表性的是物流中心选址问题，其特点体现在物流中心不是以最终消费者为服务对象，其选址决策的基本出发点是如何以最低的物流成本实现物品的空间转移，进而使服务提供者获得最大利润而服务接受者支付最低的物流成本。生产性服务设施选址问题相对比较简单，可以运用成熟的理论方法和模型加以解决。

(2) 消费性服务设施选址　消费性服务是以最终消费者为服务对象，大多数情况下，消费者要前往服务设施处接受服务，因而选址中除了要考虑消费者前往服务设施处接受服务所需支付的成本以外，还需要充分考虑消费者的偏好和消费者行为、消费者心理因素。此外，消费性服务设施大多属于竞争性强的领域，从大型购物中心、宾馆、饭店到小型的便利店、社区服务中心等，设施选址中必须考虑其他同类设施的影响。服务设施选址合理与否不仅影响到消费者接受服务的便利性和成本支出，同时也影响服务提供者的运营效率，因此消费性服务设施的选址问题最为困难和复杂。

（3）**公共性服务设施选址** 公共性服务设施选址有如下特点：一是公共性服务设施的选址可以由政府部门通过行政命令的方式确定；二是公共性服务设施具体位置对服务需求的影响不大，人们一般不会因为公共服务机构（如各级政府机关、司法部门）距离的远近而放弃到公共服务设施接受服务，如到税务机构办理税务登记手续或到司法机关处理法律事务等；三是有强制性的技术规范要求，如对一些提供应急服务的消防中心、急救中心的空间分布都有严格的规定。由此可见，公共服务性设施选址不必考虑消费者偏好的影响，同时还可通过行政力量加以干预，因此最为简单。

因为三类服务设施在服务对象、服务内容和服务方式等方面有很大的不同，这就决定了它们在服务设施选址方面也具有不同特点。

其次，根据服务设施选址涉及的技术特点，可以将选址问题划分为如下类型：
1）竞争性与非竞争性服务设施的选址问题。
2）服务设施与消费者距离关联性强弱的选址问题。
3）临时性服务设施与固定服务设施的选址问题。
4）多服务设施与单一服务设施的选址问题。

此外，还存在一类特殊类型服务设施选址问题，如在土地使用性质一定的条件下，确定不同服务设施功能及其空间分配问题。这类服务设施选址问题实际上是在给定区域范围内确定服务设施功能、服务设施规模以满足需求的综合性问题。比如当一块土地的性质规划为商业用地时，如何在该块土地上布置各种商业设施、娱乐设施、宾馆饭店等（见图4-1）。

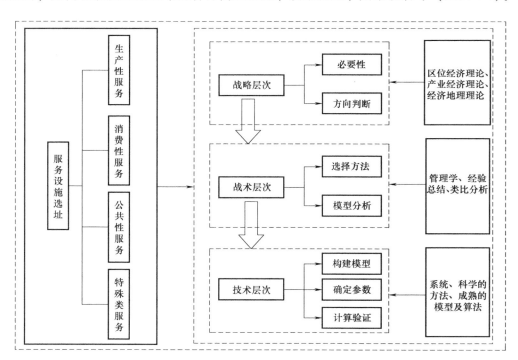

图4-1 服务设施选址框架

4. 服务设施选址的重要性

服务设施选址的任务就是从众多可供选择的方案中找到最佳场址，即场址最优化。这项任务包括选位和定址两个方面：首先要确定场址的大致区域范围，其次是决定场址的具体位置。服务设施选址决策包括 3 种选择方案：

1）扩张现有的服务设施规模。
2）保留现有服务设施，选新址增建新的服务设施。
3）拆除现有服务设施，将其迁移至新址。

在实际的项目决策中，服务设施选址是影响企业公司战略成败的关键因素。服务设施选址从多方面影响企业运营成本，从而影响企业的竞争优势；服务设施选址影响企业制定后续经营策略；服务设施选址影响设施布置以及服务质量。服务设施选址的重要性体现在以下 3 个方面：

1）企业竞争力直接受到地理位置和环境的影响。对制造业来说，其地理布局决定着投资额、运营成本及交易成本的高低；对服务业来说，地理布局直接影响客流量的大小；地理位置也影响着对员工的吸引力，从而影响企业的稳定和发展。
2）选址失误的损失是巨大的。选址决策关系到一个相对较大的永久性投资。一旦工厂或服务设施已经建成，要改变选址所造成的损失就是巨大的、不可挽回的。
3）选址决策往往与企业的发展战略有密切的关系。选址不仅仅是对于地理位置的选择，还往往体现了企业的长期发展战略，比如市场战略、资本运营战略、产品结构战略等。因此，选址错误会影响企业战略的实施。

5. 服务设施选址的难度

服务设施选址非常重要，但是又非常困难。导致选址困难的原因有：

1）选址决策所考虑的因素多，且多种因素相互矛盾。位置偏僻、土地资源丰富的地方地价便宜，但居住密度低不利于企业发展，同时通勤不方便也容易影响员工的积极性；有利于发展的中心地段租金贵、建设成本高。
2）在影响设施选址的因素中，定量的因素少，定性分析的因素多，决策的准确性会受到影响。由于不同因素间相对重要性难以确定和度量，因此企业决策者不一定能做出最佳选择。
3）许多影响设施选址的因素可变性较大，企业往往无法控制。决策标准会随着时间变化，现在好的选址方案不一定适合未来长期发展，企业未来的发展前景可变程度大、不确定因素多。
4）全球选址的决策更加复杂。

（二）汽车共享服务设施选址

1. 汽车共享服务设施概念

汽车共享服务设施指为用户提供汽车共享服务的各种相关设施，包括共享汽车停车位、共享电动车充电桩、共享汽车客服中心等场所或设施，具体为汽车共享服务基础设施和汽车共享服务附属设施。其中，汽车共享服务基础设施是指用于保证汽车共享服务活动正常进行的设施，如共享汽车停车位提供共享汽车停放的露天或室内场所，为共享电动车提供充电服务的充电桩站点，处理共享汽车故障问题的紧急服务点，解决共享汽车用户遭遇非正常状况的用户中心，为用户购买保险等服务设施。汽车共享服务附属设施是配套设施，能让汽车共享服务基础设施提供更好的服务、发挥更大作用以实现更好的发展。

2. 汽车共享服务设施分类

在汽车共享服务设施中汽车是最重要的设施，停车位和充电桩（站）是影响共享汽车发展的关键性设施。共享汽车的种类按公司车队的构成分为混合车型、某一品牌的车型、单一或有限车型三类（见表4-1）。

表4-1 共享汽车代表性平台用车

平台名称	用车品牌
TOGO	奔驰 SMART、雪铁龙 C3-XR、标志 2008、MINIONE
EZZY	宝马 i3
START	保时捷 911、保时捷 718、奥迪 RS6、奔驰 AMG 系列、高尔夫 R
GOFUN 出行	奇瑞、江淮、北汽、荣威
一度用车	EV160、E150EV、江淮 iEV4、知豆 D1
SODA 出行	启辰晨风

共享汽车停车位的分类，按其性质可分为固定停车位和流动停车位。所谓固定停车位指共享汽车运营商规定用户将共享汽车停放在指定停车区域的场所，该停车位不需要用户支付停车费用。固定停车位由共享汽车运营商出资租用土地规划停车位，停车位可位于大型停车场、小区停车场等场所。非共享汽车运营商规定的停车位即流动停车位，这类停车位可以是政府规划建设为公众提供的免费停车位，也可以是商用付费的停车位或是私人专用的停车位。

固定停车位的优点：维护成本降低，便于管理。企业只需在其选址网点范围内设置部分管理中心，就能以最小的成本满足对车辆的清洁、检测等日常维护。在共享电动汽车的固定停车位上配备了充电桩，能满足车辆闲置时随时补充续航。缺点：不灵活，影响用户体验。如果企业设置的固定停车位离用户所在的目的地距离过远，用户的步行时间过长或需要换乘其他交通工具的话，则不方便用户出行。

流动停车位的优点：灵活方便。会满足用户大部分出行的目的地，但只考虑范围为城市的情况。缺点：用户为停车费高买单；影响体验，如果选择共享汽车比乘出租车、租车贵，其竞争优势明显减少；如果是汽油车，加油相对方便，各城市的加油站遍布各地，不会担心中途没动力。但如果是电动汽车，停车的地方没有充电桩怎么办，谁来给车充电，解决不了这个问题，就不能随便停车。如果需要满足用户随便停车的需求：需要在任何地方都有充电桩，提供充电服务，有专人对车辆进行维护。共享汽车企业需要投入的成本就会增加。

充电基础设施是推动共享电动汽车发展的关键。电动汽车充电桩按安装条件、服务对象、安装地点防护等级、充电接口的数量、充电类型区别有不同的分类。

(1) **以安装条件进行分类** 主要分为立式充电桩和壁挂充电桩。立式充电桩无须靠墙，适用于户外停车位或小区停车位；而壁挂式充电桩必须依靠墙体固定，适用于室内和地下停车位，具有占地空间小、方便安装、价格低等优点（见图4-2）。

(2) **以服务对象进行分类** 主要分为公共充电桩、专用充电桩和自用充电桩。公共充电桩由政府机关等具有公共服务性质的机构置办，服务对象面向任何电动汽车车主，如建在公共停车场。而专用充电桩多为企业设置，服务对象为客户和内部人员，如公交车专用充电桩（见图4-3）。自用充电桩为私人充电桩，安装于私人领域，不对外开放。

(3) **以安装地点防护等级进行分类** 主要分为室内充电桩和室外充电桩。室内充电桩的防护等级需要起码达到 IP32⊖ 以上，而室外充电桩需要面临风雨交加的恶劣环境，需要更好的绝缘性和避雷条件，其防护等级起码要达到 IP54 方可保障人身安全、车身安全和充电设备安全。

(4) **以充电接口的数量进行分类** 主要分为一桩一充和一桩多充。目前，市场上的充电桩以一桩一充式为主，在公交停车场这样大型停车场中，需要多充式充电桩，同步支持多台电动车充电，不但提升了充电效率，也节省了人工。

图 4-2　壁挂式充电桩

图 4-3　公交车专用充电桩

(5) **以充电类型进行分类** 主要分为交流充电桩和直流充电桩。交流充电桩一般是小电流、桩体较小、安装灵活，充满电一般耗时 6~8h，适用于小型乘用电动车，多应用于公共停车场、大型购物中心和社区车库，家用充电桩也多为交流充电桩。而直流充电桩一般是大电流，短时间内充电量更大，桩体较大，占用面积大（散热）。直流充电桩适用于电动大型客车、中型客车、混合动力公交车、电动轿车、出租车、工程车等快速直流充电。

3. 汽车共享服务设施选址的重要性

共享汽车分时租赁网点选址主要是解决在一个局部区域中人们用车还车方便的问题。如果一个地区的租赁网点过多造成供应过剩，车辆就会因无法被及时使用造成闲置和浪费；如果分时租赁网点太少，就满足不了该地区人们的用车需求，共享新能源汽车就很难实现环保、节能，并影响人们出行方式的效果。共享汽车要想合理地运营和推广，其分时租赁网点的建造选址是至关重要的，因为租赁网点是完成共享汽车取车、还车的重要设施。合理的分时租赁网点选址不仅便于减少用户的出行距离，而且可以有效地减少环境污染和管理成本，同时对节能、环保以及交通方面的工作也很重要。

⊖ IP 是国际用来认定防护等级的代号，IP 等级由两个数字所组成，第一个数字表示防尘，第二个数字表示防水，数字越大表示其防护等级越高。

4. 汽车共享服务设施选址的难度

消费性服务设施的选址是最为困难和复杂的一类选址问题，汽车共享服务设施选址正属于这类问题，主要表现在三个方面：一是选址模型应该能够体现消费者的偏好，二是选址模型需要考虑利润与成本因素，三是模型应该能够反映竞争对手的影响。如何将以上三方面因素在选址模型中加以表述是目前选址理论方法研究的难点和热点问题。汽车共享服务设施选址模型改进与完善的主要方面有：

1）选址模型中消费者偏好的引入，目前人们开始关注消费者偏好对服务设施选址的影响，但在构造选址模型时通常将消费者偏好看作消费者出行成本的函数，这种假定值得商榷，因为随着消费者收入水平的提高，成本因素有时降为次要因素，服务设施提供的服务产品是否具有吸引力常常成为最重要的因素。

2）选址模型中服务设施容量因素的引入，此前的选址模型常把服务设施简化为一个点，对服务设施容量大小缺乏定量描述，导致服务设施的容量与需求之间不匹配，或是服务设施容量太大造成资源浪费，或是因服务设施容量低于保本点水平而无法正常运营。实践证明，在服务设施选址模型引入设施容量因素是非常有意义的。

3）选址模型中服务设施成本因素的引入，以往人们在构造选址模型时关注消费者出行成本较多，而对服务设施本身存在的成本问题考虑得不够，这是需要引起重视的方面，当然，这里所说的成本应该理解为服务设施质量的函数，一般情况下服务设施的质量水平与所投入的成本呈同向变化关系。

4）服务设施选址描述性模型的构建，所谓描述性模型就是通过集成各方面的意见，以定性分析为主进行选址决策的一种方法，例如，可以运用类比分析、专家调查、消费者需求调查等，集中相关领域专家的知识和经验，集中消费者需求信息，经过缜密分析确定服务设施空间位置。应该看到，实践中许多服务设施的经典之作常常产生于这样的决策方式。运用描述性模型的优点在于，可以把握选址决策的关键问题和总体思路，不至于被看起来科学但过于烦琐累赘的计算分析冲淡决策主题。

二、汽车共享服务设施选址原则

汽车共享服务设施选址就是要确定共享租赁网点在城市范围内的投放位置和规模。首先，规划者要做城市范围内的共享汽车租赁需求收集，对需求进行时空特性分析；之后，按照一定的选址原则和方法模型选择共享汽车租赁网点布设方案。共享汽车网点建设是一项规模大、投资高、涉及面广的系统工程。网点一旦建成就很难改变，为使停车网点效益最大化，进行网点布局规划工作时应遵循以下四项原则：符合城市总体规划、与其他交通方式相协调、用户优先、尽量节约资源。

1. 符合城市总体规划

汽车共享服务设施网点的布局规划应保证与城市的总体规划相一致，深入分析交通实况和城市总体规划，且土地资源利用要和城市的用地规划相一致。要充分考虑区域的人口数量、消费水平、未来发展等因素，最大程度地发挥汽车共享服务设施的功能与作用，不能非法占用城市公共区域。确保可实施性和科学性，既要满足现实需求，又要进行适度的超前规划。

2. 与其他交通方式相协调

共享汽车是城市公共交通方式的一种，其服务设施网点在布设时要注意与其他交通方式的协调和衔接，不得妨碍其他交通工具和交通设施的正常使用。在考虑共享汽车停车位设施选址时要考虑城市交通结构体系，满足城市道路或者公共交通线网的改造或新建，还需要考虑设施规划范围内对未来交通通行的影响，充分发挥汽车共享服务设施的作用。

3. 用户优先

坚持以人为本，提供方便快捷的出行系统，提高居民的出行质量。共享汽车服务设施网点在布设时应充分考虑用户需求，一方面要尽可能地满足用户的出行需求，考虑能否最大程度上满足用户的停车需求；另一方面，要尽量为用户提供便捷、舒适的出行服务，减少用户的出行成本。在考虑共享汽车停车场的选址时，要注意停车位的服务半径（步行距离），这里是指泊车者从停车场到目的地之间的距离。由于是步行，泊车者期望这段距离越短越好。国内外研究表明，泊车者的步行时间以 5~6min，距离为 200m 以内，最大以不超过 500m 为宜。且停车场的可达性越好，被泊车者使用的可能性就越大。除此之外，在汽车共享服务设施选址时力求建设合理的服务设施覆盖网，方便用户租车、停车，这样也能提高共享汽车的利用率，推动共享汽车的蓬勃发展。

4. 尽量节约资源

当共享汽车中投入新能源汽车，在其服务设施网点选址时应充分考虑周围的充电桩、停车位等现有资源，充分利用公共设施的地下空间（如公园、广场等），尽可能地利用已有的设施，采取租用、合用的方式，与现有设施拥有者进行沟通合作，以减少不必要的资金投入和资源浪费。

三、汽车共享服务设施选址影响因素

汽车共享服务设施选址应该从基本经济规律和行业规律出发，遵循由粗到细，由宏观到微观，由定性分析到定量分析，逐步清晰并逼近选址目标的思维路线。选址还要从三个层次上进行思考，即战略层次、战术层次和技术层次。战略层次的思考，解决汽车共享服务设施选址的必要性问题，从而为汽车共享服务设施选址问题的解决建立正确的方向，需要以区位经济理论、产业经济理论、经济地理理论以及具体服务领域的知识为基础；战术层次的思考解决汽车共享服务设施选址方法、模型的选择问题，为此首先要解决选址问题的类型归属，即分析其是属于公共性服务设施选址，还是属于消费性服务设施选址问题，还是其他类型的选址问题，然后采用类比推理等手段尽量缩小采用的方法和模型的范围，使其更具针对性，这部分工作需要以经济学和管理学的相关知识为基础；技术层次主要解决选址决策模型构建和求解问题，从而获得符合相关评价准则的最佳或令人满意的设施选址方案，这个层次的工作主要以选址的理论模型和系统的科学理论方法等为基础。总之，战略和战术层次主要从经济意义上解决服务设施功能必要性的问题，而技术层次主要从具体的方法论角度解决设施选址最佳方案的选择。

汽车共享服务设施选址影响因素是多方面的，从企业和用户的不同视角考虑，其影响因素的影响力也不同。从企业视角来看，共享汽车运营企业属于服务性行业，通过为用户提供汽车使用权来满足用户的出行需求，该种组织的战略目标是要让用户满意，得到用户对汽车共享服务的认可。因为用户对汽车共享服务的满意度越高，在用户中的口碑越好，人们就越愿意去使用这项服务。汽车共享服务的产品特点就是可循环重复使用，共享汽车的使用率越高，企业就能获得更高的收益。从用户视角出发，汽车共享服务设施属于消费性服务设施，

用户通过支付一定费用后获得共享汽车的使用权,因而希望尽可能以较低的价格接受较好的服务。总的来说,汽车共享服务设施选址的影响因素有以下几点:

1. 接近用户

享受汽车共享服务的用户群分为个人用户和企业用户,目前企业用户占的比例较少,但其未来可挖掘潜力巨大,因此现阶段要将用户群的关注重点放在个人用户群体上。对于有短途通勤需求的这类用户,汽车共享服务设施选址时,应着重考虑写字楼、购物中心以及住宅小区周围的共享汽车投放量和停车位规划,尽量减少该类用户的步行寻车、还车时间。对于思想前卫的高校大学生用户,应当在高校附近尽量多地设立汽车共享服务设施,这类用户的出行需求旺盛,对新鲜事物接受较快,是使用共享汽车的主力军。然而不管是针对哪种类型的用户群,汽车共享服务设施选址必须要坚持"以人为本"的思想,选址时充分考虑用户需求,让服务设施尽可能地接近用户,发挥服务设施的最大效用。工作地点作为大部分用户出行活动的终点,到达工作地点的出行活动也是出行需求的一部分,高密度的工作单位群将产生巨大的出行需求。同时,工作地点不仅是早晨通勤交通的吸引点,还是白天交通的产生点。比如,Frank 和 Pivo 发现,在对于通勤交通方式的选择方面,特别是当工作密度达到 50~75 人/acre(英亩)⊖时,工作地人口密度比居住地人口密度的作用更强。

2. 人群密度

汽车共享服务设施的服务对象是人,只有当用户有出行需求这个需要时,共享汽车的存在才有用武之地。汽车共享服务设施选址时,必须做好出行行为需求调查,在客流集散量较大的场所设立服务设施。人群密度较大的地方,存在大量潜在的共享汽车用户。人群密集集中地主要在交通枢纽、商务区、重要交通设施、居住区、餐馆饮食、旅游景点六种类型的用地周围。大型交通枢纽主要是指城市中客流集散量较大的汽车客运站、普通火车站、高铁站以及机场。商务区通常包含大型的购物中心和商务办公楼,吸引着大量的客流前来购物、娱乐,出行非常集中。城市中重要的交通设施是指交通运输中必要的场地、运输线路、通信设备、信号标志、仓库、大型活动场地、候车场地、售票场地等,它们是共享汽车出行的主要载体,而道路又是共享汽车出行中最有代表性的实体。居住区建有大量的住宅楼,集中居住着大量居民,有早晚上下班、买菜、接送小孩等出行需求;旅游景点往往能吸引大量的城市外来客流,共享汽车的便捷性和私密性能恰好满足他们去往车站、酒店和景点的出行需求。餐馆与饮食点布设在高密度人流区,在早、中、晚的用餐时间会吸引和聚集大量的用餐客流,因而周边通常建设有配套的停车设施。

城市居民是共享汽车的主要用户,其分布对共享汽车选址布局有着重要的引导辅助作用。居民的出行需求是设置共享汽车投放点的重要依据。人口越密集,出行需求越大,相应的共享汽车需求也越大。人口越稀疏,出行活动越少,共享汽车需求越低。

3. 运营成本

一个企业要想长久地发展下去,需要有收益来维持企业的运转,因此在运营过程中企业管理人员要充分考虑成本限制。一般来说,成本主要包括土地租金、车辆购置费、充电桩建设费、停车费用四部分,而共享汽车企业的成本一般可以分为固定成本、运营成本、使用成本三个部分。

⊖ 1acre = 4046.856m²。

固定成本主要指购买车辆及车险的相关费用和土地租金。

运营成本主要指车辆调度、维修、清洁、保养的相关费用，这部分的费用相对固定。

使用成本主要包括车位成本和续能成本。车位成本主要指车辆在运营过程中产生的停车费用，由运营商承担或由运营商和用户共同承担。续能成本主要包括充电桩的建设费和电费。

针对异地取还加自由停靠的运营模式，区域内的网点分为两类，分别为固定网点和流动网点。

固定网点需要一定的面积来存放车辆，为异地取还模式提供服务，主要的成本包括购车成本、土地租金和充电桩建设费用。

流动网点主要是指在该区域内的用户可以把车停放在任意合法的停车位上，虽不需要一定面积的运营网点，但会产生一定的停车费用。流动网点的主要成本包括购车费用、充电桩建设费用和停车费用。为避免发生车辆无人使用停放太久而产生高额停车费等情况，流动网点一般设在城市的中心区。一方面，城市中心区具有足够大的交通需求带动汽车的流动；另一方面，城市中心区用地紧张，布设固定网点投资太大。

4. 自然资源

自然资源条件对汽车共享服务设施选址也是有影响的，其中包括土地资源条件和气候条件。在选址时需要考虑选择范围内的地质条件适不适合建设共享汽车服务设施，或者建设时会不会额外增加成本，例如，因地质条件不好，修建停车位时需要改善土地质量加固地基。不同城市的气候条件差异也会导致汽车共享服务设施选址不同，在高温或低温环境下，共享汽车的存放条件需要做出相应的改变。

5. 社会环境

城市的经济发展水平不同，人民的消费水平有差异，对共享汽车的接受度也不同。我国经济发展不平衡，东部经济发达，西部欠发达，两个地区的汽车工业发展特点不同，交通需求差异巨大，最终导致汽车市场出现不平衡：东部的大城市"车满为患"，而广大西部地区汽车消费力弱。在2019全球新能源汽车供应链创新大会上，专家建议，要因地制宜地推动产业变革。国家对于发达地区特别是一、二线城市，除了努力发展低碳化的交通工具之外，应该结合城市改造和建设，重点发展不同模式的智能化共享汽车系统，力争使大城市的汽车保有量减少三分之一，甚至更多。这是解决我国大城市交通问题的最有效的措施之一。东部发达地区也不应该一味发展高端纯电动汽车，要搞多元化、多层次发展，根据各地的资源、条件和经济发展水平、市场需求，发展不同形式的模块化、系列化新能源汽车，包括甲醇和氢燃料汽车等。因此，汽车共享服务设施选址应当首先在国家一、二线城市发展起来，再逐步扩大到其他城市，让小部分城市带动大部分城市，最终实现大面积覆盖。

四、汽车共享服务设施选址过程及内容

汽车共享服务设施选址过程复杂，和大多数项目建设选址过程类似，在选址前要做一系列的准备工作（见图4-4）。首先要确定选址任务，考虑设施建设拟选地址的地理位置、占地范围、占用土地类别（国有、集体所有）和数量、拟占土地的现状及现有使用者的基本情况。简述设施建设需要具备的能源供应条件（电网供应要求）、市政公用设施配套等条件及实现上述条件的初步设想，是否需要进行地上建筑物拆迁的项目，并提出安置初步方案。

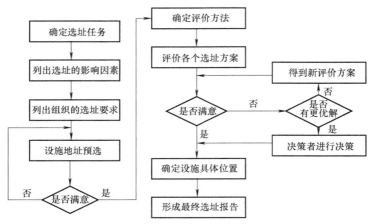

图 4-4 汽车共享服务设施选址流程

其次，列出选址的影响因素，从企业视角和用户视角分别出发，确定影响因素的权重大小，列出组织的选址要求，再进行设施选址预选。如果预选出的结果不满意则需要进行调整，重新确定评价方法评价各个选址方案，得到最优解，由决策者进行决策后确定设施的具体位置，形成最终的选址报告（见图 4-5）。

共享汽车服务要想合理地运营和推广其分时租赁，网点的建造选址是至关重要的，因为租赁网点是完成共享汽车取车、还车的重要设施。合理的分时租

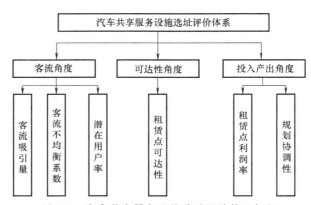

图 4-5 汽车共享服务设施选址评价体系框架

赁网点选址不仅能够减少用户的出行距离，而且可以有效减少环境污染和管理成本，同时在节能、环保以及交通方面的工作中扮演着举足轻重的角色。要结合共享汽车的运营特点，设计优化用户到达成本、用户到达距离最小以及网点覆盖更多的需求点为目标的多目标网点选址模型。

（一）宏观层面

汽车共享服务设施选址从宏观层面来看，随着共享汽车服务设施建设的增加，需要考虑的整体局面越多。汽车共享服务设施选址是在认真研究国家和城市发展规划的基础上，详细调查地区电能资源分布情况，广泛收集拥有停车场资源的各个部门，比较建设地点及其开发价值，制定开发策略和开发步骤。场址是否符合国家地区发展规划，或和规划中的其他项目是否有矛盾，应收集选场址处有关基本农田、压覆矿产、军事设施、文物保护、风景名胜以及其他社会经济等常规性资料，选址时注意避开。

1. 城市或地区的经济发展水平

物质及生活条件的改善、消费升级、生活轨迹变化均需要多种方式的衔接以满足多点出行的需要。共享汽车相对公共出行和网约车具有个性化、私密性的特点，在我国消费升级的

浪潮下，随着人们对共享概念的接受，在年轻人群会被逐渐接受和流行。

2. 城市或地区的消费习惯

地域热点主要集中在一线城市，地域集中明显。一、二线城市由于人口密度大，交通拥堵，人均出行距离远，对汽车分时租赁的需求大，是未来特别要关注的地区。共享汽车在一线城市主要通过解决交通拥堵，辅助公共交通体系等角度切入，借此跟政府沟通，展开布局；省会重点城市则是帮当地发展新能源汽车，通过与当地主机厂合作，以运营为导向切入；旅游城市的核心是主打旅游牌，通过与当地政府共同发展旅游经济来切入共享汽车领域。

3. 城市或地区的社会治安和社会风气

我国城市公共交通出行分担率普遍在 10%~30%，其余出行要求未被有效满足。此外，很多城市还面临着交通拥堵等问题，停车位、道路资源紧缺等，而私家车一天中有 90% 的时间处于空置状态，这都促进了分时共享汽车的快速发展。另外，节约能源、减少污染意识日益深入人心。随着社会结构的调整，80 后、90 后群体基于移动网络的便捷出行需求增加，近两年来共享单车的急速发展，使人们普遍接受了共享出行的概念。在爱彼迎（Airbnb）的成功先例下，P2P 汽车分时共享虽然目前在发展上有着各方面的制约，但轻资产的模式仍具有巨大的发展潜力。

城市或地区的社会治安问题也是保证共享汽车正常运行的重要条件之一，汽车是重资金投入供大众共同使用的交通工具，共享汽车的长久发展不仅需要企业的合理运营，还需要公众的共同维护。一个城市的社会治安好、社会风气好，那么就不容易出现恶意破坏共享汽车的现象，当初共享单车被毁坏后在废弃场堆积如山就是一个惨痛的例子。如今，多数居民小区对共享汽车驶入小区内停车仍持拒绝态度，物业安保管理的理由在于本身小区业主的车位有限，共享汽车停入住宅小区后长时间无人用车会占用停车资源，出于对小区的安全考虑，让陌生人进入小区停车本身就存在安全隐患，不利于物业安保。另外，共享汽车企业如果没有支付管理保管费用，那么小区管理人员也没有免费为其管理的义务。

4. 市场潜力、竞争程度与成本

盘活充电桩资源，提高充电桩使用率，以车带充，以充促车。根据 car2go 的数据，其车人比为 1∶187，即每投放一辆车能带来 187 名用户。共享汽车行业增长快，但目前大部分分时租赁厂商都在亏损，处在探索商业模式阶段，马太效应尚不明显。不可否认，当共享汽车行业发展到一定规模时，完全可以不用购买汽车了。我国拥有驾照的人口已达到 4 亿人，而私家车的保有量为 1.7 亿辆，这意味着有 2.3 亿人"有照无车"，市场需求量是相当可观的，这样就加剧了各个共享汽车公司的竞争。共享汽车属于"重资产、重运营、重体验"的新兴行业，随着众多平台的兴起和扩张，市场竞争日趋激烈。目前，我国共享汽车企业数量多，但大多处于大规模投入期，还没有盈利，一些运营成本高、服务能力差的企业难免被淘汰。随着共享出行行业日益发展完善，多数平台开始进入资源整合期，不计成本的"烧钱"模式已经成为过去。无论资本的运作效应还是"烧"出来的火爆需求，都需要接受市场的检验。

5. 交通、通信、充电等基础设施

相对于传统汽车加油的时间，电动汽车的充电时间较长且续航里程短，这使得充电更加频繁，因此充/换电服务网络的建设对于共享电动汽车的推广应用具有很重要的意义。电动

汽车充/换电服务设施的建设成本高,且一旦建立便不易改变,如何合理地为共享电动汽车充/换电设施选址是亟待解决的问题。国家电网公司表示:未来在电动汽车充/换电基础设施建设上实行以换电为主、充电为辅的运营方式。电动汽车"换电为主,充电为辅"的运营方式主要是考虑到我国目前电动汽车的发展状况和电动汽车推广面临的主要问题。第一,部分电动汽车还不支持快速充电,而在充电桩上慢充,充电时间长,不能满足长途行驶的需要;若采用换电池的方式,换电时间短,且服务商可以对电池进行统一管理,可以更好地维护电池,延长电池的寿命。第二,电动汽车的价格较高,其中一个重要原因是电池的价格高,实行换电的运营方式后,用户可以只购买汽车,而不用购买电池,从而使得单车价格下降,负担减轻。第三,由于电动汽车的普及率还不高,许多汽车企业不愿意大规模投入充/换电基础设施的建设,换电运营方式可以由第三方建设换电站,减少企业的开支。第四,如果电动汽车同时集中在用电高峰期充电,则电网难以承受如此大规模的充电负荷,会造成电网崩溃;而换电运营方式,对电池统一进行充放电管理,可以选择在用电低峰期,利用低谷价格充电,缓解了电网的压力,同时节约了成本。基于电动汽车换电站的种种优势,我国很多城市已经开始计划大量建设电动汽车换电站。

共享电动汽车最终能被用户所接受,除了其本身具有节能环保的优势外,与共享电动汽车配套的充/换电基础设施建设也至关重要,因为这决定着共享电动汽车能否满足用户便利出行的要求。只有充/换电基础设施充足了,共享电动汽车的普及才成为可能。如何选择最佳的位置来建立共享电动汽车换电站,是决策者考虑的重要问题。目前亟待解决的问题是:共享电动汽车换电站需要建在哪些位置、每个换电站的电池库存量需要多少。

6. 产业关系

共享汽车不仅是重资产模式,而且需要更多的政府资源和产业链资源。资金、车辆、停车位、充电桩、运维能力等是影响企业发展的重要因素。目前,我国市场以新能源分时租赁为主,汽车厂商、租赁公司背景平台在资金、车辆方面有一定的优势。另外,通过APP自助完成所有流程是另一个重要特征,这样既能满足用户随时用车的需求,使用流程也会变得方便快捷。相对传统短租,分时租赁的计价规则有较大吸引力,按时间或按时间+里程付费均体现按需收费的用车理念。共享汽车服务属于三大产业中的第三产业,在其发展的过程中离不开第二产业的支撑,汽车制造工厂提供主要的服务设施。

7. 税收

2017年8月,交通运输部、住房和城乡建设部联合发布《关于促进小微型客车租赁健康发展的指导意见》,明确加强租赁车辆管理、落实承租人身份查验制度、提升企业线上线下服务能力等政策措施。此外,还鼓励分时租赁经营者采用信用模式代替押金管理,推动"随取随还"探索城市路网内停车费优惠等措施。

根据财政部和国家税务总局联合发布的《营业税改征增值税试点实施办法》,经营租赁服务,是指在约定时间内将有形动产或者不动产转让他人使用且租赁物所有权不变更的业务活动。按照标的物的不同,经营租赁服务可分为有形动产经营租赁服务和不动产经营租赁服务。共享汽车经营者(小微型客车经营者)收取租赁费用,不提供驾驶劳务,属于"有形动产经营租赁服务",一般纳税人增值税率为17%,小规模纳税人征收率为3%。汽车租赁公司对外提供租车服务,途中产生的加油费、过路费是否可以抵扣和列支,要根据汽车租赁公司与租车者的合同约定来判断。如果合同约定租车费包含的油费、过路费等由租车者承担，则费用与汽车租赁公司无关；如果合同约定相关费用由汽车公司租赁公司承担的，因为车辆所有权或挂靠关系均在汽车租赁公司，那么在这种情况下，汽车租赁公司取得的油费、过路费等费用便可以抵扣和列支。

(二) 微观层面

从微观层面上来看，汽车共享服务设施选址分析工作的主要任务是，对选址所在区域内进行实地勘察，确认地形图的准确性，观察地形图以外的地形环境，对选址范围内的商圈客流情况、人群密度、消费水平等进行分析；对选址范围内公共交通换乘情况如何，以及现下选址范围内已经进入了多少同行业，企业进入后是否有能力与其他企业竞争，与其竞争的优势在哪里等情况进行分析。

1. 商圈分析

商圈分析主要包括以下内容：

1) 调查研究该商圈内的市场潜力和机会，确定在该地点建设共享汽车服务设施的必要性和可行性。

2) 分析地理位置的特点，包括可见性、可达性、附近商业建筑或办公设施数量等，进而确定是否有可行的营销策略。

商业网点和城市交通系统之间有着密不可分的关系。交通方便、人流集散处是最佳的商业网点位置。但是，交通方便、人流集中的商业中心一旦形成，反过来又会吸引来更多的人，当中心达到相当规模时又反过来会妨碍交通，因此，商业点布局的原则是既要利用交通集散之利，又要避免互相干扰之弊。在我国，出行购物等相关娱乐活动与短中距离出行已经越来越紧密地结合在一起，形成了独特的出行活动产生点，并催生了更大的客流。共享汽车在中短距离上具有价格等优势，将成为大部分出行需求的共同选择。消费者从居住地（或办公地）到达商业网点进行购物消费，从交通的角度考虑主要是便捷性，包括两个方面：一个是消费者到达商业网点的便利性，主要是到达商业网点道路干线的多少、公交线路的多少和效率；另一个是到达网点后存放交通工具的便捷性，如停车位数量。新建和扩建商业网点对交通的影响均是政府要审核的主要方面，主要考虑是否会引起交通堵塞，是否会引起居民生活和工作居所道路的改变等。汽车共享服务设施选址就属于第二种情况。

2. 交通换乘分析

城市交通体系的不断完善是为了方便居民出行，随着小汽车保有量的逐年增加，城市中心区交通拥堵，环境污染严重，导致居民出行不方便和空气污染。而城市停车换乘设施的建立，能够引导更多的小汽车出行者转向公共交通出行，共享汽车+停车换乘模式更能缓解城市中心的交通拥堵，进而节能减排。因此，合理的共享汽车停车换乘设施选址是解决城市中心交通拥堵的一个重要环节，它能够确保出行者在小汽车与公共交通之间进行有效的换乘。

换乘停车场选址是在预测规划区域内停车需求、了解周围土地利用情况和城市交通结构体系的基础上，根据影响停车设施体系的主要因素来对规划区域进行停车场的选址，优化停车配置能力。停车换乘选址原则是：换乘设施选址首先需要考虑所选位置是否能最大限度地满足附近居民的出行换乘需求，并且引导更多的小汽车出行者转乘公共交通出行；停车换乘设施规划要充分考虑设施与城市现有交通体系规划、城市规划、附近轨道交通线网布局和用地性质等协调一致，最大限度地发挥停车换乘设施的功能与作用；停车换乘设施的选址应合理化，控制相邻停车换乘场地之间的距离，一般两个设施之间的距离应大于6km，否则会存在相邻停车场相互争夺客源、恶性竞争的情况。

3. 同行业竞争分析

共享经济的兴起催生了共享出行，共享汽车在市场需求和资本的助力下，一度步入发展的高速车道中。相关数据显示，截至2018年年中，全国注册的分时租赁企业超过400家，从已实现运营的主流分时租赁企业公布的数据来看，全国运营车辆规模已超过10万辆，共享汽车行业竞争加剧。目前，市面上的共享汽车投资方主要可分为两类，一类是汽车主机厂（OEM）、经销商；另外一类则是移动互联网企业。现阶段，越来越多的资本涌入共享汽车行业，业内也开始出现不同的声音，有一些观点认为分时租赁如果无法解决停车难、成本高的问题，加入的企业就只能充当"炮灰"；而不同观点则认为，分时租赁和网约车一样，盈利只是时间问题，同时也是行业发展的必然趋势，应先"占坑"，以免错失良机。事实上，拥有强大的技术和资金支持的规模型共享汽车企业，在拿到停车资源方面也具备一定优势。值得注意的是，那些规模较小、资金有限的共享汽车企业很可能无法挺过亏损"寒冬"。

第二节 汽车共享服务设施选址分析方法

我国的共享汽车行业正处在初步发展的探索阶段，服务设施的选址和布设是共享汽车网络化进程中的关键步骤。以共享汽车服务设施选址为主要研究点展开相关研究，一方面对掌握我国共享汽车网络化发展特点、基本发展规律以及促进共享汽车行业的健康发展具有十分重大的意义；另一方面还可以为共享汽车企业服务设施选址提供理论指导。以下介绍几种汽车共享服务设施选址的方法。

一、AHP-模糊综合评价法

很多时候我们不能直观地量化一个因素对模型的影响，特别是在因素比较多的情况下。比如，对于选址布局中不同区块、建筑点对共享汽车租赁的需求是不一样的，如何评价和量化这些吸引点呢？可以通过AHP-模糊综合评价法进行吸引点的指标量化。吸引点的评价模型主要由两个部分组成：第一部分，层次分析法；第二部分，模糊综合评价法。其中，层次分析法是模糊综合评价模型的基础，用于确定相关层次对应于上一层次的权重。

1. 评价指标体系的构建

现阶段，共享汽车的发展越来越受到人们的关注，也越来越成为解决城市交通问题的一个重要方向，但是共享汽车的发展现阶段还存在着诸多问题，比如站点的选址布局。要想解决这一问题，实实在在地发挥汽车共享的优势，看似容易，实则不易。这就要求建立共享出行需求吸引点的评价指标体系，构建站点选址优化模型，平衡好汽车共享企业效益和用户出行需求。吸引点评价指标体系构建主要包括三层结构，分别是目标层、准则层和指标层。同时，评价指标的合理选取也在一定程度上影响着最终的评价结果。在分析共享汽车需求产生的影响因素这个复杂系统中，影响出行需求产生的因素是多元的、交叉的。然而，并不是每一个对其有影响、有作用的因素都可以纳入最终的指标体系中。在选取每个评价指标的时候，要最大限度地确保选取的评价指标客观地反映整个系统。同时，每个城市的共享汽车静态需求无疑也是独一无二的，大致有如下的总体原则：

（1）**系统性原则** 将汽车共享系统看作一个整体，它是由各个子系统相互联系、相互协作共同组建的。在选取评价体系时，各个评价指标在相互独立的同时，又紧密联系，指标体系全面反映了系统的整体性和特征性，所构建的评价体系的整体评价能力高于单个评价指标相加的结果。

（2）**一致性原则**　指标体系的建立应与评价目的方向一致，选取的评价指标要同时反映其产生的直接和间接的效果。

（3）**科学性原则**　以客观系统的内在要素与其本质相关联为根据，采用定性与定量相结合的科学的方法，客观地反映公交换乘系统整体的满意程度与系统内部特征间的定量的关系。

（4）**独立性原则**　在评价体系内部，处在相同评价级上的评价指标相互间不应有包含关系，确保评价指标从不同的方面体现汽车共享系统满意度的实际情况。

（5）**可测性原则**　选取汽车共享评价指标应以可测量、可量化为评价体系指标选取的原则，通常选择太过复杂的指标往往会使评价结果产生一定的误差。

（6）**可比性原则**　为了提高测评结果的可信程度，评价指标体系应该具有较强的可比性，即评价指标及标准制定要具有可比性、客观性。

2. 层次分析法

（1）**层次分析法的原理及特点**　层次分析法（analytic hierarchy process，AHP）是通过构建一个大系统，系统化研究过程中的复杂问题，并对系统的各相关因素展开分析，对各因素的作用和联系进行梳理，从而获得相应的有序层次。对于每个不同的层次，专家学者对相关影响因素进行客观判断，实施重要定量后相对表示其相关因素。随后构建一个数学模型，针对每个不同的层次，对相关因素的重要性权值进行计算，并且进行排序。基于确定的权重实施相应的规划决策，提出针对性的解决对策和措施。

AHP 具有如下特点：

1）系统性的分析方法。AHP 以系统的角度分析研究对象，采用综合思维、比较判断、分解等多种方式分析研究对象，并做出决策，类似于统计和机理分析，这对系统分析也十分重要。AHP 中各个因素会对结果产生影响，且每一层的权重设置最后都会直接或间接地影响到结果，这体现了 AHP 系统的思想。对于不同的层次，其结果可能会受到每个因素的作用和影响，可以数值量化这种影响程度，使其变得更加明确、清晰。此法适用于对无结构特性或者多目标、多准则、多时期等系统的评价。

2）实用简洁的决策方法。AHP 有机融合了定性和定量的方法，对行为、逻辑、推理和数学没有片面地注重，而是数学化、系统化地分析过程，因而有利于研究者对方法和思维的掌握，多准则、多目标的决策问题简化后便转换成了多层次、单目标问题，相对上一层次的元素，利用两两比较的方法确定同一层次的数量关系，从而实施简单、便捷的数学运算。层次分析计算简便，结果简单明确，研究者能方便地了解基本原理和掌握它的基本步骤，研究结果易于被决策者了解和掌握。

3）不需要很多的定量数据信息。相比于一般的定量方法，AHP 所需要的定量数据信息更少，这主要是因为 AHP 更强调定性的分析和判断，针对人们的决策过程，模拟其思维方式，但是依然需要人们自行判断相关元素的重要性，然后将人们对各要素的相对重要性判断转化为简单的权重计算。对于一些传统的最优化技术无法着手的实际问题，运用 AHP 都能够进行处理。

（2）**层次分析法构建评价指标体系的步骤**　主要通过如下方法完成 AHP 建模：建立递

阶层次的结构模型；构建各级指标判断矩阵；指标层次单排序及一致性检验；指标层次总排序及一致性检验。详细过程如下：

1）建立递阶层次结构模型。在利用 AHP 对决策问题进行分析时，首先要层次化目标问题，完成层次结构模型的构建。基于该模型，可以分解原本复杂的问题，基于联系、属性，将问题分成多个层次。相对后面层次中的要素，前面层次的要素相当于一种准则，起着支配作用。通常情况下，层次划分后可以得到最高层、中间层、最底层。

对于复杂的目标问题，构建其递阶层次结构模型时，问题的复杂程度、分析指标的详尽程度决定了具体的层次数。通常情况下层次的具体数目不受限制，然而对于每一个层次而言，各要素通常最多支配 9 个要素，因为如果支配过多的要素，就意味着将会很难构建两两比较判断矩阵。

2）构造判断矩阵。假设对于因素 Z，现在研究 $X = \{x_1, x_2, \cdots, x_n\}$ 等 n 个因子对其产生影响的程度，为获得可信数据，在两两比较因子后便可构造出成对比较矩阵。具体而言，在两两比较时，要从诸多因子中选取两个不同的因子，假设为 x_i、x_j，其对目标 Z 的影响程度的比值表示为 a_{ij}，在对所有因子完成两两比较后，可以得到相应的比较结果矩阵，表示为 $C = (a_{ij})_{n \times n}$，该矩阵即为 Z-X 判断矩阵。可以发现，相对 X 对 Z 的反应程度，如果 X 与其比值为 a，那么相对 x_j 对 Z 的影响，x_i 与其比值表示为 $a_{ji} = 1/a_{ij}$。下面介绍 a_{ij} 具体值的确定方法，采用的标度是数字 1~9，以及对应的倒数，详见表 4-2。

表 4-2　判断矩阵中元素的赋值标准

判断尺度(B_{ij})	定义	判断尺度(B_{ij})	定义
1	B_i 和 B_j 同样重要	7	B_i 比 B_j 强烈重要
3	B_i 比 B_j 稍微重要	9	B_i 比 B_j 极端重要
5	B_i 比 B_j 明显重要	2、4、6、8	处于上述两个相邻的比较尺度中间

在实际操作过程中，两两判断的次数共计 $n(n-1)/2$，进行 $n(n-1)/2$ 次判断可以得出更多层面的信息。反复比较上述各个指标可以保证所得排序结果更加准确。

3）指标层次单排序及一致性检验。对于判断矩阵 C，$\lambda_{\max}$ 表示其最大特征值，而 K 表示其对应的特征向量，在实施归一化处理后，可以得到相对于上一层次的某个因素，同一层次的因素对其重要性的排序权值，该过程即为层次单排序。

按照如下步骤一致性检验判断矩阵：

后续权重的计算主要依据判断矩阵，为此，要保证矩阵存在大体的一致性，从而防止出现和常理相悖的判断结果。比如，A 的重要性高于 B，B 的重要性高于 C，C 的重要性高于 A，如此便使评价丧失了原本的真实性。为此，针对判断矩阵，要分析其相容性和误差。

首先，CI（consistency index）为一致性指标，存在下述表达式

$$\text{CI} = \frac{\lambda_{\max} - n}{n-1} \tag{4-1}$$

对一致性指标 RI（random index）进行查找，按照如下公式完成一致性比例的计算

$$\text{CR} = \frac{\text{CI}}{\text{RI}} \tag{4-2}$$

通常情况下，若 CR<0.1，那么可以认为对应判断矩阵具有一致性，由此计算所得到的

一致性值亦可符合实际情况，否则需要重新修改该判断矩阵。其次，设上第一层次 A 层包含有 m 个因素 A_1，A_2，…，A_m，层次总排序对应的权重值表示为 a_1，a_2，…，a_m，而后层次 B 中的元素共有 n 个，表示为 B_1，B_2，…，B_n，b_{1j}，b_{2j}，…，b_{nj} 表示和 A_j 相关的最后单排序层次权重值。相对总目标 A 层，要对 B 层中要素的权重进行求解，即层次总排序对应的权重值 b_1，b_2，…，b_n，表示为 $b = \sum_{j=1}^{m} b_{ij} a_j$，$i = 1, 2, \cdots, n$。

4）一致性检验层次的总排序。采用和上述过程中一致的检验方法，检测顺序由高层次到低层次。在准则 B 层中，对于相关于 A_j 的所有要素，在最后单排序检验中，相对比较判断矩阵顺利通过一致性检测，进而得到 CI（j），即一致性层次指标素（单排序），RI（j）为其一致性指标，而层次单排序过程中已经计算和求出了 CI（j）、RI（j），那么对 B 层次最后的总排序而言，利用下式计算和求解随机一致性比例

$$CR = \frac{\sum_{j=1}^{m} CI(j) a_j}{\sum_{j=1}^{m} RI(j) a_j} \quad (4-3)$$

若 CI<0.1，那么表示层次总排序结果对应的一致性较为满意，该分析结构是可以被接受的。

3. 模糊综合评价法

模糊综合评价在交通需求评价中应用广泛，尤其适合影响因素比较多并且难以具体量化的指标体系评价。模糊综合评价方法的数学思想就是将评价系统中一些不易量化，或者不必要进行量化的问题进行模糊化处理，这样处理可以提高评价结果的准确性，使评价的结果更加真实可信。模糊综合评价法详细的步骤如下：

（1）**确定评价因素集 U** 影响共享汽车需求产生的不同因素构成了评价分析系统的因素集合，通常用字母 U 表示。在分析过程中，又可将评价因素集 U 具体分为一级因素集合和二级因素集合，分别表示准则层和指标层中的影响因素。同时，一级因素集合可表示为 $U = \{U_1, U_2, \cdots, U_n\}$，二级因素可表示为 $U_{ij} = \{U_{i1}, U_{i2}, \cdots, U_{im}\}$。

（2）**确定评语集** 评语集是调查对象对评判指标可能做出的评判结果所组成的集合，通常可表示为 $V = \{V_1, V_2, \cdots, V_n\}$，其中 V_n 代表各种可能的评价结果的集合。在进行模糊综合评价时，采用"非常满意、比较满意、一般、较不满意、很不满意"五个等级，评价结果在后面进行定量化的处理。

（3）**确定评价因素的权重集合** 每一个具体的评价因素对于评价目标顶层的分量肯定是有所不同的，确定每一个分量指标对于上一层指标的权重对于评价结果的正确性至关重要。如上一节所叙述，采用层次分析法来确定每一层的权重 W。

（4）**模糊综合评价** 根据调查问卷可以得到最终的评价矩阵 R，矩阵中的每一行数据均反映了被评价对象中各个因素对各评价等级集合 V 的从属关系。

$$R = \begin{Bmatrix} r_{11} & r_{12} & \cdots & r_{1n} \\ r_{21} & r_{22} & \cdots & r_{2n} \\ \vdots & \vdots & & \vdots \\ r_{m1} & r_{m2} & \cdots & r_{mn} \end{Bmatrix}$$

模糊综合评价的模型计算如下

$$B = AR = (a_1 \quad a_2 \quad \cdots \quad a_m) \begin{Bmatrix} r_{11} & r_{12} & \cdots & r_{1n} \\ r_{21} & r_{22} & \cdots & r_{2n} \\ \vdots & \vdots & & \vdots \\ r_{m1} & r_{m2} & \cdots & r_{mn} \end{Bmatrix} = (b_1 \quad b_2 \quad \cdots \quad b_n)$$

模糊综合评价模型最终的计算结果为向量形式表征。

二、空间聚类分析法

1. 聚类分析概念及主要算法

聚类分析是目前国内外研究的热点，涉及数据挖掘、机器学习、生物学、统计学、空间数据库技术以及市场学等众多领域。伴随着数据库的发展，数据库存储的数据量越来越多，聚类分析逐步发展为数据挖掘中较为活跃的研究课题。

根据一群物理的或抽象的对象之间的相似程度，将它们划为若干组或类，使同一个组或类中的对象都有相近的相似度，不同组或类里的对象的相似度较低，相似或不相似的描述是根据对象描述属性的取值而定的，通常都是基于各对象间的距离进行描述，这个过程被称为聚类过程，一个聚类（又称族）则是指有相近相似度的对象所构成的集合，不同聚类中的对象通常是不相似的。从给定的数据集中搜索数据对象之间所存在的有价值联系，就是聚类分析。在很多具体实践中，通常把单个聚类中所有对象视为一个对象来处理或研究。

根据聚类算法所研究的数据类型、聚类目的等方面的不同，可将聚类算法划分为五大类，具体情况如图4-6所示。

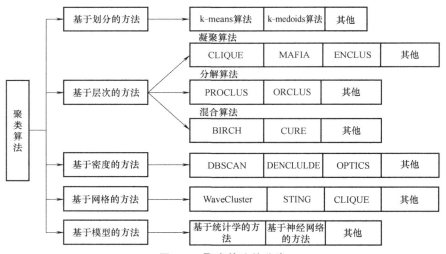

图4-6 聚类算法的分类

2. DBSCAN空间聚类算法

共享汽车乘客上下车位置，在时间上具有周期性，在空间上，不同乘客之间又往往有着相似的出行需求，因此，这些位置点往往具有聚集效应，在空间上分布呈现聚堆情况。可采用DBSCAN（density based spatial clustering of APP locations with noise）空间聚类算法对这些位置点进行聚类，并将聚类得到的簇的中心作为共享汽车服务设施选址方案。

Ester Martin 等人提出的 DBSCAN 聚类算法是基于邻域特性的密度聚类算法。其思想描述为：任意一个簇中的任意一个数据对象，落入其给定半径范围内的数据对象总数需大于等于自定义设置的最小阈值。以下为其主要的算法思想：

1）给定 Eps 值，以对象 p 为圆心、以 Eps 为半径的区域即为 p 的 Eps 邻域。在对象 p 的 Eps 邻域内的数据对象所构成的集合表示为 $N_{\mathrm{Eps}}(p)$。如果 $|N_{\mathrm{Eps}}(p)| \geqslant \mathrm{MinPts}$，则该 p 即为核心对象。

2）给定点 p，如果 $|N_{\mathrm{Eps}}(p)| \geqslant \mathrm{MinPts}$，即在对象 p 的 Eps 邻域内至少含有 MinPts 个对象，并且存在对象点 q，满足 $q \in N_{\mathrm{Eps}}(p)$ 且 $|N_{\mathrm{Eps}}(q)| < \mathrm{MinPts}$，则对象 q 为边界点。

3）对于 $p, q \in C$ 并且 $|N_{\mathrm{Eps}}(p)| \geqslant \mathrm{MinPts}$，如果 $q \in N_{\mathrm{Eps}}(p)$，则对象 q 以对象 p 为起始点直接密度可达。

4）在数据对象集合 D 中，如果存在 $(d_1, d_2, \cdots, d_n)$，$p=d_1$，$q=d_n$，满足对于任意的 $d_i \in D(1 \leqslant i \leqslant n)$，$d_{i+1}$ 是以 d_i 为起始点关于 Eps 和 MinPts 直接密度可达的，则 q 以 p 为起始点密度可达。

5）如果存在 $d_i \in D(1 \leqslant i \leqslant n)$，满足对象 p 和 q 均是以 d_i 为起始点密度可达，则 p 和 q 密度相连。

6）在数据对象集合 D 中，给定 Eps 和 MinPts，簇 C 是满足如下条件的非空子集。

① 极大性：对于 $\forall(p \in D, p \in C)$，如果存在 $q \in D$ 并且 q 以 p 为起始点密度可达，则 $q \in C$。

② 连通性：$\forall p, q \in C$，p 和 q 密度相连。

如图 4-7 所示，该算法首先确定 Eps 和 MinPts 的值。其次，对于任意的一个尚未访问的对象 p 查找该对象关于 Eps 和 MinPts 密度可达的对象总数。若其总数大于阈值 MinPts，即 p 是核心对象，这时将产生一个新簇 C，然后依次循环遍历 p 的 Eps 邻域中的其他对象，搜索以 p 为起始点密度可达时的所有对象；否则对象 p 将被置为"噪声点"。该算法从任意一个核心、对象开始，

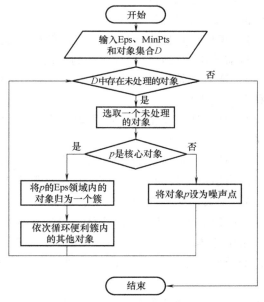

图 4-7 DBSCAN 算法流程

不断地对其 Eps 邻域内的对象进行区域的扩展，直到形成一个完整的簇。

三、启发式算法

启发式算法能够在短时间内求解规模较大的问题，并可以得到次优解或满意解，因此该算法吸引了学者们的广泛注意。经典启发式算法主要有扫描算法、节约算法、两阶段算法等，并且伴随着各类问题的提出，其形式也变得多种多样。其中，节约算法，也称为 C-W 算法，是 Clarke 和 Wright 在 1964 年求解经典 VRP（vehicle routing problem，车辆调度）时提出的，属于最早的启发式算法之一。C-W 算法基于节约准则，是一种车辆路线逐步构造

算法，因为该算法原理简单、实现起来相对容易，现已发展为多种算法产生初始解的算法。

超启发式算法（hyper-heuristic algorithm）自提出以来迅速成为国内外研究热点。主要包括：早期发展起来的禁忌搜索、模拟退火、爬山算法等算法，后期涌现的遗传算法（GA）、人工神经网络（ANN）算法等人工智能算法，以及粒子群算法、蚁群算法、蜂群算法等群智能算法。超启发式算法的特点是模拟自然界某些现象或规律，如粒子群算法模拟自然界鸟类觅食过程，模拟退火算法模拟固体物质退火降温过程，蜂群算法模拟自然界工蜂寻找花蜜的过程等。

1. 遗传算法

（1）遗传算法的原理　遗传算法是受生物进化规律的启发，模拟自然界自然选择和遗传机制的内在规律的一种自适应全局优化搜索算法，根据达尔文"适者生存"的进化理论，那些适应性强的生物个体，通过一些遗传机制将优良基因传递给子代。同时，在繁衍过程中，优良个体之间的交配也会使得子代同时继承双亲的优良特征。此外，在适应环境变化和遗传过程中，基因突变使得个体产生新的特性，并经过自然的选择，从而产生更适合环境的新基因。循环往复，就会产生适应能力更强的个体以及更加优良的基因。在其形式上，表现为初始解，在经历选择、交叉、变异等遗传算子的反复迭代之后，形成最终的满意解。遗传算法的主要步骤包括：

1）编码。将优化问题的潜在解转换成遗传空间的具有一定结构的由基因组成的染色体。目前常用的编码技术有二进制编码、浮点数编码、字符编码等。

2）产生初始种群。随机产生 n 条固定结构的染色体，形成初始解种群，遗传算法从初始种群开始进化。

3）计算适应度值。适应度表示个体或解的优劣，适应度函数需要根据具体问题进行定义。

4）选择。从当前群体中选出适应度强的优良个体，使其有机会作为父代完成遗传操作，因为适应性强的个体为下一代贡献概率大。

5）交叉、变异算子。交叉、变异算子为遗传操作，交叉操作是从种群中选择两个个体，按一定概率交叉得到新个体，是遗传算法中最主要的遗传操作；变异是在群体中随机选择一条染色体，并对该个体以一定概率改变某个（或某部分）基因值的操作。同生物界一样，变异操作相对交叉操作发生概率较小，因此交叉概率通常取值较大，变异概率取值很小。

6）终止。当达到前期设定的终止条件时，算法结束并输出求解结果。

为了更加清晰地展示算法步骤，算法流程如图4-8所示。

（2）遗传算法的特点　与传统优化算法相比，遗传算法的优点在于以下几点：

1）传统的优化算法均是从单个初始值开始迭代的，在迭代过程中容易陷入局部最优；而遗传算法的初始解是串集，从串集开始进行迭代，解的覆盖面积比较广，利于求出模型的全局最优解。

2）遗传算法在求解过程中仅仅需要设置目标函数和适应度函数，不需要其他的辅助约束条件。同时，适应度函数不仅可以不受连续可微的约束，而且其定义域也可以依据实际情况随意设定，因此相比于传统最优算法，遗传算法的应用范围更加广泛。

3）与传统的优化方法相比，遗传算法可以进行多进程处理（并行计算），即可以同时对群中的多个个体进行分析评价。

4）遗传算法在运算过程中并不是通过采用事先确定下来的规则，而是采用概率的变迁规则自动指导算法搜索最优解的方向。遗传算法的可扩展性较强，易与其他算法相结合。

2. 免疫算法

（1）免疫算法的基本思想 生物免疫系统是一个高度进化的系统，它旨在区分外部有害抗原和自身组织，从而保持有机体的稳定。从计算角度看，生物免疫系统是一个高度并行、分布、自适应和自组织的系统，具有很强的学习、识别和记忆能力。

免疫系统具有如下特征：

1）产生多样抗体的能力。通过细胞的分裂和分化作用，免疫系统可产生大量的抗体来抵御各种抗原。

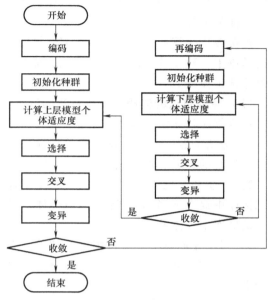

图 4-8 遗传算法流程

2）自我调节机构。免疫系统具有维持免疫平衡的机制，通过对抗体的抑制和促进作用，能自我调节产生适当数量的必要抗体。

3）免疫记忆功能。产生抗体的部分细胞会作为记忆细胞被保存下来，对于今后侵入的同类抗原，相应的记忆细胞会迅速激发而产生大量的抗体。

免疫算法（immune algorithm）正是受生物免疫系统启发，在免疫学理论基础上发展起来的一种新兴的智能计算方法。它利用免疫系统的多样性产生和维持机制来保持群体的多样性，克服了一般寻优过程，尤其是多峰函数寻优过程中难处理的"早熟"问题，最终求得全局最优解。与其他智能算法相比，免疫算法的研究起步较晚。Farmer等人于1986年率先基于免疫网络学说构造了免疫系统的动态模型，并探讨了免疫系统与其他人工智能方法的联系，从而开创了免疫系统的研究。

免疫算法和遗传算法都是采用群体搜索策略，并且强调群体中个体间的信息交换，因此有许多相似之处，比如两者具有大致相同的算法结构，都要经过"初始种群产生→评价标准计算→种群间个体信息交换→新种群产生"这一循环过程，最终以较大的概率获得问题的最优解；另外，两者本质上具有并行性，具有可与其他智能计算方法结合的固有优势等。

免疫算法和遗传算法之间也存在一些区别，主要表现为对个体的评价、选择及产生的方式不同。遗传算法中个体的评价是通过计算个体适应度得到的，算法选择父代个体的唯一标准是个体适应度；而免疫算法对个体的评价则是通过计算亲和度（affinity）得到的，个体的选择也是以亲和度为基础进行的。个体的亲和度包括抗体-抗原之间的亲和度（匹配程度）和抗体-抗体之间的亲和度（相似程度），它反映了真实的免疫系统的多样性，因此免疫算法对个体的评价更加全面，其个体选择方式也更为合理。此外，遗传算法通过交叉、变异等遗传操作产生新个体；而在免疫算法中，虽然交叉、变异等固有的遗传操作也被广泛应用，但是新抗体的产生还可以借助克隆选择、免疫记忆、疫苗接种等遗传算法中所欠缺的机理。

同时，免疫算法中还对抗体的产生进行促进或者抑制，体现了免疫反应的自我调节功能，保证了个体的多样性。

把免疫优化算法用于共享汽车服务设施选址问题中，在考虑该问题的约束条件和优化目标的基础上，建立共享汽车服务设施选址问题的数学模型，并采用免疫优化算法求解最佳服务设施选址模型。

（2）**免疫算法的流程** 免疫算法的流程如图 4-9 所示。

免疫算法具体实现步骤如下：

1）分析问题。对问题及其解的特性进行分析，设计解的合适表达形式。

2）产生初始抗体群。随机产生 N 个个体并从记忆库中提取 m 个个体构成初始群体，其中 m 为记忆库中个体的数量。

3）对上述群体中各个抗体进行评价。在本算法中对个体的评价是以个体的期望繁殖率 P 为标准的。

4）形成父代群体。将初始群体按期望繁殖率 P 进行降序排列，并取前 N 个个体构成父代群体；同时取前 m 个个体存入记忆库中。

5）判断是否满足结束条件，是则结束；反之，则继续下一步操作。

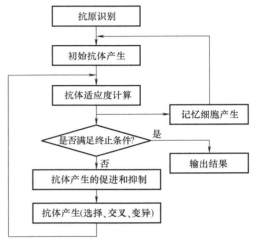

图 4-9 免疫算法流程

6）新群体的产生。基于步骤 4）的计算结果对抗体群体进行选择、交叉、变异操作得到新群体，再从记忆库中取出记忆的个体，共同构成新一代群体。

7）转去执行步骤 3）。

四、重心法

设施选址问题经过一个长期的发展，目前已经有一个比较完善的体系，它是一系列优化问题的集合。连续模型通常认为服务设施可以设置在平面上任意点，选址的代表性方法有重心法。

重心法（the center of gravity method）是一种选择服务设施位置，从而使企业投入成本降低的方法。它适用于单一设施选址问题，是一种静态的选址方法，这种方法要考虑现有设施之间的距离和运输的货物量，将运输成本作为唯一的选址决策因素。根据已知的供给点或需求点坐标，以及节点之间的运输量，通过求解设施选址，应当使得运输总成本最小。重心法首先要在坐标系中标出各个地点的位置，目的在于确定各点的相对距离。坐标系可以随便建立，在国际选址中，经常采用经度和纬度建立坐标。

运用重心法选址，应该符合以下的假设条件：

1）不考虑不同区域节点的建设、运营费用的差异。

2）运输线路为空间直线，不考虑交通状况。

3）运输费用和运输距离成正比线性关系。

4）各供应或需求点的位置已知且运输量不变。

重心法选址求解有多种方法，如器具模拟实验法、公式计算法、Excel 规划求解、Win-

QSB 求解等。它是将区域中产生出行需求的地点看作一个系统，该系统的重心就是共享汽车服务设施布设的最佳位置。重心法的计算公式为

$$X = \frac{\sum_{i=1}^{n} w_i x_i}{\sum_{i=1}^{n} w_i}$$

$$Y = \frac{\sum_{i=1}^{n} w_i y_i}{\sum_{i=1}^{n} w_i}$$

式中，X、Y 为所求区域重心的横、纵坐标；x_i、y_i 为需求点位置的横、纵坐标；w_i 为需求大小权重。

五、方法选择

定量研究选择方法从数学角度出发可分为离散型选址模型和连续型选址模型两种。离散型选址模型适用于备选点数量较少的选址问题，根据选址目标，建立目标函数，并利用目标函数在少量的设施备选点中筛选出最优位置的备选点。对于此类模型方法，无论国内学者还是国外学者，首先根据各种约束条件，构建出多目标数学模型，再运用优化算法求解，是研究 EV 停车场和充电桩等选址规划问题的主流方法。常用的模型有 Baumol-Wolfer 模型、Kuehn-Hamburger 模型，常用的优化算法为 BP 人工神经网络算法、蚁群算法及其改进算法、遗传算法及其改进算法。此类模型方法的优点是如果基础数据准确，采用优化算法计算出的优化方案符合实际需求。

但是，该类方法缺点明显，此类模型所需要的基础数据较多、比较烦琐，其求解方法计算量庞大、计算步骤烦琐，在备选点数量较多时，求解较为困难。如遗传算法（GA），从研究方法上看，国内外关于解决各类设施选址问题的主流方法之一为 GA 以及在其基础上的变形和改进方法。GA 用来求解根据约束条件构建的多目标数学模型具有较大优势，但是 GA 对于初始种群的选择有一定的依赖性；同时算子的实现也要求许多参数的准确设定，如交叉率和变异率，并且这些参数的设定是否合理严重影响解的品质。目前，这些参数的设定工作大部分依靠经验完成。因此，离散型选址模型在备选点众多时，适用性较差，实际应用时较麻烦。

连续性选址模型将设施备选点视为平面区域上的坐标点，此类选址模型方法中具有代表性的方法是重心法与交叉中值法。此类方法的优点是选择设施备选点时灵活性高，不受限制，应用较为广泛，但是该类方法筛选备选点时对因素考虑不全面。

定性研究选址方法主要是基于传统决策理论，首先建立选址评估指标体系，然后根据相关领域专家的专业知识和多年积累的经验，通过模型算法确定各项评估指标的权重，最后根据指标权重和数据对各选址方案进行排序，选出最优的设施布局方案，其代表方法为：熵权法、灰色关联度分析法、模糊综合评判法、层次分析法、交权综合法。

定量分析方法与定性分析方法相比，很难把影响选址的因素考虑周全，即使把影响选址的因素全部列出来，也很难实现全部影响因素的量化，这样就造成了定量分析方法考虑影响

因素不全面的问题。这种情况下，定性研究选址方法就具有了考虑因素全面，可对选址进行综合评价的优势。可是，定性研究选址方法的决策结果难免会受到专家个人的经历、经验、知识结构和所处环境的影响，会出现一定偏差。

在分析了现有定量研究选址方法和定性研究选址方法的优势及不足之后，结合共享汽车服务设施选址问题的特点，共享汽车服务设施选址宜采用定量研究与定性研究相结合的方法，需要考虑共享出行市场需求、停车位、覆盖率、交通便利度、政府政策和资金成本等方面因素，与以往单纯的工厂、物流园、充电桩和停车场选址的研究不同。共享经济下，新能源汽车服务选址研究应综合考虑市场需求、政策因素、地理因素、资金成本、充电桩与停车位布局、车辆分配等，建立分阶段的共享新能源汽车服务设施选址模型。

【知识应用与拓展】

重庆B汽车分时租赁公司服务网点选址优化方案

以重庆B汽车分时租赁公司在重庆九龙坡区用车站点布局作为本次的设计案例。首先，对相关投放点选址的影响因素进行简单分析，然后通过调查处理九龙坡区的相关数据，分析该区域的本公司共享汽车专用停车点数量、布局现状。最后根据相关居民出行需求，对该区域的重庆B汽车分时租赁公司共享汽车的停车点数量和布局进行优化设计。

一、共享汽车投放点选址原则及影响因素分析

1. 选址的基本原则

共享汽车投放站点的选址是一项庞大的系统工程，为使其效益最大化，进行选址时应遵循以下几项原则：

1) 坚持以人为本，提供方便快捷的出行系统，提高居民的出行质量。
2) 保证土地资源利用与城市用地相一致，保证网点布局规划与城市总体规划相一致。
3) 确保可实施性和科学性，既要满足现实需求，又要进行适度的超前规划。

2. 选址影响因素分析

（1）**居民人口分布**　城市居民是共享汽车的主要用户，因此居民人口的分布对共享汽车选址布局有着重要的引导辅助作用。居民的出行需求是设置共享汽车投放点的重要依据。居民人口密度越大，出行需求越大，相应的共享汽车需求也越大。居民人口密度越小，出行活动越少，共享汽车需求越低。

（2）**工作地点**　工作地点是大部分出行活动的终点，到达工作地点的出行活动也是出行需求的一部分，高密度的工作单位群将产生巨大的出行需求。有研究人员发现，在对于通勤交通方式的选择方面，特别是当工作密度达到50~75人/acre（英亩，1acre = 4046.825m^2）时，工作地点的密度比居住密度的作用更强。

（3）**商业中心**　出行购物等相关娱乐活动与短中距离出行已经越来越紧密地结合在一起，形成了独特的出行活动产生点，并催生出了更多的客流。共享汽车在中短距离上具有价格等优势，将成为大部分出行需求的共同选择。

（4）**旅游景点**　旅游景点是旅客主要的出发点和目的点，越来越多的旅客选择在旅游城市本地租车以满足往来于各大景点间的交通需求。

二、九龙坡区重庆 B 汽车分时租赁公司用车投放布局现状

由于重庆 B 汽车分时租赁公司在重庆运营范围内属于整体零散投放,并采用自由流动式租赁模式,因此无法精准得到九龙坡区的 B 汽车分时租赁公司用车投放数量,可采取求平均值的方式预测九龙坡区该汽车分时租赁公司用车投放数量。

图 4-10a 所示为九龙坡区的行政划分区域,重庆 B 汽车分时租赁公司在该区总计布置了 15 个站点,但都在虚线圈画区域。图 4-10b 所示为九龙坡区虚线区域内的主要组团,站点主要分布在谢家湾、杨家坪、巴国城、马王场、石桥铺、陈家坪、重庆西站、华岩等组团。图 4-10c 中的圈画站点为九龙坡区站点,其中谢家湾-杨家坪、石桥铺-陈家坪组团站点布局较为密集。

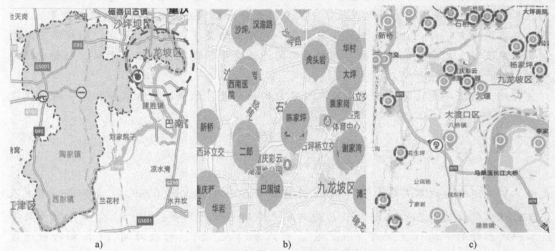

图 4-10 九龙坡区区域划分、主要组团、站点位置

表 4-3 为九龙坡区重庆 B 汽车分时租赁公司用车站点信息,包括编号、站点名称、平均停车数、小时使用数、经纬度。

表 4-3 九龙坡区各站点信息

编号	站点名称	平均停车数	小时使用数	经纬度
1	中国邮电器材重庆公司	3.06	7	29.499500,106.524870
2	华润万象里	1.59	6	29.515301,106.519371
3	杨家坪盛世华城	2.92	8	29.511468,106.511939
4	九龙坡区中医院	3.86	8	29.494581,106.485306
5	巴国城	8.57	6	29.502370,106.473570
6	康田西锦	2.84	5	29.509077,106.458694
7	华璞城	1.86	6	29.521240,106.46257
8	格林医院	1.13	6	29.528551,106.476630
9	陈家坪汽车站	1.40	8	29.526042,106.488229
10	浙商大厦	2.57	9	29.526639,106.496528
11	奥体好韵高尔夫	4.94	6	29.527181,106.502279
12	龙门阵	2.54	4	29.484480,106.440930

(续)

编号	站点名称	平均停车数	小时使用数	经纬度
13	华岩陶瓷市场	2.97	4	29.458490,106.449640
14	美每家	3.57	4	29.430570,106.440480
15	华岩酒店用品城	3.44	3	29.422350,106.444670

三、基于供求平衡法对九龙坡区重庆 B 汽车分时租赁公司的用车需求进行测算

供求平衡法从城市居民的交通需求出发，基于最新调查数据进行预测；出行方式比例法从宏观角度出发，粗略地估算共享汽车的规模；万人拥有率法通过与其他城市比较，在宏观上揭示了居民对共享汽车的需求量，但未来经济发展和交通结构具有不可调控性。综合考虑，本文采用供求平衡法测算九龙坡区重庆 B 汽车分时租赁公司用车的车辆需求数量。

与市场规律一样，共享汽车的供与求是一种辩证的关系：若供大于求，则势必会加剧空置资源浪费、尾废气环境污染、品牌公司间恶性竞争等情况；若供小于求，则会出现用车难、用户体验不佳等问题。

为此，供求平衡法考虑城市居民人口及日均出行量，结合出行方式分担率，对共享汽车总量进行计算，公式为

$$N = 10^4 \times \frac{\frac{RAP}{S}D}{\delta tv}$$

式中，N 为预测的共享汽车总量（辆）；R 为城市居民人口总量（万人）；A 为城市居民人均日出行次数（次·人$^{-1}$·日$^{-1}$）；P 为共享汽车所占出行比率；D、S、t、v 分别为共享汽车一次出行的平均行驶距离（km/次）、载人量（人/次）、行驶时间（h）和行驶速度（km/h）；δ 为共享汽车正常运营百分比。

以上指标值通过采用查阅重庆市统计局和重庆 B 汽车分时租赁公司用车运营资料的方式获取。通过查阅统计局和重庆 B 汽车分时租赁公司用车运营数据并计算得到，2018 年九龙坡区居民人口规模为 118.69 万人，居民人均日出行次数 3.5 次，共享汽车出行所占比率为 2.6%，平均行驶距离 12km/次，平均载人量 1.15 人/次，平均行驶时间 1h，平均行驶速度 30km/h，共享汽车正常运营的百分比为 90%。带入式中可估算出当前九龙坡区重庆 B 汽车分时租赁公司的用车需求总量 N 约为 42 辆。

由表 4-3 可知九龙坡区各站点平均停车数，进而可求出九龙坡区平均停车数为 47.26 辆。47.26 辆仅为处于网点停靠状态的车辆，不包括租户使用、空车调配、维护保养状态的车辆，已经远超过测算需求总量 42 辆。

四、重庆 B 汽车分时租赁公司用车网点选址模型的建立

1. 模型描述和定义

假设 1：候选停车点仅包含居民聚集区、购物中心、医院、旅游景点、学校 5 种类型临近地段。

假设 2：每个停车点的服务范围为定值 2.5km。

基于上述假设，可将网点选址的问题描述为：在满足一定约束条件下，从共计 J 个候选站点中选取 N 个网点（$N<J$）作为需求网点，使得"总距离最短"。用数学公式表示目标函数：

$$\min f = \sum_{i \in N}\sum_{j \in M_i} \omega_i d_{ij} Z_{ij} \quad (4-4)$$

约束条件：
1) $Z_{ij} \leq h_j, i \in N, j \leq M_i$
2) $\sum_{j \in M_i} h_j = p$
3) $Z_{ij}, h_j \in \{0, 1\}, i \in N, j \in M_i$
4) $d_{ij} \leq s$
5) $\sum_{j \in M_i} Z_{ij} = 1, i \in N$

其中，$N=\{1, 2, 3, \cdots, n\}$ 是所有需求点的序号集合；M_i 为需求点 i 的距离小于 s 的候选点集合，$i \in N$，$M \subseteq N$，ω_i 表示用户的需求量；d_{ij} 为从需求点 i 到离它最近的停车点 j 的距离；Z_{ij} 为 0、1 变量，表示用户和停车点的需求关系，当其为 1 时，表示需求点 i 的需求量由停车点 j 满足，否则 $Z_{ij}=0$；h_j 是 0、1 变量，当其为 1 时，表示点 j 被选为停车点；s 为停车点与需求点距离上限，即服务范围。

约束条件 1) 保证每个需求点都有一个停车点服务；约束条件 2) 确保需求点的需求量由停车点满足；约束条件 3) 规定了停车点数量；约束条件 4) 表示 Z_{ij} 和 h_j 都是 0、1 变量；约束条件 5) 保证了需求点在停车点服务范围内。

2. 候选停车点选择

基于共享汽车投放选址原则影响因素分析，候选停车点将主要分布在人口较为密集的居民聚集区、医院、购物中心、旅游景点与交通枢纽、学校等，由以上人口密集点分布图可得到各类候选停车点总计 39 个（见图 4-11~图 4-15）。

图 4-11 九龙坡区居民聚集区分布情况　　图 4-12 九龙坡区医院分布情况

3. 模型求解

结合以上数据，利用 MATLAB R2017b 编程实现免疫优化算法，算法中设定参数种群规模 $N=39$，记忆库容量 20，迭代次数 200，交叉概率 $P_1=0.5$，变异概率 $P_2=0.5$，多样性评价参数 0.95，求得选址方案为 [1 3 4 5 6 7 10 11 17 18 22 29 34 37 38]。该方案停车点选址分布图以及免疫算法收敛曲线如图 4-16 和图 4-17 所示。

图 4-13　九龙坡区购物中心分布情况　　图 4-14　九龙坡区主要旅游景点与交通枢纽分布情况

图 4-15　九龙坡区学校分布情况

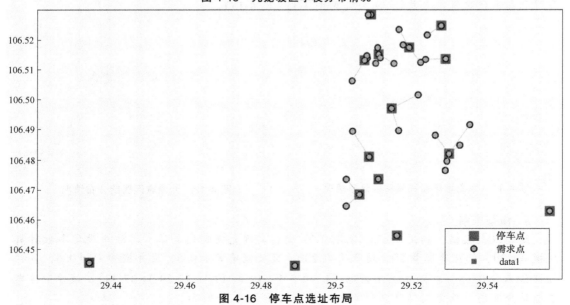

图 4-16　停车点选址布局

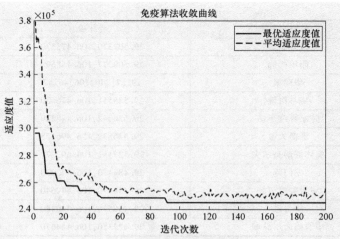

图 4-17 免疫算法收敛曲线

根据上述选址方案,优化后的站点位置为编号 [1 3 4 5 6 7 10 11 17 18 22 29 34 37 38] 的地址,数据见表 4-4。

表 4-4 优化后站点数据

编号	名　　称	经纬度	需求量
1	珠江花园	29.508845,106.528239	6
3	重百杨家坪商场	29.510966,106.515206	6
4	袁家岗(地铁站)	29.528832,106.513723	6
5	雨林商都	29.529710,106.482080	4
6	渝高香洲	29.505880,106.468520	3
7	印象汇	29.556566,106.463059	3
10	谢家湾(地铁站)	29.519090,106.517561	8
11	协信天骄城	29.510890,106.473650	6
17	丽水菁苑	29.527590,106.524820	4
18	兰花小区	29.515884,106.454759	3
22	华宇·锦绣广场	29.433990,106.445560	4
29	保利爱尚里	29.514390,106.497100	3
34	重庆九龙坡区人民医院	29.507200,106.513170	4
37	彩云湖湿地公园	29.508439,106.481013	6
38	华岩旅游风景区	29.488732,106.444623	6

4. 对比分析(见表 4-5)

表 4-5 原始站点数据

编号	站点名称	经纬度	需求量
1	中国邮电器材重庆公司	29.499500,106.524870	5
2	华润万象里	29.515301,106.519371	6
3	杨家坪盛世华城	29.511468,106.511939	6
4	九龙坡区中医院	29.494581,106.485306	7

（续）

编号	站点名称	经纬度	需求量
5	巴国城	29.502370,106.473570	5
6	康田西锦	29.509077,106.458694	5
7	华璞城	29.521240,106.46257	6
8	格林医院	29.528551,106.476630	6
9	陈家坪汽车站	29.526042,106.488229	8
10	浙商大厦	29.526639,106.496528	6
11	奥体好韵高尔夫	29.527181,106.502279	6
12	龙门阵	29.484480,106.440930	4
13	华岩陶瓷市场	29.458490,106.449640	4
14	美每家	29.430570,106.440480	4
15	华岩酒店用品城	29.422350,106.444670	3

通过创建停车点选址数学模型，并使用免疫优化算法求得基于"到停车点距离最短"的最优停车点布局优化方案。

从优化前后站点的位置情况可以看出，本次优化将中国邮电器材重庆公司、华润万象里、杨家坪盛世华城站点组合，优化为重百杨家坪商场、谢家湾（地铁站）、重庆九龙坡区人民医院，与原站点位置较近，更加考虑到商圈、轨道地铁站及医院的情况。同时，增设了石桥铺区域的站点，优化后站点多选在了居民集聚区。新增设了彩云湖湿地公园站点和华岩旅游风景区，在前期的调查中，华岩区域的龙门阵、华岩陶瓷市场、美每家、华岩酒店用品城的日均利用率并不高，拟将以上站点合并到华岩旅游风景区附近。

站点分布远离用户出发点或目的点而影响用户体验，导致共享汽车利用率难以进一步提高。本次优化停车点服务范围设计值为 2.5km，步行大约需要 25min。

站点于九龙坡区内大致呈均匀分布，即优化方案中各需求点与停车点最大距离为不超过 2.5km，将大大缩短用户寻找停车位的时间，从而提高重庆 B 汽车分时租赁公司用车用户体验。而原方案在九龙坡区组团内部分布过于密集，密集区域内停车点覆盖范围有很大的重复冗余，造成了部分站点无车可用，部分站点无人用车的情况。

总体而言，本次优化方案与原方案相比，更在注重杨家坪区域商圈、石桥铺区域居民集聚区、客流量大的轨道地铁站和旅游景区站点。在提高客户用车体验和降低行驶距离上更有优势，从而更好地用户使用，提高车辆利用率。

思考与练习

1. 根据服务设施选址涉及的技术特点，可以将选址问题划分哪些类型？
2. 服务设施选址应遵循哪些原则？应该考虑哪些影响因素？
3. 服务设施选址有哪些方法？怎样选择合适的选址方法？

第五章

汽车共享服务供求管理

导读

汽车共享服务供给与需求是构成汽车共享服务市场的两个基本要素,分别代表着汽车共享服务市场上的买卖双方,它们之间的对比关系是汽车共享活动中最基本的经济关系。汽车共享服务供给与需求互为前提条件。汽车共享服务需求只有通过相适应的汽车共享服务供给才能被满足,汽车共享服务供给必须通过有支付能力的需求才能实现。因此,汽车共享服务供给和需求都要求对方与之相适应,以达到两者的相互平衡。然而,在汽车共享服务不同的发展阶段,两者的主导地位是不一样的。在汽车共享服务发展初期,不断产生的汽车共享服务需求导致汽车共享服务供给在数量、服务质量及效能上持续增长或提高;而汽车共享服务发展到一定程度后,汽车共享服务供给创造出多样化、多等级性的汽车共享服务需求,使得汽车共享服务需求日益增加。在不同阶段,是扩大汽车共享服务来满足或刺激汽车共享服务需求,还是继续开拓汽车共享服务需求来适应或促进汽车共享服务供给,始终是汽车共享服务企业必须适时采取的基本政策。

在汽车共享服务市场上,由于各种因素的影响,汽车共享服务供给与需求总是在相互不平衡的矛盾运动中趋向平衡,也就是说,在汽车共享活动中,汽车共享服务供求关系经常表现为供求矛盾。一般而言,汽车共享活动的正常运行主要取决于供求关系,研究汽车共享服务供给与汽车共享服务需求之间的平衡发展,是实现共享汽车资源合理配置、产生最佳经济效益和社会效益的出发点,是为了掌握其中的规律,进而保证汽车共享服务的健康发展。

第一节 汽车共享服务供求及其矛盾

一、汽车共享服务需求特征

服务需求是顾客对于服务的需求,包括对服务输出结果的需求和对服务过程的需求。由于服务无形、易逝或不可储存等特点,服务需求与有形产品的需求具有很大的差异性。与有形产品相比,服务需求具有明显的周期性和易逝性的特点。

汽车共享服务需求主要是指不同用户一日内、一周内、一年内的汽车共享服务需求变化特征,以及不同地区的汽车共享服务需求变化特征。

1. 需求的用户特征

随着互联网和移动支付的不断完善,汽车共享服务模式更加多样化,如网约车(出租车预约、专车/快车、顺风车/拼车)、分时租赁,及P2P租车等,其面向的客户范围也非常广。按照车辆使用性质和频率，汽车共享服务面向的客户可分为个体用户和商业用户。个体用户通常在零散时间用车，较多地使用网约车，具体使用时间不确定；商业用户主要是在上下班高峰期固定用车或其他相关固定时间用车，用车时间相对确定。一般来说，汽车共享服务的需求主要是由四类用户构成，包括：

（1）**城市居民** 城市居民是由于个人个性化、多样化的出行需求而产生的客户群体，其需求主要是用于上班、休闲、探访亲友等。因此，共享汽车低廉的价格、一体化的流程和周到的服务是促使他们选择汽车共享服务的主要原因。城市居民用户是网约车或短时租赁的主要客户，由此可见，以城市居民为代表的个人在汽车共享服务未来市场具有巨大的发展潜力。就租赁来看，消费主力军呈年轻化趋势，且2012年以来女性用户增速远超男性；2007年，汽车租赁消费者基本为30岁以上人群，女性占比4%；2017年，30岁以下群体占比达55%，女性占比32%。

（2）**外来游客** 外来游客是指从外地到汽车共享服务企业的服务范围内来游玩的，具有使用共享汽车潜力的外来个体用户。该群体为了满足自身的出行需求，会选择网约车或短时租赁汽车往返于景点之间。近年来，随着经济的快速提升，旅游业蓬勃发展。虽然持驾照的人数增加，但是由于长途自驾游存在疲劳驾驶、停车不方便等问题，因此多数游客会在当地选择共享汽车进行游玩，这就带动了汽车短租业务快速发展。2007年国内旅游人数为16.1亿人次，2016年国内旅游达44.4亿人次，为2007年的2.76倍，短租自驾、飞机/高铁+租车等出行方式受到消费者青睐。2007年—2011年，我国商务用车需求最大占比58%，旅游用车占比42%；2012年—2017年，商务用车最大占比仅28%，旅游用车达47%，成为最大需求。外来游客成为汽车共享服务企业重点开发的服务管理体系使用对象之一。

（3）**企事业单位** 企事业单位用户为了方便差旅、会议、接待等日常办公活动，会选择共享租赁汽车满足商务活动出行需求。该客户群体是典型的商业用户，主要要求包括：具体定制带有特色服务的中高级车型汽车，具有完善的售后服务。对于企事业单位来说，共享租赁汽车具有减少固定资产投资、提高现金流、优化财务绩效等作用。企事业单位在公务车制度改革后产生的用车需求可以通过共享租赁汽车来满足。我国企事业单位用车观念的转变，会推动汽车共享服务业的发展。

（4）**政府单位** 为了满足政府公务活动出行需求，政府机关对于公务人员的出差、公务接待、政府会议等活动会选择共享租赁汽车。政府机关客户群体与企事业单位，对共享租赁汽车服务有着基本相同的要求。随着我国公务车改革的实施，政府机构公车数量将逐渐减少，公务活动将采用共享租赁汽车的方式解决用车问题。因此，政府单位对汽车共享服务的需求会是市场的又一利润增长点。

2. 需求的空间特征

汽车共享服务的需求在空间上的分布主要受汽车共享服务网点的特点及其附近交通状况或各个区域的经济发展状况及基础设施的影响。由于汽车共享服务网点的用地性质、交通状况或各个区域的交通状况、基础设施有所不同，会出现不同汽车共享服务网点或不同区域的共享汽车借还次数与使用频率不同或不同区域使用网约车的次数和频率不同，导致各个区域共享汽车需求量的差异以及不均衡分布。

人员聚集、活动频繁的区域汽车共享服务需求大，如火车站、机场、住宅区、商业区和旅游景区。人员活动不频繁的区域汽车共享服务需求明显较小。火车站和机场是一个城市的交通中心，人流量巨大，同时内部用地较为紧张，缺少足够的停车位，因此多数人会选择更为方便的共享汽车，因而产生巨大的需求；住宅区和商业区是人口密集的地区，同时在这些地区人口活动频繁，短距离出行需求旺盛；旅游景区集商业活动和旅游休闲于一身，是外来人口主要的活动地区，这些人往往有驾照，但无车可开，为了提高游玩效率，提高满意度，往往会对汽车共享服务有着客观的需求。

同时，轨道交通站点和公交站点附近汽车共享服务的需求量相对来说较少。在可供选择的出行工具较多的情况下，相比较汽车共享服务的不确定性，部分消费者会选择更为畅通的地铁或者时间上更有保证的公共交通方式出行。

3. 需求的时间特征

在不同时间，汽车共享服务的需求量与城市居民的出行习惯以及规律有着直接的关系。汽车共享服务的需求随城市居民生活节奏变化而有所波动起伏，早、晚高峰出行时段会产生大量的需求。

（1）一日内各时段汽车共享服务需求　城市中心和商业中人流量较大，消费者出行习惯一般没有规律，因此这些地方的共享汽车使用频率较高；居民区在早晚高峰时，共享汽车的小时需求量一般较大，尤其是在早上7~9点，既是市民上班时间又是学生上学时间，因此会出现供不应求、排队等候的情况，需要提高车辆调配效率解决供求不平衡问题。

（2）一周内每日汽车共享服务需求　汽车共享服务需求量随居民以一周为周期循环的生活规律变化，在一周内呈起伏波动趋势。一般来说，一周内的规律是，工作日的汽车共享服务需求较大，非工作日的汽车共享服务需求较小，而且非工作日和工作日的差别非常明显。

二、汽车共享服务供给特征

汽车共享服务供给特征主要是指汽车共享服务企业根据消费者需求变化，对共享汽车网点设置以及调度策略的变化特征。

1. 共享汽车网点布局

与共享单车产业相比，共享汽车是一个投资高、风险也相对较大的新兴产业，网络化是汽车共享服务行业的发展趋势。而共享汽车网点布局是汽车共享服务企业想要进行网络化发展的依据，其好坏是决定企业能否盈利的关键，也对整个汽车共享服务行业的发展以及城市交通系统的发展具有重要意义。对提供汽车共享服务的企业而言，共享汽车网点直接决定了在有限的、特定的区域内吸引潜在用户的数量，从而影响其盈利情况。研究汽车共享服务网点的规划布局问题就是为了能够实现共享汽车网点的最优化，增强汽车共享服务企业在网点区域内的竞争力，使其具有最大的客流吸引力以及合理的服务范围，以满足附近用户的需求。为满足用户需求，可以将共享汽车服务网点的设置方式分为以下三种：

（1）根据城市需求设置　汽车共享服务企业在其总部下设几个行政大区，这些大区是依据行政区域的地理位置或负责半径距离设定的。每个大区对其管辖的城市进行发展情况、用户和未来发展潜力评估，最后综合各个因素，设立城市汽车共享服务公司，管理城市网点，最终形成密集的汽车共享服务网络。同时，也可以采取汽车共享服务企业总部直接设置并管理各个城市的网点的扩展方式。但是由于监督和管理力度不足，这样设置的参与汽车共享服务的城市比较少，而且一个城市中的服务网点也相对较少。当前，为了控制城区的过度扩展，疏散过分集中的人口和工业企业，我国一些地区在大城市外围建设了卫星城。为了满足在主城和卫星城之间往返的客户群体的需求，汽车共享服务公司会选择在卫星城中设置网点。

（2）**根据用户需求设置** 根据用户需求设置网点是汽车共享服务商长期采取的服务网络构建方式。消费者通过注册会员或缴纳定金，与汽车共享服务企业达成协议，签订合同，建立长期的合作关系。在服务网络建立并扩展之后，如果在新开展业务的地区有汽车共享服务需求时，提供汽车共享服务的公司也在相应的城市设立门店和分管部门，为用户提供服务以及各种售后服务，以满足用户不同时间段，不同乘车、取车、还车地点的多样化需求。采用这种面向用户需求建立的服务网点，汽车共享服务企业只需要承担较低的风险，就能有较稳定的收益。

（3）**根据区域需求设置** 根据区域需求设置汽车共享服务网点是指汽车共享服务与餐饮业、宾馆、高铁站、机场以及在线旅行服务商等相结合，通过与这些汽车共享服务需求充沛的产业服务相依托，建立服务网点。商务人员、游客、旅客等在高铁站、机场需去往酒店、宾馆，他们中的大多数人一般不会自己驾驶车辆，但是却有较大的用车需求，汽车共享服务公司可为这类群体提供服务。汽车共享服务商可以将服务网点布设在酒店、宾馆附近，依托这些有需求的服务业实体，建设扩展汽车共享服务网络。为了满足旅游季节性、享受性等特点以及游客个性化、多样化的用车需求，汽车共享服务公司可以将服务网点设置在著名景点附近。

2. 共享汽车调度策略

共享汽车调度策略使得游客可以在景点之间以及周围随意往返，自由安排行程，这种结合也体现了汽车共享服务的优势，促进了行业的快速发展。

在制定共享汽车调度策略之前必须明确，任意时刻，汽车共享服务网络中的任意一辆汽车都处于正在使用、空车调配和网点停靠状态。因此，车辆调度问题的实质就是为每一辆车规划在某一特定时间的状态，而具体调度策略如何制定则需根据客户需求、服务网点设置、即时响应等情况来考虑总体收益。共享汽车调度策略的制定需要满足以下原则：

（1）**供求平衡原则** 汽车共享服务提供商最基本的任务就是在用户需要的时候及时、便捷地为他们提供合适的车辆，满足用户需求。因此，当服务网点提供的车辆数量不足，不能满足用户需求时，应从车辆供给过量的网点调配车辆到缺车网点；当服务网点停车位不足时，应将该网点的空闲车辆调度到过多空闲停车位的服务网点；综合、全面地考虑车辆供给不足的所有网点和停车位不足的所有网点，有效规划，将停车位不足的网点的车辆调度到供给不足的所有网点，从而最大限度地满足客户需求，减少网点停靠车辆的数量，降低调配频率。

（2）**收益最大化原则** 共享汽车调度策略应满足收益最大化任务分配原则。在特定时间段为特定服务网点制定调配策略时，按接收预订的订单所能创造的收益值大小对任务进行排序，然后优先将车辆分配给预计收益较大的任务。该调度策略能够有效解决一个网点同时接收多个任务需求订单时的任务决策问题。如果每个订单的收益相同，那么按下单时间先后进行排序，优先给时间靠前的任务分配车辆。要尽量在满足需求的前提下，使空车分配所创造的收益最大。

（3）**成本最小化原则** 共享汽车调度的成本最小化原则，即在进行空车调配时，策略的制定要保证从调配所花成本最小的网点调配车辆到需车网点。同时，该调配成本应不仅单纯考虑使每时段的成本最低，还应综合考虑整个服务周期内不同网点之间车辆调度的成本。在保证高水平服务的情况下，用尽可能少的调度费用满足所有用户需求。

三、汽车共享服务供求矛盾

1. 汽车共享服务供求矛盾的表现

(1) **汽车共享服务供求的数量矛盾**　汽车共享服务供给与用户需求在数量上的矛盾主要表现为汽车共享服务供给或共享汽车接待能力与用户总人次的不相适应。汽车共享服务的发展往往跟一个城市的整体经济环境有着密切的关系，城市的经济体量和规模越大，经济活跃程度越高，就越能催生汽车共享服务的发展壮大。因此，在一定时间内，汽车数量是稳定的，汽车共享服务能力是既定的，而汽车共享服务需求则受到用户年龄、职业、受教育水平、来源地和用车频率等诸多因素的影响，具有较大的不确定性和随机性。在汽车共享服务市场上，一个地区的汽车共享服务供给的相对固定性与需求的敏感性必然导致两者的不均衡，出现汽车共享服务供不应求或者供过于求的局面。

(2) **汽车共享服务供求的时间矛盾**　通过对汽车共享服务用户需求的特征分析，汽车共享服务的需求随城市居民生活节奏变化呈现波动起伏的趋势，一日内早、晚高峰出行时段会产生大量的需求，一周内工作日的汽车共享服务需求大于双休日的。因此，汽车共享服务需求的时间性与汽车共享服务能力之间形成反差，具体表现为在用户出行的高峰时段，汽车共享服务需求较高时，该地区的汽车共享服务供不应求；在用户出行的平峰时间段，汽车共享服务需求较低时，该地区的汽车共享服务供过于求。

(3) **汽车共享服务供求的空间矛盾**　汽车共享服务供求的空间矛盾主要是指在供求总量基本平衡的条件下，在空间或地区上就会出现失衡，即人员聚集、活动频繁的区域会出现供不应求，人员活动不频繁的区域会出现供过于求。由于各个城市或地区的经济发展水平不同，交通资源类型不同，各汽车共享服务网点附近的交通状况也有很大差别，由此形成了用户在各空间或地区上的差异。

(4) **汽车共享服务供求的结构矛盾**　汽车共享服务供求的结构矛盾主要是指在构成上不相应，主要表现为：汽车共享服务供给类型与用户需求不相适应，汽车共享服务供给档次或等级与用户需求不相适应，汽车共享服务供给方式与用户需求不相适应，汽车共享服务供给质量与用户需求不相适应。由于汽车共享服务供给是根据需求和地区客观条件而设计的，一经形成就具有稳定性，而用户需求受多种因素影响，往往具有多样性和多变性的特点。因此，就会出现汽车共享服务供给和用户需求在结构上的矛盾，在同一时期，会出现一种汽车共享服务产品供过于求而另一种汽车共享服务产品供不应求的问题。

2. 汽车共享服务供求矛盾的成因

(1) **汽车共享服务需求具有波动性**　在理想的充分需求的状况下，汽车共享服务企业中的共享汽车的服务能力能够满足服务需求，既没有出现服务能力过剩，也没有出现服务能力不足的现象。同时在这种状况下，汽车共享服务企业的固定成本也是最低的，所有的共享汽车均得到有效利用，实现了汽车共享服务供求的最佳匹配。但在实际的工作中，汽车共享服务的用户需求量是不断变化和波动的，使得在一定时间或地区供不应求，在一定时间或地区又供过于求。造成汽车共享服务需求具有波动性的原因有四个方面。

一是有规律的需求波动。根据汽车共享服务需求变化特征，可以发现这些需求存在周期性、阶段性、季节性等有规律的变化，如按日循环、按周循环、按月循环、按季循环、按年循环。对于这部分有规律变化的需求，汽车共享服务企业可以进行预测和引导，并采取相关措施满足用户需求。

二是无规律的需求波动。汽车共享服务需求变化往往是与突发性事件相关的，比如暴雨、交通事故、地震等，这些突发性事件可能在瞬间改变用户需求水平。汽车共享服务企业无法控制这些突发事件的发生，而突发事件引起的需求变化是无规律的。

三是汽车共享服务需求弹性大。汽车共享服务用户对价格非常敏感，当价格升高后，就会造成需求量相应减少；反之，需求量会立即增加。有的汽车共享服务公司为了增加会员数量、吸引用户而降低价格或打折，又或是发放大量优惠券，用户需求便会激增；有的汽车共享服务公司需要缴纳押金，有的汽车共享服务公司无须缴纳押金而是采用信用抵押的方式，都会影响用户需求；采用共享汽车出行的成本远远低于私家车，用户需求也会因此增加。因此，汽车共享服务价格是影响用户需求的重要因素。此外，汽车共享服务质量对需求变化也会产生较大的影响。汽车共享服务质量主要由便捷性、舒适性、可达性、安全性四个方面构成。当采用共享汽车的出行时间远远小于公交车、轨道交通或更加便捷时，用户需求可能就会增加，反之则可能减少。

四是与其他交通服务产品间有着很强的相互替代性。城市交通方式包括公交车、轨道交通、出租车、私家车和共享汽车，这些交通服务产品是可相互替代的，比如当公交车或轨道交通线路增加时，汽车共享服务需求可能就会减少；或者市民接受共享汽车后，本着减少出行成本或保护环境意识时，汽车共享服务需求就会增加。

（2）**汽车共享服务供应具有刚性**　汽车共享服务企业在实际运营中，拥有的汽车数量往往是有限的，不可能随着用户需求的暂时增加而无限制地购置新的共享汽车，因此，汽车共享服务企业不可能随时调整接待能力来满足用户的需求。

（3）**汽车共享服务的易逝性**　汽车共享服务的易逝性即不可储存性、具有时效性，决定了其不能像其他产品那样能够提前生产后储存在仓库中等待未来的高峰消费时刻，使得汽车共享服务不能用库存调节供求矛盾。

（4）**汽车共享服务的制度性**　大数据时代，共享经济和交通出行的结合越来越密切，汽车共享服务的种类也越来越多，目前市场上存在与移动互联网结合的有汽车分时租赁、网约车、合乘共享（拼车、顺风车）等。各级政府颁布的规范性文件均是支持汽车共享服务行业的发展，并鼓励利用共享汽车开展各项业务，满足市场出行需求，缓解交通压力。汽车共享服务供求之间的矛盾是与市场准入规范、行业信用制度、安全责任制度、监督模式等相关的。对于汽车共享服务，若准入门槛不够明确，就会导致共享汽车数量急剧增加，使供过于求，但服务水平良莠不齐；若准入门槛设置过高限制了共享汽车数量，又会使供不应求，还容易导致汽车共享服务的发展受到很大的阻碍。因此，在市场准入方面，国家设置市场准入机制要明确针对汽车共享服务经营的主体、平台，包括对主体资格的限制以及技能的培养等。

第二节　平衡服务的供求关系策略

一、供求平衡理论

1. 经济学中的供求平衡理论

均衡的概念是由古典经济学家亚当·斯密最早于18世纪70年代提出的，西方经济学家威廉·配第和大卫·李嘉图等人率先对均衡理论进行了研究，近代经济学家马歇尔、莱昂·瓦尔拉和萨缪尔森等人进一步完善了均衡分析的理论，包括局部均衡理论、一般均衡理论等，逐渐形成了经济学中的供给与需求的均衡理论。该理论研究的是经济系统内供给方与需求方资源的最大化利用，认为经济系统的均衡是指系统在各种力量的作用下达到稳定的状态，供求均衡理论的研究也是经济学理论中的核心。

在供给与需求的理论中，均衡状态是供给与需求相等时的状态。新古典经济学家莱昂·瓦尔拉提出的一般均衡理论中，将经济学中的供给与需求分成了两个系统，认为市场中供给曲线与需求曲线在价格机制的作用下，共同决定了市场的均衡价格和均衡数量，并提出了规模经济的概念和边际效用分析的方法，通过对市场中的供给曲线与需求曲线边际成本与边际效用的分析，认为边际成本与边际效用相等（MR=MC）时则是市场的均衡状态。当市场周围环境不变的条件下，市场达到供求均衡的状态时，供给方所愿意提供的数量等于需求方所愿意消费的数量，市场价格也不会出现变化。价格机制理论认为，市场供给与市场需求是关于价格的函数，而市场需求曲线是由消费者追求效用最大化的行为所决定的，而市场的供给曲线则是由供给方以追求利润最大化的行为所确定的。

在局部均衡理论中，以马歇尔为代表的经济学家认为单独地考虑某一个市场时，在一定的时期内，当这一市场的商品或产品的价格达到均衡时，或者市场的供求数量达到均衡时，则认为该市场达到了均衡的状态，局部均衡理论是基于市场商品或产品价格机制的作用，最终达到市场的均衡状态。

2. 服务供求平衡

服务供求平衡即服务能力与服务需求的平衡，是针对具有独立服务功能的机构来说，其服务能力能够满足服务需求，不存在服务能力供给过剩或者是服务能力供给短缺的问题，从而实现服务供给与服务需求的最佳匹配。从服务供给和服务需求管理的目标来看，是要实现服务供给与服务需求的平衡，从而将服务系统各方面的损失（包括空闲损失、机会损失和顾客损失等）降到最小。

服务能力与服务需求之间存在四种平衡状况。

（1）**需求过度** 当需求大于最大服务能力时，即服务需求超过服务机构最大可提供的服务容量时，造成多出来的顾客离开服务机构，给企业带来机会损失。在这种情况下，一些潜在顾客可能离开，而且可能是永远离开。可见，需求过度致使部分消费者得不到服务，从而影响企业的形象和信誉。

（2）**需求大于最优服务能力** 当需求在最优服务能力和最大服务能力之间时，即当需求大于服务系统可提供的最佳容量时，可能发生顾客接受有缺陷服务的情况，此时虽然没有顾客离去，但是服务条件劣化，服务质量下降。这时，管理者必须采取措施以控制服务水准的降低并防止顾客不满。

（3）**需求平衡于最优利用能力** 当需求平衡于最优利用能力时，服务的生产能力与服务需求达到最理想的匹配状态，员工和设备没有超负荷运营，消费者得到准时而良好的服务，服务能力达到最佳利用。这种状态下，从企业角度出发，服务设施没有闲置，服务人员的配置也刚好满足顾客的需求，员工可以得到适当的休息，服务的积极性高。从消费者的角度来说，服务质量有所保障，消费者可以得到优质的服务，消费满意度比较高。这是一种最理想的状态。

（4）**服务能力过剩** 由于需求不足造成企业资源没有得到充分利用，服务设施闲置，服务人员过多,生产率低下,影响了企业的利润。在这种状况下,企业会尽可能提高服务质量使消费者满意,但如果服务质量需要依靠其他消费者时,会因为人数太少而影响消费者的感知质量。

综上所述,当服务需求大于最大可用能力时,一些潜在顾客可能离开,而且可能永远离开;当需求能力在最优利用能力和最大可用能力之间时,顾客可能得到有缺陷的服务,在这种情况下,服务管理者必须采取一些措施来控制服务水准的降低,并防止消费者的不满,可从供给和需求两个角度考虑解决方案。

二、汽车共享服务供求平衡

汽车共享服务供求平衡的过程实际上是共享汽车供给量与需求量实现平衡的过程,汽车共享服务需求满足的最终目的是共享汽车的有效供给数量能够实现供求均衡。这个过程实际上可以理解为,汽车共享服务企业管理者综合考虑多种影响因素,调整各服务网点共享汽车的供给数量,改善汽车共享服务质量,以有效地满足用户的多样性出行需求。

这里将主要考虑服务质量与供求平衡的关系。在价格等因素不变的情况下,汽车共享服务的需求与其服务质量密切相关,顾客等候时间是衡量服务水平的重要指标之一。顾客出行行为决策过程确定了共享汽车的出行需求,而服务质量直接影响了顾客出行行为的决策过程。共享汽车数量的变化,对顾客等候时间的影响较为明显,进一步的结果则是顾客选择共享汽车出行需求的变化。

设共享汽车供给量为 S,共享汽车需求量为 D,则当 $S=D$ 时,汽车共享服务达到供求平衡。在价格等因素不变的情况下,需求量与等候时间以及供给量与等候时间有着密切的关系,用模型来表示,供求平衡的条件为:

$$S = f(t) \quad (5\text{-}1)$$
$$D = g(t) \quad (5\text{-}2)$$
$$S = D \text{ 即 } f(t) = g(t) \quad (5\text{-}3)$$

式(5-1)是供给函数,式(5-2)是需求函数,式(5-3)是供求相等,即可以得出平衡数量的值,这个量就称为平衡供求量。

由此可知,在价格不变的情况下,等候时间越长,汽车共享服务水平越差;相反,候车时间越短,就认为其服务水平越高,共享汽车供给服务和顾客需求之间的作用关系可用图5-1表示。

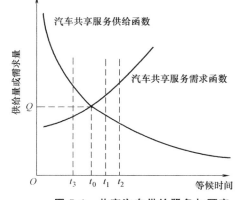

图5-1 共享汽车供给服务与顾客需求之间的作用关系图

分析图5-1可知,在一定的时期内,其他条件不变时,等候时间为 t_2 时,汽车共享服务供给数量低于需求数量,汽车共享服务质量较低,顾客需求会随之降低,逐渐趋于供求平衡点 t_0;等候时间为 t_3 时,汽车共享服务供给数量高于需求数量,汽车共享服务质量较高,顾客需求会随之增加,并逐渐趋于供求平衡点 t_0。

同样,也可以分析汽车共享服务价格与供求平衡的关系。在服务质量等因素不变的情况下,价格降低,汽车共享服务需求会升高;价格升高,汽车共享服务需求就会下降。

三、汽车共享服务供求管理策略

汽车共享服务供求管理包括对供给的管理和对需求的管理。汽车共享服务供求管理中，需求波动是企业不得不面对的一个挑战，如果不能很好地解决汽车共享服务供求平衡问题，就会造成服务质量下降、顾客满意度降低、顾客价值减少、成本上升等一系列问题。因此，汽车共享服务企业管理者需通过一些策略对供求进行管理。

从需求的角度来看：一是采取策略去影响和调节需求，使需求的波动减少；二是通过措施管理和应对需求，以便灵活地满足顾客需求。

从供给的角度解决问题：一是需要了解汽车共享服务企业的不同类型服务的供给情况；二是考虑如何通过利用服务供给本身的弹性和增加服务供给的弹性来满足不断变化的需求；三是在面临不断增长的顾客需求时，还需考虑如何扩大服务供给。

1. 汽车共享服务需求管理策略

进行汽车共享服务需求管理的基本思想是：将高峰期的需求转移到低谷期，从而使服务供给在某种程度上得到平衡。这种平衡可以采用直接需求管理和间接需求管理两种方法来实现。

（1）**直接需求管理**

1）优化预约系统：引导用户提前预约车辆，制定差异化的预约车辆时限标准。

引导用户做好提前预约出行的准备，可将未来实际出行行为的在线供求匹配工作前置，进一步缓解未来供求矛盾。基于汽车共享服务需求预测情况引导用户提前预约车辆，在出行高峰来临前具有一定的"削峰填谷"意义。

此外，可以设定差异化的预约车辆时限标准。根据用户需求缺口的时间相关性分析，可将用户提前预约车辆的时限划分为两种情况：如果用户实际出行时间处于高峰时段内，可将用户可提前预约车辆的时限设为50min或更久；针对平峰或低峰时段的车辆预约时限可适当缩短。即如果用户要在高峰时段出行，必须提前50min或更早预约车辆。运用这样的方式既有效保证了用户在高峰时段的需求得到满足，又可以为汽车共享服务企业在高峰时的运力调度提供一定的参考。

当然，预约系统可以和"先到先服务"的非预约系统并存，但是必须让顾客知道，如果他们进行了预约，一旦服务供给变得紧张时，他们会优先于未预约的顾客得到服务。

2）分类管理。分类管理与预约系统是密切相关的。分类管理的基本思想是以不同价格提供多种服务，以最大限度地利用服务供给，获得尽可能多的收入。随着预约情况的变化，可以灵活地调整每一种价格的服务模式，以达到最佳使用率和最大获利的目标。比如，为了提高共享汽车座位的利用率，可以鼓励用户拼车。通过预约车辆，虽然实现了供求关系的提前确定，但没有改变这一供求关系进入服务阶段供给被"占用"的事实。因此，可以通过提高共享汽车座位的利用率来满足顾客需求，达到供求平衡。用户在出行前可根据个人意愿选择是否拼车，利用行程费用分担的激励方式选择共享座位资源。用户在选择是否愿意拼车时需要在费用降低与可能导致的行程时间变长之间做出权衡。因此，在经济激励基础上，还需通过促进行程匹配技术的发展来提高拼车人员的行程相似度。当行程相似度极高时，因拼车导致行程耽误的时间也就大大缩短，愿意拼车的用户就会增加。

（2）**间接需求管理** 间接需求管理主要是促使在高峰期需要服务的顾客将他们的需求转移到非高峰时段。间接需求管理的任务集中于服务价格和服务质量上。

1）运用价格杠杆原理。汽车共享服务过程中，当汽车共享服务价格过低时，低价格会吸引较多顾客使用，继而需求增加；当汽车共享服务价格较高时，因顾客对价格的高敏感性，需求会降低。因此，价格是推动顾客是否会选择汽车共享服务的一个很强的激发因素。通过价格杠杆来调节用户需求以达到供求平衡，是企业进行需求管理时必不可少的策略。若汽车共享服务企业希望削平需求高峰，那么在高峰提高价格、非高峰期降低价格就能实现这一点。例如，Uber专车正是根据供求曲线的原理实施动态定价。就需求方而言，在两个方向上都具备高度弹性。其一，当价格升高后，直接导致需求量相应减少。其二，当价格降低后，需求量也会立即增加。在Uber动态定价模型中，若需求大于供给，算法会自动提高价格，减少需求，提高供给，使得供求达到一个动态平衡。这个过程持续一段时间，供给会逐渐大于需求，价格会恢复到初始水平。这个过程循环往复，始终维持着平衡。

同时，汽车共享服务企业往往会收取一定的费用，应该建立合理的收费制度。比如，如果会员费、保证金或者押金这类费用过高且难以退回时，顾客需求就会降低；如果这些费用适当降低且押金退还流畅，用户权益受损时赔偿合理，用户能够放心使用，那么顾客就会更愿意选择汽车共享服务，需求也就会增加。

2）提高服务质量：便捷性、舒适性、可达性、安全性。顾客也关心服务质量。用服务质量来转移需求，通常不如价格政策那样有效，但经常与价格政策同时使用。

① 完善汽车共享服务网点布局。汽车共享服务网点布局的合理性直接影响到顾客的便捷性。由于共享汽车目前主要应用在通勤交通，购物、餐饮等中短途出行场景中，因此顾客对使用共享汽车的便捷程度要求较高。理想情况认为，汽车共享服务网点数量越多、网点越密集、可以使用的共享汽车数量越多，用户使用共享汽车时的等待时间越短，也会越便捷。在实际过程中，若汽车共享服务网点过多，则会造成汽车共享服务过剩，导致车辆闲置，使企业成本过高；若汽车共享服务网点过少，就满足不了用户的用车需求，达不到共享汽车便捷出行的目的，选择汽车共享服务的顾客就会越少。

② 提供互补性服务。汽车共享服务系统中，顾客往往需要等待，为了满足等待中的顾客，减少他们的抱怨，吸引并留住他们，使他们愿意等待，并且心情愉快，那么汽车共享服务企业可以为顾客提供其他关联服务，以缓解顾客的焦虑情绪。

③ 增强安全性。汽车共享服务系统中，安全性也是影响顾客是否会使用共享汽车的主要因素。比如，汽车共享服务企业应确保车辆安全技术性、车辆登记信息的准确性，确保顾客押金能及时退回等。当顾客能确定共享汽车的安全性较高时，共享汽车服务需求就会增加，反之就会减少。

④ 提高舒适度。顾客的舒适感也是影响其是否会选择共享汽车的因素之一，如共享汽车内的空调效果、空间大小、是否贴膜等。如果顾客体验舒适度较高的话，就还会继续选择共享汽车，需求增加；反之，顾客将不会继续选择共享汽车，需求减少。汽车共享服务企业为了能保持供求平衡，应该综合不同群体的需求，进一步在人性化设计等方面改进完善，提高乘坐舒适度。

2. 汽车共享服务供给管理策略

服务的供给即服务的供应能力、生产能力或服务能力，是指服务提供者在特定一段时间内提供服务的最大值。相较于需求管理，汽车共享服务企业更能控制服务供给。汽车共享服务管理的策略有以下几种：

第五章 汽车共享服务供求管理

(1) **合理配备车辆管理员** 在汽车共享服务企业的人员配备中,有很大一部分是承担车辆管理任务的,车辆管理的主要任务包括:运送车辆到指定位置,共享汽车贴膜,在车辆投入运营之前安装车载电子设备,为共享汽车寻找和准备停车位等。在一定的时间范围内,汽车共享服务企业的共享汽车数量是相对固定的,但是员工的能力则是有弹性的,并在很大程度上决定了服务质量和顾客满意度。当用户需求增加时,为了完成快速将车辆送到指定位置、找到停车位等工作,汽车共享服务企业可以通过对每周或每周期的需求进行预测,在不同的时间段安排不同数量的车辆管理员,这样就在一定程度上保证了服务水平,使顾客等候时间减少。

(2) **加强资源整合,增加共享汽车供给** 加强资源整合,使得车型多样化。汽车共享服务企业采用新能源汽车的同时,与传统汽车租赁公司进行整合,与国产品牌合作,既能降低汽车购买成本,增加共享汽车数量,又能加快传统企业转型升级,实现共赢。汽车共享服务企业还可以利用闲置的私家车,私家车的低效使用不仅导致资源的浪费和土地紧张,而且急速增长的汽车保有量可能导致严重的交通拥堵及环境问题。为鼓励私家车共享,可通过对加入共享联盟的车辆在停车费、年检费等方面给予一定的优惠政策,还可协同厂商及4S店一起做活动,给共享联盟的车赠送保养、工时优惠券等,来降低车主养车成本,让更多的私家车愿意共享,从而降低汽车共享服务企业的初期成本,同时还能增加共享汽车供给量。

加强资源整合,网点方便化。利用公交车站作为共享汽车的停车网点,既提高了公交车站的利用率,也解决了共享汽车的停车问题,同时还能降低汽车共享服务企业的初期成本,使得汽车共享服务网点设置更普遍,使用更方便。

(3) **优化网络平台建设** 提高网络平台科技含量,改进使用缺陷的问题,加快网络升级,确保系统平台畅通。加强关联数据网络平台的对接,利用大数据平台,使用户使用共享汽车的全过程都能在网络平台上完成,实现信息自动匹配系统,避免顾客与汽车共享服务企业信息不对称,从而提高效率,避免供不应求或供过于求。比如预订和管理系统可以帮助用户非常方便地通过Web或手机访问到汽车共享服务企业的门户平台,按地区、车型等信息迅速查找自己需要的空闲车辆信息并完成预订过程;车辆介入控制系统可以在用户预订过程完成后自动将其预订时间和卡号信息传递到预订车辆上,这样成员就可以通过其智能卡打开预订车辆的车门;计费和计算系统通过使用车上的信息管理系统记录下行驶里程、行驶时间等基本数据,并计算用户单次使用的应付费用,并且通过和银行的信用卡系统连接来实现费用的自动结算,以帮助成员实现自动式的用车手续。

(4) **优化共享汽车调度** 汽车共享服务企业可以根据调研数据或者大数据平台预测出各个服务网点在周期内的用户需求车辆数,以及通过大数据挖掘技术更好地研究收集到的各种数据,更好地为调度服务。汽车共享服务企业通过共享汽车动态调度策略能够灵活地为汽车共享服务用户在其所需要的时间和服务网点提供服务。对于一些没有提前进行预约的用户,汽车共享服务企业可在与已预约用户不冲突的服务时间内,尽可能地使其有车辆可用。

1) 供大于求时。当某服务网点的共享汽车用车服务时间、地点以及车辆数能够满足各个用户的需求时,汽车共享服务企业应该考虑如何合理分配共享汽车。即在共享汽车可调度的情况下,在满足汽车共享服务企业的总收益最大化以及总缺短损失最小化的情况下,确定一个周期内每天的共享汽车调度计划,从而根据调度计划进行调度。

2)供不应求时。当汽车共享服务企业用车服务时间、地点以及车辆数不能满足各个用户的需求时,汽车共享服务企业无法通过调度满足共享汽车用户的服务需求,这时候汽车会员等级制度可以缓解这样的压力。

第三节　顾客排队等待管理策略

一、排队论理论基础

排队论(queuing theory)是研究随机服务系统的一门学科,又称为等待线性问题、随即服务系统理论等,是运筹学的一个分支。排队论的基本思想是1910年丹麦电气工程师爱尔朗在解决自动电话设计问题时形成的,之后众多学者开始研究该理论。随着生灭过程⊖和马尔可夫链⊜被引入到排队论研究中,使得许多排队论问题得到精确解决,形成了排队论的研究基础。排队论在理论方面主要研究各种情况下排队系统的规律,主要包括顾客排队等待时间、顾客排队人数(排队队长)、系统的忙期和繁忙期概率分布。

排队论在应用方面主要通过分析已有数据,然后判断属于哪类排队模型,结合该系统实际情况建立该系统的排队模型,通过改变服务台数量、服务规则或上述变量的结合来优化实际排队系统。

1. 概述

排队是社会活动、生产过程中经常遇到的现象。接受服务的顾客数和服务时间的随机性导致排队现象是不可避免的。当然,加强服务能力可以减少排队现象,但这样势必会增加投资,有时还会因供大于求而造成资源浪费。因此,作为管理人员不但需要了解排队等待服务的顾客数、等待服务时长、系统内服务人员及设施的空闲量等数量指标的变化规律,而且需要在满足顾客服务基本要求的条件下,研究如何提高服务质量、降低运行成本等问题。排队论又称为随机服务系统理论,就是通过研究各种服务系统在排队等待现象中的概率特性,从而解决服务系统最优设计与最优控制的一门学科。它的处理思路是通过对服务对象到达及服务时间的统计研究,得出等待时间、排队长度、忙期长短等数量指标的统计规律,然后根据这些规律来改进服务系统的结构或重新组织被服务对象,使得服务系统既能满足服务对象的需求,又能使得机构的费用最经济或某些指标最优。排队论研究的内容有三个方面:统计推断,根据资料建立模型;系统的性态,即和排队有关的数量指标的概率规律性;系统的优化问题,其目的是正确设计和有效运行各个服务系统,使之发挥最佳效益。

在排队系统中把需得到某种服务的对象统称为顾客,为顾客服务者统称为服务台,其中,顾客、服务台都是一种广义的概念,如排队等候服务的人、等待维修服务的电器等均为顾客,提供服务的人、设备等均为服务台。根据顾客和服务台的不同情况,组成不同的排队系统。例如,汽车共享排队系统中,服务台为共享汽车,用车人为顾客。

2. 排队系统的基本组成部分

排队系统本质上是一个服务系统,而服务系统一般由以下几个基本部分组成,即输入过程、排队规则、服务机构及服务装置,可以用图5-2来加以描述。

⊖ 数学术语,是一种特殊的离散状态的连续时间的马尔可夫过程。
⊜ 是概率论和数理统计中具有马尔可夫性质且存在于离散的指数集和状态空间中的随机过程。

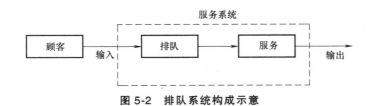

图 5-2 排队系统构成示意

(1) **输入过程**　输入过程是描述顾客的特性的，包括顾客来源、顾客到达规律等。一般从以下五个方面来描述一个输入过程：

1) 顾客总体。顾客总体或顾客的来源情况是多种多样的，可能是有限的，也可能是无限的。例如，某汽车租赁公司内等待维修的汽车数可以看成是有限的，火车票订票系统中的顾客数可以看成是无限的。

2) 到达方式。现实生活中顾客到达排队系统的情况是多种多样的，可能是连续的，也可能是离散的；可能是单个到达的，也可能是成批或大量到达的。例如，某汽车租赁公司发生故障待修的汽车是单个到达；企业采购中，零部件的入库则可以认为是成批到达的。

3) 相继到达顾客之间时间间隔的分布。顾客相继到达的间隔时间可以是确定的，也可以是随机的。在一定的时间间隔内，系统内到达 K 名顾客的概率有以下两种常见形式：

① 定长分布：也就是顾客相继到达的时间间隔是确定的。

② 泊松分布（M）：也就是顾客单个到来且相互独立，一定时间内的到达数服从泊松分布，相继到达的时间间隔及期望值、方差均不受时间影响。

4) 顾客的到达可以是相互独立的。就是说，以前的到达情况对以后顾客的到来没有影响，否则就是有关联的。

5) 是否平稳。输入过程可以是平稳的或称对时间是齐次的，是指描述相继到达的间隔时间分布和所含参数都是与时间点无关的，只与时间长度有关，否则则为非平稳。

(2) **排队规则**　排队规则是用来描述系统提供服务的方式，也就是系统是否允许顾客排队；若允许排队，那在排队过程中系统是怎么选取顾客进行服务的。主要有以下三种排队规则：

1) 等待制（waiting system）。等待制是排队系统提供等待区域，顾客到达系统时，如果服务台都被占用着，顾客就排队等候服务。等待制系统的基本特征是顾客无限地排队，因此其排队等待时间是系统的中心问题。根据等待顾客的服务顺序，服务规则可分为先到先服务（FIFO：first in, first out）、后到先服务（LIFO：last in, first out）、有优先权的服务（SWP：service with priority）和随机服务（SIRO：service in random order）。

2) 损失制（losing system）。该排队系统不提供等候区域，如顾客到达时所有服务台都正在被占用着，那么顾客直接离开系统。其基本特征是没有顾客排队等候，即顾客在系统内的排队时间为零，因此顾客损失的概率是损失制系统的基本运行指标。

3) 混合制（mixing system）。混合制是指排队规则是介于等待制和损失制之间的形式，即混合制是由损失制和等待制混合组成的排队系统。混合制系统的基本特征是系统容量有限，因此服务系统的容量和顾客在系统中逗留时间是混合制系统的重要指标。当排队人数小于服务系统容量时，新到的顾客就排队等待；当排队人数等于服务系统容量时，新到的顾客就离去。新到的顾客排队等候时，若一段时间仍未得到服务，他们就会离去。顾客在系统中的逗留时间不得超过确定的时间。

（3）**服务机构** 服务机构是指排队系统中服务台的数量和排列方式、服务方式及服务时间。

排队系统中服务台的数量可以是无服务台、单服务台、有限个服务台以及无限个服务台。又根据服务台的连接方式可分为串联和并联服务台，各种服务台工作形式如图 5-3 所示，在实际中可能组合成不同的形式。服务台的服务效率分为平稳的和非平稳的，通常默认为平稳的。

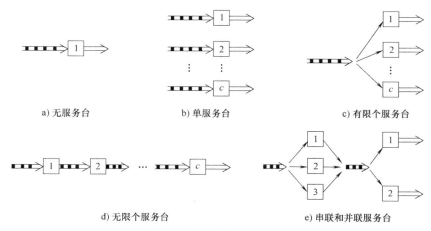

图 5-3 多种服务台工作形式

服务方式可以对单个顾客进行，也可以对成批顾客进行，如公共汽车对在站台等候的顾客就是成批进行服务，某汽修厂对汽车进行维修就是单个进行服务。

服务时间与输入过程一样，可以是确定型的，也可以是随机型的。时间确定型是指所有接受服务的客户所用的服务时间是一致的，自动冲洗汽车的装置对每辆汽车服务的时间就是确定型的。服务时间是在随机的情况下，服务时间 v 服从一定的分布。如果服务时间服从负指数分布，那么分布函数应该为

$$P\{v \leq t\} = 1 - e^{-ut} \quad (t \geq 0)$$

式中，u 为平均服务率，$\dfrac{1}{u}$ 为平均服务时间。

3. 经典排队系统的符号

数学家 D. G. 肯德尔（D. G. Kendall）在 1953 年首先提出用三个字母组成的符号 X/Y/Z 表示排列系统。随着排队理论和应用范围的不断扩展，在 1971 年，肯德尔将排队论的符号扩充到 6 个，表达方式为 X/Y/Z/A/B/C。X 表示顾客相继到达的间隔时间分布，Y 代表服务时间分布，X 和 Y 的分布有：M 表示负指数分布，D 表示定长分布，G 表示一般分布，E_k 表示 k 阶爱尔朗分布。Z 代表服务机构中服务台的数量。A 代表系统容量限制，其缺省的默认值为∞；B 代表顾客源中的顾客数目，其缺省的默认值为∞；C 代表服务规则，其缺省的默认值为先到先服务规则。

例如，标准的 M/M/1 表示顾客到达服务点间隔时间与服务时间都是服从负指数分布，服务台数量为 1，系统容量和顾客源数量无限制，服务规则是先到先服务原则。

M/G/n/n 表示顾客相继到达的间隔时间分布服从泊松分布，系统的服务时间服从一般概率分布，服务机构中有 n 个服务台，系统容量为 n，顾客源数量是无限制的，服务规则是先到先服务原则。

Geo/E_k/S/m/N/LCFS 表示顾客到达服务点间隔时间服从几何分布，系统的服务时间服从 k 阶爱尔朗分布，服务台数量为 S，系统容量限制为 m，顾客源数量限制为 N，服务规则是后到先服务原则。

4．排队系统的主要衡量指标

（1）**排队总队长和等待队长** 排队队长是一个排队系统好坏最直观的体现。因此，顾客和服务商都十分重视系统的排队队长。排队论里面的队长是指等待服务的顾客数与正在接受服务的顾客数之和，常用 L_s 表示。其中，等待服务的顾客数又称为等待队长，常用 L_q 表示。L_s 或 L_q 越小，说明排队系统的服务效率越高。

（2）**等待时间与逗留时间** 顾客的等待时间是指从顾客进入系统的时刻起直到开始接受服务的这段时间，常用 W_q 表示；而逗留时间是顾客在系统中的等待时间与服务时间之和，常用 W_s 表示。在假定到达与服务是批次独立的条件下，等待时间与服务时间是相互独立的。等待时间与逗留时间是顾客最为关心的数量指标，应用中关心的是统计平衡下它们的分布及期望平均值。W_q 或 W_s 越小，说明服务效率越高，顾客等待的时间越短。

（3）**系统的忙期与闲期** 从顾客到达空闲的系统，服务立即开始，直到系统再次变为空闲，这段时间为系统连续繁忙的时间，称为系统的忙期，它反映了系统中服务员的工作强度。与忙期对应的是系统的闲期，即系统连续保持空闲的时间长度。在排队系统中，统计平衡下忙期和闲期是交替出现的。

一般用 ρ 表示服务强度，它是有效的平均到达率 λ 与平均服务率 μ 之比，即

$$\rho = \frac{\lambda}{\mu} \tag{5-4}$$

ρ 的值越小，表明排队系统服务效率越高。

二、汽车共享服务排队系统

1．汽车共享排队系统的特征描述

汽车共享排队系统是一个随机的系统，这是由于汽车共享的顾客用车时间和地点是不确定的，完全取决于顾客需求。汽车共享排队系统的特征如下：

1）顾客可以通过计算机、手机网络随时随地预订车辆，并且顾客可以源源不断地进入汽车共享服务预订系统，因此在汽车共享服务中，顾客源是无限的。

2）在汽车共享排队系统中，大多数顾客是相互独立、互不影响的。从理论上讲，只要时间段分得足够小，两名顾客同时到达的概率为零，因此我们认为所有客户都是单个到达。另一方面，顾客使用共享汽车的时间也是随机的和相互独立的。

3）汽车共享系统中的每一辆车可以看作是一个服务台，各个服务台之间是独立的，可以同时进行服务，因此汽车共享排队系统主要使用的服务结构是多服务台并联服务，同时各服务台的服务时间是随机的且相互独立的。

4）汽车共享服务根据预订的先后顺序遵从先到先服务制；由于汽车共享服务有很多替代服务，如公交、地铁、出租车等，同时汽车共享的服务时间很难预知，可能会因服务时间

长而造成排队等待时间过长,因此顾客在不能立刻得到服务时就会离开并选择其他替代服务,即为损失制。

2. 汽车共享排队模型

根据汽车共享排队系统的特点及排队论相关理论知识,汽车共享系统是一个多服务台并列工作的排队系统,其中,系统是有容量限制的,而顾客源是无限的。现在,我们来详细分析下它的输入过程、排队规则、服务机构和服务装置。

1)输入过程。使用汽车共享服务的顾客首先必须在网上预订,确定有车后才前往服务点用车,这可以看作某种到达,且该到达是随机和独立的。同时,由于某一天内使用汽车共享服务的人数是不确定的,所有的人都有可能过来使用汽车共享,因此在这里我们认为顾客来源是无限的。在现实用车过程中,如果时间段分得足够小,任何两名顾客都不可能在同一时间段到达,因此我们可以认为顾客的到达类型是单个的随机到达;同时,汽车共享顾客之间的影响非常小,可以忽略不计,因此我们假定顾客的到达过程是完全独立的。

2)排队规则。当顾客通过网络预订时,如果汽车共享系统中有空闲的车辆,则顾客可以立即订到车辆,到时间直接去取车即可。若系统中所有汽车处于繁忙或已租赁状态,则顾客离开系统且不再回来,即汽车共享服务系统是先到先服务的损失制随机服务系统。

3)服务机构。该汽车共享服务系统有 n 辆车,即 n 个服务台。同时,这些车辆之间可以同时进行服务且互不影响。因为顾客的需求按时间计算,因此所有汽车的服务能力是独立且同质的。

4)服务装置。一般意义上的服务装置指的是提供服务的设备或资源。汽车共享排队系统中的服务装置是指提供共享服务的汽车,可以是一辆或者多辆汽车;如果是多辆汽车,就属于并联排列。

根据上述分析,我们可以认为汽车共享服务排队系统是 $M/M/c/m/\infty$ 排队系统,即:顾客进入汽车共享服务系统的规律服从参数为 λ 的泊松分布;每辆共享汽车为顾客提供的服务时间服从参数为 μ 的负指数分布;顾客到达时间与共享汽车服务时间相互独立,互不影响;汽车共享服务系统中有 c 个服务台,并且按照损失制方式为顾客提供服务。

(1)泊松分布 设 $N(t)$ 表示在时间区间 $[0,t)$ 内到达的顾客数($t>0$),令 $P_n(t_1,t_2)$ 表示在时间区间 $[t_1,t_2)$($t_1>t_2$)有 $n \geq 0$ 个顾客到达的概率是

$$P_n(t_1,t_2)=P\{N(t_2)-N(t_1)=n\} \quad (t_2>t_1, n \geq 0) \tag{5-5}$$

倘若它满足下列条件:

汽车共享服务系统在不重叠区间内到达的顾客是彼此独立的;汽车共享服务系统在时间区间 $[t,t+\Delta t]$ 内到达一个顾客的概率与时间 t 无关,而与区间长 Δt 成正比,有 $P_1(t,t+\Delta t)=\lambda \Delta t+o(\Delta t)$,其中 $o(\Delta t)$ 是当 $\Delta t \to 0$ 时关于 Δt 的高阶无穷小,λ 是正常数。

对于充分小的 Δt,在时间区间 $[t,t+\Delta t]$ 内有 2 个或 2 个以上顾客到达的概率为

$$\sum_{n=2}^{\infty} P_n(t,t+\Delta t) = o(\Delta t) \tag{5-6}$$

那么,就叫作顾客到来的时间流是泊松流,简记为 $P_n(t)=P_n(0,t)$,容易验证

$$P_0(t,t+\Delta t) = 1-\lambda \Delta t+o(\Delta t) \tag{5-7}$$

且

$$P_n(t,t+\Delta t) = P\{N(t+\Delta t)-N(0)=n\}$$
$$=P_n(t)P_0(t+\Delta t)+P_{n-1}(t)P_1(t+\Delta t)+P_{n-2}(t)P_2(t+\Delta t)+\cdots$$
$$=P_n(t)(1-\lambda\Delta t)+P_{n-1}(t)\lambda\Delta t+o(\Delta t)$$

由此可得，$\dfrac{P_n(t,t+\Delta t)-P_n(t)}{\Delta t}=-\lambda P_n(t)+\lambda P_{n-1}(t)+o(1)$

令 $\Delta t \to 0$，有
$$\begin{cases} P_n'(t)=-\lambda P_n(t)+\lambda P_{n-1}(t) \\ P_n(0)=0, n\geq 1 \end{cases}$$

由上两式解得
$$P_n(t)=\dfrac{(\lambda t)^n}{n!}e^{-\lambda t}, n=0,1,2,\cdots, t\geq 0 \tag{5-8}$$

此即为泊松分布。

（2）**负指数分布** 汽车共享服务中，当顾客到达为泊松流时，用 T 表示两个相继顾客到达系统的时间间隔，记其分布函数为
$$F(t)=P(T\leq t)=1-P(T>t)=1-P_0(t) \quad (t>0) \tag{5-9}$$

由于 $P_0(t)=e^{-\lambda t}$（$\lambda>0$），故有
$$F(t)=1-e^{-\lambda t} \quad (t>0)$$

相应的分布密度为
$$f(t)=\lambda e^{-\lambda t} \quad (t>0)$$

这就是负指数分布的密度函数。

已知
$$E(T)=\dfrac{1}{\lambda}, D(T)=\dfrac{1}{\lambda^2}$$

通常，一辆共享汽车为一位顾客服务所需的时间 τ 的分布函数与分布密度为
$$F_\tau(t)=1-e^{-ut} f_\tau(t)=ue^{-ut} \quad (t>0)$$

其中，参数 μ 为单位时间内共享汽车所完成服务的顾客均值数，且有
$$\bar{\tau}=E(\tau)=\dfrac{1}{\mu}$$

因此，相继到达的间隔时间是独立的且为负指数分布与输入过程为泊松流是等价的。

三、汽车共享服务排队等待与管理

前面介绍的汽车共享服务排队模型的作用在于优化排队系统，提高服务率。这是运用运营管理的技术手段来解决服务中的排队等待现象。此外，还可以运用非技术性的手段进行排队管理，即从心理分析的角度来解决顾客在排队等待中的一些问题，使其能够舒服愉快地等待。

1. 排队等待的必然性

在任何一个服务系统中，等待都是不可避免的。绝对不存在等待情况的唯一可能就是规定顾客以固定的时间间隔到达且服务时间也是恒定的。等待是由于到达率的变化与服务时间的不确定这两个因素共同造成的。因此，只要服务时间不确定，即使通过预约使到达时间固

定，也同样会产生拖延。

汽车共享服务排队等待主要是指用户在交通高峰、交通管制、雨雪天气等特殊交通时期使用共享汽车时，有时会遇到用户用车的区域范围内出现共享汽车供给不足的情况，这时需要用户排队等候空闲车辆提供服务。在汽车共享服务系统中，顾客到达时间间隔和服务时间都是随机的、不确定的，因此，等待是不可避免的，汽车共享服务企业必须考虑如何对待正在排队的顾客。

2. 等待心理与排队管理策略权衡

对等待心理的实验主义研究最早可以追溯到1955年，大卫·迈斯特尔（David Maister）是较早研究顾客排队等待心理的专家，他不断完善自己的研究，提出顾客满意度主要取决于服务体验里面等待时间的长短，首次接触体验为服务的一个组成部分，对感知质量将产生很大的影响。

高效的排队管理可以加快队列运行的进程，但排队仍然是排队，仍然令人不悦。要想将等待转化为一段令人愉快的经历，甚至是在等待过程中顾客的某些需求得以满足，就需要富于创造力和竞争性的服务管理者在探索研究等待心理之后制定有效的排队管理策略。

1984年，大卫·迈斯特尔提出了等待心理的八项原则，分别有：无所事事的等待比有事可干的等待感觉要长；过程前后等待的时间比过程中等待的时间感觉要长；焦虑使等待看起来比实际时间更长；不确定的等待比已知的、有限的等待时间更长；没有说明理由的等待比说明了理由的等待时间更长；不公平的等待比平等的等待时间要长；服务的价值越高，人们愿意等待的时间就越长；单个人等待比许多人一起等待感觉时间要长。这八项原则后来被广泛认可和采用。这里将基于这八项原则分析汽车共享服务顾客排队等待心理。

（1）**无聊感** 通常情况下，空闲或者无所事事让人感觉很难受，无聊的等待让顾客感觉无能为力。在汽车共享服务系统中，顾客在等待共享汽车到达服务点到开始服务的过程中往往也会感觉到无聊、无所事事。

这时，汽车共享服务企业管理者应该采取措施使顾客在等待的过程中能参与些富有成效的活动，比如在服务点设置舒适的座椅、设置等候区域以及开辟文化墙、科技墙等，这样等待场所的布置能够间接地影响等待的感受。这些管理策略核心在于分散顾客注意力，平和顾客心态，促进顾客间的交流，从而在顾客意识中去除空虚无聊感。

（2）**服务已开始** 在服务中，顾客往往容易忽视服务过程中的等待，因此在汽车共享服务等待过程中，可以设置些与服务相关的活动，从而让顾客觉得服务已经开始。

比如，在汽车共享服务系统中可以结合定位系统，添加顾客用车起点与终点的距离、途中会经过哪些标志性建筑或地点名，添加用车安全、用车风险、用车注意事项等讲解的视频或语音供顾客在下单后阅读或更加清楚自己的用车路线。这样，顾客在某种程度上就会觉得服务已经开始，同时也会觉得服务质量提高了，其焦急程度就会大大减退。

（3）**焦虑感** 在等待服务时，当顾客不知道还要等待多长时间或者不知道共享汽车距离自己还有多远时，就会变得焦虑，并且这种焦虑会强化等待的负面影响，比如取消订单、选择其他交通方式或投诉。

汽车共享服务企业为处理顾客等待焦虑的问题，可以通过预订系统提供关于等待的时间长短、距离长短及实时变化等信息，让顾客能随时查看，避免其焦虑。同时，允许顾客提前预约，提前预约也是可以缩短等待时间的一种策略。顾客随着所预约车辆到达服务点的时间、距离出发至服务点，同时，也要求顾客在车辆到达服务点后的一定时间内上车，否则会收取一定的等待费用。这样也就避免顾客在服务点长时间等待引起焦虑。

(4) **排队规则被破坏**　在共享汽车使用的高峰时段内，如果顾客发现排在自己前面的人数突然增加时，就会认为排队规则被破坏，进而会觉得受到了不公平待遇，从而就会焦虑，甚至愤怒。

为了避免先到先服务的排队规则被破坏，汽车共享服务排队系统就需更优化、更完善，明确规范制度并公之于众，绝不允许排队规则被破坏。这时，由于不必担心同区域的后来顾客会插队到自己的位置之前，顾客的焦虑就会有所减轻，这样，顾客也就会更愿意等待，不会立即选择其他出行方式。

出于汽车共享服务企业效益的考虑，可以细分市场，针对不同的顾客可以选择不同类型的服务，比如提供快车服务、出租车服务、专车服务、拼车服务等，这在一定程度既增加了顾客对服务的选择权又保留了每类服务中的公平性。

(5) **无法说明的等待**　通常情况下，顾客如果能理解等待的原因，通常就会有更大的耐心、更少的焦虑。等待共享汽车时，若顾客等待的时间已经超过汽车共享服务预约系统中所显示的需等待时间而共享汽车还没到达服务点时，顾客就会认为接下来的等待是无法说明的等待。

这时，汽车共享服务系统应该通过预约系统快速给出顾客继续等待的原因，比如共享汽车行驶路况、是否拥挤等。当等待有合理原因时，顾客就会有更大的耐心和更少的焦虑，也会愿意继续等待。提供一种解释能减少顾客的不确定性，至少可以帮助顾客了解将被延误大约多久。值得注意的是，若出现接二连三的继续等待，即使说明等待原因，也会让顾客焦虑、愤怒，因此等待时间一定要尽量确切，从而能与顾客有一个有效的沟通。

(6) **服务价值**　通常情况下，顾客对于高价值的服务更愿意忍受长时间的等待。汽车共享服务企业的管理者必须清楚地知道自身所提供的服务对顾客究竟价值几许，确保顾客的等待时间没有大于其对服务的估值。

顾客通过汽车共享服务会获得更好的出行体验，同时会认为使用共享汽车会提高自己的工作表现或出行质量。因此在一定程度上，选择汽车共享服务的顾客是愿意等待的；同时，汽车共享服务企业可以采取措施将服务价值提高，以避免因等待过久而失去顾客的情况发生，比如确保顾客在出行过程的安全、不被欺诈、隐私不被泄露，采取切实措施提升顾客的出行满意度等。

【知识应用与拓展】

自适应调度策略

自适应性调度策略是以价格为杠杆调节各个站点的需求量，该调度策略可以利用动态价格激励机制改变用户行为，实时缓解汽车共享服务系统供求不平衡的状态。动态价格激励机制简述如下：在顾客还车时段，汽车共享服务企业通过客户信息终端设备向顾客提供实时动态的激励价格来引导并鼓励顾客改变他们还车的站点，使顾客在还车时避免将车辆还到库存水平过高的服务网点，而交付至库存水平较低的站点，实现汽车共享服务网络的车辆配置均衡；各个时段内，确保顾客能够实时获取不同服务网点的激励价格信息。通过汽车共享服务企业的客户端或是移动手机应用软件实现信息查询，即将还车时，方便顾客可以查询客户端上汽车共享服务商提供的实时激励信息来进行决策，选取顾客获取感知价值最大的站点进行还车。

依据这种机制，可构建一个动态随机模型来描述汽车共享服务系统状态的变化，包括服务网点的供求状态与失衡程度、各站点供求状态确定的前提下何种激励价格水平使得顾客会选择企业建议的还车站点进行还车。当激励价格过低时，价格激励机制无法实现激励效果，顾客不选择改变还车站点，无法实现车辆有效配置，系统损失成本较高；当激励价格过高时，租赁系统平衡度并没有随着激励增强而大幅提升，而较大的激励价格会给企业带来过高的激励支付费用，使系统总成本过高。因此要通过建模的方法，在算例参数条件下得到一个合适的激励价格，这时租赁系统总成本相对较低，而汽车共享服务系统平衡度相对较高，能够满足租赁企业运营管理的需求。

思考与练习

1. 分析汽车共享服务需求特征。
2. 分析汽车共享服务供给特征。
3. 如何制定汽车共享服务供求管理策略能使供给与需求能始终保持在平衡状态？
4. 分析汽车共享服务排队系统的特征，并分析排队管理措施。

第六章

汽车共享服务接触与顾客满意管理

导读

2019年6月,陈先生在某共享汽车平台租赁汽车,使用后将车辆开至某停车点,但无法还车,还车点停车场工作人员告知此停车场最多只能归还3辆车,现已满额,请陈先生更换还车点,还车时间长达一小时。陈先生随即拨打客服电话,客服经理立刻采取补救措施,表示减免车辆租赁期间的停车费和油费。陈先生很满意平台采取的补救措施,并对平台能够快速解决问题给予了很高的评价。

汽车共享服务是一个新生行业,各项服务暂时还没有统一的标准和规范,因此在服务过程中出现各种各样的突发事件十分常见。在本案例中,还车点无法还车的情况是由站点最多只能归还3辆车引起的,责任归于汽车共享服务企业,汽车共享服务企业因此及时采取补救措施,得到了顾客谅解。

对于无法及时还车这件事情,应该得到汽车共享服务企业的重视,可以根据车辆租还频率重新规划取还车地点;对停车场的位置进行重新规划;通过服务APP对停车场位置进行监控;培训停车场工作人员,在无法还车时有灵活变通的方式提供服务;服务商主动采取措施提高顾客的满意程度。服务企业要从上述案例中汲取经验和教训,为顾客提供周到的服务,遇到服务失误时应及时、主动、公平地进行服务补救,让顾客感受到企业的真诚,给顾客留下深刻的印象,培养顾客对企业的忠诚度,起到正面宣传的作用。

汽车共享服务过程中经常存在的服务失误包括:

1) 用户体验差,最典型的问题是停车难。目前市场上大部分共享汽车并不能做到随时随地随停,用户使用后必须到运营商的停车网点还车,有时到特定的网点还车还要提前预约,导致用户的时间成本增加。

2) 保证车辆完整性是运营商的基本责任,就目前情况看,运营商并不能保证用户拿到的是什么车,往往用户打开车门那一刻才发现车内还有前一位用户留下的垃圾未被清理。甚至有的共享汽车行驶仅几分钟,就爆胎了。

3) 不合理收费现象。顾客经常投诉保险费用,主要问题是后续理赔时责任与赔偿金额无法达成一致。在发生事故时,即使用户没有责任,也需要承担车辆的折损费、保险上浮费、停运费等费用。由于各平台没有统一的车险条款,也没有合理的解决办法,因此用户权益往往很难得到保障。

随着我国共享理念、共享经济的培育和创新改革,汽车共享服务应运而生;随着汽车共享服务的高速发展,汽车共享商业模式即将从蓝海走向红海,为了在市场竞争中保持良好的生命力和竞争力,企业逐渐从商业模式红利中消退,开始重视汽车共享服务过程中经常存在的服务失误，制定相应的规范，以顾客满意为目标，探寻能令顾客满意的管理模式。

第一节　服务接触管理

在服务过程中，服务者跟顾客之间的直接接触被称为服务接触，服务接触的质量是影响顾客对服务满意度做出评判的关键因素，因此无论组织还是企业，都有必要详细研究服务接触。在服务过程中，参与服务的人员绝大多数为组织的基层员工，而基层员工为顾客直接提供服务，因此关注基层员工的服务接触对组织、企业的生存和发展意义重大。

一、服务接触概述

1. 服务接触的定义

服务接触（service encounter）有广义和狭义之分。狭义上指顾客与服务组织内部员工之间的接触；广义上指顾客与组织内部所有有形实体要素之间发生的直接接触或交互作用等全过程。

服务接触是一种多元化的行为，具有复杂性。截至目前，不同组织、企业和管理机构对服务接触有不同的表述，各国学者也对此提出了不同定义。从技术角度讲，索普伦南特·索罗蒙在1987年提出，服务接触是"顾客与服务提供人员之间的相互作用"。舒斯塔克在1985年提出，服务接触是"顾客直接与服务互动的那个时间段"，这样的时间段包含了顾客与服务组织之间的所有互动环节，涉及人员、布局、设计、设施等顾客可感知的所有服务要素。通过上述定义可知，舒斯塔克对服务接触的理解并不局限于顾客与服务组织内部人员之间的互动。从另一个角度则说明，服务接触是可以在没有任何人际交流的条件下发生的。尽管舒斯塔克为服务接触做出的较为宽泛的定义具有实用价值，但是在服务接触过程中真正重要的问题是：如何处理好"关键时刻"的服务互动，即处理好与顾客面对面接触的时刻。站在顾客的角度看，当顾客与服务组织内部员工、设施、环境等要素接触时，所感受的是最直接、最真实的服务体验，这种体验将直接影响顾客对服务做出评价，甚至会影响顾客以后对该项服务的满意程度；如果是购买商品，还会对购买判断做出影响。站在服务组织的角度看，每次服务接触都是组织内部为顾客提供服务价值的表现，也是组织提升服务质量和服务满意度的机会。

2. 服务接触的类别

根据接触方式不同，服务接触分为面对面服务接触、移动电话服务接触和网络智能化设备服务接触三大类。顾客可以通过其中一项或者多项联合使用等方式获取服务，并完成服务体验。

（1）**面对面服务接触**　面对面服务接触，是指顾客与服务组织内部人员面对面接触，比如到博物馆去参观，参观者跟售票员、讲解员、保安员等工作人员之间发生的面对面接触；又如租赁共享汽车时，租客在借车换车过程中，与租赁公司服务人员的面对面接触。

在面对面接触过程中，影响顾客感知服务质量的因素很多，类型复杂。不仅包括一线员工的言行举止、工作态度、着装标准和服务环境，还包括参与服务的设施设备、通信器材等因素，参与服务的各类因素都或多或少地对顾客的服务感知有所影响。

（2）**移动电话服务接触**　移动电话服务接触，是指顾客与服务组织、团体、个人通过电话媒介等移动通信的方式接触，并从中获取服务。随着科学技术日新月异，这种服务接触在日常生活中的应用更加普遍,比如,在保险公司、公共事业公司、电信公司等很多服务类型的公司,终端服务都是利用移动电话与顾客进行服务接触、沟通交流来帮助顾客解决问题。当前,无论制造行业还是服务行业,大多都以电话接触的方式对顾客进行回访、调查、咨询以及推销。比如,在共享汽车租赁过程中,用户可以通过电话咨询的方式寻找服务站点、停车场、维修厂等。移动电话服务接触过程中,顾客直接体验的是客服人员的言行态度以及应急、应变能力,因此,培养专业素养优秀的客服人员是移动电话接触服务成功的关键。

(3) **网络智能化设备服务接触** 网络智能化设备服务接触,是指顾客与组织系统之间通过网络或智能化设备接触,并获取服务的过程。例如,顾客通过手机 APP 下单直接租赁共享汽车,与汽车租赁公司接触。在网络服务接触过程中,虽然缺少了面对面接触,但并不影响顾客对服务组织的认知和评价。对服务组织而言,每一次接触都是提高顾客对组织服务质量认可的机会。在网络智能化设备服务接触过程中,顾客只能通过网络设备交流和技术服务的过程去感受服务质量,以此作为评判标准。比如在共享汽车行业,顾客通常把 APP 的实用性、软件的兼容性、查询窗口灵活性、系统设备的稳定性、网络安全,以及信息追踪能力等指标作为影响网络智能化设备服务接触的关键因素。

3. 服务接触的重要性

站在顾客的角度来看,当顾客与提供服务的组织或系统接触时,该项服务的服务接触或"服务瞬间"就能给其留下深刻的印象。这种服务印象将直接形成顾客对服务质量做出评判的标准。例如,顾客选择一家共享汽车品牌进行租车出行体验的服务接触包括注册 APP 用户、查询收费形式、了解车况性能、寻找指定停车位及还车位等。这一系列的服务接触,最终将决定该共享品牌汽车在顾客心目中的形象。

(1) **服务接触对服务营销的意义** 服务接触的形式具有多样性和不确定性,故其对营销的影响十分复杂。服务接触点将营销组合连接在一起,营销人员通过各种手段来降低顾客购买服务产品的风险,如通过有形展示来削弱服务的无形性,通过加强人员沟通来提高顾客的信任度,以智能化的配套设施来提升顾客的安全感。由于服务营销是顾客到生产地去消费,而不是将产品传递到顾客所在地,因而需要分销渠道的密切配合。服务品牌的建设是服务组织关注的焦点,它是服务可靠性最有力的保障。服务产品存在很大的季节性和不可储存性,进行服务营销时应该充分利用价格策略对客流进行调节,减少淡季、旺季的波动度,更好地利用服务设施。

服务接触既是服务生产又是服务消费的过程,它决定了营销组织的服务效果,同时让顾客体验了服务质量,因此服务行业必须重视服务接触的体验效果,才不至于一切努力付诸东流。

(2) **服务接触对管理的意义** 从一定程度上讲,服务接触决定了顾客的满意度、员工的成就感和归属感、组织的经济效益。服务接触的难易性决定了其管理的复杂性,也就决定了服务接触细节在组织管理中的重要性。服务接触是一个个微小的细节组成的系统,正是这一个个细节构成了顾客享受服务的过程,该过程则构成了服务组织提供的服务产品。把握服务接触的每一个要素、每一个瞬间,时刻关注顾客需求,做到服务拓展,才能在日趋激烈的竞争环境中树立强大的品牌效应、保持组织竞争力,从而在经济全球化的进程中获取一席之地。

共享汽车成立之初,高层管理就意识到服务接触的重要性是整个共享汽车行业成败的关键。通过垂直化管理，将员工放到了组织的最顶层，组织中的所有人都以一线员工为中心，为他们服务。正如管理大师德鲁克所说，组织存在的唯一意义就是创造顾客价值，而直接面对顾客的是组织的一线员工，一线员工能直接接触到顾客体验后的最真实感受，这些真实体验是组织前进的动力，对组织的影响举足轻重、毋庸置疑。因此，在组织管理中必定要实现员工满意。

二、服务接触的三元组合

服务的基本特征是顾客直接参与到被服务的过程之中，与服务组织机构及其工作人员发生交互作用。因此，服务接触的三个基本要素为顾客、组织及与顾客接触的员工，三者相互联系组成服务接触三角形。在服务过程中，每个参与方都试图抢得服务的主动权，以便对服务获取灵活性的需求和主动权。在服务接触三角形（三元）组合中，三要素两两之间的关系是相互矛盾、相互冲突（见图6-1）。

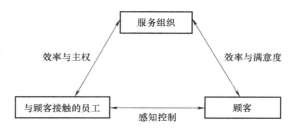

图 6-1 服务接触三元组合

由图6-1可见，顾客通过"与顾客接触的员工"接触来感受服务组织提供的服务，从而对服务组织做出评价，包括对服务效率及服务质量满意度做出评价，一般采用"满意"与"不满"两种评价方式。虽然这种评价是通过"与顾客接触的员工"获得的，但组织里的每一名员工都代表组织的形象，服务感知的结果不仅反映了组织给予内部员工的自主权，也反映了组织内部员工对组织文化的接受程度。

在服务接触过程中，与顾客直接接触的员工和顾客都希望获得服务过程的掌控权。员工希望获得掌控权，以便在服务过程中进行操作；顾客希望获得掌控权，从而在服务接触的过程来获得更多的超值服务。作为服务组织，更需要掌控服务的传递过程，常规的方法是利用特定的规章制度来限制员工的自主权和判断，这些规定必须建立在对消费需求深入了解的基础之上，否则就可能挫伤"与顾客接触的员工"的积极性和主观能动性，从而引起顾客的"不满"。理想情形是，服务接触过程中的三元素协同合作、互利互惠，从而创造出更大的价值。然而现实并非如此，更常见的是某一要素为了自己的利益而千方百计地控制服务接触的整个进程。

（1）服务组织支配型服务接触 服务组织支配和控制的服务接触的宗旨有两个：一是提高服务效率，二是实施成本领先战略。为了完成这两大目标，组织需要建立一套严格的操作规程来促使服务系统标准化、格式化。这类服务接触的缺陷主要有：

1）限制了部分员工与顾客接触时的自由能动权，因被迫执行组织的规章制度，限制了员工的能动思维，也降低了其对工作的满意度。

2）是服务格式化，既定的服务程序只能为顾客提供一些标准化的服务。这类接触在各类电商购物狂欢节里表现得淋漓尽致。通过APP界面的醒目优惠广告向顾客宣传哪些是可使用的优惠券、优惠的时间节点、哪些品牌参加活动等，即可成功完成定向引导，而且保证了服务的高效率。

（2）与顾客接触的员工支配型服务接触 与顾客接触的员工支配的服务接触需要服务

人员具有顾客所不具备的专业技能和职业素养，且能做到换位思考、常常站在顾客的角度想问题，以良好的服务品质和职业态度赢得顾客的青睐，如医务人员为病人服务等。通过现实中的例子可以看出，与顾客接触的员工一旦被赋予足够的自主权，他们就会依靠自己的职业知识和技能为顾客提供更加全面的服务，他们的职业知识和专业技能的高低将直接影响顾客对该服务组织的评价。

(3) **顾客支配型服务接触** 顾客支配型服务接触包括极端标准型服务式和定制服务型模式。极端标准型服务模式随处可见，如自助餐服务、ATM自动取款机及某些共享APP汽车租赁服务等。就共享APP汽车租赁服务而言，该项服务方便顾客完全自由地选择乘坐车辆，通过网络APP平台参与支付并给予评价。定制服务型模式，属于根据需求量身定制的一种服务类型，如一些机关事业单位因特定的需求而租车或者举行大型文艺活动包场地等服务。该项服务完全以顾客为中心，以匹配顾客的需求为目的，最大限度地满足顾客的需求。

合理且有效的服务接触应该兼顾服务三方的需要。实现这一目标的途径是：一方面，对与顾客接触的员工进行规范性培训，以增强其业务技能，提高其沟通能力；另一方面，合理运用市场调研摸清顾客的真实需求，只有供需双方对"服务质量""服务满意"达成共识，才能实现服务组织和顾客之间的双赢；最后，在共享汽车的服务过程中，车辆本身的性能、配套设施是否完善、APP使用是否顺畅等也是服务质量的关键。

三、服务接触交互概述

1. 服务交互的定义

服务交互实质是服务过程中顾客与服务组织内部人员的接触。具体而言，服务交互是指顾客与服务人员进行接触且得到相关服务质量印象的具体时间和过程。

需特别指出的是，共享汽车服务交互的内容更广泛些，可分为人与人交互、人机交互及人车交互。人与人之间的交互贯穿于整个租赁过程中。人机交互主要发生在用户需要通过APP来实现租赁车辆的目的的过程。人车交互主要体现在租车、开车、还车、车辆维修等过程中。在服务交互过程中，管理人员需要牢记，顾客无论与组织中的人还是设备接触，对服务的印象均来自服务组织。相对应的是，当顾客受到不公正对待时，他不会认为这是服务人员的过错，而会认为是服务组织纵容自己的员工粗鲁地对待顾客。当顾客租赁到一辆又脏又乱的共享汽车时，他并不会鄙视上一位顾客的素质，也不会抱怨汽车维护人员工作不到位，而是会责怪汽车公司不注重细节。总而言之，顾客一般会将不满意的服务归咎于公司的组织能力不强。

2. 服务交互的性质

顾客与服务人员交互既是服务接触，也是人际交往的一种形式，具有如下特点：

(1) **服务交互具有目的性** 顾客与服务人员的交往并非偶然，是双方有目的的接触。出于商业目的，服务者为顾客提供服务，这是服务提供者的初心。对服务提供者而言，服务交互是日常工作的一部分，只有完成相应的工作才能获取报酬，赚取经济利润。因此，对服务人员来说，服务交互只是一项重复性、机械性的"工作"，难以考虑每位顾客的不同需求。顾客是出于满足自己需求的目的而与服务人员打交道。由于双方在交互时的目的不同，因此对服务的具体操作和评价上也会有不尽相同的描述，但服务交互应该是对双方都有利的，双方均能达到各自的目的。

（2）服务交互属于陌生人交往　顾客与服务人员的交互通常是陌生人之间的交往，人们通常不愿意跟陌生人交往。但在特定需求驱动下的服务环境中，顾客会主动接触陌生的服务人员，服务人员也会主动寻找更多的顾客。同熟人交往相比，陌生人之间的交往会有很多的障碍和不确定因素，即所谓的风险，但是在某些时候，陌生人之间的交往却更加自由、自在与自信。在陌生的交互环境中，顾客和服务提供者互不相识，但在各自需求的驱动下能很快通过相互介绍变得熟悉。例如，在顾客拨打共享汽车客服热线时，在日常停车过程中，与停车场工作人员进行沟通时等，都不会产生长期结果。但是，也有很多服务交互不仅需要正规的介绍，还需要更多的信息、更长的时间才能建立彼此间的信任，而且通常是由顾客给予更多的信息。例如，租赁车辆在半路无法正常起动，顾客需要告知客服人员自己的个人信息，取车时有无异常，驾驶时有无违规操作，车内其他设施有无故障反应，是否需要更换车辆或等待救援等。通过一系列的服务交往，双方能够达到短暂亲近。

（3）服务交互范围具有局限性　服务交互的范围跟服务交流的范围不同，服务交流在什么地方都可以，而服务交互范围受服务性质和服务内容的限制，具有固定性和局限性。在非正式服务环境中，即离开服务的其他环境中，顾客与服务人员之间的交流可以与服务内容无关。具体而言，顾客与服务提供者之间交流的范围，取决于服务任务的性质和技术。在共享汽车使用过程中，关于押金迟迟不退、还车不方便、事故责任划分等问题，服务提供者都不会主动提及。当然，服务是带着目的性的，与服务工作相关的信息交流占绝大部分。在有些情况下，二者可能很难分离。

3. 从不同角度理解服务交互

（1）社会交往过程　服务交互是社会交往的一种方式，当顾客与服务人员接触，便形成了人与人之间的交往，参与服务的双方必须按照社会习俗行事，适当的问候、礼貌用语都是服务双方应该具备的基本素养。在服务的过程中，服务双方会适当聊天，包括一些简单的问候，如天气状况、体育赛事及共同的喜好等，但谈论更多的还是服务相关的内容。各个行业在社会交往方面都有特定的服务标准，所有的顾客都应该遵守相同的准则，同时服务组织应该对所服务的顾客提供统一服务。

（2）经济交往过程　一般而言，除社会公益之外的商业服务都是有偿服务，商业服务追求的是经济利益最大化，一个服务组织以提供劳动力、技术、技能或信息的形式来满足顾客的需求或者使其获得物质上的利益；顾客也以相当的货币或者一般等价物作为回报。商业服务互动的本质是一种经济活动，在其中，顾客和服务组织的资源互相交换。从经济方面而言，服务组织用劳动、技术、信息、场地、设备等满足顾客的需求，解决顾客的问题；另一方面，顾客付出相应的回报，如时间、金钱、劳动等资源，作为相应的报酬。

（3）资源转化过程　服务机构为了满足顾客的需求，需要不断地配置其资源，包括劳动力、技术、信息和设备器材。服务是再生产的过程，是服务机构将其资源转化为顾客权益的过程，在这个过程中，服务机构提供绝大多数资源，顾客也参与其中，将自身的劳动力、信息、时间、技术等资源进行再整合。顾客到组织申请服务的目的必然是为了特定的需求。例如，共享汽车为了得到更多的用户，全力打造便捷式APP，投放相关广告、引导用户下载并使用，通过资源重组的方式，将劳动、技术、信息、场地、设备等资源重新组合，创造出顾客预期的结果。因此，服务交互是一个再生产过程，最终，**各种资源转变为顾客满意度或转为顾客资产**。

（4）契约关系　服务的具体内容是相互约定的，服务的双方通过相互约定，最终形成服务条款，因此服务也可以认为是一种契约关系。通过签订服务合同，顾客雇用服务组织为自己完成特定工作。在合同中明确各项权利与义务，并授权服务组织在合约范围内为他做事和决策或者对其资产做出相应的处置。因此，双方在一种严密的合约下行动。例如，设计师在业主同意的条件下按照合同的要求为业主进行工程设计。在设计的过程中，设计师可能根据自己的经验和审美设计出独特的、符合业主需求的工程图纸，其实这些独特的设计是在业主授权范围内进行的，并被认为是对业主的最好选择。服务是顾客雇用服务机构按照自己的意愿提供服务，通过契约，顾客授权给服务机构，让其代理行使某种权利，服务组织要尽相当权益的义务。服务交互的双方都应该在合同规定的范围内行使相应的权利和履行相应的义务。

（5）准雇佣现象　有些服务要求用户积极参与配合。例如，用户租赁共享汽车时，会要求按时按点完成车辆归还；发生故障时，要等待救援人员共同完成事故处理；车辆少油、没电时，用户需要去加油、充电等。在这类活动中，用户提供了必要的劳力，也就是说顾客暂时受雇于服务机构，很显然，这不是单一的雇佣，这种雇佣是相互的，即顾客雇佣了租赁公司，同时租赁公司也雇佣了顾客，这种相互的雇佣通常对双方都有利。首先，对服务组织而言节省了劳动力成本；其次对顾客而言，能得到一部分优惠券，减少了租车成本。因此，可以认为顾客付出必要劳动而得到服务组织给予的"报酬"。同时，顾客的口碑效应远远大于广告效果，因此顾客不仅在生产过程是"兼职员工"，还同时是服务机构的"兼职营销员"。

4. 服务交互影响要素

服务交互是顾客与服务人员之间有目的的接触，是人际交往的一种特殊形式。在这一点上，所有的服务是相同的。但是，不同的服务需求在不同的服务环境中，顾客对服务人员的角色期望不尽相同。很显然，服务内容的差异是决定服务交互差别的一个重要因素，但也有例外，因为顾客的服务需求在不同的阶段会有变动，同时也受个人情感意志等的影响。例如，顾客对不同的出门旅行的方式有不同的期望，但出行的方式又受顾客的时间是否充裕，以及原本期望的交通工具是否充裕等因素的影响。因此，我们可以把看似领域不同的服务类型看成相同要素的同类服务加以研究。

（1）顾客对服务特点的感觉　顾客对服务的期望受多因素共同影响，主要有消费目的、消费动机、消费代价、服务结果、服务重要性、服务参与程度、可逆性、购买风险等因素（见表6-1）。为了享乐目的的期望就高于为了实用而消费的期望，其他因素同理。消费代价的大小出于顾客的直观感受，一般以费用作为衡量标准，顾客消费某种服务所支付的费用会影响其期望，费用越高，期望就越大。许多服务并无事先试用，不具备可逆性，顾客对不可逆的服务结果会有一些担忧，因此也会影响服务期望，一般情况是不可逆服务比可逆服务期望高。消费服务具有风险性，特别是一些既无形又无质量的服务，顾客会感觉这类服务的风险比较大，其实风险性较大的服务一般不具备可逆性。

（2）服务者特点　服务者是服务的直接参与者，对服务交互的影响因素较多，主要由服务人员自身的能力因素决定，包括服务人员的业务能力、专业技能、工作态度和情感控制等因素。业务能力、专业技能主要通过岗前培训、专业知识培训、业务技能培训以及师傅带徒弟等方式获取，一般以培训合格证书和从业资格证书作为认证条件。工作态度与情感因素则受服务者的人生观、价值观及生活态度控制。

表 6-1 顾客对服务特点的感觉

服务特点	顾客感觉期望连续区域(高→低)	服务特点	顾客感觉期望连续区域(高→低)
消费目的	享乐→实用	顾客参与度	参与→旁观
消费动机	选购品→必需品	消费代价	大→小
服务结果	增利→减弊	可逆性	困难→容易
服务重要性	重要→次要	购买风险	巨大→极小

（3）**服务生产实现** 生产实现即服务的最终结果，顾客通过对比生产实现，对不同的服务做出评选，最终选出理想的服务类型。生产实现的影响因素较多，如受时间、技术、地点、服务内容、模式化程度等因素影响。

1）时间因素。消费频率和平均消费时间对生产实现都有重要影响。经常消费与偶尔消费相比，经常消费的生产实现更为稳定；快速消费与长时间消费相比，长时间消费更为稳定。例如，经常性客户，即所谓的老客户，比偶然出现的顾客更为可靠。

2）技术因素。服务交互过程中采用的技术是影响生产实现的重要因素。科学技术日新月异，新的科学技术催生新的服务方式，服务组织必须跟上时代的步伐。例如，共享汽车以互联网租车方式取代站点租车方式，以互联网零售方式取代实体店销售方式。由此可见，服务企业应与时俱进，不断提高服务水平。

3）地点因素。服务地点是影响生产实现的重要因素，对顾客来说，上门服务与到店服务会有不同的服务体验。共享汽车主要是对停靠点有要求，要按照规定地点还车。在使用共享汽车的过程中，如果还车点正好是在顾客途经范围内，且驾驶体验良好，就易转化为稳定客户。

4）服务内容。服务内容主要包括物质方面的和精神方面的。物质方面的内容是具体的、实际存在的物质，精神方面是抽象的但又是不可或缺的部分，二者相辅相成，共同构成生产实现的成果。例如，共享汽车层面的物质方面，主要指车辆外观完好无损、制动性能安全可靠等；精神方面主要是指在解答用户问题时要有耐心，能够提供专业化服务。

5）服务复杂性。服务复杂性对服务生产实现影响较大，复杂的服务往往需要更多的资源投入，服务的时间较长，且服务过程中存在很多不可控因素。复杂的服务既涉及体力劳动，又涉及脑力劳动，往往是二者结合、穿插其中。例如，共享汽车服务过程中就涉及APP 租车以及提车、停车、还车等多项作业。

6）模式化程度。模式化程度指服务的规范化、标准化或程序化，即一项服务根本不需要太多的创新，外界环境的变化对它影响甚微，甚至只需要根据既有的模板照搬即可完成。例如，共享汽车发展到一定阶段就会形成比较标准化和程序化的服务程度，用户的体验更直观，体验结果也更容易表达。

7）消费人数。消费人数是生产实现中的不可控因素，一般而言，服务型企业希望消费人数更多，从而提高经济效益；而对顾客而言，在同一时段内也希望有更多的消费人数，从而共同分担经济成本。同一时间段内，消费人数对生产实现的结果会有较大影响。例如，共享汽车属于多人合用一辆车，通过就近的停车点预订出行，手续简便，这种出行方式比较省钱且环保。

5. 服务互动的类型

（1）**顾客与服务系统的互动**

1）顾客与客服友好互动。顾客与客服之间的友好互动实际上是一种人际交往。友好型互动需要互动双方在交往的过程中相互尊重，服务虽然带有强烈的商业特性，但也是资源再整合、再加工的工程，只有服务的双方相互配合、相互尊重，积极有效地沟通，方能使服务成果达到最佳。顾客是服务的出资人，也是服务受理人，对服务生产有协作义务，顾客应友好地对待服务者，方能为双方留下美好的印象，有利于提升服务体验，为消费增值，且对以后的合作也大为有利。

2）顾客与车辆友好互动。顾客与车辆的友好互动是典型的人与智能设备互动的一种，车可以看作是智能性的设备，人与车的互动具有持续性的效果。车辆的安全性能、驾驶性能、娱乐性能及智能性能等，对顾客的体验具有积极作用，顾客体验越好，就会越爱惜车辆，因此良好的车辆性能对顾客和车辆都具有积极作用。有时，人车互动不和谐是因为车辆处于故障状态，顾客使用不畅，也没有积极补救措施，容易导致服务交互不满意，容易形成不友好型互动。总之，任何不友好互动，对顾客和服务企业都会或多或少产生不良影响。

3）顾客与APP友好互动。顾客使用APP的过程很流畅、很友好，就会更愿意进行线上体验并对线下体验充满期待。对于友好的顾客，在管理与控制过程中更可控，也更利于解决问题。因此，服务组织要重视对APP稳定度的测试，还要不断地升级、更新系统，以适应与顾客间的友好互动。

（2）顾客与顾客间的互动　在服务交互过程中，顾客不只和服务组织内部成员有接触，同时与接受服务的其他顾客之间也会有接触。

1）顾客间的正面互动。顾客之间有着共同的服务期望，因此顾客之间往往更容易坦诚相待、相互交流。在商业时代，最好的广告不是明星夸张的吹捧，而是顾客之间的口口相传。因为人们更愿意相信亲朋好友享受过某项服务后得出的真实体验，这种体验是真实而具体的，也容易观察到，这便是最好的广告。顾客之间正面的互动是对企业服务最好的认可，有利于增强企业信心，促进企业投入更多资源开发潜在市场，为更多的顾客服务。因此，企业要做好品牌，促进顾客互相正面影响，使顾客成为企业的代言人和推销员，自觉地为企业宣传。例如，共享汽车公司免费为顾客组织一些活动，促使他们友好地沟通交流，从而最终为公司的销售服务。

2）顾客间的负面互动。顾客间也会有负面的影响。例如，人流聚集地停车点的共享汽车过少，导致顾客排队取车，长时间的等待和排队会使顾客烦躁。如果再有个别顾客插队，就会使其他顾客情绪爆发，服务体验肯定就会很差。因此，服务组织应该积累相关经验，学会对不遵守规则的顾客说"不"，并且应该将其拉入"黑名单"，拒绝为其服务，从而消除和避免顾客间的负面互动。

四、服务交互管理

1. 服务交互管理的对象

服务交互主要由四个要素组成：顾客、服务人员、服务提供系统和有形展示。

（1）顾客　顾客是服务交互系统中最主要的元素。顾客是服务交互的发起人，也是服务交互成果的承受人，服务交互的最终结果以顾客满意为准；同时，顾客的服务体验直接决定下次是否还会选择该服务组织。因此，服务组织应当组织一切有利资源为顾客做好服务。然而，在现实中很多服务组织做得不尽如人意，有的甚至连最起码的服务于人和作用于人都做不到。其中原因包括如下几点：

1）服务组织员工素质参差不齐。
2）服务组织规章制度不完善。
3）服务组织管理松懈。
4）服务组织创新意识不强。
5）服务组织领导不力、管理层混乱。

服务组织的这些弊端正好被"身临其境"的顾客感受到，从而使其暴露出来。因此，服务组织应该加强自身建设，正所谓打铁还得自身硬，只有服务组织能力强了才能更好地为顾客服务。

（2）**服务人员** 服务人员是服务组织中直接跟顾客接触的那些人，他们是服务交互的重要组成部分。作为中间人，他们身处顾客和服务组织之间，既为顾客服务，又为服务组织服务，他们寄希望于得到顾客和同事的尊重，也希望得到组织领导的青睐，既想获取经济报酬，又想获取人际圈子。为了完成组织交代的任务，他们必须拥有过硬的业务技能，还要懂得相关服务礼仪。但是，这对于成功的服务交互仍然是不够的。

在组织系统中，服务人员不仅代表个人，还代表组织的形象。服务人员是服务设备的使用者和维修者，是组织系统正常运行的重要保证。正因如此，其言行举止经常被顾客认为是组织的决策。顾客希望服务人员是服务过程中最好的合作伙伴，能最大限度地为顾客谋利。一旦签订服务合同，顾客就将毫无顾虑地将自己或名下一些资产全权委托给服务组织，由服务组织指定服务人员代为处理。有时候，服务人员这种双重的角色定位经常困扰他们，尤其当顾客的利益与服务组织的规章制度发生冲突时，服务人员便成了中间调节人，调节得好，大家相安无事；调节不好，位置尴尬。例如，在服务人员与接车人员对接过程中发现车况不适合长途驾驶时，出于服务道德，服务人员必须向顾客说明情况，同时还要留住顾客，避免企业经济受损。因此，服务人员必须有能力和技巧留住顾客，消除他们的疑虑，使顾客安心接受服务。这就要求服务人员会得更多，做得更多。

（3）**服务提供系统** 服务提供系统是一个复杂的概念，不同行业的服务系统的组成要素不同，一般而言，服务系统的组成包括硬件方面的设施设备和软件方面的设施设备。硬件方面主要包括：工程设备、机械设备、通信设备、交通设备等仪器；软件方面主要包括：各类APP、组织目标、规章制度、思想文化、战略决策、营销手段等。服务系统中对服务交互过程影响最大的实质是看得见的部分，因为直观明了，顾客一眼就能看懂，无须烧脑，既省时又省力。这一部分也可称为可视部分（the line of visibility）或前台部分，现俗称服务终端或APP软件。这部分设计要以人为本，从顾客的角度出发，充分考虑顾客的使用感受。同时，后台系统的设计，要更好地支持前台服务系统，二者相互联系、相互依存，共同构成整个服务系统。

（4）**有形展示** 有形展示指服务组织给顾客所能看到的全部事物。有的有形展示是顾客参与服务才能看得到的；而有的有形展示，顾客不参与服务也能看得到，如服务组织的商标、建筑物是否美观、工作人员的个人形象及服务态度、停车场、建筑物周边情况等。顾客参与服务所看到的有形展示将直接形成顾客的服务体验，而后台设施设备不属于这个范畴，因为顾客看不见，并且也没有必要看见。

有形展示对服务交互的结果影响很大，因为视觉感官对人的影响很大。例如，在服装销售行业，特别是女性服装销售方面，漂亮、有个性的服装更容易获得女性顾客的青睐。因此、服务组织应该用心做好有形展示方面的工作，或许它将直接决定服务交互成功与否。

2. 服务交互结果的评价

服务评价是服务实现后的反馈，无论顾客、服务人员还是服务组织，最终都会对服务结果做出评价。顾客的评价是基于服务体验，服务人员的评价是基于自我价值的实现，服务组织评价是基于组织的生存发展。虽然三者基于的立场不同，但各方都希望服务是优质的（见图6-2）。

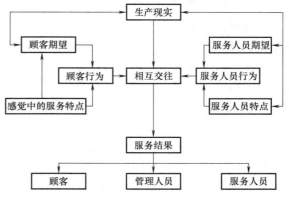

图6-2 服务交互模式

（1）**组织评估** 组织评估，即服务组织的高层管理人员对服务交互的评估，高层管理人员关心的是顾客服务体验结果对组织的影响，是否有利于组织的生存和发展。高层管理人员希望服务交互的结果能使顾客满意，能吸引顾客反复购买该服务产品，并为组织的服务口碑做正面宣传；同时还希望通过顾客的正面反馈激励组织的员工，留住优秀的人才。

（2）**顾客评估** 顾客对服务交互的评价实质是顾客对服务的满意度，而满意度源于服务的最终质量，包括过程质量和结果质量。过程质量指服务过程中服务组织、服务人员的表现以及服务设备的体验情况，结果质量指服务的最终结果是否达到了顾客的期望。

分析顾客评价应从以下几点着手。

1）功能性服务质量最重要。功能性服务质量指服务的物质部分，如果服务人员只是相互交谈，而未做实质性的服务，顾客就会感觉该组织或服务人员不能给自己提供实质性的帮助，那么顾客显然是不会对服务满意的。物质决定意识，做好功能性服务是组织存亡的关键。

2）服务人员应该重视交往过程的满意度，虽然它不能完全替代功能性满意度，但有的时候能使顾客原谅一些细小的非功能性的服务失误，有利于双方消除隔阂、增进交流。

3）顾客满意度容易受小礼品等影响，而常常忽略技术层面的东西，因此服务人员要充分利用顾客的这个特性，广泛地推销组织服务。

（3）**服务人员评估** 服务人员的评估包括两个方面：一是评估工作的完成情况和完成质量，二是自己与顾客交互时的表现。工作的完成情况和完成质量直接影响自己的收入和组织领导对自己的看法；交互过程中自己的表现情况则影响自己对工作的看法，包括对工作是否有信心，是否热爱这份工作，是否要努力工作不断提高自己的业务水平。

第二节 顾客满意度管理

随着经济全球化不断加强，市场竞争日趋激烈。对消费者青睐市场的有效研究已成为各行各业关注的焦点。用户青睐共享汽车，出行更愿意选择共享汽车，是其能够长期发展的动力。如今，共享汽车正在着力于提升服务，如客服咨询、车辆清洁、车辆维护等。服务组织需要掌握线下管理、运营、互联网、流量等多项能力，只有这样才能给用户带来便捷的体验。因此，服务组织有必要建立一套衡量顾客满意度的标准，建立量化的标准体系，供顾客在服务体验过程中填写，从而了解顾客对服务是否满意。

一、顾客满意度的含义

从管理的角度出发，服务质量指服务的特性与组织规章制度和组织目标的符合程度，这种服务质量以经营为导向，主要关注生产率、成本率和利润率，其追求的效果是以最小的成本付出获得最大的利润价值；站在服务人员的角度看，服务质量意味着服务效果达到或超过某一预期指标，其指标反映在接受服务顾客的满意方面。顾客满意度实际上是一个比较值，当顾客感知的服务水平低于预期时，满意度就会低；当顾客感知的服务水平与预期相当时，即表现为满意；当顾客感知的服务水平高于预期时，就达到了超高满意度，此时，顾客会更相信服务者，服务关系因而更加巩固。

1. 顾客满意战略的定义

顾客满意（customer satisfaction）简称 CS，顾客满意战略即 CS 战略。CS 战略的核心思想是：当服务交互的实际效果达到顾客预期值时，顾客就满意，否则顾客就不满意。一切经营活动都要以顾客的满意度为基础。以提供顾客满意的服务产品为目标，使顾客认可服务组织的战略，愿意服务消费，组织因而取得良好的口碑，拥有好的外部环境。

(1) 横向层面上的顾客满意战略　在横向层面上，顾客满意战略包括：组织、行为、视听、有形产品和服务五个方面的内容。

1) 组织满意。即组织的管理架构、经营理念、服务态度带给顾客的满意程度，包括经营理念满意、管理理念满意和组织观念价值观满意等。

2) 行为满意。即组织全员的行为规范带给顾客的满意程度，包括工作机制满意、工作方式满意和行为态度满意等。

3) 视听满意。即顾客能看到的或听到的关于组织形象的事物给顾客的满意程度，包括组织广告、宣传品、商标、建筑物、周围环境满意等。

4) 有形产品满意。即组织的实物产品带给顾客的满意程度，包括产品质量满意、产品保质期满意、包装设计满意、产品原材料满意、产品定位满意和产品性价比满意等。

5) 服务满意。这里关于服务的概念是狭义的，专指组织成员提供给顾客的服务。服务满意包括服务态度、文明礼貌、服务绩效、质量保证体系、成本保证体系、服务环境、情景模式等方面满意。

(2) 纵向层面上的顾客满意战略　纵向层面上的满意战略，即宏观层面上的满意战略，主要有三个层次，三者间是层层递进的关系。

1) 效用满意层次。效用满意，字面上的意思指：使用的效果、使用效率、性价比等情况的满意。主要指顾客对服务的一些属性方面的满意程度，包括产品、质量、服务等方面的满意度。

2) 感受满意层次。感受满意属于精神层面的满意：主要指顾客对组织服务精神层面的满意，包括组织的形式层和外延层方面的内容以及组织形象、产品形象、售后服务等。

3) 社会满意层次。社会满意是服务满意的最高层次，即顾客从社会利益出发对组织服务的满意程度，如遵守社会公德、职业道德、保护环境、维护社会治安、遵纪守法，以及包括道德、政治等方面的内容。

2. 顾客满意度的生成要素

在市场经济条件下，顾客的满意度产生于服务的各个环节，具体包括组织文化、组织营销、服务以及后台支持四个要素，它们的关系如图 6-3 所示。

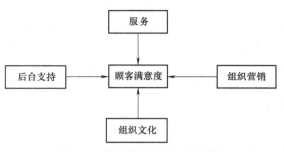

图 6-3　顾客满意度的生成因素

（1）服务　服务是一个笼统的概念，包括具体的服务过程和服务质量，也包括服务的准备过程，如服务设计和信息沟通。

1）服务设计。服务设计是服务的准备过程，组织接到顾客的服务需求后，首要的工作就是为顾客量身定制一套服务内容，这是服务能否取得成功的关键。好的服务设计是顺利开展服务的开端，因为在服务设计的时候已经考虑到了服务产品应该是怎样的，服务该怎么进行下去，顾客的反馈信息如何接收，以及如何应对突发状况等。

2）信息沟通。信息沟通涉及服务的各个环节。首先在顾客咨询阶段，服务人员可以了解顾客的需求并向顾客展示组织形象和服务能力，说服顾客接受组织服务。其次在服务设计阶段，可以深入了解顾客的服务需求，以便设计出更贴合顾客需求的服务产品。在服务阶段，合理的信息沟通有助于顾客愉快地接受服务，提高顾客服务体验质量。最后在反馈阶段，良好的信息沟通有利于解决顾客的困惑和遗留问题，促进服务合作圆满完成。

3）服务过程。服务过程是指具体的服务阶段，对顾客满意度有巨大影响。准确控制服务过程的每一个细节，做到仔细、认真、准确，有利于服务质量的提升，组织以此建立强大的品牌形象，形成优势服务。

（2）组织营销　营销活动是指组织成员向顾客推销服务产品的过程。顾客在购买服务产品之前对所需要的服务已经有了初步的想法，包括期望和目的，这也是我们常说的"顾客期望"。但顾客心中的想法此刻并不成熟，这正是服务组织推销服务产品的最好机会。组织需要派出推销人员与顾客沟通交流，目的是成功地将组织服务产品推销给顾客。在营销过程中，组织应做好以下几方面的工作：

1）信息的掌握和推送。信息的掌握指推销人员不仅要掌握本组织的服务信息，还要掌握同行业的其他信息，做到知己知彼，这是因为掌握服务信息是成功推销的基础。信息的推送指服务组织或者推销人员把服务信息传递给顾客。通过推销人员的解说和大量信息的影响，使顾客形成服务期望，最终认可组织提供的服务。这些信息包括：产品、价格、质量、销售活动、销售折扣、保质期、维修期、信息反馈渠道、生产地址、销售渠道，以及广告等内容。信息的传送方式主要包括：广告、宣传册、贴简报，以及推销员一对一的推销服务等。

2）服务人员态度端正。态度指服务人员的工作状态和情绪。顾客都喜欢和态度好的服务员打交道，有些组织的服务产品定价较同行其他组织要高，但丝毫不影响其销售业绩，原因之一就是其员工服务态度好。

3）服务人员行为得体。行为指服务人员的行动、动作。服务人员的行为对销售的影响也很明显，服务人员的行为主要表现在，该做的事情是否做了或者是否积极做了，严禁做的是否遵守了，也即服务人员的行为是否符合国家、行业、企业的规章制度。

4）有可靠的中间商。许多服务组织通过中间商销售自己的服务承诺。比如，物流企业只负责货物的仓储运输，而不负责货物的销售，而物流快慢直接影响顾客的满意度，从而影响其对货物厂商的评价。又如在共享汽车行业，中间商涵盖的范围较大，包括各大车企、金融机构、广告商以及其他组织。由此可见，组织应该选择可靠的中间商作为盟友，必要的时候强调交流和加强培训等工作，旨在使中间商充分理解组织服务宗旨，更好地为顾客服务。

（3）后台支持　后台服务是服务的后勤部队，它是市场经济发展的历史产物，随着顾客满意度概念深入人心，从而有所发展。由原有的对服务的统筹安排、对员工的监督激励，扩展到对服务信息的整合分析、对顾客建议和意见的反馈、对服务质量提高的设计和规划，以及对促销、分销、有形展示等营销活动的战略性安排等。总体而言，后勤支持性工作可分为两类：支持性服务和顾客反馈服务。

1）支持性服务。支持性服务犹如建筑的支柱、梁，尽管我们看不到它们，但它们不可谓不重要。在服务行业，支持性工作包括对员工的激励和培训、服务信息的收集和整理、服务系统的维护和保养、非服务性质的调研和采购，以及组织的规章制度、标准规范等内容。例如，制定广告、系统调试、设备设施维修服务，虽然这些后勤工作不直接构成服务质量，但服务质量的形成却离不开这些后勤工作的支撑。

2）顾客反馈服务。顾客反馈服务，即对顾客反馈的服务信息进行处理和解答。例如，在服务的过程中，经常会有顾客提问这一步该怎么做，下一步该怎么做，账款还没到账，设备损坏、设备调试不出来等问题。这些看似无关紧要的工作，对顾客的满意度往往有着直接的影响。服务得好，有亡羊补牢、为时未晚的效果；如果组织视而不见，或者不作为，再或者处理不当，就将影响组织的声誉。

（4）组织文化　文化是组织的血脉，不可谓不重要。员工加入某组织，往往是因为该组织的文化吸引了他，顾客选择某一组织的服务，往往也是因为该组织拥有强大的文化吸引力。组织文化包括组织的价值观、世界观、经营目标、工作方式、福利体系以及对员工的态度。组织文化拥有强大的吸引力，比如某某"百年品牌"企业提供的服务往往更受顾客青睐，因为顾客认同该企业的产品质量和文化价值。组织文化具体又可以分为两类：规范性组织文化和非规范性组织文化，它们对顾客的满意度有重要影响。

1）规范性组织文化。规范性组织文化指组织以规范的方式形成的文化，如工作计划、方针、政策、考勤方式、奖励机制、惩罚机制、组织机构、领导机制等。这些规范性文化是组织架构的基础，对组织的日常生活具有指导作用。

2）非规范性组织文化。非规范性的组织文化是组织文化的重要组成部分，也指组织潜在文化，如领导威信、团队成员之间的关系和谐程度、组织声誉、外界对组织的评价等。从长远看，这些非规范性的组织文化才是组织生存和发展的动力。

任何一个组织实施满意度的战略都应做到以下两个方面：

第一，加强组织文化建设，让员工有归属感和自豪感。

第二，重视顾客需求，建立以 CS 为导向的服务架构，赋予员工更多自由决定权，保证组织内部沟通渠道畅通，创造良好的工作氛围。

顾客满意度的四个生产要素之间并不是相互独立、孤军作战，而是相互联系、相互渗透，在服务的某个阶段经常是几个要素共同参与，共同构成顾客满意度。

二、顾客满意度衡量

1. 提高服务满意度的意义

以顾客为中心,将顾客满意度作为指导的经营方针,是服务行业比较流行的销售策略,即将顾客视为上帝。据调查显示,维持一个老顾客的成本只占了开拓一个新顾客成本的 1/5。以顾客满意度为导向的经营方针迫使组织深入研究顾客的需求,同时给组织带来了一场深刻的认识论革命。提供顾客满意度越高的服务,越能提高顾客的忠诚度,忠实的顾客是组织重要的经济支柱。持续改善顾客的满意度,把新客户变为老顾客,将老顾客变为忠实的粉丝,这样企业才能实现长久的盈利。共享汽车行业也是如此,把握准顾客满意度这个方向,不断把新顾客发展成为忠实的老顾客,是共享出行发展过程中重要的一步。

(1) **利润链** 组织的利润来源于顾客,组织跟顾客之间必然有一条内在的联系,这个联系就是利润链。利润链辨明组织盈利能力的强弱主要源于忠诚顾客数量的多少;忠诚顾客的数量是由顾客满意度决定的;顾客满意度由顾客接受服务的交互感觉决定,交互感觉最终要由服务人员的工作效率、服务质量、服务态度、技术条件来创造;而员工的一切工作态度、工作质量等又取决于组织给予的回报。由此可以看出利润链实质是顾客、员工和组织相互循环的关系链,三者一荣俱荣、一损俱损。

(2) **顾客的价值在于与组织保持长期关系的终身价值** 在现代竞争环境下,服务性组织与顾客保持长期关系,才是不断地提高经济收益的主要途径。据不完全统计,我国有 370 多家企业注册了共享汽车,实际运营的企业数量也超过了 100 家。而据一份数据表明,在排名前 10 位的共享汽车 APP 中,除了前两名活跃用户遥遥领先外,其余 APP 活跃人数基本在 10 万或以下数量徘徊。由此可见,无论从资本分配还是从市场的供需关系上看,"狼多肉少"都已成为既定事实,因此服务组织应该充分理解忠实顾客的巨大价值,尽力提供优质服务,将更多的顾客发展成为忠实顾客,保持长久的合作关系。

(3) **忠诚顾客给予组织的利益**

1) 忠诚顾客群是组织最重要的资产之一。忠诚顾客也是长期合作的顾客,他们订单频繁且稳定,并且服务成本较新顾客低,是企业收入的稳定来源。美国《哈佛商业评论》表明:经常光顾的顾客比偶然光顾的顾客可多为组织带来 20%~80% 的收益,如果一个组织能多保留 5% 的顾客,这个组织的利润就可能成倍增长。因此,组织在经营的过程中应做好顾客细分,做到服务好老顾客的同时留住新顾客,或许会给组织带来意想不到的经济收入。

2) 忠诚顾客受价格影响较小。组织和顾客之间的忠诚度不是一朝一夕建立的,双方都珍惜彼此的忠诚。在市场经济条件下,价格波动是正常的经济现象,对服务组织而言,对待忠诚的顾客是不会随便改变价格的,除非生产成本发生巨大改变,忠实的顾客是能理解组织的这点难处的,因此忠诚的顾客不会因价格有波动就轻易转投其他竞争者。

3) 忠诚顾客保持对组织的感情。忠诚顾客对服务组织充满无比的信任,除了自己购买组织的服务外,还常给身边的朋友推荐,不停地给组织带来新客户,降低了组织吸收新客户的成本。在共享汽车行业也是如此,通常教会新顾客用 APP 软件租车的人并不是共享汽车的服务人员,而是老顾客。顾客主观上也愿意跟服务组织建立良好的关系,甚至想成为关系户,以便获取更多的优惠并优先了解到服务信息。

4) 忠诚顾客是组织竞争的核心。理论上讲,市场上同行业的企业越多,每个企业分得的顾客就越少,但实际上并非如此。市场上通常存在寡头企业,它们拥有绝大部分的顾客,而很多小型企业只拥有较少的顾客,这说明忠实顾客是组织的核心竞争力,谁有更多的忠实顾客,其他竞争对手就很难通过低价或者诱导手段打入该市场或增加市场份额。

顾客的忠诚除了带来外部效应外,对组织内而言也有巨大影响,顾客的忠诚能增进组织内部员工的凝聚力和自豪感,进而提高员工的工作积极性;组织的高层领导得到员工的支持后,也会提高员工的待遇,从而留住更多优秀的人才为组织服务。

反过来,员工的忠诚可以更好地为顾客服务,从而进一步增强组织与顾客的关系,如此形成一个良性循环,最终实现服务交互各方的利益共同提升。

2. 顾客满意度模型

自20世纪80年代来,西方市场逐渐开始关注顾客满意度,为了科学地了解顾客满意度的影响因素,一些学者开始尝试构建顾客满意评价体系,并不断进行调试。20世纪90年代初,美国某著名大学商学院质量研究中心的费耐尔博士对此进行了深入研究,并提出了费耐尔逻辑模型。该模型把产品质量、顾客期望、购买后的服务感知、产品价格等各方面影响因素按照计量学的方法建立逻辑模型,该模型以数学运算为主,同时结合顾客服务的心理感知,最后利用最小二乘法求解所得出的指数,即所谓的顾客满意指标(customer satisfaction index,CSI)。费耐尔博士的研究成果是迄今为止最为成熟且运用最为广泛的顾客满意度指数理论。

自1990年美国政府制定出ACSI(美国顾客满意度指标)后,一些国家经济学领域的学者、专家也开始逐渐重视对ACSI的研究,并不断加以完善。目前,许多发达国家已经制定了比较完备的"顾客满意度"指标体系,从国家层面对顾客的满意情况进行评估和追踪。随着顾客满意度指标被普遍认可,对顾客满意度的研究已经不局限于微观经济学方面,研究内容开始涵盖顾客的满意度对组织生产的影响,以及宏观经济学方面的对国民生产、国民消费水平的影响。在很多国家,顾客满意度指标、同GDP(国内生产总值)、IOP(投入产出指数)、恩格尔系数等指标一样,是衡量国民经济水平的重要指标。

ACSI模型理论本质基于顾客购买前对产品的期望和在购买过程中及购买后对产品和服务感受的共同体,这个共同体即顾客的满意程度,这种满意程度只有低或高两种结果:低就会导致顾客抱怨,高就会使顾客忠诚。ACSI评价模型是一种基于多重指标(问题)支持的6种潜在变量(概念)组成的模型,如图6-4所示。

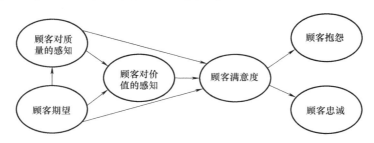

图 6-4 ACSI 模型

由图6-4可知,图中共有6个变量,其中自变量有3个:顾客期望、顾客对质量的感知和顾客对价值的感知;因变量有1个:顾客满意度;结果变量有2个:顾客抱怨和顾客忠诚。各个变量之间相互影响,其内在的逻辑是:自变量影响因变量,因变量决定结果变量;

自变量之间并非相互对立,顾客期望是基础,它决定顾客的质量感知,同时影响顾客的价值感知,顾客的价值感知还受顾客的质量感知的影响。三者共同构成 ACSI 模型的三个基本变量。三个自变量对因变量顾客期望的影响,既可以是单独影响,又可以是组合影响。比如,顾客期望影响顾客满意度,也可能是顾客期望和顾客价值影响顾客满意度,当然也可能是三者影响顾客满意度。因变量产生两个结果变量,因变量高对应顾客忠诚,因变量低对应顾客抱怨。顾客满意度实际上是一个比较值,顾客期望也即购买前的期望与实际产品的比较,顾客期望质量与实际质量的比较,顾客对价值的感知与实际价值的比较,通过比较得出顾客满意度。

一般而言,新的产品投入市场之前,商家都会进行市场调研,其目的就是测评顾客满意度,一般通过问卷的方式进行。比如,"您对本公司的某某服务或某某产品是否有购买意向?"相应地会给出"购买、不购买、不确定"等这样的答案供顾客选择。这种单一的调查方法,简单、直接、方便操作,但是也粗糙,抓不到实质,了解不到问题的根源,并且对组织的经营和管理起不到实质的改善作用,这是其局限性。因此,能够准确了解顾客满意度调查的方法一定是多因素指标,即满意度指标,对每一个因素进行分析,然后得出综合结论。

构建满意度评价指标体系对顾客满意度进行调查在实际经营中运用中比较广泛,评价指标体系的具体内容见表 6-2。

表 6-2 测评变量

结构变量	测评变量
顾客期望	对质量的总体期望 对满足顾客需求程度的期望 对可靠性的期望
顾客对质量的感知	对体验质量的总体评价 对满足顾客需求程度的评价 对可靠性的评价
顾客对价值的感知	在给定价格的情况下,对质量的评价 在质量给定的情况下,对价格的评价
顾客满意度	总体满意度 与期望的比较 与同类理想产品的业绩相比较
顾客抱怨	无论是正式地还是非正式地,顾客对于产品是否有抱怨?处理其抱怨的效果如何?
顾客忠诚	重复购买的可能性 重复购买条件下的价格容差(涨价的承受力) 引导重复购买的价格容差(减价的吸引力)

仅有影响因素还不行,还必须确定各个影响因素之间的"权重",即在同一个指标体系中,各个因子占有的分量。有了"权重",才能使调查结果具有科学性、合理性。对组织而言,有了"权重"指标更有利于资源的合理调配。因为通过对顾客满意度的调查研究,往往能快速发现组织的产品或服务在哪些方面存在不足或缺陷,或者可以了解不同区域、不同阶层的顾客的需求,从而及时做出相应的调整和匹配,这样更有利于抓住顾客的心,留住更多的顾客。

商品经济的时间性,决定顾客满意度指标具有时效性,顾客满意指标衡量的是当前顾客的一种心理变现状态,而时代不同,人们的需求不同,满足顾客需要的商品也要跟着改变,智能手机的发展历程就是一个很好的例子。在市场经济中,组织为追求更高、更大的利润而不得不优化升级产品及服务,或者通过创新制造出新的产品,或者优化生产方式以更少的成本制造出相同的产品。与此同时,顾客的期望和要求也随着自身财力和社会地位的改变而改变。正因如此,一些实力较强的组织一般都是半年或一年定期测评顾客满意度,以优化产品和服务,如小米公司每年都会更新一代小米手机产品。

3. ACSI 测评的原理

(1) **基本要求** ACSI 模型作为一个被设定为对经济质量和产量做出准确评估,并能对组织收益进行有效预测,为经济决策提供有效信息的综合指标体系,对各类测评对象具有普遍适应性,同时具体测评对象又具有相对独立新的测量尺度。对其测评方法有以下基本要求:

1)确保数据采集的真实性。无论是通过市场调研还是通过其他渠道采集的数据,都必须要保证数据的真实性和准确性,确保是顾客客观需求的真实表现,数据的真实性是一切分析的基础。

2)时效性。通过上述分析可知 ACSI 具有时效性,也就是说,用于测评的数据必须是与预测时间段相近的数据,时间间隔不应太远。

3)可分析性。调查数据不能毫无规律可循,应该有关联性,毫无关联的数据处理既费时又毫无研究价值。

(2) **测评方法** ACSI 测评采用问卷的调查方法,测评前先设计测评方案,针对不同的测评群体设计不同的测评方案,每套测评方案分为 1~10 级制,有利于测评的准确性。

(3) **ACSI 的变量** 模型中的变量基本都是组合变量,是各个变量因子乘以"权重"得出来的,变量因子是通过实际调查得到的,权重一般通过定性与定量分析得知。

1)顾客期望(customer expectation)。"顾客期望"指顾客对某项产品或者服务的质量估计。"顾客期望"的来源比较多,包括:

① 源于顾客基本需求。顾客对某产品或服务产生了需求,自然就会产生期望,希望得到该产品或服务。

② 改善性需求,比如以前用过某产品,觉得该产品需要在某些方面得到改善,于是便派生出改善性需求。

③ 被诱导性需求,也即某项需求其实可有可无,但被商家的广告或者朋友的推荐所吸引,从而产生需求。

上述分析的三种需求分别对应三个变量:顾客的基本需求对应顾客需求期望变量,该变量表示了顾客的基本需求,以及产品或服务是否能满足自己的需求,如产品质量、性能;如果是服务的话,指服务效果、质量等。

改善性需求其实质是对产品或服务的质量可靠性要求更高,因此可以称之为可靠性期望。可靠性指产品的稳定性、适应性及标准化。

最后一个变量是综合性的,称之为总体期望变量,该变量指顾客对产品或者服务的总体看法,既从自己的实际需求出发,又兼顾产品的可靠性。

2)感知质量(perceived quality)。"感知质量",顾名思义就是顾客对产品或服务质量的感知。通常我们称一个产品质量好,主要是两个方面:一是产品被用了之后实际效果好;二是产品在用的过程中顾客感觉效果好,因此感知质量跟顾客的主观因素有关。基于统一指标的思想，将感知质量的测评指标也分为三类，同顾客期望测评指标一一对应：

① 满足顾客个人需求的程度。

② 对可靠性的感知。

③ 总体感知。

3）感知价值（perceived value）。价值显然是由"价"和"值"两方面组成的，"价"主要指价格和性价比，"值"主要指值不值得，这样就能更好的理解"感知价值"。"感知价值"是顾客基于产品或服务价格和质量两方面的综合考虑因素，现实当中简单的称之为性价比。

ACSI 模型中设立这个变量能更好地分析不同行业、不同的产品或服务的优势和劣势。

根据上述分析，感知价值分为两个测评变量：

① 已知价格对质量的感知。当价格给定条件下，顾客通常会对比质量，将实际质量同自己认为给定的价格下应具备的质量做对比，从而判断其价值。一般而言，价格一定时，当顾客感知质量越高，感知价值就越大；同理，当感知质量越低时，感知价值也就越小。

② 已知质量对价格的感知。当质量确定时，顾客会对比价格，将产品的实际价格同自己认为该质量状态应对应的价格做对比，从而判断其具有的价值。

上述两种测评变量的侧重点不同，当采用给定价格评价质量时，顾客的注意力全在质量上面，此时商家只要是产品或服务的质量高，就会得到认可。当采用给定质量评价价格时，顾客更在乎的是产品或服务的价格，显然是价格越低越能吸引顾客。对质量敏感者一般属于高收入人群，对价格敏感者一般属于低收入人群。服务组织应该充分利用这一理论，创造不同的产品或服务，以便更好地适应细分市场。

4）总体满意度（overall customer satisfaction）。"总体满意度"即顾客满意指数，它是一个综合指标，主要体现在三个方面：

① 实际感知满意程度同期望之间的差值，这主要从顾客的心理角度出发，体现的是顾客心理满足状态。

② 实际感知满意程度同理想产品之间的差值，即将该产品同本行业最好的产品做比较所得出的满意状态。这个变量也为产品质量改良提供了方向。

③ 总体满意度。它不仅仅只考虑了文中提到的几个因素，实际中的其他因素也应该纳入其考虑范围，因此它是一个综合各方面因素的比较价值，应视情况具体而定。

5）顾客忠诚（customer loyalty）。"顾客忠诚"是组织的无形资产，测定顾客的忠诚度，有利于了解企业的盈利能力和发展前景。顾客的忠诚度主要表现在两个方面：

① 重复购买率。市场上各品牌的类似产品很多，当顾客重复购买某品牌的产品时，显然顾客是忠诚于该产品、认可它的价值的。重复购买的次数越多，忠诚度越高，反之，重复购买的次数越少，忠诚度越低。

② 价格变化的容忍度。同理，当顾客忠诚于某一品牌的产品之后，是容许产品价格有一定幅度的波动的。如果产品价格稍微上涨，顾客就购买其他替代产品，则说明顾客对该产品不具有忠诚度，或者忠诚度极低。

顾客忠诚度的表现情况不一定适合垄断行业，在垄断市场，顾客没有选择的余地，无论价格涨跌，该消费就会消费，此现象表现出的是一种虚假的忠诚，并非顾客满意。

6）顾客抱怨（customer complain）。抱怨是忠诚的对立面，忠诚和抱怨是顾客满意程度表现的两个极端。顾客越满意，就表现得越忠诚；越不满意，就越容易表现出抱怨，甚至更为严重的行为。尽管顾客抱怨是产品或服务差的表现，但顾客不抱怨也并非表明顾客对产品或服务感到满意，这是因为在抱怨和忠诚之间还有很大一个情感波动的空间，这个空间一般被称为容忍度，当顾客的满意程度在这个范围内时，顾客可以不表现出任何的情绪。组织一定要高度重视顾客的抱怨或投诉，不能视而不见、听而不闻，如果处置不妥，就容易导致对立，不利于企业的发展。因此，组织应尽可能地处置好顾客的抱怨，化解纠纷，维持与顾客的良好关系。

顾客有抱怨，组织就要去处理，因此该结果变量有两个观察变量：

① 抱怨或投诉的程度。

② 组织对顾客的抱怨或投诉处理的进展和效果。

4．顾客满意度调查程序

进行顾客满意度调查，首先要根据实际情况确定好调查内容和调查指标。如前所述，顾客满意度指标既可以测量顾客对组织的产品或服务的满意程度，也可测量对一个行业的满意情况，甚至能测量国民经济水平，因此要根据实际测量的情况确定好测量内容和指标。具体的内容和指标主要是找到直接或间接影响顾客满意或不满意的因素（关键因子），并用统计学的方法分析，从而得到综合指标，即顾客满意度指标。这种方法目前是最成熟的，同时也是近些年来应用最广泛的调查方法。

顾客满意度的调查步骤如下：

1）确立调查目标。调查目标是整个调查的行动纲领，整个调查及后面的分析处理都要以目标为导向。调查目标统领调查全局，因此调查之前应仔细研究，准确设定调查目标。各个组织应根据自己的实际情况确立调查目标，一般而言，顾客满意度调查目标应该从以下几个方面去思考并制定。

① 确定组织目标，制定组织远中近期规划。

② 掌握影响顾客满意与否的关键因素。

③ 评估参考组织以前的满意度指标及主要竞争者竞争对手的满意度指标。

④ 明确分析组织的竞争优势和劣势。

⑤ 分清轻重缓急，尽可能地改善组织服务或质量。

⑥ 优化服务程序，控制服务过程。

2）选定调查对象。调查对象即所谓的调查样本，根据统计学原理可知，调查样本必须要真实准确才能对统计分析有意义。顾客满意度调查也是如此。一旦选错调查对象，最终分析研究出的结果肯定是不可行的。美国质量奖的设立更好地印证了调查对象选择及调查质量的重要性。它要求在调查的过程中做到细分市场、细分顾客，甚至细分调查目标和顾客期望。

谁是我们的顾客？这个问题看似简单，实则不然。首先，共享汽车产品使用者的年龄层具有多样性，可能是成年人或者青年人。总体来说，它的针对性是有前提条件的，就是持有驾照的人群。那么，我们应该怎么选择调查对象呢？这是调查之前要考虑的。

根据统计学可知，调查的方法有很多，如随机抽样、分层抽样、平均抽样、系统抽样等。以分层抽样的调查方法为例，首先根据人口特征（性别、年龄、身高、体重、文化程度、职业、籍贯、现居地等）、消费特征（消费心理、消费习惯）、重复购买情况等进行分类，在此基础上，才能有针对性地设计调查问卷。例如，在共享汽车调查过程中，可以询问所有调查者是否经常乘坐共享汽车，对于回答"是"的调查者可继续追问"对服务是否满意"；对回答"否"的顾客，可询问"是价格的原因还是其他原因导致不经常乘坐"。

3）制定满意指标。满意指标（即绩效指标）的构建应在满意度调查目标的范围内进行，充分展现顾客对服务或产品的满意或不满意态度，有利于对比分析不同竞争对手的差距，找出顾客不满意的原因，从而在此基础上调整组织战略，使其更好地适应市场竞争。

满意指标构建应站在组织的角度，更多地为顾客考虑，采用定性与定量相结合的方法确定关键的满意度指标，这是难点也是关键点。具体做法可以参考以下方法：

① 会议法，组织各个部门的技术骨干开会讨论来确定满意度指标。该方法成本低且保密性较高，缺点有：毕竟一个组织的力量有限、视野有限，制定的满意度指标也不太准确。

② 专家会议法，邀请同行业的专家讨论确定满意度指标，优点有：专家经验丰富，确定的指标比较准确；缺点是费用大。

③ 统计法，将顾客经常反映的问题作为满意度指标。优点有：直观且具有实用性，并且在测评的过程中效果明显。不过这需要组织从开始就保存好基础数据，数据存储量比较大。具体采用何种方式，组织应视情况而定。

无论采用何种方法构建顾客满意度指标，都应该把握以下几个基本原则：

① 绩效指标的构建以顾客为中心。绩效指标用于顾客的填写，是顾客满意与否的真实体验，因此绩效指标的设计应该以顾客为中心。

② 绩效指标具备可控性。绩效指标一经确立并非一成不变，而应当随顾客集体期望的变化而适时调整。但不管怎样变化，都应该在组织可控制的范围内，如果不能控制，就不能作为绩效指标。

③ 绩效指标具有基础性和代表性。每个顾客的期望以及满意的方面各有不同，绩效指标也不可能考虑到各个方面，但绩效指标的确立必须要考虑到每名顾客的基本需求，同时还要体现出不同类型顾客的期望，因此绩效指标必须具有基础性和代表性。在实际操作中，有的组织可能为了迎合顾客的期望，将绩效指标不断细分，最终将绩效指标分解得支离破碎，失去了它本应该具备的普遍性和代表性，这样做其实很不科学，既给调查增加了难度，又给数据处理与分析带来了不便。因此，绩效指标在确立之前要进行严谨的多方论证，确保其科学性和普遍代表性，一经确立不得随意更改和分解。

④ 绩效指标定期调整性。绩效指标应定期调整，或者定期检查并根据需要调整。这里讲的定期跟上段的分析并不冲突，这里的定期通常是一年或者半年，至少也是一个季度。调整太频繁不利于绩效指标的稳定，同时耗费的人力物力太多，不划算。调整的间隔时间太长，如5年或10年，显然跟不上社会前进的步伐，必然会被淘汰，因此组织应根据自己力量定期调整。

⑤ 绩效指标应有具体性。绩效指标应该是具体所指而非抽象所指，泛泛而谈，要一针见血，清楚明了地指明问题所在，在工作中指明是在哪一步骤、哪个部门、哪个负责人。例如，将顾客满意指标定义为"组织机构""管理缺陷""产品质量"或"售后服务"等，会给受访者一种空乏的感觉，因为服务行业遇到的问题概括起来也无非这些方面，因此绩效指标要细化、具体、物有所指。在共享汽车行业，绩效指标定义为价格、驾驶性能、安全性能、娱乐性能可能更为具体，顾客也更容易理解，有利于组织调查、统计、分析及查找

原因。

4）实际问卷设计。在顾客满意度指标确定完成后，就可以设计调查统计问卷，一般以表格的形式居多，如果内容较多，就设计为文字格式。为了方便调查和统计，表格的纵列为满意度指标，表格的横列为态度指标，态度指标一般引用利克特量表态度指标，共分为5个态度级别："很满意、满意、一般、不满意、很不满意"，分别赋值"5，4，3，2，1"（或相反顺序）。请被调查者打分，或直接在对应表格里打钩或画圈（举例见表6-3）。

表6-3 顾客满意度调查表

测评指标	很满意	满意	一般	不满意	很不满意
您对共享汽车服务质量的评价是					
您对共享汽车停车点情况的评价是					
您对共享汽车车辆性能的评价是					
您对共享汽车收费情况的评价是					

表格问卷的组成部分应该包括：表头、日期、表格主体部分以及备注。问卷设计遵循以下原则。

① 设问避免一般性。调查是为了获取有用的信息，如果设计的问题过于一般化、概念化，得到的答案就没有太多的应用价值。例如，"请为××组织的发展多提宝贵意见"这样的问题。首先受访者对你的组织不是太了解；其次组织的发展是组织内部决定的，外人根本干涉不了，问了等于没有问。因此像这种一般性的提问，最后收到答案也基本没有太大意义。如果具体一点，如"请问您对××组织的售后服务有何意见"可能效果就会不一样。

② 问卷设计简单明了，语言清楚易懂。问卷的设计尽量不要用难字或繁体字，语言要简单明了，顾客一读就懂，这样才不会占用顾客太多时间。不能有歧义，也尽量不用多意字，以免产生误解。例如"您大约多久消费一次"，就不如"您一个月消费几次"。总之，问卷的设计要让受访者能更好地理解问卷的意思。

③ 避免出现引导性问题。引导性和暗示性问题容易误导顾客，不利于顾客真实情感的表达，并且故意的引导限制了顾客回答的空间，不利于组织获取更多有利的信息。引导性问题如"很多人经常使用××牌牙膏，您也是吗？"这种设问显然是把受访者往××牌牙膏方面引导，而忽视了受访者实际使用的牙膏。

5）确定调查方法。顾客满意度调查方法主要采用定性与定量相结合的调查方法。定性调查法指设计相关问题，供受访者自由回答。这种调查方法很少单一使用，一般用于研究性调查。定量调查法比较常用，一般通过设计问卷表格，并给定选项供受访者选择，该方法的优点是便于数学统计及后续加工处理。在实际运用中，通常将这两种方式结合起来调查，一边让受访者填写问卷，一边问一些相关问题。不同用途的市场调研所需的调查方法不一样，实际操作中常用的调查方法有以下几种：

① APP调查。这是比较新型的调查方式，其优点是访问对象覆盖所有使用APP的客户，客户种类较复杂，可以得到各个不同层次的群体反馈。

② 街头问卷调查。一般在人流量大的公共场所向过往的行人发放问卷调查，或者礼貌地拦住行人询问。因为是公共场所，所以设计的问卷不能太长，询问的问题不能太多，以免人群长时间聚集，导致交通拥堵。这种调查方法是目前使用最普遍的一种，在公共场所随处

可见。

③ 电话调查。在一些特殊的行业，电话调查法也使用得比较普遍，如房产销售、汽车销售、保险销售行业、股票行业等，经常会有推销员打电话给销售者，询问是否有购买意向。电话调查不适用定量调查，一般采用定性调查的方法。因减少了出行次数，因此电话调查在一定程度上降低了调查成本；同时又因为减少了与顾客的面对面交流，所以电话调查的调查质量也大打折扣。

④ 邮箱问卷调查。该调查方法是指组织将设计好的问卷通过电子邮箱发至受访者，受访者完成问卷后再发回组织的调查方式。该方法成本低，且受访者回答自由、无所顾虑；缺点是能收回的问卷数量比发行的数量少，且回答时间不统一。

除以上常见的调查方法之外，还有些不常用的调查法，但对顾客满意研究也有重要参考价值：

① 非正式调查。指不是正式的调查，没有专门设计问卷，没有专门制定时间地点进行调查，有的只是在工作之余做了一下调查访问。正因为非正式调查没有时间地点的限制，调查数据的可靠性较高，参考价值较大。

② 意见卡。意见卡实际是一种简单的调查问卷。调查简单、便捷。

③ 与部分客户讨论。在实际商业活动或者服务活动中，通过与顾客讨论，而得到相关信息的调查方法。这种方法一般只适用于定性分析，对一些专业性的问题进行讨论不失为一个很好的方法。

④ 投诉和建议。通过顾客的反馈也可以获取不少有用信息。特别是投诉和建议，投诉说明了顾客对产品和服务不满意，此时组织应该高度重视，并从顾客投诉中提取有用信息，并做好统计。一般来说，组织都安排有顾客意见箱或顾客意见表，并留有投诉电话，组织应充分利用这一免费渠道收集信息，以供调查需要。

⑤ 网络调查。随着上网人数的增加，这种方法越来越普及，特别是即时通信软件的普及将四面八方的人聚集在一个网络空间里，实施调查更方便。

6）分析调查报告。对调查报告的分析是满意度调查与分析的核心步骤，分析的主要方针为"抓准关键信息，去掉无关信息，把握有用信息"。具体的分析方法要结合实际调查方法，如果调查是定性调查，分析以定性分析为主；如果调查是定量调查，分析以定量分析为主。实际操作过程中，应及时分析和汇总，有利于掌握关键信息。例如，对初期顾客反馈和顾客回访记录等资料进行分析，就能初步确定绩效指标；对调查问卷主观题的答案进行分析，可以初步确定关键满意度指标，以及推断各个满意度指标的重要程度，同时还能初步了解顾客不满意的原因以及满意的方面，并在初步判断的基础上将调查资料按照各个满意度指标进行分类、有效编码和分类储存。上述属于定性分析的范围，一般在室外调查的时候完成。在此基础上进行的定量分析一般在室内进行，分别统计或者计算各个满意度指标出现的次数或频数，以及关键词语、关键语句、关键符号出现的次数。如果是主观题形式的调查问卷，可将其转换为易于理解和解释的形式进行统计，最后利用模糊综合评价、结构方程模型等技术手段确定顾客满意度及服务改进方向。

5. 顾客满意度的运用

将调查成果上升为理论，最终理论指导实践，并指导组织的日常生产，这才是顾客满意度调查的最终意义。如果说调查只为出一份报告，而不加以分析落实，那么调查成果将付诸东流,既浪费了资源,又对组织改进生产方式毫无意义。某市场调查公司的质量总监说:"顾客满意度已经成为驱动组织生产经营的内外动力,组织全面质量管理的终极目标就是要让顾客满意。组织应根据顾客满意度的调查结果采取必要的措施,提高生产效率和服务质量,以便赢得更多的市场份额。"

顾客满意度调查成果一般有两个用途:一是改善生产方式,提高组织业绩相关的绩效;二是改善竞争方式,提高与竞争对手业绩相关指标。通过顾客满意度调查成果,组织必须清楚掌握关键绩效指标和次要绩效指标,它们在顾客那里得到的回应如何,以及在市场竞争中的优势和劣势。企业应该组织全体员工共同学习顾客满意度调查成果,一是可以提高员工的参与感和归属感,二是有利于员工为组织的生存和发展进言献策,三是经过满意度调查成果的培训,生产、销售、客服员等工作人员能更好地应对顾客提问及突发情况。

通过顾客满意度调查的成果,结合因素重要性推导模型,就可以识别哪些因素是组织的优势,需要继续发扬;哪些因素是组织的劣势,急需改进;哪些因素比较平稳,可以继续保持(见表 6-4)。

表 6-4 绩效指标改善

改进因素	达到效果
锦上添花型	对顾客不重要,而满意度评价是较高的
不占优先地位型	对顾客不重要,而满意度评价是较低的
需继续保持型	对顾客是重要的,而满意度评价是较高的
继续改进型	对顾客是重要的,而满意度评价是较低的

第三节 服务承诺与补救

一、服务承诺

服务承诺亦称为服务保证,是以顾客满意度为导向,汽车共享服务商通过公开或隐含、有宣传或者无宣传的方式向顾客展示服务质量或效果,招徕顾客积极购买服务,并予以履行承诺或赔付的营销行为。

1. 服务承诺分类

服务承诺可根据承诺范围、承诺内容、承诺有无赔付条件限制进行分类,包括以下几种分类方式:

(1) **具体属性承诺和全面承诺** 具体属性承诺对提供服务的具体属性进行承诺,可分为单一属性承诺和多属性承诺。

单一属性承诺是对某一个属性进行承诺,如联动云共享用车承诺"芝麻分 650 分及以上免押",即是对"免收押金"这一属性做出承诺。多属性承诺是对其提供服务的某几个属性做出承诺,如联动云共享用车承诺"注册只需三步上传,刷脸认证,一秒过审,五座空间,车辆宽敞舒适",这属于多属性承诺,针对"注册快、秒认证、大空间"三个属性做出承诺。

全面承诺是对其所提供服务的所有属性做出承诺,无条件保证顾客满意,否则即可获得

第六章 汽车共享服务接触与顾客满意管理

补偿。

（2）显式承诺和隐式承诺 显式承诺指服务组织公开宣布服务承诺制度，以便加强促销效果，鼓励顾客针对服务质量提出意见和建议。有些服务组织愿意公布服务承诺制度，如某共享汽车平台，官网宣传"省钱更省心，全天24小时客户服务"，便是公布服务承诺的一种方式。有些服务组织采用隐式承诺方式，不向社会公开服务承诺，但仍然要求员工尽最大努力为顾客排忧解难，满足顾客的要求。在出现服务失误时，根据具体情况，确定赔偿方式和赔偿金额。采用隐式承诺的服务组织主要依靠顾客的口头宣传，以形成良好的市场声誉。

（3）有条件承诺和无条件承诺 多数服务承诺制度还规定有一些附加条件，只有满足了附加条件才执行承诺。例如，某共享汽车平台在还车时，要求车辆没有被损坏；需在平台缴纳押金，若车辆出现交通事故又不负责者，可在押金中扣取。有条件承诺的组织应该向顾客说明这些附加条件，以免发生纠纷。一般来说，附加条件越多，承诺越难操作，营销效果越差。为此，有些服务组织干脆采用无条件承诺方式，不留后路。这种承诺方式可增强组织质量管理的紧迫感和责任感，有效提高服务质量和顾客的满意程度。

2. 服务承诺的意义

按照销售黄金法则，维持一个老顾客的成本是拓展一个新顾客的1/5，因此国内外企业普遍采用以客户满意度为导向的经营策略，因此，服务承诺就成为一项对内提升服务质量，对外塑造企业形象，进而拓展和维系顾客的重要途径。

（1）促使企业关注顾客需求 服务企业通过对顾客需求的了解，使顾客期望、服务承诺内容和服务质量标准一致，拓展出对顾客具有吸引力的服务承诺，不断提升顾客满意度。某共享汽车服务平台在设立租还车点时，向顾客展开针对租还车方便程度、停车费用、配套设施三方面的调查，平台再结合调查情况划设租还车点。企业通过了解顾客的需求，提出有针对性的服务承诺，满足顾客的期望和要求。

（2）设立清晰的企业服务标准 满足顾客需求拓展的服务承诺会成为顾客和公众监督企业的依据，帮助企业建立明确的服务标准，为前台客服人员和后台支撑人员提供详细的操作支持，使企业员工按照服务标准提供服务，达到承诺水平。某共享汽车服务平台提出顾客拨打客服电话1h内提出问题解决方案，明确了员工的职责，强制企业满足顾客需求。

（3）提高企业的服务质量 服务承诺作为企业对外宣传服务质量的一部分，顾客可根据企业所提供服务的实际质量和自己所希望的质量间的差距进行监督和投诉，为发现问题、识别不足、评估质量提供有价值的信息。某共享汽车平台采取主动收集承诺反馈的方法，在交易次日致电顾客，询问其满意度，以促进企业改进和提高服务质量，增强顾客与企业的沟通和交流，增进彼此之间的关系。

（4）增强对服务体系的理解 企业必须提出在服务体系过程中的限制因素，依据服务承诺对服务过程中的质量管理体系进行相应的设计和控制。共享汽车平台需支付押金，用于抵扣车辆发生损坏以及行政处罚所产生的费用，平台才提供服务质量保证。

（5）建立顾客信任和忠诚 服务承诺是企业对服务质量的有形预示和保证，比如企业承诺车辆随借随还，当遇到无法还车时，服务承诺出现失误，会对顾客有所弥补和赔付，从而增强顾客对企业的信心。服务承诺降低了顾客风险，使期望更加明确，即使顾客未启动服务承诺向企业索赔，服务承诺也会对顾客服务满意产生正面影响，从而留住顾客，巩固市场占有率。

3. 服务承诺的设计

在设计服务承诺时，重点考虑三方面的问题：组织的目标、顾客的需求、能够削减顾客感知风险和顾客不满的手段与方法。汽车共享服务企业作为一个新兴行业，顾客对企业、提供的服务都不熟悉，必须设计一套服务承诺作为重要的沟通工具，以使顾客相信，如果服务不能令人满意，顾客会得到合理的补偿。企业在设计服务承诺时，应遵循以下内容。

(1) **服务承诺清晰明确** 服务承诺内容应当清晰、明确、具体，能够用定量化或时间化语言进行描述。如果组织服务承诺语言冗长、词语含糊或约束条件过多，顾客和员工就无法明确承诺内容或赔付条件，那么承诺就会失去吸引力和指导性。汽车共享服务组织要打开市场，需制定明确的服务承诺来强调量化的承诺，让承诺有标准可循。某汽车共享服务组织提出"7天内退还押金"，这就是明确的服务承诺；若只提出"尽快退还"，则是不明确承诺。

(2) **承诺内容有效性** 服务承诺内容（包括服务质量和赔付能力）要能够给顾客带来实实在在的利益，能够打动顾客，体现服务承诺的价值，并保证能够实现服务承诺，吸引顾客。

(3) **承诺适用条件** 服务承诺内容需要与组织能够提供的服务质量相吻合。过度承诺，一是抬高顾客期望，难以达到期望水平；二是增加公司成本；三是无法达到的承诺就是欺骗，会引起顾客不满。然而，过低承诺会降低顾客对组织服务质量的感知，导致顾客感受度下降。

(4) **承诺简便易行** 兑现承诺简便易行，不要有过多的约束和阻力。如果服务承诺带有各种各样的约束、必需的证明和"解释归本公司"等限制，就会极大地增加顾客成本和兑现难度，会让顾客觉得这是一个圈套，难以取得顾客的信任。

4. 服务承诺的履行

企业设计出富有吸引力的服务承诺后，还要有效地兑现和履行服务承诺。服务承诺是关于人、行为及政策的承诺，其中人又包括运营部门人员（一线人员）、二线人员和顾客三类人。因此，服务承诺的履行涉及服务组织的政策、程序、服务生产线的负荷能力和人的管理，比实物产品承诺的履行要困难许多。一般来说，服务组织在兑现和履行服务承诺过程中，应采取以下几个管理策略。

(1) **加强营销部门和运营部门之间的协调** 营销部门是服务承诺者，负责发布服务承诺；运营部门是承诺履行者，服务标准制定以及执行能力会直接影响服务质量。服务承诺者和承诺履行者之间缺乏沟通和协调，会导致服务实际与服务承诺之间的脱节。为解决该问题，营销部门应广泛征求运营部门的意见，了解公司服务质量现状及其能力，恰当地制定承诺；承诺发布后，营销部门应及时将承诺内容呈报给运营部门，并配合实现承诺，为顾客服务。为使运营部门与营销部门合作得更为协调，服务企业可采取以下管理策略：

1) 召开工作会议，加强横向沟通。例如，通过特定时间例会来促进两个部门的交流，增强彼此的了解，促进理解服务承诺的目标和限制，为服务承诺履行打下基础。

2) 通过项目管理，加强运营部门与营销部门的协调。例如，以某个具体项目为核心，在项目范围内整合来自各个部门的人员组成团队，促进营销部门和运营部门的相互了解。

3) 使用同一办公地点，增强运营部门与营销部门的紧密联系，方便工作的协调配合，以便更有效地完成工作。

（2）加强后台人员的配合 服务承诺的履行需要二线或后台人员的配合。二线或后台人员是指办公室人员和支持性人员，较少直接接触顾客，对顾客的期望、要求及服务承诺不甚了解，很大程度上会影响这些人在服务过程中履行服务承诺的责任心。为了充分了解顾客期望和要求，增强为一线人员服务和共同履行服务承诺的责任心，提升二线或后台人员配合的管理策略主要有：

1）为二线或后台人员创造直接接触顾客的机会，如有计划地组织二线及后台人员与顾客面对面地交流和接触。

2）建立服务承诺制度，以保证后台服务员工直接向前台员工提供服务承诺，对其提供强有力的服务支撑。

3）针对后台人员增加履行服务承诺方面的考核，推动配合前台人员履行服务承诺。

（3）加强顾客在服务过程中的配合 在服务过程中，顾客的行为会影响服务质量和效果，顾客有效的参与行为是保证服务质量和满意度的必要条件和重要条件。因此，服务组织对自己承诺的履行离不开顾客的有效参与和配合。加强顾客配合管理的策略主要有：

1）对顾客进行指导和教育，帮助顾客理解他们在服务过程中的角色要求和期望，使顾客掌握参与服务的方法，以更好地配合服务活动，从而提升服务质量和效率。

2）加强与顾客的沟通和协调。例如，在服务承诺的条件发生变化和服务承诺可能难以完全履行时，服务组织应及时通知顾客并采取积极的措施，以获得顾客的谅解和配合。

二、服务补救

1. 服务失误的含义及类型

服务失误概念最早由芬兰学者格罗鲁斯提出，此后，众多学者从不同角度、结合不同行业和采用不同方法对服务失误进行了研究。本书作者针对汽车共享服务，对前人观点进行整合、归纳、分析，将服务失误定义为"企业所提供的汽车共享服务未能达到企业规定的服务标准或没有达到顾客最低期望或要求的情况"。

（1）服务失误内容分类 按照内容服务失误可以分为三类：结果失误、程序失误和互动失误。结果失误是指服务结果未能达到汽车共享服务企业的服务承诺或顾客的最低期望和要求；程序失误指的是在服务过程中没有按照企业规定的流程和规章制度为顾客提供服务，具体表现为取车时间过长、押金退还超过期限、停车场消费不明确等；互动失误是指 APP 交互不友好、与顾客互动不恰当等。

（2）服务内容原因分类 按原因服务失误可以分为四类：服务系统失误、对顾客需求及反应失误、员工行为不当引起的失误、顾客行为不恰当引起的失误。

服务系统失误是指企业提供核心服务时所借助的系统存在失误，导致顾客利益受损，包括 3 种情况：①顾客无法获得服务，如 APP 无法正常使用导致的服务失误；②服务质量低劣，如车辆不干净、车况不够理想等情况都低于顾客的最低期望值，从顾客角度来说就是服务失误，会导致其不满；③服务过程复杂或缓慢，如正常还车时间 10min，顾客却要消耗 1h 去寻找停车场，因这些服务过程设计不合理导致无法在合理范围内为顾客提供服务，抬高了顾客的时间成本、体力成本和经济成本，导致顾客不满。

对顾客需求和请求反应的失误是指服务企业或其员工不能及时和恰当地响应顾客对于服

务的期望和要求,导致顾客利益受损,包括3种情况:①对顾客的特殊需求反应失误,例如,顾客指定需要某一车型,但是服务企业无法满足其需求,即属于服务失误,必然导致顾客不满;②对顾客的错误反应失误,例如,顾客无法正确或按照流程操作借车 APP,顾客在使用车辆时损坏车辆,对于这类顾客的错误,如果服务企业抱怨顾客、指责客户或要求顾客高价赔偿等,都会引起顾客不满;③对顾客的混乱反应失误,比如在取车时候需要排队,而有的顾客插队,或顾客在服务现场大声喧哗这些行为会损害其他顾客的利益。

员工行为不当是指服务员工在为顾客提供服务或与顾客沟通过程中,其行为举止不符合大多数顾客或常规服务的要求,从而冒犯顾客。这类行为主要包括:①忽视顾客,如在停车场,工作人员对顾客的询问不理不睬,对顾客的要求不予回应,使顾客感到未受尊重和重视,从而感到不满;②异常行为,如顾客打客服热线询问退押金事宜,但客服人员话语生硬、漫不经心、无精打采等,会加剧顾客的负面情绪,从而引起顾客不满;③歧视行为,如服务人员或者 APP 针对顾客有地域歧视、种族歧视、民族歧视、服装歧视、性别歧视等行为,会引起顾客不满。

2. 顾客对于服务失误的反应

服务企业、顾客或外界随机因素等原因导致的各种各样的失误,会使顾客产生一系列的负面情绪,如生气、焦虑、不满、失望等,这些情绪会进一步影响顾客行为,服务企业面对服务失误,要有针对性地采取行动措施进行补救。

(1) **顾客对服务失误的反应类型** 顾客对服务失误的通常会有两种反应:采取行动和保持沉默(见图6-5)。采取行动是指采取对服务企业不利的行为,包括向服务商投诉、向亲朋好友抱怨、向第三方抱怨;保持沉默是指顾客对于服务企业的失误不采取任何行动,事实上,保持沉默的不满意顾客极有可能不会再光顾;对服务组织来说,保持沉默是一种潜在的威胁。

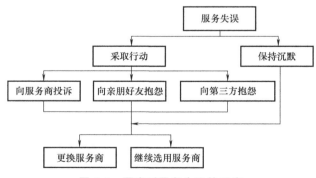

图6-5 顾客对服务失误的反应

(2) **根据顾客的反应方式划分顾客类型** 服务营销学者辛格根据顾客对于服务失误的反应方式的不同,将顾客分为以下几种类型。

1) 积极者。这类顾客的个性和价值观会使其采取行动,向服务商投诉、向亲朋好友抱怨、向第三方抱怨。一方面,他们对人对事要求严格,有维权意识;另一方面,他们认为投诉能够对企业施压,促进企业有效解决问题,对采取行动报以乐观态度。这类顾客不算是糟糕的顾客,他们能帮助企业发现问题,提供改进机会,一般不会更换服务商。

2) 发怒者。这类顾客通常会向亲朋好友及第三方抱怨,但不会向服务商投诉,他们不愿意花时间及精力投诉问题,他们将服务失误直接告诉他人以发泄自己心中的不满。这类顾客需要小心,因为他们不给企业改进的机会,常常会转向企业的竞争对手。

3)发言者。这类顾客认为服务商投诉有利于企业进步,也有利于更好地解决问题及提供服务,他们愿意向服务商投诉,很少进行负面宣传或向亲朋好友及第三方抱怨,这类顾客是最好的顾客,他们主动投诉,使组织能够认识到服务传递中存在的问题,帮助企业不断提高服务质量并加以改正。一般来说,他们会继续选择该企业。

4)消极者。这类顾客的个性及价值观会使其保持沉默,极少会采取行动,认为不值得花时间和精力进行投诉,对企业持不信任的态度,往往会认为服务失误是自己倒霉,从而会更换服务商。

(3) **服务失误后采取行动** 顾客遭遇服务失误后会采取行动,往往有3种方式:向服务商投诉、向亲朋好友抱怨和向第三方抱怨。

1)向服务商投诉。向服务商投诉指的是顾客遭遇服务失误后,面对面或者通过电话、互联网等方式向服务企业进行投诉。当服务失误发生后顾客选择直接向服务商投诉,这对于企业来说是最好的情况,因为给企业提供了第二次满足顾客需求的机会,避免了负面影响的传播。

2)向亲朋好友抱怨。向亲朋好友抱怨是指顾客遭遇服务失误后,以口头方式或者通过互联网向亲戚、朋友、同事或熟人表达不满。这种方式对企业负面影响极大,由于企业无法获取顾客的投诉信息,从而丧失了服务补救的机会,导致顾客流失;另外,负面影响的传播致使企业形象受损,导致顾客流失。

3)向第三方抱怨。向第三方抱怨是指顾客遭遇服务失误后向有关机构,如行业协会、消费者协会、法律机构及各种媒体进行抱怨,以使相关部门和媒体协助解决问题。这种方式对企业会造成较大的负面影响,如引起诉讼、媒体公开报道、主管部门介入和干预等。

(4) **服务失误后采取行动的目的** 面对服务失误所引起的不满意,有些顾客采取行动进行投诉及抱怨,有些顾客保持沉默,采取行动的顾客常抱有以下5种目的。

1)获得补偿。顾客认为直接向服务商投诉和第三方抱怨,会取得积极有效的结果,一般会要求服务商给予赔偿,若服务商不满足赔偿要求的时候,会寻求第三方协助解决问题并向服务商施压。顾客通常要求的补偿一般是退款、补偿优惠券、打折等。

2)释放不满情绪。如果顾客遭遇到服务商的冷落对待、粗暴语言、无理行为等,会向亲朋好友抱怨自己的遭遇及愤怒,发泄情绪、缓解压力,以使心情变好。

3)负面影响服务商。顾客认为,当在服务过程中遭遇不公平对待时,理应惩罚服务商,进而获得心理平衡和情绪释放。

4)社会责任。通常是顾客向服务商和媒体抱怨服务失误,一方面,顾客认为对社会有益,另一方面顾客会认为这是基于帮助服务商改进服务质量而进行投诉,促使其工作改进,同时还能帮助其他人避免遇到类似的情况。

5)获得同情。通常是存在于向亲朋好友抱怨,该类型的顾客主要是希望获得他人的同情及别人对自己抱怨的认同。

(5) **服务失误后保持沉默** 顾客遭遇服务失误后并不是都会采取实际行动,还会有一大部分顾客选择保持沉默。保持沉默不代表顾客满意,也不代表顾客不会选择更换服务商。顾客是否保持沉默取决于顾客的个人、文化、价值观等多种主观因素,下面重点介绍5个原因。

1）不愿意浪费时间和精力。一些顾客认为抱怨和投诉是无效的，尤其是还需要提供证明材料、写邮件、打电话等，他们认为这是浪费时间和精力。

2）认为补救无效。顾客不相信服务商的补救行动，认为服务商不会重视自己反映的问题，而且不愿意解决问题。尤其在汽车共享服务这种新的行业中，行业整体服务经验较少，服务质量普遍不高。

3）投诉无门。顾客不清楚投诉渠道，尤其是服务 APP 中没有投诉的途径，也没有投诉电话或投诉处理机构。

4）认为自己对服务失误有责任。顾客会认为自己对服务需求描述得不够清晰或者是参与服务过程有失误，尤其是对于车辆这样的实物，无法判断自己是否有误操作。

5）损失较小。如果服务失误造成的损失较小或者不严重，顾客通常会选择保持沉默。

（6）采取行动或保持沉默的影响因素　顾客面对服务失误，究竟是选择采取行动还是保持沉默，会受到以下因素的影响：

1）服务价值高低。如果服务价值较大，服务本身对顾客利益有重大的损害，比如押金迟迟未退，顾客遭遇这类型服务失误后一般会选择向其他第三方抱怨，期望得到相应的补救和减少服务损失。如果服务价值较小，服务本身对于顾客利益影响不大，比如取车还车地点选址不优，导致顾客交通不便，顾客遭遇服务失误后一般会选择保持沉默，自己承担服务失误造成的影响。

2）顾客损失大小。如果服务失误给顾客造成的损失较大，顾客一般会采取行动；如果服务失误给顾客造成的损失较小，顾客一般会保持沉默。

3）服务质量判断难易程度。汽车共享服务行业刚兴起，服务内容和服务质量都没有判断标准，因此一般服务失误发生后顾客会选择沉默。

4）顾客个性和维权意识。不同顾客在个性上存在很大的差异，有些顾客性格外向、为人耿直，在遇到服务失误便习惯抱怨和投诉；而有些顾客性格内向、不善表达等，这些个性会促使这类顾客保持沉默。

3. 服务补救的概念

服务补救（service recovery）概念最早源于 1980 年英国航空公司（British Airways）开展的"以顾客为先"的活动，对因为服务失误给乘客造成的损失进行补偿。此后，众多学者从不同角度对服务补救进行了探讨，但对于服务补救的定义并不统一，大致可以分为以下几类：

1）约翰逊认为，服务补救是及时发现并处理服务失误的主动性和预应性行为。也有专家认为服务补救是一项全面管理过程，包括发现服务失误，分析失误原因，然后在定量分析的基础上，对服务失误进行评估并采取恰当的管理措施予以纠正。该种理解方式重点描述企业主动发现和处理服务失误的过程，使得服务补救越来越主动，但过多地强调补救的重要性而盲目扩大了含义范围。

2）格罗鲁斯认为，服务补救是指"当服务失误发生后，服务提供者针对顾客抱怨行为所采取的反应和行动，也可称为处理顾客抱怨"。哈特、赫斯科特和萨塞认为，通过处理顾客抱怨建立顾客对企业的信任，重建顾客满意和忠诚。该种理解等同于顾客投诉处理，原则是"不投诉不处理"，这样会导致因为遭遇服务失误而不满意却没投诉的顾客的不满。

3）米歇尔认为，服务补救通常是指积极主动且及时地做出减少顾客对于服务评价的负面影响的活动。该定义重点阐述服务补救是在出现服务失误时所做出的反应，在具体实践中会忽略其主动性，导致没有及时发现服务失误而不针对投诉顾客进行补救的情况。

4）詹姆克和贝尔认为，服务补救是当顾客因为企业所提供的服务感到困扰时，企业为使顾客达到其期望的满意度而做出努力的过程。后又将服务补救定义为服务提供者针对顾客感觉到的服务传递低于其"容忍区域"情况所采取的对应措施，重点阐释企业针对服务失误所采取的补偿行为。

基于以上理解，本书将服务补救定义为，针对服务失误给顾客造成的损失，服务组织及时和主动给予顾客实际补偿的行为，以使顾客感知服务质量，将顾客满意所带来的负面影响减少到最低限度。

4. 服务补救对企业的意义

企业发生服务失误在所难免，但通过给顾客提供服务补救，能够在某种程度上减轻和消除服务失误对企业造成的不良影响，甚至带来一些额外利益。服务补救对企业有重要的意义，主要体现在以下几个方面。

（1）重建顾客的满意和忠诚　哈特、赫斯克特和萨塞认为，一次好的补救可以使愤怒、沮丧的顾客转变为忠诚的顾客；福耐尔认为，好的服务补救可以提升顾客满意度，建立并强化顾客关系以及有效防止品牌背叛行为；古德温和罗斯认为，优秀的服务补救可以提升顾客对于服务质量的感知，进而重建顾客满意度和重构意愿。顾客遭遇服务失误后会产生负面情绪和转变服务商行为，若企业采取补救措施，在某种程度上可以降低顾客风险和弥补损失，从而使顾客的负面情绪转变为正面影响，进而保留顾客。

（2）维护企业形象　遭遇服务失误后，顾客往往会向周围的人抱怨，进而给企业带来不良影响，尤其在当前互联网发达的时代，这样会导致企业形象受损。据调查显示，顾客不满意会告诉十余人；但如果企业进行补救，则只会告诉四五个人，如此便能降低顾客的不满程度并能减少不良口碑传播；如果企业能提供高水平补救服务，顾客甚至会传播正面信息。

（3）推动企业改进和提高服务质量　借助顾客发现企业服务过程中存在的问题，增加补救成本强迫企业解决服务问题、规范服务标准、优化服务内容，通过服务补救实现企业的承诺，保证服务的可靠性，这样就能够不断完善企业服务内容并推动企业不断提高服务质量，进而不断增强企业的服务能力和竞争优势。

5. 服务补救的原则

为了解决服务失误，提升服务补救效果，必须依靠有效的服务补救系统。企业实施服务补救一般遵循以下原则。

（1）服务补救主动性　服务补救主动性会影响顾客情绪和行为意向，主动补救比被动补救能给顾客带来更饱满的积极情绪、抵消更多的消极情绪，也能为企业树立好口碑。首先，企业主动查找潜在服务失误，包括主动寻找和发现服务工作中存在的问题和不足，主动向顾客征求意见，了解顾客对服务的真实感受；面对服务失误，不推诿、不逃避、积极解决问题。其次，主动寻找服务失误，增强预见性，采取防范措施，提前优化共享汽车取车还车点选址，做好停车场服务，优化服务 APP。最后，当服务失误出现后，主动向顾客征求意见，了解服务失误原因、服务系统失误的原因和顾客不满意的原因等，主动进行补救，而不是在顾客要求下展开补救。

（2）**服务补救价值性** 当企业出现服务失误而导致顾客受到伤害或损失时，企业会向顾客提供何种价值作为补偿，补偿多少。有物质补救，指企业采取措施减少顾客物质损失或增加顾客物质利益，如此次租车免单、不收取加油费、提供优惠券等。还有精神补救，指企业采取措施修复顾客的心理伤害或者减轻顾客的心理痛苦，如一线人员当面道歉、改善APP用户体验、改进服务标准和流程等。

（3）**服务补救及时性** 如果企业没有及时采取服务补救措施，首先会使顾客沉浸在服务失误的事件里，加重顾客的不满；其次会增强顾客对能否获得有效补救的猜测和疑虑，导致其负面情绪增加，最后会导致顾客传播服务失误信息，负面情绪扩散，致使企业利益受损。采取事后补救或者事后延时补救，会大幅增加服务补救的成本，补救效果也会大打折扣。因此，当顾客遭遇服务失误时，企业一定要及时、迅速地提供服务补救，承认问题所在，当面解决问题，服务补救速度越快越好。服务补救速度与顾客存留率成正比。

（4）**服务补救公平性** 顾客遭遇服务失误后，希望迅速得到服务补救，史蒂夫·布朗和史蒂夫·塔克斯认为，服务补救所寻求的公平性包括三类。

1）结果公平，顾客希望补救结果和赔偿与自己的不满意程度相匹配，补偿可以是现金赔偿、优惠券兑换、减免服务费等形式。

2）相互对待公平，顾客希望在服务补救过程中得到平等对待，可以表现为有礼貌、细心和尊重等。

3）过程平等，主要体现在补救过程中不拖延、方便顾客、适应顾客个性化要求等要素。

（5）**服务补救授权** 无论是现场的服务补救还是通过媒介的服务补救，一线员工都需要掌握服务补救信息、服务补救技巧和赔偿方式，以具备服务补救的能力。一方面鼓励员工使用服务补救的权利；另一方面必须对员工进行培训，使其具备足够的服务补救技巧和能力。

（6）**服务补救经验教训** 企业应该拥有并创造性地运用服务补救体系，必须从企业、员工等各个方面来查找服务失误及失误的原因。对于企业来说，寻找到失误原因并对服务流程做出修正，从错误中吸取教训，才能避免此类事件的再度发生。

6. 服务补救程序和方法

服务失误不可避免，服务补救不可或缺，一般来说，失败的服务补救和不采取任何补救措施同样糟糕，甚至会产生更坏的影响，因此企业要尽一切努力避免对服务质量和顾客期望的双倍背离。

（1）**服务补救程序** 詹姆克（Zemke）和沙夫（Schaaf）提出，企业提供服务补救应遵循五个步骤：道歉、紧急复原、移情、象征性赎罪和跟踪。比特纳和布姆斯认为，企业回应服务应注意四个关键因素：承认、解释、道歉和赔偿。凯利等通过服务补救案例进行研究发现，有效的服务补救方法有：打折、改正、管理人员或其他服务人员介入、超额补偿、替换、道歉和免单。

综合以上研究成果，针对汽车共享服务，服务补救程序可分为四个步骤：承认服务失误、解决问题、跟踪结果、服务修正（见图6-6）。

（2）**服务补救方法** 服务补救有四种基本的方法：逐渐处理法、系统响应法、早期干预法和替代品服务补救法。

第六章 汽车共享服务接触与顾客满意管理

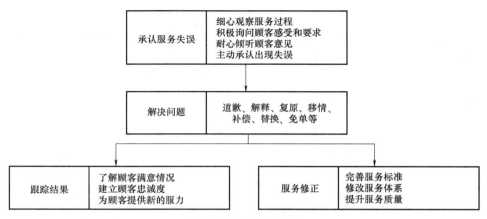

图 6-6 服务补救程序

1）逐渐处理法。逐渐处理法强调顾客投诉各不相同。这种方法容易执行且成本较低，但是它也具有随意性。例如，最固执或者最好斗的投诉者经常会得到比通情达理的投诉者更令人满意的答复。这个方法的随意性会产生不公平。

2）系统响应法。系统响应法使用规定来处理顾客投诉。由于采用了识别关键失败点和优先选择适当补救标准的计划性方法，因此它比逐渐处理法更加可靠。只要响应规定不断更新，这种方法就非常有益，因为它提供了一致且及时的响应。

3）早期干预法。早期干预法是系统响应法的另一项内容，它试图在影响顾客以前便干预和解决服务流程问题。例如，如果某汽车共享服务点的车辆出现故障，工作人员应在系统上注明车辆故障，以避免为顾客提供不优质的服务。

4）替代品服务补救法。替代品服务补救法通过提供替代品服务补救，从而利用竞争者的错误去赢得其顾客。有时，处于竞争中的企业支持这种做法。例如，某汽车共享服务点车辆预订超过预期，没有车辆能提供服务，系统能自动将顾客匹配到最近的服务店为其提供服务。

【知识应用与拓展】

A 网约车公司与驾驶员满意度测评

一、乘客满意度测评

通过对顾客价值等式中的每一要素进行细化，并设计对应的问卷，从而可以查找出顾客价值等式中各要素存在的问题，进而为对其进行针对性的优化，提高顾客价值，最终提高顾客的满意度，优化企业的运营流程奠定基础。

1. 问卷指标设计

基于顾客价值等式的网约车乘客满意度与忠诚度调查问卷主要分为两部分：

第一部分是对网约车乘客个人相关信息的采集，其主要内容包括乘客的年龄、性别、学历、收入水平以及使用 A 网约车公司出行服务的频率。

第二部分调查乘客的满意度情况，采用了 E-S-QUAL 5 点量表，将其分为非常不同意、不同意、一般、同意、非常同意五个等级，分别对应 1 分、2 分、3 分、4 分、5 分。服务利润链要素乘客的满意度与忠诚度指标设计见表 6-5。

表 6-5 服务利润链乘客要素指标

主因素层	次因素层	主因素层	次因素层
服务效用指标	驾驶员服务态度 车内环境 安全保障 准时送达 投诉问题反应 意外事故反应	服务过程质量指标	平台隐私保护 操作界面
		支付价格指标	发票获取 价格合适 降价拼车
服务过程质量指标	准确的接客时间 准确的接客地点 及时取消订单 驾驶员准入资格	获得服务成本指标	找车困难 加价调车
		忠诚度指标	愿意再次使用 愿意推荐

（1）为乘客创造的服务效用方面指标　在商品交易中，顾客购买的是最后的服务效用，也就是服务结果。例如，在驾驶员加油过程中，为了去加油站加油，驾驶员并不会计较路途的遥远，因为他们会将这种情况视为"必须"。因此，顾客购买的更多是一个结果，基于此特点，同时结合顾客满意度模型，将 A 公司提供的服务效用分为可感知服务结果与不可感知服务结果。

1）可感知服务结果：乘客享受网约车服务后，对于 A 公司提供的服务结果，可以直接感受到的购买结果主要有两个方面。

① 驾驶员的服务态度。

② 车内的服务环境。

2）不可感知服务结果：A 公司的安全保障机制。

（2）为乘客服务过程质量方面指标　除了为乘客提供的服务效用外，公司为乘客提供的让渡方式同等重要。大多数人对服务过程中服务如何产生并不在意，但是对于服务过程中的服务质量却非常关心。在实际生产生活中发现，对于过程质量，可以从可靠性、反应性、权威性、体贴性和有形证据五个方面衡量。

1）可靠性（A 公司能否按照当初所承诺的内容向乘客提供相应的服务）：驾驶员能否在给定的时间内到达目的地。

2）反应性（A 公司的服务能否及时地提供给乘客）：

① 对于乘客反映的问题，A 公司能否进行及时的处理。

② 对于一键报警装置，A 公司是否能有效地进行反应。

③ 驾驶员接客的时间是否精准。

④ 驾驶员接客的位置是否准确。

⑤ 当乘客想取消订单时，订单是否能及时取消。

3）权威性（A 公司平台在服务过程中，能否让乘客产生对其的信任）：

① 驾驶员的准入机制是否让乘客信任。

② 平台的隐私保护是否让乘客信任。

4）体贴性（平台能否设身处地地为乘客考虑）：出行软件的操作界面是否简洁、流畅、便捷。

5）有形证据（能否有证据表明 A 公司向乘客提供了有效的服务）：乘坐该公司网约车出行后，乘客获得发票是否方便。

(3) 乘客支付的价格方面指标　服务价格是指乘客在接受完公司的服务后，需要直接在手机平台上支付的价格。

1) 相较于其他打车软件，公司的价格是否让乘客满意。

2) 乘坐途中，如果发起拼车服务就可以减少乘坐的价格，乘客是否愿意。

(4) 乘客获得服务成本方面指标　乘客获得服务的成本不仅包括在手机平台上支付的价格，同时便利性也会花费一些成本。多年来，营销管理学家们一直将"便利性"这一成本定义为"时间、地点和形式等方面的效用"。

1) 在网约车到达指定地点后，乘客是否经常遇到找车困难的情况。

2) 如果附近无网约车，是否愿意增加打车价格从更远的距离调度网约车过来提供出行服务。

(5) 忠诚度　A公司乘客的忠诚度是指，乘客们在完成出行后，对其服务产生认可，愿意再次选择该服务，乘坐A公司车辆出行。

1) 没有红包与补贴，愿意继续使用该出行方式。

2) 愿意向朋友推荐该出行方式。

2. 数据收集与处理

委托A公司运营车辆驾驶员进行问卷的发放，并请乘客在乘坐途中进行问卷的填写。回收调查问卷1210份，男性乘客稍高于女性乘客，而且青年乘客占了较大比重，其中18~24岁的青年乘客占了总人数的63.63%。乘客的受教育水平属于中上水平，本科及以上学历人数达到了54.55%。同时，乘客的收入区间主要在5000元以下（见图6-7~图6-10）。

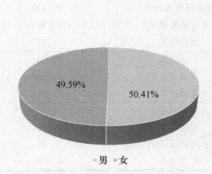

图6-7　调查对象男女比例

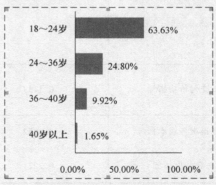

图6-8　调查对象年龄分布

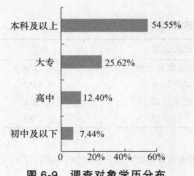

图6-9　调查对象学历分布

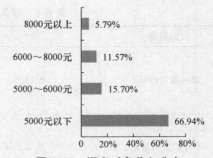

图6-10　调查对象收入分布

问卷的平均 Cronbach α 系数⊖达到了 0.959；KMO 值已经达到 0.725，其数据能够保证问卷的进一步分析需要（见表 6-6 和表 6-7）。

表 6-6 可靠性统计

Cronbach α	项数
0.959	19

表 6-7 KMO⊖和巴特利特检验

KMO		0.725
巴特利特球形度检验	近似卡方	853.943
	自由度	276
	显著性	0

3. 样本调查结果评估分析

（1）基于三角模糊层次分析的权重确定 基于三角模糊层次分析方法最终确定主因素层和次因素层各评价指标的相应权重见表 6-8。

表 6-8 服务利润链乘客要素权重

主因素层	权重	次因素层	权重
服务效用指标	0.0368	驾驶员服务态度	0.1210
		车内环境	0.2365
		安全保障	0.6425
		准时送达	0.0628
服务过程质量指标	0.5326	投诉问题反应	0.1482
		意外事故反应	0.1644
		准确的接客时间	0.0870
		准确的接客地点	0.1062
		及时取消订单	0.0478
		驾驶员准入资格	0.1472
		平台隐私保护	0.1815
		操作界面	0.0333
支付价格指标	0.1133	发票获取	0.0216
		价格合适	0.2500
		降价拼车	0.7510
获得服务成本指标	0.0952	找车困难	0.2000
		加价调车	0.8000
忠诚度指标	0.2221	愿意再次使用	0.3333
		愿意推荐	0.6667

（2）各指标评估得分 根据问卷数据，及前面已经确定的权重，可计算得到表 6-9 所示的各要素综合评分。

表 6-9 服务利润链乘客要素综合得分

主因素层	得分	次因素层	得分
服务效用指标	0.1304	驾驶员服务态度	0.4486
		车内环境	0.8652
		安全保障	0.2328
		准时送达	0.2383

⊖ 即克朗巴哈系数，是一个统计量，指量表所有可能的项目划分方法得到的折半信度系数的平均值。
⊖ KMO 值在 0~1，越接近 1，说明变量间的相关性越强。

第六章 汽车共享服务接触与顾客满意管理

(续)

主因素层	得分	次因素层	得分
服务过程质量指标	1.8944	投诉问题反应	0.4053
		意外事故反应	0.5877
		准确的接客时间	0.3308
		准确的接客地点	0.3903
		及时取消订单	0.1751
		驾驶员准入资格	0.5968
		平台隐私保护	0.6321
		操作界面	0.1239
支付价格指标	0.4213	发票获取	0.6767
		价格合适	0.9021
		降价拼车	2.8163
获得服务成本指标	0.3175	找车困难	0.7150
		加价调车	2.6200
忠诚度指标	0.7812	愿意再次使用	1.1667
		愿意推荐	2.3500

通过对各个因素指标的综合打分进行分析后,可以发现,目前 A 公司网约车主要存在的问题有:

1) 驾驶员服务态度差。在为乘客进行服务时,其言行、举止等并未让乘客达到满意状态。

2) 准确性差。具体反映在驾驶员无法准时将乘客送达目的地,驾驶员无法在准确的时间、地点接到乘客。

3) 订单不易取消,操作界面引导性不强。根据乘客打分和实际体验发现,当乘客想取消订单,但却意外遗忘操作的时候,驾驶员在后台依旧能进行接单服务,并扣取乘客的订单金额。

4) 安全保障性低。乘客对公司出行服务的安全保障能力普遍表示担忧,担心自己的乘车安全。

5) 投诉问题反应不满意。对于向公司投诉的问题,客服未能给出一个满意的回复。

二、员工满意度测评

1. 问卷指标设计

构建的满意度与忠诚度指标如下(见表 6-10):

(1) 对工作条件的满意度 虽然良好的工作环境对于工作效率的提升作用并不明显,但是良好的工作条件却有利于消除员工在工作过程中的不良情绪,从而维持员工原有的工作效率,其满意度指标包括:

1) 对工作地点布置的满意度:对于驾驶员,具体体现为车内布置是否合理。

2) 对工作环境的满意度:包括车内空气质量等。

3) 对工作手段的满意度:先进的工作手段是保证员工工作效率的一个重要前提,在网约车领域,主要体现为驾驶员端 APP 界面是否便捷、流畅,界面的引导性功能是否较强。

(2) 对工作回报的满意度 员工在进行辛勤工作后,有权得到合理的回报,因为合理的回报有利于激发员工对于工作的积极性与热情。具体包括:

1) 薪金分配的公平性：这是企业公平和效率的体现，其主要目标是衡量员工的付出与获得的薪酬是否匹配，具体体现为公司对于驾驶员每单的抽成是否合理。

2) 工作的认可度：期望被认可是每个人心理的共同需求，适当的认可有利于激发员工的工作热情，具体表现为乘客的认可。

3) 职位晋升的公平程度：给予员工合理的工作晋升，有利于提升员工在自己工作岗位上的上进心，具体体现为驾驶员是否只能一直当驾驶员。

4) 企业福利待遇的满意度：福利待遇也会影响员工的工作效率，比如员工的养老金、社会保险等。

（3）对工作本身的满意度　对于企业，为员工安排任务时，不仅需要考虑到实现企业的目标，同时也要满足员工的个人期望与目标。

1) 工作的适合度：指员工所从事的工作是否与员工的个人兴趣和擅长的技能所匹配。

2) 工作的挑战性程度：对于一些喜欢冒险的员工而言，给予适当的挑战有利于员工情绪更加饱满地工作。

（4）对企业人际关系的满意度　与同事保持良好的人际关系，能够保证员工在工作期间心情愉悦，进而提升工作效率。

1) 意见的沟通度：与上级之间及时地相互传达信息，有利于增近相互之间的信任和理解。

2) 冲突协调度：公司的网约车之间以及公司与乘客之间难免发生矛盾，这时候，企业管理者们如何将这些冲突协调好，对于员工和企业管理人员均意义重大。

（5）对企业整体的满意度　企业是员工赖以生存的第二个家，对于企业而言，员工满意可以提高其创造性，从而为企业创造更多的价值。

1) 对企业价值观的满意度：企业的价值观直接关乎着员工对于企业外部环境以及人际关系的看法。

2) 对企业形象的满意度：良好的企业形象有利于加强员工对企业的认同，进而提升员工的忠诚度。

（6）员工忠诚度

1) 留任：员工对企业忠诚度的高低，最直接的判断因素就是员工是否愿意继续在本企业工作。

2) 向朋友推荐公司：向身边的朋友推荐本公司，并且推荐朋友们使用公司打车软件，这从侧面说明员工对于公司不仅具有忠诚度，还有极强的认同感。

表6-10　服务利润链员工要素指标

主因素层	次因素层	主因素层	次因素层
工作条件	工作地点布置	工作本身	适合度
	工作环境		挑战性程度
	工作手段	企业人际关系	意见沟通度
			冲突协调度
工作回报	薪金分配	企业整体	企业价值观
	工作认可		企业形象
	职位晋升	忠诚度	留任
	福利待遇		推荐

2. 样本调查结果评估与分析

此次满意度与忠诚度要素的调查问卷的对象为公司驾驶员，回收有效问卷190份，问卷的信度为0.983，效度为0.964，适合进行问卷的分析工作（见表6-11和表6-12）。

表6-11 可靠性统计

Cronbach α	项数
0.983	15

表6-12 KMO和巴特利特检验

KMO		0.964
巴特利特球形度检验	近似卡方	3937.079
	自由度	105
	显著性	0

根据问卷调查数据，计算得到的权重和得分情况见表6-13所示。

表6-13 服务利润链员工要素权重及得分

主因素层	得分	权重	次因素层	得分	权重
工作条件	0.5475	0.1601	工作地点布置	2.6568	0.7510
			工作环境	1.0867	0.3216
			工作手段	1.9509	0.5685
工作回报	0.3190	0.0891	薪金分配	0.6832	0.3807
			工作认可	0.5456	0.2000
			职位晋升	1.5303	0.4166
			福利待遇	1.2348	0.3435
工作本身	0.1579	0.0447	适合度	0.8895	0.2500
			挑战性程度	2.6404	0.1099
企业人际关系	0.4815	0.1442	意见沟通度	0.2714	0.1592
			冲突协调度	0.3828	0.8000
企业整体	1.0983	0.3181	企业价值观	1.1544	0.3333
			企业形象	2.2983	0.6667
忠诚度	0.8341	0.2438	留任	0.8750	0.2500
			推荐	2.5455	0.7510

通过综合评分表格我们可以看出，在意见沟通度与冲突协调度方面，驾驶员的打分较低，意见沟通度较低，这从侧面反映了驾驶员在与客服、乘客交互的过程中都遇到了一定的阻碍，表达的观点容易受到忽略。

思考与练习

1. 描述一次关于汽车共享的远程接触、电话接触和面对面接触。

2. 描述一次去体验共享汽车的接触层次，你认为什么样的接触最能影响对共享汽车服务的整体印象？

3. 如何将服务失误转变为一件有利的事情？

4. 阐述应对一项服务失误时顾客可能采取的行为，你属于什么类型？为什么？

第七章

汽车共享服务营销管理

导读

汽车共享出行营销模式 P2P 及 B2C 分析对比

中国汽车共享出行市场商业营销模式比较成熟的主要有 P2P 模式和 B2C 模式两种（见图 7-1）。P2P 模式即私家车加盟模式，共享汽车服务商与私家车车主分成。P2P 模式下，

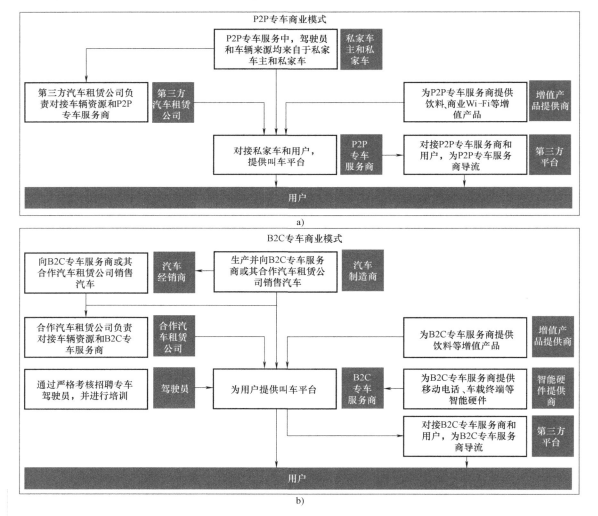

图 7-1 汽车共享出行营销模式

企业运营成本较低，秉承共享经济原则，以较低的价格与较快的扩张速度得到用户与投资者的青睐，但同时企业所受政策风险影响较大。代表企业有 Uber、易到用车等。B2C 模式即共享汽车服务商自己购置汽车或与汽车租赁企业合作，并聘请专车驾驶员为用户提供共享汽车服务，B2C 专车服务商承担车辆购买、租赁、维护和人员费用等成本，运营成本较高，但鉴于其所有汽车均来自于自购与合作的汽车租赁企业，能够有效保证其服务质量，用户黏性较高，代表企业有神州专车、AA 租车等。

2015 年 10 月 10 日，交通运输部发布了《关于深化改革进一步推进出租汽车行业健康发展的指导意见（征求意见稿）》和《网络预约出租汽车经营服务管理暂行办法（征求意见稿）》，并向社会进行了为期一个月的公开征求意见。在意见汇总中，私家车准入限制最受关注。

目前在我国主流汽车共享企业中，神州专车、首汽约车和 AA 租车为纯 B2C 共享汽车模式，而 Uber 和易到用车为 P2P/B2C 混合共享汽车模式。从商业模式的优劣势专业对比来看（见图 7-2），若未来汽车共享行业的私家车准入限制设置过高，则意味着对政策风险抵御能力较强的 B2C 共享汽车模式将在未来获得更大的先机。

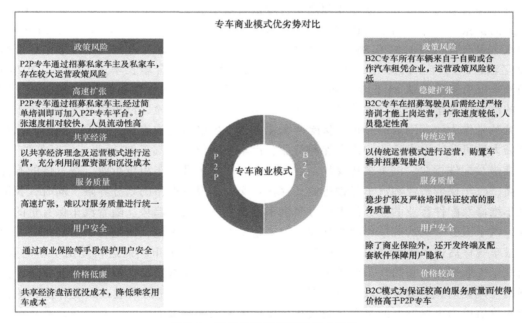

图 7-2　汽车共享出行营销模式对比

从汽车市场保有量来看，我国已进入以乘用车消费为主体的汽车消费时代，随着汽车市场竞争的充分展开，乘用车整体消费环境将会改善，乘用车营销模式将以消费者为中心，消费者将会越来越被尊重。为了应对日趋激烈的市场竞争，乘用车生产企业一方面必须扩大生产规模以降低成本和价格，以适应我国家庭用车市场的发展；另一方面，对于我国众多的汽车生产企业来说，购买主体乘用车消费方式的转变给私人用车带来重大的变化，这种变化是机遇也是挑战。随着我国由汽车大国逐渐成为一个汽车强国，培养健全的乘用车销售市场及汽车后市场，探索出既与国际商务惯例接轨又符合我国国情的乘用车营销模式已经显得刻不容缓，研究新型汽车市场营销模式对我国乘用车产业的发展有非常重要的现实意义。乘用车行业原有的等待式销售模式已经远远落后于快速发展的乘用车市场需要，需转变经营观念，变推销为营销，变被动等客为主动走出去充分接触目标客户；同时，未来的乘用车市场的营销必将越来越走向精细化，如何在自有产品以及自有品牌的市场细分上精耕细作将成为乘用车行业营销工作的工作主题，更加精细的业务开展方式将帮助乘用车营销企业提升整体管理水平，建立客户忠诚度以提升企业核心竞争能力，在新一轮竞争中占据优势。

第一节　汽车共享市场营销概述

一、汽车共享市场营销概况

汽车服务市场（汽车后市场）是一个非常庞大的概念。在广义上，囊括汽车售出之后围绕汽车使用的生命周期中的所有交易和服务，涉及汽车使用、维护、修理、再购买等。汽车服务市场营销的供应链涵盖了由供应商到最终用户所连接成的商品流通的复杂结构，供应链体系可分为三大主要环节：生产、分销和零售。汽车服务市场营销的发展与我国的新车销售及汽车保有量密不可分。回顾我国汽车行业的发展历程，新车销售在2009年—2010年有井喷式的扩张，平均年增速高达40%，成为世界上最大的新车销售市场。截至2014年年底，我国汽车保有量达到1.54亿辆，位居世界第二；到2015年年末，全国民用汽车保有量达到1.72亿辆；2014年—2019年，我国汽车保有量逐年增长，复合增长率达13.4%。2020年，我国汽车保有量达到2.81亿辆。截至2021年上半年，我国汽车保有量已达到2.92亿辆。庞大的汽车保有量产生了巨大的维修保养、汽车美容、汽车保险、汽车用品等多元化服务需求，尤其是作为汽车刚需的养护、保险两大业务，市场潜力更为突出。目前，我国的汽车服务市场大致可分为七大行业：汽车保养行业、汽车金融行业、汽车IT行业、汽车养护行业、汽车维修及配件行业、汽车文化及汽车运动行业、二手车及汽车租赁行业。在具体的服务内容方面，汽车保养行业和汽车养护行业又存在着交叉，没有严格的划分界限，同时，我国许多汽车维修及配件行业的业务范围也有向汽车养护方面拓展的趋势。随着汽车保有量的不断攀升，汽车服务市场的规模也随之壮大，越来越受到人们的关注；而随着车龄的增长，大量的存量车脱保后进入了独立的汽车服务市场，对独立汽车服务市场的运营提出了新的要求。中国汽车工业协会公布的汽车产销量数据表明，近十年来我国汽车产销增长逐渐放缓，汽车市场由"增量时代"逐步进入"存量时代"。随着汽车销量增速的放缓，深度开发和挖掘市场产业价值成为市场发展的重点。受汽车行业整体发展和政策的影响，我国汽车服务市场营销的发展将面临新的机遇与挑战，汽车服务市场的关注度将得到进一步提升，成为汽车产业未来的主要发力点。

随着移动互联网的发展，基于整个汽车服务市场营销结合互联网提供一站式的综合性服务，将是未来的发展趋势。众多平台都纷纷开始探索汽车服务市场营销的互联网模式，市场也孕育出了不少优秀的平台。这些平台主要可以分为两类，面向终端用车消费者的B2C平台，以及针对专业独立汽车服务市场配件服务提供商的B2B平台（见图7-3），众多平台的入局导致汽车服务市场营销行业的竞争也进一步加剧。金融机构将保险与维修保养、洗车美容、车险等服务相结合，布局汽车服务市场电商，诸如神州等出行类平台，针对旗下车主群体提供多项汽车生活服务；而主机厂/经销商集团则凭借完善的线下网络大力发展汽车后服务。另外，像车轮互联、微车等工具型平台则借助多年来在用户流量上的积累，积极与汽车电商平台展开各项合作，完善平台的服务内容。B2C 互联网平台由于进入壁垒相对较低，加之传统电商巨头的参与，市场竞争愈加激烈。相对而言，B2B 配件流通的互联网平台对于专业性及技术要求较高，特别是深度介入维修、事故及交易流通的互联网平台，利润空间因竞争而不断被挤压，平台纷纷从通用、高频且低价值的保养易损件转向低频高价值的维修、事故件的方向，以获取更高的利润和收入。其中具备先发优势的平台持续地将基于长期积累的优势加以扩张，同时利用互联网技术的可复制性快速抢占其他地域的配件流通市场。由于产能逐步饱和，市场处于由原先的供应驱动转向由终端消费者需求驱动的阶段。经销商利润的重心从新车销售逐步过渡到汽车全生命周期的相关服务上来，使得整车厂对汽车服务市场营销更加重视。目前，我国汽车服务市场业务正处于利润交错期，未来汽车服务市场将逐步成为汽车行业主要的利润来源。

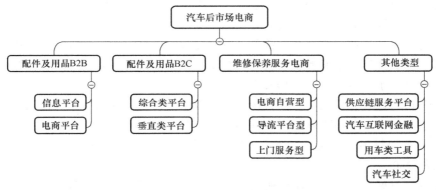

图 7-3　汽车服务市场的互联网模式

2015 年，我国汽车服务市场规模达 7600 亿元，2016 年达到 8800 亿元。2017 年后，市场规模突破了万亿元大关，达到 10700 亿元。汽车及出行领域作为最大的市场之一，甚至其中每个细分市场都超过万亿，这必将是大资本和大平台争夺的下一个主战场。可观的市场规模和行业前景，引来了众多互联网巨头挟资本、流量及技术不断推进汽车产业布局。在资本运作上，汽车服务市场在 2017 年融资额大幅增长，但是与分时租赁和汽车出行领域获得的巨额融资相比仍然只是冰山一角，潜在的独角兽必将获得更大的产业资源和更多的资金押注。

基于对欧洲汽车共享的发展历程研究，业内人士认为，人们在寻求独特的、廉价的拥有和使用汽车的方式，英国、荷兰、爱尔兰等国家对汽车共享的试验反映了人们的这种动机和努力。试验表明，汽车共享服务营销要想取得新的成功，就不能按传统方式从小到大地发展，而必须联合公共交通公司、汽车租赁公司、出租车公司、地铁、铁路等企业建立取长补短的合作机制，这样在市场开发、市场营销、新技术设备采纳等方面影响会更大。国外学者认为，当顾客对某种新技术或产品根本没有使用经验时，要评估顾客的需求是比较困难的。评估汽车共享的需求之所以困难，是因为它涉及家庭的出行及生活方式的改变。人们愿意在多大程度上接受"汽车共享带来的不方便"以换取成本的节省是许多学者研究的主题。欧洲、北美很多汽车共享机构对汽车共享服务进行了调查，虽然调查的样本规模都很小，但是还是提供了有价值的资料。对瑞士和德国的一项抽样调查表明：汽车共享的用户是 25 岁～40 岁之间、受教育程度高于平均水平、收入低于平均水平、对环境问题比较敏感的消费群体，且男性居多，男性比女性更倾向于根据不同的出行目的和路程选择不同种类的汽车。从理论上说，汽车共享服务组织的一般模式是要求顾客多用它们提供的车，服务商需要汽车的高利用率以降低每次的使用费用，但目前的大多数情况是，汽车共享只对那些不经常用车的人有吸引力。欧洲大型汽车共享公司一般是每15~20人安排一辆车，根据这个比例，每个服务网点安排3辆车即可使车辆供应和顾客用车之间达成平衡；德国最大的汽车共享组织Stadtauto Drive的调查显示，共享车辆每年平均行驶34213km，而德国家庭汽车一般每年行驶14587km。因此，现在还很难对现有汽车共享服务组织的成本收益机制进行评估，来确定它们在何种条件下、多大程度上取得了成功。很多汽车共享组织是民间松散型的，正规的商业性组织经营时间都不长，而且在起步阶段往往都获得了外界资助，因此从总体上来说，缺乏足够的资料对此进行准确分析。自20世纪80年代以来，欧洲、北美的许多学者都对汽车共享服务进行了研究。20世纪90年代初期，学者们围绕汽车共享的接纳过程对欧洲的汽车共享服务进行了实证研究，他们通过研究提出了一些市场接纳汽车共享服务的因素，但未对这些因素进行检验。这些研究总的结论是，如果能像驾驶私家车一样方便并且成本不超过使用私家汽车，那么汽车共享服务就会被市场接受。国外学者对于采纳汽车共享服务后人们流动行为的变化进行了大量的研究。1992年，欧洲两位学者通过对瑞士汽车共享组织ATG的汽车共享服务进行调查，研究了146名接受调查者流动行为的变化情况。该调查显示，按有车者和无车者分类，参与者在参与汽车共享服务前后，流动行为发生了显著的变化，瑞士ATG每个会员平均每年行驶的里程数是一般瑞士人的71%，而使用公共交通工具的频率是一般瑞士人的260%。

从欧美国家发展汽车共享市场营销的情况看，汽车共享服务主要是依靠市场动力发展起来的一种新兴交通服务业，主要依靠看好汽车共享服务市场发展的企业、非营利性组织及私营企业投资运营；但是在推进的过程中，政府可以也应该起到积极作用，主要表现在起步阶段对汽车共享的支持，向社会公众推介汽车共享服务的概念、组织、运行方式及给消费者带来的好处。目前，汽车共享服务在欧洲仍然处于初级阶段，但发展速度很快，新型的电子和通信技术正快速地运用于该行业。此外，国际大型汽车租赁公司也在关注汽车共享服务营销市场的发展，并在积极寻求整合汽车共享服务公司和公共交通服务业的途径。目前，欧美的汽车共享服务组织将自己定位于交通行业，从服务组织的角度来看，汽车共享服务只是现今交通方式中的一种，它需要和公共交通相互配合。汽车共享服务组织认为，汽车共享服务只有在作为公共交通的补充方式时，才能发挥最好的作用。因此，他们在寻求和公共交通方式的整合。按照国际比较研究，人均GDP超过1000美元就可进入汽车私人消费的快速增长期，其家庭汽车拥有率将达到15%左右。和发达国家相比，我国私家车无疑还有很大的发展空间，但是我国人口众多，人均能源占有量贫乏，汽车共享服务强调资源共享，可节约大量资源，因此应该对此进行认真研究，予以鼓励，逐步推广。

二、汽车共享市场营销环境

(一) 政策环境

汽车租赁作为我国新兴的交通运输服务方式，是满足人民群众个性化出行、商务活动需求和保障重大社会活动的重要交通方式，是综合运输体系的重要组成部分。这是交通运输部对汽车租赁行业的定位。1998年，交通部和国家计划委员会曾制定、发布联合规章《汽车租赁业管理暂行规定》，后于2007年废止，汽车租赁业便失去了国家层面的管理依据。2011年，交通运输部发布《关于促进汽车租赁业健康发展的通知》，但那并不足以被作为行业管理依据，文件要求"各地要结合实际，加快研究制定汽车租赁地方性法规、规章，并纳入道路运输法规体系"。确实有不少地方将汽车租赁纳入到地方性法规中，如广东、江苏、浙江；还有不少地方政府制定专门的"汽车租赁管理办法"，如北京、重庆、昆明、长春。但是这些地方性法规、规章的规定不够统一，一定程度上影响了汽车租赁行业的发展，特别是行业的规模化和网络化。从我国整体的汽车产业政策看，政府对汽车产业的发展是积极鼓励和支持的。2009年3月发布的《汽车产业调整和振兴规划》（以下简称《规划》）中明确指出"汽车产业是国民经济重要的支柱产业，产业链长、关联度高、就业面广、消费拉动大，在国民经济和社会发展中发挥着重要作用"。《规划》中也具体列出了相应的政策措施，这些措施必然会刺激汽车市场需求，也是近几年我国能够超越美国成为全球第一大汽车市场的重要原因。汽车分时租赁自2011年在我国起步，各运营企业不断探索，小规模进行测试以打磨商业模型，积累运营经验提高技术实力。经历5年时间，汽车分时租赁市场模式接受程度逐渐提升，商业模式逐渐成熟，政策支持力度不断加大。2014年7月，国务院办公厅下发《关于加快新能源汽车推广应用的指导意见》（以下简称《意见》），《意见》中强调，要在个人使用新能源汽车领域探索分时租赁、车辆共享、整车租赁以及按揭购买新能源汽车等创新模式。另外，国家科技计划高新技术领域2015年备选项目中设立了"新能源汽车分时租赁与集成示范"专题，部分城市得到支持从2015年开始进行新能源汽车分时租赁示范试点，自2017年，各运营企业加速新能源车辆共享布局规模。

（二）经济环境

从世界各国的汽车发展情况来看，以国民生产总值为代表的各项经济指标和汽车市场需求存在较强的正相关性。有目共睹的是，我国经济自改革开放以来得到了迅猛的发展，到2018年，我国国民生产总值已经突破91万亿元人民币，成为世界第二大经济体，支持我国经济快速发展的重要动力之一是我国的城市化进程，我国城市已经形成了长三角、珠三角、环渤海等多个城市集群，截至2018年年底，我国城镇人口占总人口比重接近60%，城镇居民的可支配收入也在不断提高。我国经济的快速增长以及居民收入水平的不断提高，客观上推动了汽车市场需求的增加。据公安部交通管理局的数据，截至2018年年底，我国汽车保有量为2.4亿辆，比上年增长10.51%，其中私人汽车为2亿辆，占汽车保有量的80%。尽管汽车保有绝对数量增加很快，但我国的人均汽车保有量与发达国家相比仍有很大差距，粗略计算，全国每千人的汽车保有量仅为173辆左右。汽车市场需求的旺盛从火爆的汽车销售状况也可见一斑，使得中国市场超越美国市场成为最大的汽车销售单一市场。汽车产业的发展给人们带来了便利，但随之也产生了交通拥堵、环境污染、能源短缺等问题，汽车保有量持续增长，使得社会经济问题更加明显。相比之下，汽车共享组织的发展，既方便了出行，也缓解了环境资源问题，因此可以预见共享汽车的未来大有可观。

（三）社会环境

国外实践表明，汽车共享服务市场需求和城市的人口密度密切相关，因为汽车共享组织需要尽可能地提高汽车使用率来分摊掉汽车高昂的固定成本，这就意味着需要提高每辆汽车能够服务的成员数目，而其中的关键就是寻找到存在不同需求类型的服务区域，因此人口密度高的地区相对而言更容易满足条件。以我国上海为例，除浦东新区外的其他几个中心城区的人口密度都超过 17000 人/km²，这个数字已经达到或超过了国外某些城市开展汽车共享服务运营的条件。另外，我国城市轨道交通的快速发展也增加了汽车共享服务的市场需求，因为汽车共享组织成员大多数时间是使用城市的公共交通系统，只在辅助情况下才使用汽车共享服务。国外的汽车共享组织统计表明，汽车共享服务离不开城市高度发达的公共交通系统，特别是轨道交通系统的建立。截至 2018 年年底，我国大陆地区已经开通运行轨道交通的城市已有 35 个（不含香港、澳门及台湾地区），通车总里程 5033km。我国的城市轨道交通行业步入一个跨越式发展的新阶段，我国已经成为世界最大的城市轨道交通市场。环境保护意识的增强会使汽车共享的理念越来越多地为人们所接受。汽车共享服务的研究表明，随着享受汽车共享服务次数的增加，使用私家车的次数会减少，这有助于减少汽车尾气排放量，因此汽车共享服务是一种更为环保的交通出行方式在欧洲已经被广为接受和认同。

（四）技术环境

汽车共享组织广泛使用高科技技术来搭建运营管理平台，主要包括以下四种系统：

(1) **在线预订和管理系统** 可以帮助顾客非常方便地通过 Web 或手机 APP 访问汽车共享组织的门户平台，按地区、车型等信息迅速查找到空闲车辆信息并完成预订过程。

(2) **车辆介入控制系统** 通过智能卡系统来实现。顾客在加入某一汽车共享组织后就会获得一张标示其身份的智能卡片，在预订过程完成后，系统自动将预订时间和卡片信息传递到预订车辆上，这样成员就可以通过智能卡起动预订车辆。

(3) **车内信息管理系统** 通过车内信息管理系统可以完成车辆信息的实时采集与车辆管理中心的信息传递交互，并帮助实现某些附加功能，如车辆定位、目的地导航等。所采集信息的类型以及需要交互信息的实时性对车上信息管理系统的要求也会有很大差别，这会影响系统的开发成本。

(4) **计费和结算系统** 通过使用车上信息管理系统记录下的行驶里程、行驶时间等基本数据计算获得成员单次使用的应付费用，并且通过银行的信用卡系统来实现费用的自动结算，以帮助成员实现自助式的取车、还车手续，发票通常按月邮寄给顾客。

以上子系统在我国其实都已经有了实际的类似应用。在线预订系统在航空公司、经济性酒店等行业有着广泛的应用，非接触式智能卡门禁系统也有相关的案例，GPS 定位和导航已经被安装在许多私家车上，在线信用卡结算也已经被广泛应用于在线购物网站。因此从子系统角度来看，技术方案没有太多的难点，实施的关键在于系统集成和再开发如何适用于具体的企业运营；同时需要重点衡量相关的成本问题，如果成本增加太多，就会影响到汽车共享组织的实际运营效益。

三、汽车共享市场营销竞争

我国汽车共享营销模式主要有网约车、分时租赁、P2P 租车、顺风车等模式，共享汽车作为共享出行的一种形式完善了公众交通出行体系。作为新兴的交通出行方式，共享汽车的出现将给我国的共享出行市场带来巨大的发展机遇，然而现阶段还面临着诸多挑战。在此背景下，清晰地分析和了解行业竞争特点是共享汽车能够得到长远发展的关键因素。在竞争理论方面，较为系统且完善的理论应是美国哈佛大学商学院迈克尔·波特教授提出的竞争战略理论。他在对竞争战略的论述中提出了行业竞争的五种力量模型（five-forces model）（见图 7-4），认为"一个企业的竞争战略目标在于使公司产业内部处于最佳定位，保卫和抗击五种竞争作用力量或根据自己的意愿来影响这五种竞争作用力"。这五种基本力量包括：①供应商议价力量；②购买者议价力量；③潜在新竞争者的进入；④潜在替代产品的开发；⑤现有企业间的竞争。该模型认为，行业竞争的强度以及行业的利润受五大竞争力量的制约，是五大竞争力量运动的结果，由此，竞争已经不再被理解成只是竞争对手的直接争斗，而是被视为消费者获得理想结果的各种可选择方案的归类聚集。通过五力模型分析我国共享汽车服务市场的竞争现状，使得汽车共享企业通过制定正确的营销战略，应对来自于行业内外的竞争压力。

1. 供应商的议价能力

现阶段，汽车共享服务组织或公司主要需要供应的是可供使用的汽车以及停放汽车的停车场。这两项是汽车共享服务组织或公司首当其冲要置办妥当的两种"原材料"。在这里，我们主要对可供使用的汽车及停放汽车的停车场这两项进行供应商议价能力分析。

（1）**汽车供应商的议价能力** 决定供应商议价能力的几个因素主要有：①供应商集中程度；②品牌；③供应商的收益率；④供应商是否有前向威胁的可能；⑤转换成本。

（2）**停车场供应商的议价能力** 政府大力提倡走可持续发展道路，因此停车位问题也是政府重视的问题。例如，在中心城区繁华的商业地带，某些公共停车位划定为汽车共享专用停车点。

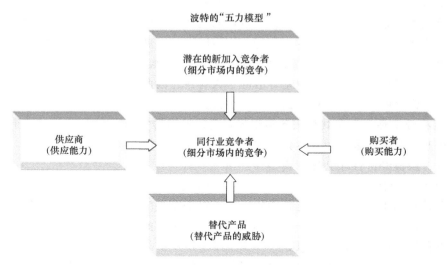

图 7-4　汽车共享企业竞争的五种力量

共享汽车与上游供应商的议价能力呈现两极分化的现象。议价能力较弱的上游供应商主要包括传统汽车制造企业、车辆租赁企业、汽车经销商、充电桩制造企业，以及保险公司、车辆维修企业等。此类产品供应商经过多年发展，产品同质化现象已经十分明显，因此竞争较为激烈，供应商的议价能力相对较弱；然而还存在部分传统的上游供应商协力制约共享汽车行业的发展。目前，共享汽车在发展过程中较为突出的问题除了车位，还有新能源车的充电问题，这两个问题直接的影响因素是车位（尤其是核心商圈的停车位）和充电桩场地，随着我国私家车的不断普及与发展，停车难已成为城市发展过程中的通病，在资源有限的条件下，上述两个问题会使供应商的议价能力持续增强。

2. 购买者的议价能力

影响购买者议价能力的主要因素有：产品特性、顾客掌握的信息量、顾客数量、替代产品的可获得性。汽车共享服务的对象主要是个人客户，而个人客户以个体的形式存在，因此很难在价格谈判中形成集中趋势；客户的汽车租赁费用往往只占到其消费支出的一小部分，对于这部分支出的价格不是很敏感；顾客掌握信息较多，汽车共享服务商与消费者之间的信息不均衡现状不明显；汽车共享的潜在客户量巨大，消费者议价能力低；汽车共享的可替代产品包括出租车、公共交通、私家车，其可获得性都非常高。现阶段，共享汽车处于发展的初期，企业总体规模相对偏小，相关配套与服务尚未完善，导致在发展过程中还存在一系列的不足，消费者的认知度尚需进一步强化。共享汽车的目标客户群体主要是个人用户为主，里程距离以 10~100km 为主，在此范围内消费者可选择的出行方式较为广泛，地铁、公交、出租车、电动车等都是消费者可选择的出行工具。同时，随着各级地方政府大力发展公共事业政策的实施，尤其是轨道交通、城市快速公交的大量建设与投入，消费者的出行方式将不断完善，这些都会对汽车共享服务对象的议价能力产生影响。

3. 潜在新进入者的威胁

共享汽车要想在目标市场中取得长远发展，不能只关注现实中的竞争者而忽略潜在进入者。由于交通运输业涉及众多民生问题，因此，政策监管相对严格，进入门槛相对较高；但随着共享出行的不断发展成熟，在政策方面已开始发出鼓励的信号。另外，随着经济的不断发展以及新技术、新思维的不断应用，一旦新的交通出行模式在形式、体验、技术和管理等方面更具有优势，就势必会对共享汽车行业产生巨大的发展压力。汽车共享服务需要提供的产品服务差异化大，因此新进入者要进入这个市场的门槛是比较高的。新进入者进入市场中，由于汽车共享服务的主要客户是分散的个人客户，因此仅凭借低廉的价格优势是不足以抢占大量市场份额的，还有一些方面也必须加大关注力度。

（1）**规模经济性**　汽车共享服务组织或者公司的运转需要一套电子信息系统作为支撑，只有在汽车共享服务的客户数量达到一定级别后，系统的资本投资分摊到每个客户身上的成本才能越少，规模经济性才会越明显。

（2）**产品差异化**　了解客户选择汽车共享服务是基于成本考虑还是出于保护环境的意识，消费者日常用车是通勤出行还是购物出行，对于车辆的类型、品牌的选择，停车地点偏好的选择等，这些因素的考虑对于汽车共享服务满足客户的个性化需求有重要影响，也是新进入者难以获得或可被替代的信息。

（3）**先发优势**　先发优势包括：①汽车共享服务广泛使用的电子信息系统技术；②汽车共享服务组织公司必须对参与客户进行品牌营销；③提高客户的转换成本。

4. 替代品的威胁

作为新生事物，共享汽车的发展得到了消费者的认可，合适的替代品尚未出现，更多的观点认为，共享汽车最有可能影响的是私家车和传统租赁汽车行业，然而，结合现阶段共享汽车所呈现出来的系列问题，以私家车为代表的交通工具极具替代优势。以私家车为例，我国已是名副其实的汽车大国，汽车的产销量连续多年位列世界第一，个人购买汽车已成为一种文化，而私家车的大量普及必然会造成共享汽车使用率下降。交通运输部相关数据显示，截至 2017 年 6 月，全国机动车保有量达 3.04 亿辆，其中汽车 2.05 亿辆；小型载客汽车保有量达 1.68 亿辆，其中，以个人名义登记的小型载客汽车（私家车）达 1.56 亿辆，占汽车总量的 76.32%。私家车使用的便捷性是共享汽车所无法比拟的，随着居民收入的不断提升以及汽车价格的进一步优化调整，人均汽车保有量的规模将进一步上升。因此，随着汽车保有量尤其是私家车数量的不断增加，共享汽车的发展将在一定程度上受到约束。汽车共享服务组织或公司的替代品威胁除了来自私家车的增多，还来源于公共交通的发展、出租车的运营、汽车租赁的兴起等。尽管各种出行方式在某种程度上互为替代品威胁，但是它们主要服务的出行距离和灵活性仍然存在差别，因此，也可以说在特定的市场范围内它们是互不干扰的。

5. 同业竞争的激烈程度

现有交通出行方式主要有自行车、摩托车、私家车、公交车、出租车、租车、轨道交通、轮船、飞机和步行等多种方式，各具特点。其中，出租车、传统租赁汽车企业的目标客户与共享汽车客户群体重叠度较高。出租车行业由于受到政策因素的保护，对共享汽车的发展壮大影响较为巨大；传统租赁企业的目标客户群体主要是中长期客户群体，但也存在部分短租客户，客户的重叠使得车辆租赁的便捷性、安全稳定、整洁美观等因素成为用户租车考虑的重要因素；同业之间的竞争常常表现在价格、广告、产品介绍、售后服务等方面，其竞争强度还与许多其他因素有关。

四、汽车共享市场营销供应商

正因为人们在出行方面有大量未满足的需求，加之以共享经济为核心的支撑点，移动互联网和移动支付的不断完善，交通出行领域便成了共享经济改造的先行领域之一，由此延伸出了通过网络预约（"专车/快车"业务）、分时租赁、私家车顺路搭乘（"顺风车/拼车"业务）以及 P2P 租车等汽车共享营销供应商，为人们提供了新型的出行模式。

（一）网约专车/快车

在当前快节奏的生活方式下，网约车成为年轻人的首选，用户根据使用用途以及对价格的敏感性不同，按需进行预约。通常情况下，小型企业商务用车、中高端人士日常出行，以及不想开车或由于限号原因无法自驾车出行的私家车主会选择专车；而快车更多是为了满足对价格敏感的打车消费群体的出行需求，虽然起步价格与出租车相同，但中长途的价格相对更便宜。目前，专车主要集中在一二线城市，中小型城市以快车为主。当前，大部分网约车的商业模式都是建立在网约车平台和汽车租赁公司和驾驶员三方合作，满足更多用户短途出行的需求，同时网约专车实现了传统出租车无法满足商务用户出行的高端需求，撬动了出行市场。网约车用户规模目前约 2 亿人，一线城市用户为网约车市场的消费主力，北、上、广、深四座城市的打车软件订单量占到了整个市场的近 50%，互联网专车市场活跃用户一线城市占比超过 75%，由此可见网约车的用户黏性及用户用车习惯已经逐渐养成。

（二）分时租赁

传统的汽车经营性租赁服务分为短租和长租。短租主要为出差、旅游的客户的用车需求或因个人原因暂时无法买车但短时间内又急需用车的客户的临时需求；长租主要是企业客户的商用需求较多或因为限购而暂时不能买车的个人用户。分时租赁（car sharing）是一种新兴的短租共享模式，在 20 世纪 90 年代兴起于欧美国家，并于 2010 年后在我国市场起步发展。经营性租赁是通过向个人和企业提供租车业务获取租金收益。经营性租赁一般最少按天起租，相比分时租赁而言，客户用车的时间更长；从使用成本的角度看，一次性需要支付的费用也相比分时租赁要高出不少。我国的租赁市场规模从 2011 年的 281 亿元增长到 2016 年的 496 亿元，年复合增长率达到 18%。但当前我国汽车租赁行业落后，渗透率只有 0.4%，而日本、美国、韩国及巴西则分别为 2.5%、1.6%、1.4% 及 1.3%。租车无须办理保险、无须年检维修，用户可以把买车、养车的负担转移给汽车租赁公司，并且车型可以随时更新，减少了消费者购买车辆所带来的无形损耗；同时，消费者租车可以将节约下来的资金用于其他用途或投资，由此便充分提高了资金利用率；再加之不用考虑限购限号、打车难等诸多问题，因此越来越多的消费者被汽车租赁服务所吸引。对于企业用户而言，通过长租可以降低征税前利润，从而降低赋税。分时租赁作为一种新兴的短租共享模式，提供汽车"随取即用"的租赁服务，使用更灵活，消费者可以按个人用车需求和用车时间预订租车时长，收费以小时计算。

国外的汽车分时租赁市场经过 20 多年的发展已经成为一个比较成熟的行业。目前在美国，以 Zipcar、car2go、Enterprise Carshare 和 Hertz 四家公司为主的分时租赁业务，占全美整个汽车共享市场 95% 的份额，其中 Zipcar 的市场占有率高达 75%，用户数超过 100 万。2016 年，美国分时租赁消费金额为 16.4 亿美元，载客量 6500 万人次。但以美国最大的分时租赁公司 Zipcar 的发展经历来看，在成立后的第 12 年才首次实现盈利，然而最终难逃屈居人下、受人掣肘的命运，第 13 年被 AVIS 收购。可以说，美国整体的分时租赁市场在发展上碰到了很多问题。目前，我国汽车分时租赁业务多年前已悄然兴起，尤其进入 2015 年，越来越多的企业涉足这个行业，包括北京一度用车和杭州浙誉等企业。全国已有北京、上海、深圳、武汉、杭州等十余个城市推广了分时租赁模式；北京、上海、深圳、杭州四大城市主营电动汽车分时租赁业务，运营企业有北京一度用车、上海 EVCARD、深圳金钱潮、杭州车纷享等，注册运营的汽车分时租赁上规模企业数量已经有 30 多家，市场总车队规模约 3 万辆，整个市场仍然在以超过 50% 的速度飞快发展。分时租赁业务进入我国市场的时间点正好是我国新能源汽车的起步发展期，且新能源汽车在使用成本上比燃油车更具经济性（新能源汽车充电费用、维修成本等较燃油车有较大降低）。同时，一些企业希望通过分时租赁推广自身的新能源车型，因此新能源车型成为我国分时租赁市场的绝对主导车型。目前除了个别企业，如戴姆勒 car2go 和途歌使用燃油车型外，市场上 90% 以上的分时租赁汽车均为新能源汽车。因为肩负着新能源汽车销售和推广的使命，我国的多家整车厂（上汽、北汽、戴姆勒、大众等）均已经开始布局分时租赁市场。按照分时租赁车队规模统计，目前 77% 的车辆出自具有整车厂背景的分时租赁企业，各家企业以布局一线城市和个别二线城市为主。未来几年，更多的企业将布局二线并涉足三线城市，例如，EVCARD（环球车享）近期已经布局沪宁线上的南京及江苏省的其他城市。

调研显示，在成立时间、现有规模、主要投放城市、融资情况四个方面对比国内较大的 31 家分时租赁企业后发现，从规模上来看，规模超过 5000 辆的有 3 家，包括微公交、EVCARD 以及盼达用车；规模在 1000~5000 辆之间的有 14 家，包括一步用车、GreenGo（绿狗租车）、Gofun 出行等；规模在 500~1000 辆之间的有 6 家，包括 TOGO（途歌）、一度用车、宜维租车等；规模小于 500 辆的有 8 家企业。从成立时间上来看，2014 年之前成立的企业（包括 2014 年）有 10 家，2015 年成立 7 家，2016 年及以后成立了 14 家。在 31 家企业中，有 25 家企业选择在省会城市布局，有 21 家在一线城市进行业务布局，其中 15 家在北京建立网点，在上海、广州、深圳建立网点的企业分别为 7 家、6 家、6 家。厦门、桂林、青岛、

第七章 汽车共享服务营销管理

三亚等大型旅游城市的分时租赁业务发展速度也明显加快。

另外，我国汽车共享市场中的分时租赁行业还有自己的特点。

1）用户集中度高。美国人口较为分散，同时人均拥有汽车量较高，大型城市比较少。根据美国人口普查署发布的 2015 年美国城市人口排名，美国百万人口以上级别的城市只有 10 个，人口数量排名前三的城市分别是纽约、洛杉矶、芝加哥。因此，对于以城市内出行为主的短时分时租赁市场的需求相对较低，而对于人口密度不大的其他城市，前往分时租赁取车点反而不如直接在家中使用 Uber 叫车更方便，因此分时租赁并不会成为这些用户的出行首选。相比美国人口较为分散的情况，我国人口基数大、集中度高；就分时租赁车辆的使用效率来说，我国的用户/车辆比也更高。根据《国家新型城镇化规划》显示，我国人口超过百万的城市有 142 个。以 car2go 在我国的发展为例，"在刚进入重庆市场后的短短 10 个月就吸引了约 7.8 万名用户，从用户/车辆比来看，平均每辆 car2go 的车辆会服务至少 195 名用户，这一比例比 car2go 全球范围内的用户/车辆比（157∶1）还要高。据估算，在北美某个城市要实现如此体量和规模的用户需要 5 年时间才能完成。分时租赁概念的快速普及以及高速增长的用车需求，意味着分时租赁在我国还会有更大的发展空间。

2）分时租赁发展空间大。在国外，汽车租赁业已有 100 多年的发展历史，美国经营性租赁业务非常发达，取还车极其方便，因此留给分时租赁业务的市场发展空间也十分有限。而我国经营性租赁业务目前尚不发达，存在用车手续复杂、取还车不方便、管理不规范等问题，反而给分时租赁业务带来了潜在的发展机会。

3）产品定位相对明确。以美国 Zipcar 为代表的分时租赁公司一心想要代替传统租车巨头，却忽视了分时租赁代步与通勤的需求本质。Zipcar 平台提供超过 50 款不同级别的车型且多以汽油车为主，其中不乏昂贵的宝马、奔驰、重型皮卡等车型，高运营成本不可避免地导致租车价格无法降低，而且这种情况在短时间内无法得到大的改观。而目前我国大多数企业的分时租赁车辆都选用绿色环保的新能源汽车且各分时租赁公司基本采用单一车型，相比美国企业较"轻量化"。同时，当前我国布局分时租赁的企业许多都具备主机厂背景，例如，微公交由康迪和吉利合资成立，上汽将自营的 e 享天开和 EVCARD 合并，北汽和富士康合资成立绿狗租车，首汽集团旗下新能源分时租赁公司推出 Gofun 等，这使得车辆成本及运营成本相对更低，因此，我国分时租赁车辆的整体费率也会更低。相比美国的分时租赁企业，我国的分时租赁企业在产品定位上更加明确，主要专注于短途出行的使用，比如工作日通勤、休息日城市周边半日短途旅行等，目标群体主要是有用车需求但可能无法负担一辆车的年轻时尚群体，整齐划一的车队、车辆外观具备较强的识别度且切合了绿色环保的理念，更好地满足了年轻人追求时尚、个性的需求，同时又不会造成太大的经济压力。

4）客户体验好。在科技不断发展的今天，美国的分时租赁行业虽然以使用便捷自居，但实际上客户体验并不尽如人意，例如，从注册、验证到实际可以用车的时间在 3~7 天，开/关车门依旧需要通过特制的会员卡，用户必须在特定地点选择特定的车辆等，这就意味着，如果出现之前的用户归还车辆不及时、车辆故障以及车辆内部环境脏乱差等突发情况时，用户很可能没有第二选择，以上原因在一定程度上降低了产品使用的便捷性，用户体验并没有官方宣称的那么好。相比美国的分时租赁用车体验，我国公司更加紧跟科技和时尚潮流，部分分时租赁公司已经试行先在手机客户端注册，然后通过信用免押金等方式快速进入后续租车环节，并扫码取车，免去了类似 Zipcar 需要等待 3~7 天收到专用会员卡才能开始用车的等待期；而且我国分时租赁企业使用统一的车型，使客户在遭遇前一名客户无法按时还车、车辆故障和车内环境差等突发情况时，可以立刻更换另一辆车型相同的汽车，减少不必要的用车困扰，还有国家电网支持多种新能源车辆的快充服务，20min20元钱左右的价格可快速充满80%的电量，价格和等待时间都在客户可以接受的范围之内。

《南方日报》曾联合"南方+"新闻客户端发起过一项分时租赁消费者调研，结果显示，超过6成的汽车消费者看好共享汽车的发展，消费者对于分时租赁的接受度也在变高。约85%的受访者表示，虽然当前还未使用过分时租赁的服务，但如果有机会愿意进行尝试。从受访者的职业分布来看，51%为企业员工，20%为学生群体，这两类受访者的特点是偏年轻，对新事物接受度较高，同时对于低成本、高质量的出行有一定的需求。对受访者而言，分时租赁汽车能够：①满足临时出行的需求；②解决暂时买不起车或不想养车的问题；③受好奇心驱使想尝试一下，这也是他们选择使用共享汽车的三个主要原因，占比依次达到34%、25%和24%。而对于最终愿意选择使用共享出行作为出行工具的受访者来说，取车还车的便利性、价格及服务、安全及保险等因素是他们最为看重的，占比依次达到46%、25%和24%。在用车价格方面，98%的消费者认为，可以接受的最高价格不超过35元/h，81%的消费者希望每小时的用车价格不要高于25元。调研结果中还显示了人们对使用分时租赁业务最大的担忧：网点覆盖不足、取还车不方便、充电桩停车场等配套设施不齐全、车太少等。要想更好地推广汽车分时租赁服务业务，一方面应该根据客户的实际需求更好地完善产品和服务；另一方面也应该加强市场宣传力度，让更多的人了解、喜欢、接受并逐渐养成使用分时租赁的用车习惯。

分时租赁的用户群可以分为个人用户和企业用户两类。目前，大部分的分时租赁业务是以微公交、car2go、EVCARD（环球车享）为代表的B2C业务，分时租赁的企业级用户份额非常少，主要有政府机构、园区/科技企业等，这是因为企业级市场刚刚起步，企业级用户可挖掘潜力较大。对于个人用户而言，分时租赁的使用场景较多，以下几类是需要重点关注的服务用户群以及他们的使用场景。

1）短途出游：50~100km的短途出游，目前是分时租赁最主要的使用场景之一。分时租赁能满足无车家庭短途出游私密性、灵活性的需求，受到广大用户的青睐。

2）社区短途通勤用户：此类用户主要需求是在社区和购物中心、公共事业区域的短途固定路线通勤。该类用户使用时间集中，主要为上下班时间和周末。

3）高校学生：以思想前卫的年轻人为主，将分时租赁作为一种新潮体验，该部分人群对价格较为敏感。现在很多城市的大学城离市区较远，公共交通匮乏，而大学生购物、郊游等出行需求较多，难以得到满足，有较大的发展潜力。

4）酒店景点住客：该部分用户主要为外地旅游人群，需求是前往城市的景点，出行特点是地点集中、路线简单。酒店方也有较强的意愿为消费者提供增值服务，例如，首汽Gofun已经和如家酒店合作向此用户群提供服务。

5）业务群体：该类用户以销售、中介、中小企业业务员、摄影记者等为主，他们需要一天内多地周转用车，而且有时随身行李较多，分时租赁汽车便捷、使用灵活、存放行李方便等是他们选择该服务的主要原因。

分时租赁可以看作是传统经营性租赁的一种新型模式，是一种向个人和企业提供按分钟/小时计费的汽车租赁业务，相比单车租赁市场爆发式的发展，汽车分时租赁不具备快速传播、高效增长的特点，但受到宏观环境等多种因素的影响，分时租赁市场仍呈现出利好的趋势。例如，我国政府鼓励绿色、低碳出行方式，国家大力推动新能源汽车发展；人们需要更多种可选方式来满足多点出行的需求；80 后、90 后群体基于移动网络的便捷出行需求的增加；大数据和云计算的发展使得供需双方能够有效匹配碎片化资源；移动支付的成熟以及互联网征信体系的逐步完善等，都加快并促进了分时租赁行业的发展。

（三）P2P 租车

P2P 租车是一种走轻资产路线的租车服务模式，如 PP 租车、凹凸租车等，P2P 租车服务平台并不持有车辆，而是通过搭建共享平台为车主和租车用户提供信息配对，这样不但使私家车提高了车辆使用率，也为车主带来了收益，同时用车人也可以以相对便宜的价格满足自己的用车需求，可谓一举两得、实现共赢。P2P 租车虽然属于租车领域的新兴细分行业，个人向个人租赁车辆，出行平台收取中介费用作为商业模式运营，但是发展情况不容乐观。2016 年，P2P 租车出行方式消费金额仅 6.5 亿元（2016 年出租车行业消费金额为 2313 亿元，专车/快车行业为 269.7 亿元），载客量仅 100 万人次（2016 年出租车行业载客量 765 亿人次，专车/快车行业为 15.3 亿人次）。自 P2P 租车兴起以来，由于进入门槛低、缺乏监管，安全性问题时有曝出，导致租方和借方之间缺乏足够的信任。同时，竞争优势不明显，P2P 租车虽比传统租车价格低，但相比顺风车、快车等优势不强，用户黏性以及用户再使用的频率都不高。

第二节　汽车共享市场细分与目标市场

一、汽车共享市场细分

（一）汽车共享市场细分背景

市场细分程度是衡量一个汽车市场成熟与否的标志之一，也是汽车企业制定品牌、车型战略的基本条件。每一个汽车共享组织和企业受到资源的限制都只能为一部分顾客提供其所需要的产品。这样，每一个企业就必须确定在产业链中何处与其他企业展开竞争，也即必须确定自己所要进入的市场处所，即细分市场。在选择进入细分市场之前，需要通过选择不同的细分变量，以一定的方式对整个汽车共享产业市场进行细分，细分后，还要对每一个产业细分市场的吸引力进行评价以做出选择。我国加入 WTO 后，经济全球化程度的加深以及二元经济结构带来的城乡之间、东中西部之间经济发展的不平衡，决定了汽车市场需求的多元化和差异化，也带来了市场的极度细分，这都给汽车企业的发展模式提出了挑战。如今，消费者选择的多样性，同一细分市场汽车产品的扎堆竞争，大大削弱了一枝独秀的可能性，要想在市场上占据领先地位，就必须在多个细分市场上"全面开花"。需要指出的是，为了应对市场细分而实施差异化战略，并不是将众多新老汽车产品排列在一起那么简单，更重要的是，如何对其进行准确的市场定位、价格定位以平衡新老产品之间的竞争关系，避免 1+1<2 的情况出现，这同样考验着企业的市场营销能力，要探讨细分的真正动力，必须将汽车消费放到整个社会转型的宏观视野下来考量。按照社会学的原理，当一个国家的人均 GDP 在 1000~3000 美元时，整个社会将加速从传统的一元结构社会向多元化的现代社会转型，而伴随着互联网的迅速普及和传播的大众化，整个社会已从"多元化"向"碎片化"转型，反

映在消费领域,就是消费者因价值观、审美需求等方面的差异而被分割成一个个"碎片",当这些"碎片"产生购买行为时,便形成了细分市场。可以肯定的是,随着消费者碎片化和各种汽车新型消费模式引进的同步加速,汽车市场细分化的趋势不会中止,其步伐只会越来越快,如何寻找真正属于自己的细分市场,成为所有汽车共享组织和企业面临的生死问题。细分市场必须满足一定的原则才能成为有效的市场细分,可衡量性使细分市场可以被识别和衡量,亦即细分出来的市场不仅范围明确,而且对其容量大小也能大致做出判断;可进入性,即细分出来的市场应是企业营销活动能够抵达的,亦即是企业通过努力能够使产品进入并对顾客施加影响的;市场有效性,则使细分出来的市场的容量或规模要大到足以使企业获利;对营销策略反应的差异性,使各细分市场的消费者对同一市场营销组合方案会有差异性反应。

汽车共享市场的发展可以分为四个阶段(见图7-5),即探索期、市场启动期、高速发展期和应用成熟期。

1. 探索期(2010年—2015年)

虽然我国汽车共享服务2010年就已经出现,但最初发展缓慢。自2014年起,随着互联网巨头腾讯、阿里巴巴、百度等的加入,汽车共享服务商通过对用户和驾驶员进行大规模、强力度的补贴迅速打开市场。2015年1月,神州租车与优车科技共同宣布在全国60座城市同步推出B2C模式汽车共享服务——神州专车,主打中高端出行服务,依托神州租车的自有车辆资源,强势进入汽车共享市场并迅速占据一席之地。部分网约车平台的合并产生了协同效应,整合双方的技术、人才优势,集中双方驾驶员、用户资源,推出了多元化出行服务产品,提升了整体竞争力。在探索期,各汽车共享服务商以强补贴的方式进行跑马圈地的同时,也加速了汽车共享出行理念的渗透,逐渐培养出了用户新的出行习惯。

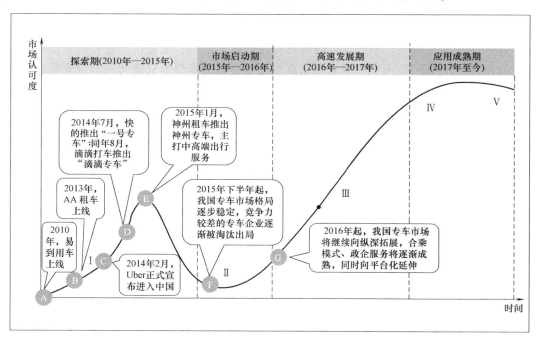

图7-5 汽车共享市场发展阶段

2. 启动期（2015 年—2016 年）

2015 年下半年开始，政府对互联网出行的监管逐渐加强，汽车共享市场运行逐渐规范化，市场格局逐步稳定，汽车共享市场进入启动期。我国互联网汽车共享出行市场逐渐从渠道导向向服务导向转变，我国共享汽车服务市场竞争日趋激烈，中高端用户在使用共享汽车服务的过程中对服务质量敏感度较高。汽车共享服务提供商通过提升用户服务和用户体验，进一步提升旗下用户忠诚度并优化用户结构。同时，我国各个汽车共享服务提供商加速平台化布局，陆续上线了快车、顺风车、代驾、巴士、试驾、快车拼车等产品线，从最初的单一领域扩张形成完整的城市交通 O2O 生态平台，其车主资源和乘客资源已经在出行生态圈中形成完美循环。

3. 高速发展期（2016 年—2017 年）

2015 年起，我国汽车共享市场的竞争就开始日趋激烈，这种竞争态势在 2016 年继续延续，服务质量成为我国汽车共享市场竞争的焦点，汽车共享服务提供商从现金补贴向服务补贴进行转化，并开始有针对性地对用户体验进行纵向深化。经过了数年的发展，互联网共享汽车已成为我国移动互联网用户的常用出行方式之一。2016 年，我国互联网共享汽车市场已进入高速发展期，用户增长率保持平稳并在高速扩张的同时继续深化用户体验。汽车共享市场呈现以下趋势：

1）用户体验纵向深化。经过了数年的发展，互联网共享汽车已成为我国移动互联网用户的常用出行方式之一。当前，我国各大主流互联网共享汽车服务商经过了长期的高速扩张，在市场体量上已经拥有了长足的进步，但服务与体量之间仍然存在断层。2015 年，我国主流共享汽车服务提供商纷纷上线了实体车站、虚拟号码等服务差异化产品，未来将继续在原有基础上强化服务质量，以优质的服务保证其活跃用户数的稳定增长。

2）服务覆盖向三四线城市扩张。除了继续提升用户体验以外，我国主流互联网共享汽车服务商亦将开始继续挖掘新的市场机会。研究发现，虽然目前一二线城市是我国互联网共享汽车服务的主要订单贡献区域，但三四线城市仍然潜力较大。未来，我国主流互联网共享汽车服务商将继续挖掘三四线城市的互联网出行潜力。

4. 应用成熟期（2017 年至今）

我国互联网汽车共享出行市场竞争趋于白热化，重压之下，汽车共享企业开始探索新的融资渠道拓展业务范围、增加变现渠道，向更加多元化的方向发展，增强企业的整体竞争力。经过了数年的发展，互联网共享汽车已成为我国移动互联网用户的常用出行方式之一，我国互联网共享汽车市场的用户增长率将保持平稳，汽车共享服务商在高速扩张的同时将继续优化用户体验。管理规范、运营健康的汽车共享企业未来将在市场占据一席之地，缺乏运营能力和资金实力的企业将退出，汽车共享市场将出现多家大企业共存的寡头竞争格局。在汽车共享产业发展过程中，基于原有的市场细分方法所得到的市场将被越来越多的竞争者所占有，这必将造成该细分市场竞争的激烈程度加剧，使各企业的利润变薄，从而使得该细分市场的吸引力越来越弱。从战略的角度讲，到了这个时候，汽车共享各组织和企业必须考虑如何选择和转移的问题。各组织和企业必须重新审视在汽车共享产业中进行竞争的平台和在哪些细分市场上能够使企业的集聚战略保持持久性，使汽车共享组织的竞争力持续较长时间。汽车共享各组织在重新进行产业细分时，如果能够发现那些目标广泛的竞争对手未能提供较好服务的细分市场，则在这些市场中采用集聚战略可能既持久又有利图，对企业的生存和发展都具有重大意义。因此，在汽车共享企业成长过程中，有必要进行多次的产业细分，并重新确定企业将要竞争的领域；还要在分析了其吸引力大小后，选择适合于自己的细分市场，以此赢得新一轮的竞争优势，此过程会交替往复地不断循环下去。要对共享汽车产业市场进行细分，我们依据的标准是什么？在迈克尔·波特产业市场细分理论中，指出了四个市场细分变量：产品种类、买方类型、买方地理位置和销售渠道。

（1）**产品种类** 在产品细分市场方面，最典型的产品差异体现在共享汽车的排量、技术或设计性能等方面，这一般和人们的思想观念比较一致。但对于其中一部分相关联的不同产品标识，则应当选择最能够衡量结构差异性的因素。

（2）**买方类型** 在买方细分市场方面，必须考察汽车共享产业服务的最终买方的所有不同类型，寻找重要的结构或价值链差异。这是要加以重视的最重要方面。

（3）**销售渠道细分市场** 基于销售渠道来辨识细分市场，应当辨识出共享汽车送达买方的全部现行的和可行的销售渠道，所用的销售渠道对汽车共享企业构造其价值链和现有的纵向联系具有多种影响，它还可反映重要的成本驱动因素。

（4）**地理细分市场** 地理位置能影响买方的需求和服务于买方的成本，典型的地理细分是建立在以下因素基础上的：本地、地区或国家、气候带、国家的发展阶段等。

（二）汽车共享细分市场结构

汽车共享是汽车租赁行业的一个细分市场。本质上，汽车共享服务提供的还是基于汽车产品的一种租赁服务，它不能脱离汽车这个载体而独立存在，汽车共享服务满足的也是人们对于汽车的使用需求。从这个意义上讲，汽车共享可视为汽车租赁行业的一个细分市场。从消费者类型来细分，汽车租赁市场可分为个人消费者市场和企业消费者市场；从租赁时长来细分，可分为短租小时租、日租市场和长租半年、一年市场，汽车共享关注的重点是个人消费者的短租市场。进一步而言，如果从消费者类型和租赁时长这两个维度将个人消费者的出行方式来细分，即可得到如图7-6所示的细分市场结构。汽车共享作为公共交通的一个重要补充，提供给个人消费者一种更加灵活的出行方式，这一点也是汽车共享的核心理念所在，它鼓励的是一种新型的交通出行方式——在大多数时候，人们通过公共交通就可以方便地出行，在少数情况下可通过汽车共享的方式来使用汽车，把这些零散的需求集中起来便形成了汽车共享的细分市场。

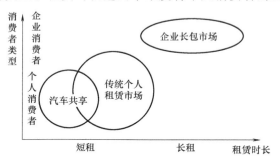

图7-6 汽车共享细分市场结构

国外的汽车共享组织统计的数据表明，汽车共享组织的成员容量一般占共享服务覆盖地区拥有驾照人数的0.5%~1.5%。截止到2008年年底，我国拥有驾驶执照的人数已经超过1.2亿，按照这个比例估算，可以参加汽车共享的人数在60万~180万；同时，我国拥有驾照的人数还在以每年超过10%的速度迅速增长。假设汽车共享组织每名成员每年的消费金额为5000元，那么汽车共享市场的年销售额在30亿~90亿元之间，这个规模足以支撑其成为有效的细分市场。

目前，我国汽车共享市场的用户结构按汽车用途可以划分为以下几个层次。第一层次是单位用车，主要以三资企业、中小企业以及大型企事业单位为主，一般用于满足企业经营及公务、商务活动的需要，这部分消费占整个汽车租赁市场的57%左右；第二层次为商旅活动用车，针对的客户是高收入人群，用以满足这些人员在异地进行商旅活动时对交通方面的要求，同时也解决了他们在本地的公私接待事务方面的需求，这部分用车占整个汽车租赁市场的25%左右；第三层次为家庭、个人用车，主要以中高收入家庭为主，其主要用途为家庭旅游、探亲访友、临时外出等，这部分用车占整个汽车租赁市场的18%左右。另有汽车租赁市场专项调查表明，租赁汽车的主要用途依次为国家企事业单位和三资企业的公务用车，节假日郊游私人用车，接站及陪同用车等。而在汽车租赁市场的庞大消费者群体中，最主要的消费者是三资企业的职员，其占整个消费群体的65%。另外，各驻地办事处、个体或私企单位以及新闻、医疗、金融机构的员工也占有一定的比例。我国汽车租赁的主要车型及品牌从车型上看，国内汽车租赁市场的运营车辆有乘用车、微型客车以及中轻型客车、货车，但微型客车、中轻型客车、货车的数量在整个汽车租赁市场中所占比例很低，甚至很多城市都已经取消了这些车型的租赁业务。如果按照车辆的档次来划分，运营车型又可分为高、中、低三个档次，其中低档车以微型客车、微型乘用车为主，中档车以国产乘用车为主，高档车则以进口小型乘用车及部分国产高档乘用车为主。随着汽车租赁市场的发展和日渐成熟，租赁企业为满足客户需求，一般都尽可能多地增加不同档次、不同品牌的运营车型。

二、汽车共享目标市场定位

（一）目标市场

汽车共享作为一种新兴的汽车使用方式，其实也可以看作是一种新型的汽车租赁方式，但相对于传统租车，汽车共享租车的方式在时间和地点上更为灵活，而且普遍借助智能手机APP预订车辆，通过有电子感应功能的会员卡自助式租车的方式，因此要比传统租车便捷得多，也更可能替代私家车。汽车共享服务针对的是用户的短时自驾需求，可以看出，汽车共享的目标用户跟出租车有很大的重叠。总体而言，汽车共享的目标市场是这样一群个人消费者：①日常出行以公共交通为主，同时也有短期的汽车使用需求；②注重出行方式的灵活便捷性，同时又不愿意承担购买私家车的高昂成本；③以20~30岁的年轻人为主，大多受过高等教育，因此更容易接受新的生活理念和出行方式，同时事业也处于成长期，薪资收入基本在中等水平。进一步通过对汽车消费市场进行市场调研和消费者行为分析得知，汽车共享服务组织或者公司的服务市场除个人消费者还有机构客户和企业消费者。对汽车共享服务市场进行科学细分，正确地选择目标市场，将共享汽车进行市场定位，针对目标市场不同层次消费群体的用车需求量、消费水平及消费理念，制订不同的市场营销方案，使汽车共享的资源得到充分利用。对于以上这三类汽车共享的目标消费者来说，在使用模式、经营利润、服务方式上都有不同，需要汽车共享服务商对于不同的消费者考虑有不同的营销方式。

1. 私人客户

1）买不起、养不起车，但会开车且偶尔需要用车的学生、年轻人和低收入人群。

2）仅仅是偶尔需要短途自驾的游客。比如在一些海滨城市，海滩边的度假区离市中心较远，来度假的游客大部分时间在宾馆周围活动，但可能某天晚上愿意花两个小时去距离稍远的市中心转一转。

3）中心城区居民。虽然买得起车但没有地方停车，大多数时间出行靠公交，乘出租车也很方便，所以才选择不买车，但偶尔需要去超市大采购或者去公交不方便的郊外，会需要共享汽车。

4）平常搭公共交通上下班，但偶尔想去乘公交不方便的地方吃饭的上班族。

5）大部分时间只需要一辆车，但偶尔会需要第二辆车接送孩子或者办事的家庭。

6）有一辆普通的家用车，但偶尔也需要一辆皮卡或大型 MPV 运东西，或者一辆 Smart 去特别拥堵的地方，或者一辆高档乘用车出席一些活动的个人或家庭。

7）汽车爱好者，喜欢通过汽车共享的方式尝试不同类型的车。

2. 机构客户

汽车共享也可以跟一些机构达成合作，由机构提供车位，汽车共享服务商提供一些车型和比较优惠的价格，这样一来，机构解决了公务用车的需求，服务商也扩大了市场。

1）有一些机构在一个城市有几个办公地点，往来其间没有方便的公共交通工具，但往返的频率和人数又不适合开通班车，就可以跟汽车共享公司合作在几个地点都设置一两辆汽车，相当于一种公共交通服务。这样一来，机构摆脱了购买和维护公车的麻烦，同时因为所有的用车行为都有记录，又解决了公车私用难以监管的问题，只需报销用车费用即可。

2）虽然很多员工开车上班，但有时面对部门聚餐或者是几个人一起去同城市的另一个机构出短差的情况，开某一位员工的私人车辆可能并不合适，而这种需求的总量又不足以支撑机构购买公车。这种情况下便可以利用公司附近已有的汽车共享的站点，通过机构账户租车使用，或者通过提供车位与汽车共享公司合作，汽车共享公司可以利用免费车位在整个地区扩大服务，而机构则可以获得更优惠的用车价格。

3）机构员工经常去出差的几个城市都有比较完善的汽车共享网络，同时比按天租车更便宜、更方便（比如，如果几个城市都有自由流动式的汽车共享服务，同时每天实际需要开车的时间并不长），那便可以跟汽车共享服务商达成长期合作关系，以享受更低的价格。

作为汽车共享服务对象中的重点——个人消费者而言，汽车共享服务商的市场营销地点应该设在以社区为主的地点，通过加大社区宣传力度，树立典型应用事例，在目标客户附近提供一些样品车辆或者试驾机会。另外，积极参与一些社区活动也是一种比较低成本、高效率的开拓社区用户市场的方法。作为服务对象之一的企业消费者，汽车共享服务对其最具吸引力的地方就是取代上下班期间需使用的公司班车，在这种情况下，汽车共享服务商在营销过程中需要着重强调的是汽车共享给企业带来的成本节约效应，让企业消费者切身感受到汽车共享服务给自身带来的好处。

（二）市场定位

目前在世界范围内，汽车共享组织已经有了一套较为完善的体系给使用者带来了极大的便利。①可以省去使用者的购车成本，用户不必花费昂贵的费用购买私家车；②快捷的预约服务使用户可以方便灵活地享受汽车共享，用车结束后使用信用卡直接在网上支付，月末邮寄记账单；③会员对于车型有更多的选择，满足其在不同场合的用车需求；④汽车共享组织提供了专门的停车场和维修站点，为会员节省了更多的时间和经济开支；⑤汽车共享在一定程度上减少了能源消耗，改善了交通环境，也符合大力发展城市公共交通的社会需求。汽车共享的众多车型可以满足不同消费者的用车需求。根据车型档次的高低制定了不同的使用费用，消费者基于不同的用车需求加入汽车共享组织。比如，有些用户在假期体验驾驶高档车型的乐趣，有些用户倾向于使用中低档车型作为日常代步工具，还有一些家庭为了家庭成员的出行方便选择共享汽车，汽车共享的客户群体呈现多元化发展的趋势。汽车共享服务站的选址也会影响消费者行为,从欧美国家的一些成熟经验来看,汽车共享公司倾向于在住宅社区附近或公共交通枢纽内或者是小区地下的停车场内设取还点。据调查,一般共享汽车停车场距离使用人群的最长距离为1500m,而且固定用户也需要达到一定规模,一般为50~300名固定用户,这样汽车共享停车场的使用效率才能满足公司的盈利要求。在欧洲和北美进行的调查显示,参加汽车共享组织的成员大多年龄在25~40岁,中等偏上教育程度,男性多于女性(男性占比65%),收入水平中等偏低,对环境和交通拥挤问题敏感,这类人群所对应的汽车消费市场是低端或者是中低端。另外从汽车共享的使用情况来看,汽车共享的消费者以受过较高水平教育的人群为主,因其以自己的常识和知识体系可以较为轻松地了解汽车共享的运行体制,从而更快地接受汽车共享模式,这类人群通常处于中等收入水平,其收入水平介于使用私家车和汽车共享服务之间,并非是汽车共享行业最为受益的群体。针对汽车消费心理的研究显示,低端市场重视价格,低中端和中端市场注重时尚和性价比,中高端市场注重的是"平衡兼顾"的内在品质和个性品位,而高端市场注重的是品牌,现有模式的汽车共享主要客户群为中低端和低端消费群体。这是因为,第一,采用汽车共享的消费者一般都无力支付高昂的私家车使用成本(折旧、购车贷款利息、税收、保险、燃料成本、维修保养),同时还想拥有驾乘小汽车的舒适体验,特别是一些人出于经济原因而无力购买私家车,从而影响了自己出行的灵活性和舒适性,汽车共享对他们而言是一个解决问题的方法。第二,汽车共享适合于那些不需要依赖该服务进行日常通勤的人群,典型的会员类型是生活在人口密集的社会群体中,并且已获得了初级交通方式(公交、出租、自行车等)的人群。调查德国交通参与者的动机时发现,使用成本并不是加入汽车共享组织的最主要原因,邻近的居住地和可靠的用车保证才位居加入汽车共享动机的因素的前两位。在欧洲进行的另一项调查显示,不参加汽车共享的主要原因有:许多汽车共享组织的非职业化运作、产品和服务的不充分、比公共交通成本更高、车辆不能保证在家庭所在地附近获得等。因此,应通过有效措施更广泛、深入地宣传汽车共享,使之受到更广大群体的认可。

既要看到潜在的风险,即消费者选择的多样性,同一细分市场的竞争大大削减了一枝独秀的可能性,同时又要在多个细分市场挖掘更大的机遇,保持汽车消费持续增长,开发汽车共享市场经营资源,为振兴我国汽车市场而贡献出自己的力量。根据对汽车共享目标用户比较优势的考察,汽车共享服务更适合在下列这些地区开展:

1)人工成本较高,但车辆成本相对较低的地区。

2)对于中等密度的城市,完全以公交为主可能因为客流量不够而需要高额补贴,完全以私家车为主又会造成拥堵,共享汽车则可以作为对公共交通和私家车的补充,更适合这类城市。

3)城市中心人员密集,有发达的公共交通系统。但城市外围存在人员密度相对低的郊区,公共交通不便,市中心的居民需要偶尔驾车出行。

4)因为城市面积过大或规划不当导致公共交通速度太慢,但因为种种原因又没有地铁等快速公共交通方式,或者即使有也不够方便,导致没有车在城市中寸步难行,但也有相当数量的居民因为各种原因无法购买私家车。

5)位于郊区、公共交通相对不便的大学城。

6）通勤火车或者区域快速铁路经过缺乏接驳公交的低密度地区时，可在站点附近开设汽车共享，解决从车站到目的地最后几公里的交通需求。

7）一些旅游区和市中心距离较远，公共交通往来不便的度假城市。比如一些海滨城市，游客大部分时间在海滩活动，但偶尔需要在市中心和海滩之间往返。共享汽车会比公共交通便宜、快捷、舒适，而且比连续租几天车更为经济。

展望未来汽车共享的发展，不同的汽车共享模式将相互渗透，综合性的出行平台将具有很大的发展潜力，独立的、单一业态的共享汽车将难以拥有足够的黏性和规模。同时，线下运营能力将越来越重要，重资产模式在共享出行领域将不可避免，纯粹的互联网平台企业将遇到更多的挑战。未来，汽车共享出行将必然与公交系统、铁路、民航打通，为消费者提供更加便利的综合性一体化交通出行解决方案。汽车共享是我国未来智慧交通的核心组成部分，智慧城市的发展也将需要共享汽车的大量数据支撑。汽车共享企业将会是我国构建智慧城市和智慧社会的重要力量，因此可以预见，未来在汽车共享领域将有更多、更深刻的变革。尽管入局汽车共享的企业众多，但由于投入成本高、配套设施缺乏等原因，行业难以形成像共享单车那样的"大玩家"。当前，在行业火热的表象之下，实现盈利的企业寥寥无几，甚至有个别企业已经倒闭，何时盈利是摆在共享汽车企业面前的一道难题。目前，分时租赁行业由于规模小而导致大多数企业处于亏损阶段，而经营上规模的很大一个阻碍就是服务能力和基础设施落后。汽车共享企业普遍面临找不到车、可用车辆少、停车难、充电桩少等问题，需要引导资源的合理配置，并且对城市道路管理提出了新挑战。分时租赁使用小型客车，仍是一种非集约化的出行方式，需要在优先发展公共交通的前提下统筹考虑城市经济发展、交通出行结构、汽车保有量、停车资源等实际情况，因地制宜、因城施策，研究建立与本地公众出行需求、城市道路资源、停车资源等相适应的车辆投放机制。车辆投放机制应当考虑大中小城市的不同特点，对于城市道路资源紧张、环境约束趋紧的城市，特别是北京、上海、广州、深圳等特大城市，其车辆投放规模应与中小城市有所差别。随着共享经济在我国的兴起，曾在美国市场失败的汽车分时租赁很有可能在我国取得成功。我国人均拥有汽车少，传统汽车租赁公司发展一般，一二线城市交通比较拥堵，这都使得分时租赁坐拥天然沃土。共享汽车的未来或是无人驾驶，无人驾驶技术将分时租赁和网约车合二为一，对网约车、分时租赁将产生革命性的影响。

第三节 汽车共享市场营销策略与机会

一、汽车共享市场营销策略

（一）汽车共享市场营销理念

汽车营销策略是企业以顾客需求为出发点，根据市场经验获得顾客的需求量及购买力信息，有计划地组织其各项经营活动，市场营销理论中通用的有4P原则：产品（product）策略、价格（price）策略、渠道（place）策略和促销（promotion）策略，通过为顾客提供满意的商品和服务来实现企业目标的过程。影响汽车市场营销策略的主要因素有宏观环境因素和微观环境因素。对于汽车共享组织和企业来说，宏观环境因素是企业运行的外部环境，既不可控又不受影响，但它对汽车共享组织和企业营销成功与否起着十分重要的作用，包括政治与法律环境、人文环境、自然环境、社会与文化环境、经济环境、技术环境等；微观环境因素则是围绕在汽车共享组织和企业周围并密切影响企业营销活动的各种因素，包括竞争者、供应者、中间商、购买者、公众、企业内部的各部门协作等。21世纪是市场营销发展史上具有划时代意义的时期，新的营销理论、方法、技术不断涌现，特别是互联网技术在市场营销领域的应用将我们带入了新经济时代。在这个时代，汽车共享消费者的行为跨越了多个渠道，消费者的需求和行为与新技术结合在一起并用新科技武装起来，这种汽车共享消费者的行为混合了传统和现代的、理性的和感性的、虚拟的和现实的因素，使汽车共享组织和企业间的竞争越来越白热化。

汽车共享市场营销策略必须紧紧围绕汽车共享理念的三个核心内容来展开。

一是便捷性。现代的汽车共享组织区别于传统汽车租赁巨头的重要环节在于共享汽车停放地点的选择。汽车共享组织通常都在目标市场区域内设多个停车点，每个停车地点停放一辆至几辆共享汽车不等，这样方便目标消费者取车、还车；而传统汽车租赁企业的停车地点通常设在门店，受制于门店的数量比较少，取车、还车都不方便。另外，汽车共享组织都可通过网络完成预订车辆的手续，利用智能卡技术来开启预订车辆的车门，这些高科技的大量运用极大地提升了共享汽车使用的便捷性，成为吸引个人消费者选择汽车共享服务的重要原因。因此，汽车共享服务的产品和服务策略必须突出便捷性这个特点。

二是经济性。经济性是汽车共享组织发展成员，特别是从那些有购车计划的人群中发展成员的重要手段。在交通拥堵的现状下，私家车的利用率并不高，消费者使用共享汽车出行在成本和利用率上比购买和使用私家车更划算。因此，汽车共享组织在制定定价策略和促销策略时，尤其需要凸显汽车共享在经济性上的优势，以争取用户。

三是环保理念。汽车共享可以减少人们对拥有私家车的需求，平均来看，每一辆共享汽车可以减少10辆私家车的采购需求，从而降低汽车尾气排放污染，保护环境；另外，部分汽车共享组织已经在积极引入纯电动车辆或混合动力车辆来进一步践行环保理念，绿色GDP已经是社会经济发展的必然趋势。由此可见，汽车共享组织的营销策略中引入环保理念是现代市场营销观念的大势所趋，可争取当地政府的政策支持，并通过宣传企业的环保理念来吸引个人消费者。

随着共享经济时代的到来，市场营销领域不断发生着变革，汽车共享营销理念也在不断更新。

1. 关注汽车共享顾客终身价值

近百年来，尽管企业市场营销理念经历了由生产导向观念向社会营销观念的演变，但大多数的公司通常关注的是从每笔交易中能获得多少利润，这种观念极易导致企业发生短期行为，不利于企业的长期发展；而且顾客的忠诚度也不高，很容易丧失顾客。在共享经济时代，汽车共享企业关注的不仅仅是所能获得的利润，还关注每位顾客的终身价值，通过设计产品和价格以期在共享汽车顾客的终身消费中获利。顾客终身价值是基于顾客生命价值预期，由未来利润产生的价值，是一个衡量营销活动成功与否的非常重要的指标。一般用以下两个比率来衡量顾客的终身价值。

1）顾客保留。顾客保留率＝隔年的顾客数/某年的顾客数；顾客保留率越高，表明顾客对企业的评价越好。

2）顾客权益，即企业所有顾客生命价值的贴现总计，很明显，顾客越忠诚，顾客权益越高,公司可以从预期收入中减去用来吸引和服务顾客以及销售所花费的预期成本;这个指标用来与营销策略及成本做比较,可以预估对某一顾客群的营销是否会成功,如果成功的话利润大约是多少,反之如果失败的话,就应取消对这类客群的营销,因为这对营销的成败有着决定性的影响。

2. 以汽车共享顾客满意为目标

尽管大多数汽车共享企业已树立起现代市场营销理念,但他们的最终目标是使企业价值最大化,而不是通过满足顾客的需求达到顾客满意。在共享经济时代,汽车共享企业所寻求的应是尽可能地使顾客满意,最终实现包括利润在内的企业目标。汽车共享企业在通往成功的路上不仅要考虑股东的利益,同时还必须保证顾客、员工、供应商等的利益。汽车共享企业必须遵循这样一个理念:在总资源一定的情况下,企业必须在保证其他利益方能接受的满意水平的同时,尽力提供一个高水平的顾客满意度,只有让顾客满意了才能够留住顾客,才能提高顾客的忠诚度。留住汽车共享的旧客户比开发新客户更重要。著名的"二八定律"指出:一家企业80%的收益是20%的客户带来的。如何找到汽车共享企业的那20%的客户,并提供完备的客户服务,进而增加交易次数,从而增加企业的利润,这对汽车共享组织和企业来说是一件非常重要的事情,现在很多企业采用客户关系管理系统(CRM)来找出对企业最有价值的客户。西奥多·莱维特在他著名的《市场营销的近视症》一文中曾指出,每一个行业一度都是增长性的行业,然而虽然一些行业还处于增长的热潮中,却在很大程度上被衰退的阴影所笼罩。他指出:只重视产品本身的质量、价格、性能,却忽略了产品的最终使用者与消费者——"顾客"的需求特性,产品成了企业营销的目的,这必然使得大部分企业陷入销售下降、库存积压的困境。菲利浦·科特勒不止一次地指出:必须取悦自己的顾客,但同时还必须明白也不能对这些顾客过于百依百顺,过于百依百顺就成了市场营销狂热症。汽车共享组织和企业在营销过程中,要把完全满意的顾客和其他顾客严格区分开,完全满意的顾客可以视为企业的忠实顾客,与他们保持活跃、长期的客户关系,可以通过他们的重购不断获得利润,要定期听取他们的反馈意见,不断改进自己的产品和服务,以保持这一部分顾客的完全满意;同时,抓住满意但仍不稳定的那一部分顾客,通过各种调查形式了解他们的真正需求,合理地应用到企业的运作中,争取开辟出更大的市场。但值得指出的是,不要盲目迎合顾客的需要去修改自己的产品和营销方式,以致耗费资金和精力而最终成为市场的附属品。

3. 向整合营销转变

激烈的市场竞争如大浪淘沙,迫使汽车共享组织和企业不断地审视自己的企业与所面临的市场营销环境,据此不断地调整企业的营销策略与战略,或者确立新的营销理念,或者修正原有的营销方式。整合营销理念正是鉴于汽车共享组织和企业在希冀兼顾企业内外整个价值链上的所有目标的指引下,逐渐演变和发展起来的一种更适合现代市场竞争的营销理念。整合营销就是"根据目标设计(企业的)战略,并支配(企业各种)资源以达到企业目标"。菲利浦·科特勒指出:整合营销包括两个层次的内容,一是不同营销功能,如销售、广告、产品管理、售后服务、市场调研等必须协调;二是营销部门与企业其他部门,如生产部门、研究开发部门等职能部门之间的协调。在共享经济时代以及现代高科技背景下,社会进入无差别化时代,尤其是在买方市场下,企业竞争已不是孤立的产品竞争,而升级为企业整体形象的竞争,这就要求汽车共享企业的营销工作不仅仅是靠营销人员进行营销而是整体

第七章 汽车共享服务营销管理

营销，市场营销应是每个人工作职责的一个组成部分，人人都要参与营销工作。汽车共享企业中各个部门的领导要给予顾客足够的重视，让顾客达到最大的满意程度，这样整个企业就能形成以顾客为中心，以顾客满意为最重要标准的良好企业氛围，从而留住更多的老顾客并吸引更多的新顾客，形成一个良性循环的态势，这样才能真正做到使顾客满意，最终实现汽车共享企业的目标。确切来说，市场营销不只是一些专家的责任，汽车共享企业里的每个成员都必须承担起了解顾客需求的责任，并为发展和传递其创造的价值做出贡献；同时也应成为企业文化的一部分——以顾客为中心的组织文化，必须协调组织中的所有部门朝着共同的任务和目标而努力。整合营销的实质是谋求从供应商——生产商——分销商——顾客整条价值链的最优化，可以把整合营销视为是对价值链的整合，而整合可以保证提供产品或服务的各个环节的质量以实现顾客价值的最大化，还可以更有效地管理各种相关资源以获取较大的经济效益，因此，整合既有利于顾客又有利于企业，可以实现双赢。在共享经济时代，创造市场也许比适应现存的市场更加重要，创造市场比细分市场和确定目标市场更为生动，市场竞争也更为激烈的。而整合营销要求汽车共享组织和企业主动地迎接多变的市场挑战，更加清楚地认识市场与企业的互动关系，不仅要分析现有的市场研究如何尽量扩大市场份额的策略，更应未雨绸缪，研究消费者的新需求，发掘潜在的市场，从而开创新市场。整合营销推崇企业用动态的观念看待市场，一个汽车共享组织和企业市场优势地位的确定与稳固，在于企业能否深刻地领悟市场发展的方向，以及是否有能力根据市场的变化及时调整自身的战略，充分利用自身以及"外脑"来适应变化着的市场。在复杂动态的营销环境下，一个汽车共享组织和企业只有成为市场营销的开拓者，开创新的市场并不断地保持领先地位，才有可能拥有持久的生命力、成长能力和核心竞争力。我国已加入世界贸易组织（WTO），我国的企业面临严峻的竞争环境，因此我国的企业一定要全方位地与国际接轨，要重视顾客，关注顾客，服务顾客，要在营销理念上有一个彻底的转变。成功的汽车共享公司将是那些能使自身的营销理念与自身的市场地点和市场空间同样迅速变化的公司。要想在激烈的市场竞争中立于不败之地，就必须在营销理念上结合实际进行相应的变革与创新以适应新经济时代的要求，提高核心竞争力，获得持续的生存和发展能力。

4. 提供定制化服务

20世纪80年代以前是大规模生产时代，消费者接受标准产品，其认同扩大了经济规模，从而推动了市场的扩展和价格的降低。但是，"每一个顾客都是独一无二的"，这个一度为大规模生产所掩饰的真理逐渐凸显，并日益为营销界所重视。20世纪50年代"市场细分"概念的提出，80年代对"市场定位——创造新的差异以赢得市场"的强调，都是这种趋势的反映。然而这种细分针对的仍是较大的群体，并假设属于一个细分市场的消费者群体有着相同的需求和欲望，但事实上，这些消费者并非同一人，如某些汽车共享细分市场的消费者希望增加除提供共享汽车以外的附加性能和利益，而另一些共享汽车的消费者却希望放弃他们不想要的这些内容，因此，无论是市场细分还是市场定位，都不可能精确到每一个人。随着人们生活水平的提高，需求不断向多样化和个性化方向发展，进入20世纪90年代，随着将市场细分"细分到个人"的呼声日益强烈，同时柔性生产系统（FMS）以及互联网的出现和快速发展，使"面向个性化客户的需求进行生产，同时不放弃效率、效力和低成本"成为可能。正是在这种背景下，定制营销卷土重来，并逐渐成为汽车企业竞争的新前沿。定制营销的理念是指在大规模生产的基础上，将市场细分到极限程度，它的核心目标是以顾客愿意支付的价格并以能获得一定利润的成本为前提，高效率地进行产品定制。美国著名营销学者科特勒将定制营销誉为21世纪市场营销最新领域之一。目前，我国一些汽车共享企业也已意识到提供定制化服务对扩大市场份额的重要性。据有关资料显示，在顾客提出要求之后再定制服务，相比在没有明确顾客提出的要求预先定制要节省很多费用。但值得指出的是，我国大部分汽车共享企业实行的仍是大众化营销、标准化服务，绝大多数的汽车共享企业还没有真正认识到定制化服务能为企业的发展带来益处，这样在激烈的市场竞争中极易丧失顾客，最终失去市场。定制营销具有提供标准化服务所不具备的优势，能给汽车共享企业和顾客都带来巨大的利益，还能最大限度地满足顾客对共享汽车的需求，为企业赢得更多的订单；它采用差异营销，而且具备因大规模定制方式而成本低的优势；它使企业与顾客的联系更加紧密，也有利于缩短流通环节，减少流通费用，提高资源的配置效率，体现了社会营销的思想，由此可见定制营销对提高企业竞争力有着重要的作用。

（二）汽车共享企业产品策略

如果不了解本品和竞品的优势和劣势，就很难吸引消费者。汽车共享市场营销的目的也正是如此，通过营销手段让消费者充分了解共享汽车产品的优势，进而产生使用欲望。产品优势分析包括本品分析和竞品分析。在营销活动中，本品一般会拿来与其他竞品进行对比，现代消费观念中汽车成为必不可少的购买品。对于大部分处于中低端消费水平的人来说，即便他们无力支付这笔开销，很多人也会贷款购买汽车，无形中增加了自己的经济负担。另一方面，现代年轻人消费观念超前，乐于尝试新事物，如果政府给予支持性政策，汽车共享企业建立完善的营销模式满足年轻人对汽车的需求，那么具有便捷性、经济性、环保性等优势的汽车共享业务势必成为一种潮流。汽车共享组织在目标市场设多个停车地点，并且可以利用手机完成预约手续，这不仅方便了消费者取车还车，还极大地提升了共享汽车的便捷性；在交通拥堵的现状下，私家车的利用率并不高，有调查显示，64%的私家车每月行驶里程数平均不足1000km，消费者使用汽车共享出行，在成本和利用率上相比购买私家车更为经济；在空气污染严重、资源短缺等环境问题有增无减的情况下，大家对环保更加重视，汽车共享组织采用新能源汽车，相比私家燃油车更加环保，而且出行成本更低。从世界各国的汽车共享组织来看，人车比从1∶7到1∶54。大的汽车共享组织，人车比大抵稳定在1∶21。即使考虑到有些用户的自备车，一辆共享汽车可以取代的私人汽车数字仍然在1∶6至1∶12之间，也就是说，汽车共享将至少减少50%以上的私人汽车拥有量。根据1990年—1994年国外进行的三个调查，汽车共享能够显著减少其成员的车辆拥有及购买，约有30%的成员加入汽车共享组织后卖掉了他们的汽车；而在挪威奥斯陆，68%的成员在加入汽车共享组织后卖掉一辆车。汽车共享组织不仅带来汽车拥有量的减少，同时还影响其成员的其他交通行为。多个研究发现，成员一旦加入汽车共享组织汽车使用将减少约1/3，改为步行、骑自行车或乘公交。在德国的研究发现，汽车共享将每人每年的汽车出行距离从7000km减少到4000km，约减少43%；瑞士汽车共享组织研究结果是，加入汽车共享后其成员的汽车出行将减少33%~50%；在荷兰，已经拥有私人小汽车的成员在加入汽车共享组织后，每年的汽车出行减少37%，从约16000km减少为10000km。对汽车共享的研究发现，汽车共享大大减少了原来有汽车成员的用车里程，但是增加了原来没有汽车者的用车里程，不过，由于这部分人数不多，故总体上所有成员的平均用车里程减少40%~50%。另外，汽车共享减少了汽车服务的各种公用设施和车辆管理人员配备，显然，小汽车拥有量和使用量的减少将大大节约用于道路、停车场、加油站及其他相关设施建设所需的资源,根据城市发展规划经验,现代城市道路建设至少将占用土地面积的15%以上,汽车共享带来的土地节省非常明显。汽车共享企业有很大一部分人员是兼顾承担车辆管理任务的,主要任务包括:送车到指定位置,汽车贴膜,在车辆投入营运之前安装车载电子设备,为共享的车辆寻找和准备停车位等。进一步研究显示,汽车共享减少个人出行费用,对于年行驶里程约20000km的小汽车,在使用成本中,总固定成本占到62%~81%,而可变成本仅仅为19%~38%。汽车使用越多,可变成本在总成本中的比例越大。据美国旧金山城市汽车共享组织的调查,汽车共享组织的车辆平均每天行驶距离是53km,典型的订车时间是5.5h,费用是32美元;就使用频率而言,每周订车两次以上的占4.3%,每周订车一次的占25.6%,每两周订车一次的占19.7%,每个月用一次车的占34.9%,其他约占15%,因此,汽车共享组织成员的周期望费用约为17.5美元。相对较少的用车大大节省了成员费用,56%的成员年汽车消费金额少于1000美元;30%的成员花费1000~2000美元;不到2%的成员人均花费5000美元以上。汽车共享大大节约了用户的高额固定成本,包括购买汽车、上牌照、建车库及购买第三方责任保险等。对汽车共享的研究还发现,要节省资源,减少排放,汽车排放是地球温室气体的主要来源之一,国外的经济分析证实汽车排放造成的环境污染仅次于能源工业造成的污染,因此,汽车共享带来的最大好处是减少温室气体的排放。瑞士汽车共享组织的研究表明,其成员的燃料节省潜力达到57%以上。由于汽车使用的减少以及使用更为环保的汽车技术,汽车共享组织成员的用户平均年油耗不到自备汽车用户的一半。

(三) 汽车共享企业竞争策略

1. 实施差异化竞争战略

共享汽车在激烈的竞争环境中,面对目标客户群体、现有的竞争对手应注重差异化战略的实施,差异化战略应包括产品差异化、服务差异化、品牌差异化。差异化战略即企业通过对整个市场的评估,找出汽车共享顾客某些重要的利益区域,并集中力量在这些区域完善经营。通过差异化,满足汽车共享顾客的特殊需求,从而提高顾客的忠诚度以及由此产生的对价格敏感度的下降,这样,企业可以降低顾客的议价能力从而获得高于竞争对手的超常利润;可以形成进入障碍——顾客对原有企业的忠诚度、原有企业产品的独特性以及要打破这两个障碍需要的高额投资;同时,差异化战略还可以使边际利润增加而不必处于一个低成本状态,这一利润可以作为有效地摆脱供应商制约的资本。但应当强调的是,推行差异化战略并不意味着企业可以忽略成本,只不过此时企业的首要战略目标是差异化成本已居其次。同时推行差异化战略有时会与争取更大的市场份额活动相矛盾,这就要求企业对于这一战略的排他性要有足够的思想准备,差异化战略与提高市场份额往往不可得兼。在战略的实施过程中,应积极开拓市场,满足客户的多样化需求。由于客户年龄结构、知识结构、收入结构不尽相同,规模、资金实力较强的汽车企业,在保证共享车辆安全、舒适、稳定运行的基础上,应积极构建高、中、低层次分明的消费体系,并针对不同层次的目标群体开展差异化的营销战略,提高目标客户的消费满意度。

2. 实施目标集聚战略

按照波特教授的理论分析,汽车共享组织和企业在制定竞争战略时可以实施另一个战略——目标集聚战略。目标集聚战略是指公司将其力量集中在一个或几个细分市场上,从了解这些细分市场的需要入手,在选中的细分市场上,运用成本领先优势或差异化提供成功机会。尽管低成本和差异化的战略目标是在共享汽车全产业范围内，但也可以为特定细分市场服务。当然，目标集聚战略在整体上是围绕着某一特殊目标服务这一中心建立的。因此，目标集聚战略的前提就是，汽车共享组织和企业能以更高的效率为某一狭窄的战略对象服务，从而超过在更广阔范围内提供服务的竞争对手，因此，从整个市场来看，目标集聚战略虽未能取得差异化或低成本优势，但在汽车共享服务的细分市场内，企业可以通过差异化、低成本或两者兼用来取得竞争优势。

3. 立足全局，精准定位

共享汽车实现长远发展的基础条件是精准的定位，而精准定位的基础保证是建立在充分、准确的市场调研基础上的。在市场调研的过程中应重点围绕五种力量展开分析，其中应重点分析供应商、消费者和现有竞争对手这三种力量存在的显著劣势与不足，实现精准定位。首先，针对目标消费群体，应充分挖掘消费者的诉求，以消费者需求的满足作为立足之本；在此基础上，应充分做好消费群体尤其是现有消费群体的跟踪调研工作，重点了解消费者的出行需求主要有哪些，并调研共享汽车在运营过程中存在的不足与有待改善的方面。其次，现有竞争对手方面，由于目标客户群体的重合度较高，出租车与共享汽车在发展过程中发生冲突不可避免。在共享汽车发展的初期，适当的价格策略有助于市场的认可和目标消费群体的挖掘，但应避免长期的、过度的价格策略，尤其是面对出租车行业受制于政策因素的影响，在共享汽车发展的初期应力求实现与出租车客户群体的差异化。

4. 构建战略联盟

共享汽车在发展过程中要充分了解商业生态系统的主要构成。结合实际，现阶段共享汽车的生态系统主要可以概括为共享汽车企业、传统汽车生产企业、供电企业、车位租赁商、汽车修理企业、顾客六大生态。在此过程中，共享汽车企业应充分结合自身特点，找到适合企业自身发展的战略联盟，进而提升企业的整体竞争力，获得较好的发展。战略联盟构建过程中应充分依托物联网、大数据等现代信息技术，彼此间寻找到能够促进企业发展的驱动力实现多赢。

（四）汽车共享企业分销渠道策略

当今企业的竞争不再单纯是产品竞争，而更多的是营销模式的竞争，汽车共享企业如何建立有效的分销渠道模式是关乎共享汽车营销成败的关键之一。渠道决策是汽车共享企业管理部门所面临的最重要决策之一，渠道决策直接影响到其他营销决策。分销渠道设计要围绕汽车共享企业营销目标和企业的中长期发展目标进行，要有利于提高企业产品的竞争力和市场占有率，要有效覆盖市场和满足用户需求，还要有利于企业抵御市场风险。在此基础上形成能够充分履行渠道功能，长期稳固而又能适应市场变化的渠道系统或营销网络，不断为汽车共享企业开辟稳定的用户或区域市场。

目前在我国私人用车者当中，对汽车营销模式的便利性、经济性、服务性和正规性等方面的要求越来越高，而对于硬件设施方面的要求逐渐降低，这也是未来几年内汽车共享消费者需求变化的一个主要方向。汽车共享可以参考共享单车的营销模式，实行体验营销。例如共享单车公司推出"红包车"和"全城免费"骑行模式，用户整个骑行过程是完整的生态过程，它自有循环流动的途径，通过这种方式吸引更多用户，同时帮助调配车辆随时随地有车用。针对不同需求的用户，实行个性营销模式：旅行的用户需要容量大、实用的汽车；上班族更乐意选择经济实惠的车型；而参加聚会等活动时，用户更需要彰显身份的车型，汽车共享组织应该推出不同的车型供用户选择。汽车共享组织和企业还可以实行公益营销模式，将用户使用共享汽车的里程数转换为资金并以用户名义捐赠给环保基金组织，这种模式既可以提高品牌形象又可以拉近与消费者的关系，提高社会效益。对于共享汽车企业开发新的营销模式，绝大多数消费者认为，只要能更好地满足自己对便利性、经济性和服务性方面的需求，是完全可以接受的。

政府对停车网点和资金的支持性政策是一个地区汽车共享业务发展的关键。其一，利用公交车站作为共享汽车的停车网点。目前，政府对公交车提供一定的运营资金，但公交站的利用率并不高，将其设为共享汽车的停车点，既可以提高利用率，又解决了共享汽车的停车问题。其二，与汽车租赁公司进行整合，既可以解决汽车共享的停车空间不足和汽车来源问题，也可以增加汽车租赁公司的业务量。其三，政府支持汽车共享进入校园。如今，节假日结伴旅行成为大学生的消遣方式，大学生拥有驾照成为普遍现象，但是拥有汽车的人却很少，在学校内设立停车网点，可以解决停车场地问题，也可以为学生出门旅行提供方便。政府对汽车共享组织给予政策支持，提供合理的停车网点，有利于降低汽车共享组织的初期成本。城市交通拥堵、空气污染和能源短缺是目前城市发展中的突出问题，在不增加城市负担的同时发展汽车共享是汽车共享组织乃至政府要解决的问题。

（1）采用新能源汽车　既能直接减少汽车有害尾气的排放量又能降低投资成本，可采用的新能源汽车有混合动力汽车、燃料电池汽车等。

（2）与国产品牌合作　汽车共享的发展会降低人们对汽车的购买量，由此可能会给我国传统汽车产业带来冲击，如果汽车共享组织与本土汽车产业合作，一方面汽车共享组织能够降低汽车购买成本，另一方面也能加快传统企业转型升级，实现共赢。

（3）利用闲置私家车　目前，私家车的利用率并不高，超过一半的私家车每月的行驶里程不超过1000km，并且大部分城市实行的限号政策使购买私家车看起来并不经济，而接受折旧二手车既降低了汽车共享组织的初期成本又不会过多地增加汽车保有量，从而有利于缓解交通拥堵现象。

（五）汽车共享企业定价策略

价格策略是关系到汽车共享企业是否能够将产品竞争力和消费者心理认知有效匹配的最为核心的策略之一，既要有利于促进销售、增加利润、补偿成本，又要考虑共享汽车消费者对价格的接受能力，从而使共享汽车定价具有买卖双方双向决策的特征。汽车共享企业的价格成本主要有以下四大块：共享汽车、停车场、汽车共享的系统、购买及维护人力成本。汽车共享服务的定价一般以小时为单位，或者以距离为单位来收取费用，很难有一个价格体系让每一位会员都满意，这样就需要设计一个合理的价格体系。为了给会员提供便利，大多汽车共享服务都给会员提供了免费的夜间使用时间，如从午夜到早上8点。还有一些公司在工作日白天主要针对上班族提供服务，然后在晚上和周末向所有的用户提供打折服务。如果预订了一辆汽车后没有在规定的时间内取消预订，汽车共享组织就会收取一定的费用。其他影响价格的因素还包括会员费和保证金，一些汽车共享公司会收取比较高的会员费，但提供费率比较低的用车方案。在汽车共享的租赁模式中，同一地区不同车辆的租赁价格主要取决于以下因素：车辆的品牌型号、车辆新旧程度、租期长短。由于所处地区消费水平的差异，以及车辆新旧、租车期限长短的差异，各地及各品牌、各年限的车辆租赁价格呈现较大的差异性，其中，有些城市在节假日汽车租赁价格要上浮。我国汽车租赁企业的盈利水平取决于两个方面，一是"管理、经营、决策"等内部因素，二是市场、环境等外部因素。通过考察汽车租赁公司的投入及成本构成可以看出，主要成本支出为车款、银行利息、各种税费、经营管理费四项，收入部分主要为租金和旧车残值。其中，成本支出在企业投入运转后一般变动幅度很小，而收入部分却会由于市场供求关系的变化以及新车价格浮动而导致租金和旧车残值发生较大的变化。目前，我国部分地区已出现汽车租赁市场企业间租赁价格竞争加剧的趋势，这些外部因素已直接影响到了企业的盈利能力。汽车租赁行业与整个国民经济的运行环境密不可分，只有统筹兼顾、科学决策，才能够保证企业具备基本的盈利水平。

（六）汽车共享企业客户关系管理策略

顾客满意对于汽车共享企业的经营、发展、赢得竞争优势具有举足轻重的作用。但是在市场经济高度发展、竞争趋于同质化的今天，企业为使顾客满意会运用的一些传统手段，诸如提供超值服务、顾客奖励计划等。由于竞争对手之间相互模仿，顾客的消费预期随着消费经验的增多而不断提高，企业经营成本难以控制，从而降低了顾客对"顾客满意"的认知。20世纪90年代，一些学者基于对关系营销理论的研究提出了客户关系管理的概念，通过将现代营销理念与IT技术相结合，为汽车共享企业实行对消费者的定制营销（批量定制）提供了一种低成本运作的途径。客户关系管理（customer relationship management，CRM）是基于对顾客价值及其形成过程的深入分析，运用现代IT技术和系统集成技术，通过为顾客提供个性化的产品和服务，建立并发展与顾客之间长期合作的、有利可图的关系，是在实现顾客价值最大化的同时为企业赢得竞争优势的管理手段。研究表明，企业80%的销售收入来源于20%的高价值客户，留住高价值的客户可以使企业获得稳定、长期的利润。汤姆·彼得斯和罗伯特·沃特曼首次提出了"接近顾客"的概念，即成功的商业机构必须倾听和关心其客户，以"客户为中心"，提供优质的产品和服务，取悦客户，创造客户价值，建立良好的客户关系链，提高和维系客户忠诚度，从而抢占较大的市场份额，挖掘潜在客户和市场，创造更大的利润空间。其实，"接近顾客"就是现代营销中人人皆知的CRM的雏形，在以后的几十年中，CRM经历了不断发展、整合、优化和完善的过程。CRM是汽车共享企业与客户之间建立的管理双方接触活动的信息系统，通过有效管理汽车共享客户的信息资源、分析客户的需求特征，不断发现客户的价值，为汽车共享客户提供令其满意的产品与服务。从每一个与客户接触的地方着手，在汽车共享企业与客户之间建立起长期、稳定、相互信任的良好关系，为企业锁定老客户并吸引新客户，通过实现汽车共享客户效用的最大化来获得超额利润，进而加强汽车共享企业竞争力。从管理学角度来看，客户关系管理理论是一种管理理念，强调客户是企业竞争的核心，将企业的客户（最终客户、分销客户和合作伙伴）作为企业最重要的资源，通过完善的客户服务和深入的客户分析来满足客户的需求，保证实现客户的终身价值，它的目标是缩减销售周期和营销成本、增加收益、拓展新的市场和渠道，以及提高客户价值、满意度、盈利性和忠诚度。从解决问题的技术角度来看，CRM是将市场营销的科学管理理念，通过信息技术的手段集成在软件上面，其核心是自动化，并改善销售与市场营销、客户服务和支持等领域的客户关系有关的商业流程。CRM的产生和发展，为汽车共享企业创造的收益非常明显。

（1）**改善服务** CRM向客户提供主动的客户关怀，根据销售和服务的历史信息提供个性化的服务，在数据库的支持下向客户提供更专业的服务，通过在线交互更好地实现客户定制，这些都有利于汽车共享企业提高服务水平。

第七章　汽车共享服务营销管理

（2）**提高效率**　借助 CRM 平台，汽车共享客户的一次点击就可以完成多项业务。同时，前台自动化程度的提高，使得很多重复的工作（批量发传真、邮件）都可以由计算机系统完成，汽车共享企业的工作质量和营销效率因而得以提高。CRM 还有利于汽车共享企业实现由传统的经营模式向以电子商务为基础的现代化模式转化。

（3）**降低成本**　相对传统营销方式而言，CRM 借助现代网络技术可以大大降低汽车共享营销运作成本，由于可以准确地寻找客户并能实现在线信息交换，从而可以发展一对一汽车共享营销业务形式，进而实现大批量定制生产。以上的作用，使得 CRM 正在成为汽车共享企业赢得共享经济时代竞争优势的关键。CRM 对企业的影响是全方位的，改变着传统经济的结构和规律，代表着今后一定时期的营销发展方向。因此，积极主动地寻求加强和管理客户关系，与客户建立长期友好的合作关系，已经成为全球企业营销优先考虑的因素。

（七）**汽车共享电子商务营销策略**

伴随着互联网的飞速发展，人们生活节奏的加快，国内消费者消费习惯的逐步改变，网络销售正逐渐发展成一种趋势。网络技术克服了在生产者和消费者之间的时间和空间阻碍，弱化了存在于二者之间的各种中间环节和渠道，通过电子商务用信息流减少了传统物质流中的无效损耗。对于汽车共享企业而言，通过电子商务能够有效地简化定单程序，不仅加速了资金周转，还可以不间断地为全球任何一个角落的客户服务。目前我国的汽车市场，汽车共享商业网站的良好发展可以进一步提高整个社会的汽车文化氛围，丰富人们的汽车知识，为汽车消费者提供不同需求的网上服务。汽车共享网站可以与技术水平高、信誉度高的汽车经销商或维修商进行合作，进一步降低汽车共享的营销成本并完善售后服务。对于完整交易类的汽车共享电子商务网站，需要把网上的资源与完整的物流配送等线下资源有机地结合起来。网络公司在和汽车共享企业的融合中获得了其强大的销售网络和客户资源，双方结合可以发挥各自的优势，借鉴国外在这方面的成功经验，并很好地结合汽车共享企业本身在人才、资金、技术方面的实际优势，完善网络技术与交易手段，为共享汽车消费者提供切实的服务，开展对多种服务方式的有益探索。电子商务作为一种新兴的销售模式，越来越被汽车共享经销商们所重视，通过电子商务提供的模块化服务网络系统，在满足顾客需求、降低流通成本、减少交易环节、便利沟通等方面具有传统分销渠道无可比拟的优越性。通过网络进行信息传播，加强客户关系管理，进行有针对性的沟通，可以极大提高共享汽车顾客满意度，创造汽车共享消费价值。

二、汽车共享市场机会

出租车业务主要由地方出租车公司向乘客提供中短途出行服务，传统的出租车叫车模式流行已久，主要为路边有用车需求的客户提供即需即用的服务。近年来，随着人民生活水平的不断提高以及城镇化步伐的不断加快，城市对于出租车的需求越来越旺盛，大城市出租车数量的增长与乘客需求的快速增长难以匹配，因此出租车的供需矛盾十分突出，尤其是在早晚高峰时段，出租车需求量是成交量的 3 倍以上。据统计，出租车扬招打车的成功率大概是 60%，而网约车招车成功率在 90% 左右，是传统出租车的 1.5 倍。同时，路边扬招平均等待 10min 才能打到一辆车，而网约车平均只需等待 5min 左右，且可以在室内等待车辆到达。供需矛盾的日益凸显同时也导致出租车行业服务质量低下，挑客、宰客等问题时有发生，传统出租车正受到其他出行模式的冲击。

1. 分时租赁

分时租赁在未来几年仍将处于非常好的宏观发展环境中，专家预计未来几年中，汽车分时租赁市场将以超过50%的增幅继续发展。目前，分时租赁市场绝大多数份额为B2C业务，B2B（面向企业用户）的份额非常少，随着未来B2B业务的不断拓展，整体车队规模有望达到17万辆以上，运输人次预计也将从当前的5700万增长到2.85亿，交易金额将从9亿元增长到47亿元。下面从社会、消费者、法规、技术四个方面分析分时租赁未来面临的机遇。

（1）从社会角度 我国经济的高速发展、城市化进程的不断推进带来了移动出行需求的膨胀，而道路资源的紧缺导致了严峻的交通矛盾和环境矛盾，这一点在未来几年将是我国政府着重解决的难题。新能源汽车分时租赁这种共享出行的方式可以提升车辆的使用效率，推广新能源汽车的发展，并有助于缓解环境问题，因此分时租赁将继续受到政府的鼓励并享受相关优惠政策。根据统计，2018年，我国用于分时租赁的电动汽车有11万辆左右，这对于减少交通拥堵和排放都有重要的意义。

（2）从消费人群角度 分时租赁在国内市场上需求量大并且形成的用户/车辆比很高，全国范围有几千万不持驾照无车人员都将是分时租赁的潜在消费者。另一方面，我国的智能手机普及率非常高，分时租赁的手机端使用环境已经非常成熟。相比出租车、专车等移动出行工具，分时租赁在价格、使用的灵活度方面占据优势。同时，相对于传统租车，分时租赁取车时更加便利，因此对消费者非常有吸引力。分时租赁市场上，每公里收费在1~1.5元外加10元左右的时租费或者仅收取时租费20~30元是主流，根据测算，对于年平均出行里程小于5600km的用户而言，分时租赁的使用成本比拥有一辆新车或二手车都低。

（3）从政策法规角度 政府从各个层面推动共享经济、新能源车的发展是分时租赁的政策契机。从新能源政策角度出发，发改委和工信部都发出了强烈的政策信号，要求整车厂不遗余力地推动新能源汽车的发展。为了促进新能源汽车的销售，整车厂将积极拓展包括分时租赁在内的批售渠道。《汽车产业中长期发展规划》中明确了共享出行、个性化服务成为主要方向，明确坚持跨界融合、以互联网与汽车产业深度融合为方向推动出行服务多样化，促进汽车产品生命周期绿色化发展，构建泛在互联、协同高效、动态感知、智能决策的新型智慧生态体系。此外，一些大中城市出台的网约车新政，要求"本地户口本地牌照"，这将极大地限制网约车在城市的规模，由此产生的结果是城市的网约车数量急剧减少，这也给分时租赁企业带来了机会，以服务大量未满足的移动出行需求。交通运输部发布《关于促进汽车租赁业健康发展的指导意见（征求意见稿）》（简称《征求意见稿》），明确提出鼓励分时租赁，规范汽车租赁业有序发展，同时建立健全配套政策措施实行停车费优惠，为分时租赁车辆停放等创造条件提供便利。《征求意见稿》还提出，如果将私家车的车辆性质登记为"租赁"并符合当地有关规定，也可以从事分时租赁业务。受政策利好影响，我国分时租赁市场有望迎来新机遇。

（4）从技术角度 互联网技术/智能技术的发展，将持续提升分时租赁产品的便捷性和整体体验。新能源汽车技术的发展将大大降低电动汽车的成本；同时，电动车里程也将进一步提升，从现在的平均200km提升到2025年的平均400km以上。电动汽车成本的下降将减轻分时租赁企业运营成本压力，里程的增加将给消费者提供更好的使用体验，从而增加单车运营时间。无人驾驶技术的发展将给分时租赁市场的发展提供更多的延展空间。在2025年后，通过无人驾驶，一方面，消费者可以享受自动的专车服务；另一方面，企业也可以实现智能自动调度，进一步降低企业运营成本。除此之外，分时租赁的发展所带来的战略价值与网约专车/快车的发展相似，在新能源汽车销售、新技术的发展、全产业链发展以及消费者大数据的积累方面都有积极的促进作用。

2. 网约专车/快车

网约专车/快车的市场预计将以11%的速度继续增长。由于网约专车/快车提供优质的出行体验，培养用户黏性，同时消费者共享理念不断提升，网约专车/快车的发展得到了持续的推动，但近期出台的一些地方网约新政将对市场产生一定冲击。网约专车/快车的发展，有助于积累消费者大数据，可以帮助我们更好地了解消费者使用、消费习惯，衍生出新的收入源；有助于促进新技术的发展，包括定制出行、智能网联、无人驾驶等；同时，对整个产业链的发展，包括研发、售后、金融等方面也会起到一定的支撑作用。

3. 顺风车（拼车）

消费者在出行市场对于性价比高的出行模式有较大需求。未来，拼车逐渐加入社交的属性，将为该模式进一步增加吸引力。同时政府对共享经济、科技创新持积极支持态度，拼车模式在未来也将会受到政策扶植。顺风车（拼车）在积累消费者大数据，更好的理解消费者使用、消费习惯，寻找延伸新的收入来源，以及新车和其他业务营销渠道的推广方面起到了积极作用。

4. P2P 租车

基于前文对P2P 租车市场的分析，该市场仍然处于发展初期且面临极大的不确定性，征信体系不完善也给车源供给、运营管理带来了挑战。P2P 租车市场政策风险高，个人车辆目前仍不允许运营，短期内该政策趋势不会变。随着P2P 过度投资时代的结束，多个P2P 租车公司在经历了近两年不温不火的发展后还是调整了方向，有的选择退出市场转向了分时租赁领域。

【知识应用与拓展】

S 公司汽车共享平台问题的营销策略解决方案

一、案例概况

P2P 共享汽车属于汽车共享方式的一种，同传统汽车租赁方式不同的是，P2P 汽车共享平台不需要花费大量资金去采购车辆，而是合理利用闲置车辆资源，即普通居民闲置的车辆。在P2P 汽车共享平台上，私家车车主在车辆闲置的时候，通过互联网发布车辆共享信息，由平台帮其出租。这种模式的特点是效率高、资本轻、盈利能力强，同传统汽车租赁行业相比，P2P 租车的费用会便宜三成左右，再加上目前P2P 租车推广的补贴，费用可以便宜到一半左右。采用P2P 汽车共享的方式，在车辆闲置的时候将车辆共享出来有偿供有需要的人使用，不仅能够合理利用社会资源缓解公共交通压力，还能给车主带来一定的经济效益；对于用车人而言，租车比买车更经济、更省事，既无须一次投入大量资金，又不用长期贷款；不仅没有维修、保养和年检的烦恼，还可以随时更换车型；而且选用P2P 共享租车方式，其用车费用要远远低于传统的汽车租赁方式，且借车、还车也更方便；P2P 汽车共享的车辆分布更广阔、更分散，用车人可以通过在线地图选择离自己最近的车辆使用。在国外，已有多家知名 P2P 汽车共享平台得到了广泛认可，全球第一家正式上线运营的 P2P 汽车共享平台 Relay Rides 在 2008 年 11 月就成立了，而最早提出 P2P 汽车共享概念的 Zipcar 成立于 1999 年。此外，GetAround 在欧美也已经被广泛认知。P2P 汽车共享平台从 2013 年下半年在我国陆续出现，核心的商业模式都是车主靠出租私家车赚钱，租客通过共享平台租车出行。在移动出行方面，P2P 汽车共享已经成为出租车、专车、拼车之后最火热的市场。

S 公司是一家技术雄厚的研发型高新技术企业，在汽车后市场行业已打拼了十多年并致力于打造中国汽车后市场第一品牌，其经营业务包括汽车销售、养护、维修和保险等，公司拥有自己的生产线并拥有约 5000 名员工。S 公司通过 4S 店和二手车销售业务，为公司 P2P 汽车共享平台带来了大量的车源信息；通过保险业务，可使车辆出险理赔更方便；通过养护和维修业务，可以使得车主更加放心地把车辆出租出来。到目前为止，国内汽车共享市场份额排行前五的 P2P 共享租车公司都没有在 S 公司所在的城市开展业务，再加上 S 公司在当地已经有十多年的经营历史且口碑良好，因此在当地开展 P2P 汽车共享业务具备先天优势。为了便于车辆管理及提供更好的增值服务，S 公司会给加入其 P2P 汽车共享平台的车辆安装其自主研发的车联网终端设备：automobile internet terminal（AIT）。该终端安装在车辆中控台中，装配一块 7.9in（英寸，$1in = 0.0254m$）的电阻屏，操作系统基于 Android 5.0 定制开发，可兼容目前市面上的绝大多数 APP。除此之外，AIT 除了具有导航、倒车影像、防盗等基本功能之外，还能给车主提供差异化的增值服务，如车辆远程诊断、保养提醒、行车助理、重大事故自动报警等。除 AIT 外，S 公司还自主研发并生产了系列车辆检测维修设备，并获得了多项国家专利。

二、市场反应

S 公司 P2P 汽车共享平台上线以后，一直经营得不温不火，出租会员（募集车辆）才 50 名左右。经分析，造成市场反应不佳的原因如下：

1）AIT1.0 版本存在技术上的缺陷，导致整个品牌的口碑不佳。新版本的 AIT 已将上述技术上存在的缺陷全部解决了。

2）销售策略制定失误。在过去，S 公司希望将 AIT 作为一款硬件产品单独进行销售，并且销售价格制定的过高，最开始售价是 7000 元，后来随着同类产品越来越多，各大厂商开始打价格战，AIT 也在不断地进行降价，但始终坚持将 AIT 作为一款硬件产品单独出售，严重影响了整个 P2P 汽车共享平台战略的实施。

3）出租会员是指在 S 公司 P2P 汽车共享平台上将闲置车辆分享给他人使用的注册用户。S 公司 P2P 汽车共享平台上的车源由出租会员提供，出租会员是 S 公司 P2P 汽车共享平台的基础，没有足够的出租会员就没有足够的车辆可以出租。车源问题是所有 P2P 汽车共享平台亟需解决的问题。消费者会选择车源最充足的平台，车源问题决定着 P2P 汽车共享平台的生存命脉，那些车源不足的 P2P 汽车共享平台最终将会倒闭。P2P 汽车共享平台亦将遵循马太效应，即强者愈强，弱者愈弱。解决车源问题是 P2P 汽车共享平台的首要任务，只有解决了车源问题，P2P 汽车共享平台才能生存，才能发展壮大。S 公司 P2P 汽车共享平台目前存在车源严重不足的问题，因此，要建设好 S 公司 P2P 汽车共享平台，首要任务就是大力发展出租会员，解决车源问题。另外，承租会员是指在 S 公司 P2P 汽车共享平台上支付报酬承租闲置车辆的注册用户，承租会员的消费行为给 S 公司 P2P 汽车共享平台和出租会员提供报酬，一旦车源问题解决了，下一步就是大力发展承租会员并吸引更多的承租会员进行消费；只有承租会员进行了消费活动，才能算是完整的共享经济活动。

为此，S 公司调整了产品战略，AIT 不再单独销售，加入其 P2P 汽车共享平台的车辆只要签订一个在网两年的合约，并保证在 AIT 安装以后一年内的每个月将车辆共享的时间均不少于 8h，即免费赠送 AIT。

三、营销策略分析

从 S 公司 P2P 汽车共享平台的现状分析其产品策略、价格策略、渠道策略和促销策略存在的问题和解决方案包括如下内容。

1) 产品策略。S 公司 P2P 汽车共享平台是一个完整的产品，其定位是合理巧用闲置车源解决居民的用车问题，并打造完整的汽车后市场生态圈。到目前为止，国内市场份额排名前五的 P2P 共享租车公司都没有在 S 公司所在的城市开展业务，再加上 S 公司在当地已经有十多年的历史且口碑良好，在当地开展 P2P 共享租车业务具有先天优势。同时，S 公司的经营业务涵盖汽车销售、养护、维修、车险，能够与其 P2P 汽车共享平台无缝结合，为出租会员提供从汽车购买到后期使用、保养、维修的一条龙服务。

2) 价格策略。安装 AIT 免费，但需签订一个在网两年的合约并保证在 AIT 安装后一年内的每个月将车辆共享的时间均不少于 8h。S 公司所在的城市是一个旅游城市，存在着高消费、低收入的特点，考虑到当地居民收入不高，S 公司在租车价格策略上做出了调整，其租车费用要低于国内市场份额排名前五的 P2P 共享租车公司。

3) 渠道策略。S 公司 P2P 汽车共享平台在线上和线下同时营销，线上渠道包括官方网站、微博、微信和网媒，线下渠道包括 4S 店和签约汽修机构。S 公司会签约一些汽修机构，这些机构会向前来消费的车主推销 AIT。作为回报，AIT 会推荐车主到这些机构保养或者维修车辆，从而实现互利共赢。

4) 促销策略。每逢小长假，居民的用车需求便会增加，为了鼓励和吸引出租会员在节日期间将车辆共享出来，S 公司会举行促销活动，即在此期间将车辆出租的会员会得到更多的补贴，而承租会员则能够以更便宜的价格租到车辆。

思考与练习

1. 分析消费者选择汽车共享的原因。
2. 如何制定定价策略和推广策略才能凸显汽车共享在经济性上的优势从而吸引消费者。
3. 分析消费者关注的汽车共享使用属性有哪些？如何吸引消费者使用共享汽车从而提高其对私家车的替代性？

第八章

汽车共享服务质量管理

导读

在市场竞争中，管理和提升服务质量是新型现代企业在市场竞争中生存和发展的重要课题，决定着企业的营销效果、市场竞争和经济效益，是企业竞争力不断提升的力量源泉。而服务是一个互动的过程，服务质量高低与被服务者的主观感受息息相关。汽车共享服务质量对于整体汽车共享服务业的健康发展至关重要，如何高效、准确地评价汽车共享服务质量是关键，可以从中找出服务质量管理工作中存在的问题，为服务质量改进指明方向，以提高顾客感知的服务质量。

第一节 服务质量管理概述

一、质量与服务质量概述

（一）质量的概念

质量是服务质量管理的一个核心概念，也是最难以定义的概念之一。长期以来，随着社会生产力的提高和人类社会的进步，在供给与需求交互的结构变迁过程中，质量的概念并不是一成不变的，而是随着时代进步而不断地丰富内涵、扩展外延，进而永葆时代气息，即质量的概念具有与时俱进的特性。

1. 学术界的质量定义

从 20 世纪初开始，随着人们对质量问题的重视，对质量概念认识的深化，学术界的专家和学者从不同角度提出了很多关于质量的定义。有些学者从企业的角度定义质量，另一些学者从顾客的角度定义质量。丹麦哥本哈根商学院助理教授汉森（Torben Hansen）认为，学术界的质量定义可归纳为如图 8-1 所示的 5 类。

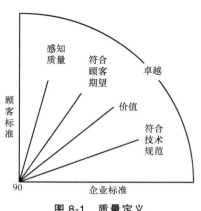

图 8-1 质量定义

（1）**顾客感觉中的质量** 顾客感觉中的质量，即质量是顾客的主观感觉。持这种观点的学者认为，顾客感觉中的质量是顾客对某种产品的质量满足其要求的主观评估，只有顾客感觉中的质量才是重要的，顾客是质量的唯一评判者。

顾客感觉中的质量会受顾客以往的消费经历、消费目的、质量意识等种种因素的影响，对于不同的产品而言,影响顾客感觉中的质量的产品属性也是不完全相同的。换言之,顾客感觉中的质量即是不同顾客对质量含义的差异化理解。

(2) **符合顾客期望的质量**　国内外的很多学者认为,产品质量是指"产品满足顾客期望和需要的能力"。但顾客能够对产品是否符合自己的期望进行判断,却无法对产品是否符合企业的标准做出判断。因此,这些学者认为,企业应该根据产品是否符合顾客的期望或符合顾客期望的程度来判断产品的质量。

"符合顾客期望的质量"的定义可以促使企业更加关注顾客期望的变化,研究影响顾客期望的因素,分析不易量化的主观因素,并根据顾客关注的质量维度和质量属性做好质量管理工作。然而,企业规定的质量标准也可能会影响顾客的期望。例如,汽车共享服务企业向顾客承诺30min内能够乘车,那么顾客对乘车等候时间的期望可能就会定在30min内。

(3) **质量就是价值**　价值是指顾客获得的利益与顾客支付的总费用之比,它是微观经济学中的一个重要概念。价值不仅与产品的品质有关,而且与产品的价格有关。持"质量就是价值"观点的学者认为,企业要想在激烈的市场竞争中生存和发展,就必须同时注重产品能够为顾客带来的利益和产品的价格。在利益完全相同的情况下,价格最实惠的产品自然就是最好的产品。

"质量就是价值"的质量定义可促使企业既关注内部效率(降低成本),又关注外部效率(满足顾客的需要和期望)。但这种质量定义也有可能使企业得出错误的结论。比如,顾客可能会认为价格较高的产品质量也较高。在这种情况下,尽管产品的实际价值下降(质量不变,价格上涨),顾客感觉中的价值却可能保持不变。

(4) **符合技术性规范的质量**　符合技术性规范的质量是客观的,可以用技术性规范来衡量。国内外不少学者认为,企业只能根据客观的质量标准测量产品的质量,产品越符合规范,质量就越高。产品中的任何偏差都可能会降低产品的质量。这类质量定义反映了企业对质量含义的理解。

(5) **质量即卓越性**　一些学者认为,质量是指产品的卓越性。不少企业也在广告中强调"卓越"的概念。持这种质量定义观点的学者认为,优质产品就是最好的产品,是符合最高标准的产品。但是更多的研究发现,质量更多是指消费者口中所讲的"物有所值"或"物超所值"。一台10000元的家用空调和一台800元的空调,消费者所期望的与产品和服务的质量本身就有很大的差异,与"卓越"的考量指标大相径庭。但调查发现,基于"性价比"的"卓越"指标是普遍被认可的。

2. 国际标准化组织的质量定义

1987年,国际标准化组织制定了《质量管理和质量保证》(ISO 9000)系列标准,将质量定义为"反映实体满足规定和潜在需要能力的特性总和",并做了比较全面的解释。1994年,国际标准化组织质量管理和质量保证技术委员会把质量定义为"反映实体满足明确和隐含需要的能力的特性总和",相较于1987年版的质量定义,1994年版很大程度上拓展了质量定义的领域。2000年,国际标准化组织质量管理和质量保证技术委员会把质量定义为"一组固有特性满足要求的程度"。这一定义高度概括了质量的精髓。

ISO 9000标准的定义可以从以下几个方面来理解。

(1) **质量可以存在于各个领域或任何事物中**　ISO 9000标准的质量定义中对质量的载体并未做界定,而是泛指一切可单独描述和研究的事物,说明质量可以存在于各个领域或任何事物中,这与目前我们所提的"大质量"的观点一致。对质量管理体系来说,质量的载体不仅仅局限于有形产品,而且还延伸到了无形的服务领域,甚至扩展到了过程、活动、组织、系统和人,乃至它们的组合。

(2) **特性是固有的**　固有特性的要求大多是可以测量的,它们满足要求的程度反映为质量的好坏。赋予的特性(如某产品的价格、供货时间、保修时间等)不是产品、体系或过程中本来就有的,而是完成后因不同的要求而对产品所增加的特性。ISO 9000 标准明确指出,赋予的特性不反映在质量范畴中。

(3) **"要求"包括明示的、通常隐含的和必须履行的需要或期望**　满足要求就是应满足明示的、通常隐含的和必须履行的需要或期望。"明示的"可以理解为明确规定的要求,即在文件中阐明的要求或顾客明确提出的要求。"通常隐含的"是指组织、顾客或其他相关方(如所有者、合作伙伴、供应方、员工等)的惯例或一般习惯,所考虑的需求或期望是不言而喻的。"必须履行的"是指法律法规、强制性标准、行业规则要求的。只有全面满足这些要求,才能评定为好的质量或优秀的质量。

(4) **"要求"是动态的、发展的和相对的**　这是因为"要求"可由不同的顾客或相关方提出,不同的顾客或相关方对同一产品的要求可能不同。企业在确定质量要求时,应兼顾各相关方的要求。同时,"要求"也将随着时间、地点、环境的变化而变化。因此,应定期对质量进行评审,按照变化的需要和期望相应地改进产品、体系或过程的质量,确保持续地满足顾客和相关方的要求。

(二) 服务质量的内涵与特征

1. 服务质量的概念

20 世纪 80 年代以来,国内外学者对服务质量概念进行了大量的研究,提出了许多服务质量的定义。其中,瑞典著名服务市场营销学专家克·格鲁诺斯于 1982 年提出的顾客感知服务质量概念最具代表性,影响也最广泛。

克·格鲁诺斯认为,服务质量本质上是顾客的一种主观感知。他把顾客感知服务质量定义为:顾客感知的实际服务绩效(perceived performance)与顾客对服务的期望(expectation)之间的比较,如图 8-2 所示。并且

顾客感知服务质量=顾客感知的实际服务绩效-顾客期望的质量

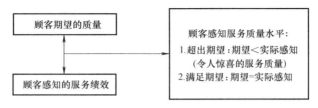

图 8-2　顾客感知服务质量示意

由图 8-2 可知,顾客感知服务质量水平的高低取决于期望与实际比较的结果。当顾客感知服务质量大于服务期望的质量时,顾客感知服务质量是令人惊喜的,顾客会很满意,有可能成为回头客,反之亦然。

服务质量是顾客期望与实际感知对比的结果。这是一个高度概括的、十分简洁的定义,我们可以从以下四个方面来进一步理解并掌握服务质量的内涵:

1）服务质量是顾客的一种主观感知。顾客或消费者是服务质量的评判者。

2）服务质量较有形产品的质量更难被消费者评价。顾客在评判服务质量时也有标准，但这个标准不是规定而是期望，而这个期望是抽象的、动态变化的，它可能会因顾客个人喜爱或偏好、以往的消费经历、个人实际需求等的差异而有所不同，因此它难以琢磨。

3）尽管企业可以根据某些客观方法对服务质量加以衡量，比如服务人员在服务过程中是否应该保持微笑，但企业应更多地按照顾客的主观感知来衡量服务质量，比如在有的情况下，顾客可能并不需要服务提供者保持微笑，比如急诊、丧葬服务。

4）服务具有生产与消费的同时性，服务质量也是在服务提供者与顾客互动的过程中形成的。顾客对服务质量的评价不仅要考虑服务的结果，而且要考虑服务过程。因为顾客购买的不仅是服务产出的最终结果，还包括在接受服务过程中的感受和体验。

服务质量往往是区别于有形产品质量的。有形产品质量往往以最终实体通过其形、色、性等客观标准进行评价，在生产过程中不会直接与顾客进行交互作用。而服务质量往往在服务生产的过程中与顾客交互产生，在服务结束后以顾客的身心感受进行评价，具有较强的主观性、互动性，且个体性差异明显，呈现以性格、学历水平、价值取向、生活环境等的聚群效应。因此服务质量从本质上讲，就是顾客的一种主观感知（见表8-1）。

表8-1 有形产品质量与服务质量的区别

有形产品质量	服务质量
评价过程只能开始于质量形成过程结束之后	形成过程和评价过程的同步性
由物质实体的固有特性决定	由顾客在接触过程中不断产生的主观感受决定

2. 服务质量的特征

(1) 服务质量的主观性与差异性 有形产品的度量可以采用许多客观的标准，这些标准不随生产者和消费者的变化而变化。而服务质量很少有客观的度量标准，反而具有很强的主观性，不同的顾客可能对同一服务质量产生不同的感知，同一顾客在不同的情境中也会对同一服务质量产生不同的感知。因此，服务质量是顾客感知的对象，而不是设计者和操作所感觉的质量，它更多是要按顾客的主观的认识加以衡量和检验。这是企业在进行服务质量管理的过程中必须注意的一个问题。

(2) 服务质量的差异性 服务提供和消费过程都涉及"人"的作用因素，包括顾客、服务人员、管理人员等。人是复杂的个体，存在差异性和多变性，因此在不同的时间，不同的服务提供者所提供的服务是不同的，即使是同一个服务提供者，在其不同时间提供的服务质量也会存在差异；不同的顾客或同一顾客在不同的时间对服务质量的感知也存在差异。此外，顾客的素质，如文化素养、审美观点、兴趣爱好、价值取向、情绪等，直接影响着他们对服务的需求和评价，因此服务质量是一种具有极强差异性的质量。

(3) 服务质量的互动性 服务具有生产和消费的同时性，服务质量也是在服务提供者与顾客互动的过程中形成的。如果没有顾客的参与和配合，或者顾客无法清晰地表达服务需求，服务质量就会较差，服务过程失败的可能性就很大。因此，服务营销也被称为互动营销。

(4) 服务质量的过程性 服务质量是一种互动质量，因此服务过程在服务质量形成的过程中起着非常重要的作用。过程质量是服务质量中极其重要的组成部分，但这并不意味着结果质量不重要。服务结果是顾客购买服务的最根本目的，如果服务结果很差，达不到顾客的预期，那么再好的服务过程也无法保证客户的满意度。因此，顾客在对服务做出评价时，会从服务过程和服务结果两个方面进行评价，两者相辅相成、缺一不可。

（三）服务质量的维度

顾客感知服务质量的维度（service quality dimensions）是指影响顾客对服务质量的期望和实际感知的要素，即顾客通过哪些方面评估服务质量。北欧学派和北美学派提出的服务质量维度相关学说影响最大。20世纪80年代形成了以克·格鲁诺斯和埃沃特·葛姆森为代表的北欧学派和以帕拉索瑞曼、贝里等学者为代表的北美学派。

1. 北欧学派提出的服务质量的维度

北欧学派的代表人物克·格鲁诺斯认为，服务总体质量取决于技术质量和功能质量，两者共同构成了顾客对服务质量评价的两个重要维度。当然，要同时注意到，顾客心目中的企业形象发挥过滤器的作用，帮助顾客评价企业服务质量：如果企业形象好，当顾客遇到服务质量问题时，会倾向于"降低"服务质量问题的严重性；如果企业形象非常糟糕，当顾客遇到服务质量问题时，会倾向于"放大"问题（蝴蝶效应），进而形成对企业不利的感知，甚至传播对企业发展不利的口碑。

（1）**技术质量** 技术质量指服务结果的质量，是指顾客在服务中得到了什么，故又称为结果质量，是指服务目标的实现程度，主要由服务人员的职业技能所决定。

顾客对于服务结果的评价通常是比较客观的，因为可以参考一些相对客观的指标，例如，飞机是否准时到达预订目的地；酒店为顾客提供的床位是否舒适，食品是否卫生可口，饮料是否在保质期；导游是否按照合同约定引领游客游玩了所有景点，是否提供了约定的食宿服务等。优良的技术质量是良好服务的必要条件。获得了优良的技术质量，顾客对企业的服务不一定就满意；但如果顾客对技术质量不满意，对企业的服务质量就肯定不满意。

（2）**功能质量** 功能质量是指服务过程的质量，是指企业是如何为顾客提供服务的，故又称为过程质量。服务具有同时性，服务过程与消费过程同时产生，感知服务质量也同时产生。因此，服务过程在服务质量形成过程中起着非常重要的作用，过程质量是服务质量中极其重要的组成部分。

顾客对功能质量的评估是一种比较主观的判断，不同的顾客对同一服务提供者提供的功能、质量相同的服务的评价会有所不同，即存在个体性差异（受性格、学历水平、价值取向、生活环境、过往经历等的影响）。比如，对于同一家酒店的服务，有的顾客可能关注价格，有的注重整洁，有的注重服务者的态度，有的可能注重提供个性化的服务。

功能质量往往比技术质量更能决定服务质量的好坏，这并不是因为技术质量不重要，而是同类企业提供的技术质量往往都相似。比如，顾客到银行取钱，无论哪家银行，只要银行账户有钱，其结果都能取到。因此在提供同类服务的企业间，当前的竞争最主要的是功能质量的竞争。

2. 北美学派提出的服务质量维度

1988年PZB（Parasuraman Zeithaml 和 Berry）在北美学派提出的在可靠性、响应性、胜任性、接近性、礼貌性、沟通性、信任性、安全性、了解性和有形性10个维度的基础上凝练成以下5个维度。

1）有形性，包括服务企业的服务设施、设备等，也与员工的整体形象相关。

2）可靠性，按照约定、准确、及时、无误地提供服务。

3）响应性，服务企业及员工具有帮助顾客的愿望并能够对顾客所面临的问题给予迅速而有效的解决，即主动、有效地帮助顾客。

4）保证性，员工的行为能够增强顾客对企业的信心，同时让顾客感到安全。这意味着需要员工的真诚以及解决顾客问题所必须具有的知识和技能。

5）移情性，设身处地地为顾客着想并对顾客给予个别的关注，提供个性化的服务或者员工和企业能换位为顾客思考，不推诿、不拖沓，提供优质的服务。

二、汽车共享服务质量概述

（一）汽车共享服务质量的内涵

从汽车共享服务的基本概念出发，在考虑相关监管部门的标准及顾客的实际感知的前提下，提出汽车共享服务质量的定义。从监管部门的角度，汽车共享服务质量是其服务主体为乘客提供服务时应当达到的规范或标准；从乘客的角度，汽车共享服务质量是乘客在接受服务时的实际感知与其期望值之间的差距。从汽车共享服务的全过程看，汽车共享服务质量可以分为汽车共享服务的设计服务质量、技术服务质量、行为服务质量和感知服务质量。

1. 设计服务质量

汽车共享服务的设计服务质量主要是指汽车共享服务企业所提出的服务标准，它包含了汽车共享服务企业的经营方向、服务范围、服务程序、服务时间、服务价格及各项规章制度。目前，随着国家层面和各地出台了共享汽车暂行管理办法的实施，对共享汽车的管理的重视程度越来越高，汽车共享服务也越来越规范。但在运营过程中也存在诸多问题，汽车共享服务不仅要尽量提高服务主体的工作效率，还应充分考虑乘客接受服务时的舒适程度等。汽车共享服务的设计服务质量在一定程度上决定了汽车共享服务质量的高低。

2. 技术服务质量

汽车共享服务的技术服务质量是指汽车共享服务需要有相应的车辆、服务设施以及进行服务所需要的一切客观实体和管理操作技术，包括汽车共享服务企业环境、设备状况、管理能力、技术知识、服务人员的技术水平以及服务应达到的标准等。技术服务质量是保证汽车共享服务质量的重要条件。

3. 行为服务质量

汽车共享服务的行为服务质量是指服务人员的工作态度、言行举止、仪容仪表以及对本职工作的忠诚、对顾客的热情等。技术服务质量是保障乘客享受高服务质量的基础，行为服务质量则是提高顾客满意度的重要条件。行为服务质量影响顾客如何评价服务、决定是否"购买"服务，良好的行为服务质量能够弥补车辆环境等方面的不足，是汽车共享服务质量评价与提升过程中不可忽略的因素。

4. 感知服务质量

汽车共享服务的感知服务质量是指汽车共享服务企业或企业管理者最终追求的质量，是顾客对汽车共享服务行为满意程度最直接的体现，由顾客所期望的服务水平与实际接受的服务决定。影响期望服务水平的主要因素是企业的形象、时间性因素及价格水平等；影响乘客感知服务的主要因素是设计质量、技术质量和行为质量，而设计质量、技术质量和行为质量又是形成企业形象的主要因素。因此，要想提高顾客的感知质量，必须努力提高汽车共享服务企业的设计质量、技术质量和行为质量，使顾客所接受到的服务和期望的服务相匹配。

结合汽车共享服务特性和PZB提出的服务质量的五维度，我们认为汽车共享服务质量由以下六个要素来决定的。

(1) **安全性**　安全性是顾客对汽车共享服务的基本要求之一，也是汽车共享服务质量的首要特性，是顾客选择出行方式的先决条件。顾客在被服务的过程中，在发生位置变化的同时，除了由于不可抗拒的天灾及由于顾客本身的原因无法防止的情况以外，不能出现其他各种形式的不安全因素。

(2) **响应性**　响应性是指汽车共享服务人员帮助顾客并迅速提高服务的意愿，包括服务人员快速向顾客提供服务、及时地响应顾客投诉和失物招领等。比如网约车驾驶员向乘客提供服务要及时，接待动作应简洁、明快等。适时、迅速地向顾客提供高质量的服务，有助于提高顾客对汽车共享服务的感知质量。

(3) **快捷性**　快捷性就是指在保证运输安全的前提下，尽可能地提高顾客的运行速度，缩短运输时间。快捷性是汽车共享服务的一大特性，是人们选择汽车共享服务的原因之一，主要包括主体行车时间要短，要高效率，要严格按照规范运行。

(4) **舒适性**　舒适性实际上更侧重于希望能进一步满足顾客在运输过程中的需求。随着生活水平的提高和交通运输业的发展，顾客对汽车共享服务过程中的舒适性的要求不断提高，舒适性已经成为顾客选择某种交通工具一个很重要的参考条件，具体包括车内环境整洁、车内设施齐全、车身外观整洁良好等。

(5) **方便性**　方便性通常是衡量汽车共享服务质量不可缺少的因素，包括顾客乘车方式多样化（如网约车、分时租赁、P2P租赁）、乘客结算方便、汽车共享服务企业供车类型丰富等。

(6) **经济性**　经济性是从顾客的角度提出来的，是指运输价格及服务过程中收费是否公平合理。因为汽车共享服务质量最终是依赖于顾客消费才得以体现的，如果运输费用很高，顾客无法承担这些消费费用，服务质量就无从谈起。

综上所述，可将汽车共享服务视为一个系统，它由相互联系的设计质量、技术质量、行为质量和感知质量四部分组成，而这四部分又主要体现在安全性、响应性、快捷性、舒适性、方便性、经济性六个方面。汽车共享服务质量系统构成如图8-3所示。

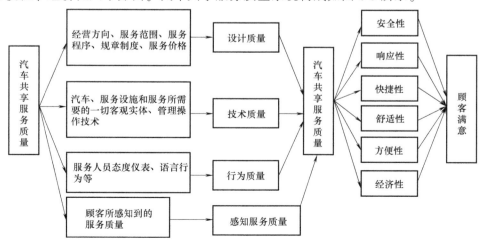

图8-3　汽车共享服务质量系统构成

(二) 汽车共享服务质量特征

汽车共享既是顾客出行的一种交通方式，同时也是一种特殊的服务产品。汽车共享服务既具有汽车共享本身的特征，也具备服务产品的特性。其主要表现在：

(1) **难以定量化** 汽车共享服务是一种行为过程，各大城市虽然逐步出台了相关的暂行管理办法，对共享汽车服务过程中服务人员的言行举止、服务行为等方面进行了相应的标准化规定，但在实施和监督管理的过程中难以对其量化，在其标准化方面也只能以定性化的规定为主，给监管部门对汽车共享服务质量的监督与管理增添了困难。

(2) **服务差异性大** 汽车共享服务行为主要依靠车辆、驾驶员、平台等服务主体共同完成，由于不同的服务人员的操作水平、服务行为、综合素质等方面存在一定的差异，不同车辆的环境、性能等方面不同以及服务平台的处理能力、服务效率等存在区别，使得汽车共享服务质量存在较大的差异。同时，不同的时间、地点、环境下的汽车共享服务质量也会存在显著差别。

(3) **难以建立服务质量保障体系** 汽车共享服务作为一种无形的、特殊的服务产品，与有形的服务产品存在较大差异。汽车共享服务生产与消费同时进行，对待不好的服务行为可以通过差评的方式表达，但是却不能退换。另外，经营管理者可以通过开展服务人员的岗前培训、剔除不合格的服务人员、车辆及服务平台等服务主体，以及制定严格的处罚措施等行为提高汽车共享服务质量，但是汽车共享服务主体在实际服务过程中仍存在较大的不确定性，仍难以从根本上建立汽车共享服务质量保障体系。

(4) **顾客对服务质量的影响大** 由于汽车共享服务的生产和消费是同步的，因此，顾客也成为汽车共享服务生产的重要参与者。对于汽车共享服务的整个过程而言，顾客的积极配合是服务过程顺利开展的保障，对汽车共享服务质量有较大影响。一般情况下，较高的服务质量是汽车共享服务主体和顾客共同作用的结果。

第二节 服务质量评价

一、服务质量评价基本理论

(一) 服务质量评价方法

要提高服务质量，汽车共享服务企业管理人员首先必须了解本企业当前的服务质量水平，明确本企业服务系统的优点和弱点。企业管理人员应从本企业的外部顾客、竞争对手企业的顾客、本企业的员工三个方面获取信息，评价本企业的服务质量，找出服务质量管理工作中存在的问题，从而采取有针对性的改进措施，提高顾客感知的服务质量。企业管理人员采用多种方法评价企业及其竞争对手的服务质量。

1. 定性研究方法和定量研究方法

服务质量评价的定性研究方法主要包括深入访谈、专题座谈会和关键事件技术。采用这些方法时，调查人员多采用非结构化问卷，通过开放式问题调查顾客（包括现有顾客和潜在顾客、本企业顾客和竞争对手企业顾客、新顾客和老顾客）或员工对服务质量的看法。深入访谈通常是研究人员与被访谈者一对一进行，它可以应用在许多方面，可以在定性研究中单独使用，也可以结合定量方法形成封闭式结构化问卷以提供信息，帮助理解定量研究的结果。专题座谈会是服务质量调研中非常实用且有效的定性调研方法,根据座谈对象的不同,可以分为针对顾客的专题座谈会和针对员工的专题座谈会。其调查目的在于了解被访问者对某项产品、某个概念、某种想法或者某个组织的看法,从而深入了解有关问题。

服务质量评价的定量研究方法主要是问卷调查法。使用这类评价方法的调研人员需要设计结构化问卷,通过对顾客或员工的问卷调查收集数据,并对数据进行量化处理和分析。这类服务质量调查问卷亦称服务质量计量量表。在现有的文献中,国内外学者对顾客感知服务质量计量量表的形式及其使用方法进行了大量的研究,开发了许多不同的服务质量计量量表,其中使用最广泛且争议最多的是SERVQUAL量表。

定性研究方法和定量研究方法都是服务质量评价的重要方法,各有优缺点,适用的情况也不相同。在服务质量评价的不同阶段,调研人员可配合采用多种定性和定量方法。比如在运用SERVQUAL量表对服务质量进行定量评价之前,调研人员通常会采用深入访谈、专题座谈会等定性研究方法,了解企业服务质量管理的现状和问题,明确服务质量评价的重点部门和重点环节。而在对服务质量进行定量评价和分析之后,研究者可能会采用各种定性方法,借助对顾客或员工的访谈,找出量化数据发生规律性变化和各变量之间存在因果关系的原因。

2. 基于顾客的服务质量评价方法和基于企业的服务质量评价方法

根据评价的主体,可把服务质量的评价方法分为基于顾客的服务质量评价方法和基于企业的服务质量评价方法。

基于顾客的服务质量评价方法主要有交易调查,新顾客与流失顾客调查,服务实绩评论,顾客投诉、评论和问询记录,整个市场调查等。

(1) **交易调查** 指调研人员在每次服务工作结束之后调查顾客感知的服务质量,收集顾客的反馈,以便管理人员采取改进措施。其局限性是企业调研人员只了解到顾客对最近一次服务工作的意见,而不能了解顾客对本企业服务的全面评价,也不能调查竞争对手企业的顾客。

(2) **新顾客与流失顾客调查** 通过调查新顾客选择本企业服务的原因、老顾客在本企业消费额减少的原因、流失的顾客不再选择本企业服务的原因,来分析服务质量和其他有关因素对顾客购买行为和顾客忠诚度的影响。长期采用这种方法的前提是,企业必须长期记录每位顾客的每次消费信息,识别每位顾客的类型——属于新顾客、忠诚顾客还是流失顾客。

(3) **服务实绩评论** 指管理人员定期走访一批顾客,了解顾客对本企业服务的期望和评价,与顾客探讨本企业服务改进工作的重点,以及双方应如何加强合作关系。管理人员应采用正式的调研程序,要求顾客回答一整套问题,在数据库中储存顾客的答案,并对顾客进行后续性双向沟通。这种调查方法需付出的时间和经济成本较大,但所获得的信息较为全面、可靠。

(4) **顾客投诉、评论和问询记录** 采用这种方法的企业长期记录顾客投诉、评论和问询情况,定期分类整理这些资料,以发现最常见的服务差错,进而采取有针对性的改进措施。其局限性是对企业不满的顾客往往不会向企业直接投诉,管理人员无法通过顾客投诉分析全面了解企业的服务质量现状。

(5) **整个市场调查** 指调研人员不仅调查本企业的外部顾客,还调查竞争对手企业的顾客,收集并分析顾客对本企业服务的全面评价,对本企业和竞争对手企业的服务实绩进行比较分析，以确定本企业服务改进工作的重点，了解本企业服务改进的情况。其局限性在于调查人员虽然可计量顾客对本企业服务的全面评价，却无法计量顾客对本企业某一次服务的评价。

基于企业的服务质量评价方法主要有员工现场报告、员工调查、神秘顾客调查、经营数据记录系统分析等。

(1) 员工现场报告 指服务企业采用正式的程序收集、分类、整理、分发员工在服务现场获得的信息，以便管理人员了解顾客对本企业服务的期望和评价。其局限性是员工可能不愿向管理人员汇报不利的信息，不同的员工反映情况的能力和自觉性也有所不同。

(2) 员工调查 指调研人员向员工调查服务情况和工作环境质量，以便管理人员计量内部服务质量，发现员工在服务工作中面临的问题，了解员工的工作态度和精神状态。员工直接为顾客服务，能了解本企业服务质量问题产生的根本原因，为服务改进工作提出许多意见。其局限性是，员工对服务质量的看法不可能始终客观、准确。

(3) 神秘顾客调查 通常是聘请独立的第三方人员，如市场研究公司的研究人员或经验丰富的顾客，通过参与观察的方式到服务现场进行真实的服务体验活动。神秘顾客针对事前拟好的所要检查和评价的服务问题对服务现场进行观察，提出测试性问题并获取现场服务的有关信息，包括服务环境、服务人员态度、服务表现、人员业务素质、应变能力等信息。

(4) 经营数据记录系统分析 通过经营数据记录系统分析和推测出顾客期望与顾客感受差异。企业记录、分类、整理、分发服务差错率、员工回应顾客要求的时间、服务费用等实际经营数据，监控服务实绩，以便采用必要的措施改进经营实绩。

以上各种基于顾客和企业的服务质量评价方法各有利弊，使用的情况也不相同。在实践中，调研人员一方面应有针对性地选择某些方法，另一方面应将多种方法结合使用。可根据企业服务的性质、服务策略、企业与顾客的关系，有针对性地选择服务质量评价方法，如为少数客户提供复杂服务的企业可采用服务实绩评论方法，强调服务可靠性的企业可采用顾客投诉、评论和问询记录方法，高度重视与顾客关系的企业可采用新顾客和流失顾客调查方法等。另外，企业可同时采用多种方法，利用某种方法的优点抵消另一种方法的缺点。贝里和帕拉索拉曼认为，几乎所有服务性企业都可采用"交易调查""顾客投诉、评论和问询记录""整个市场调查""员工调查"4种调查方法，同时采用4种调查方法，管理人员既可了解顾客对某项服务工作的反馈，又可从本企业顾客、竞争对手顾客和本企业员工三个方面获得本企业服务质量评价的全面信息。

(二) 服务质量评价工作的基本程序

1）调查顾客期望，确定顾客服务质量评价的依据。根据"符合期望"质量定义，顾客的期望是顾客评估服务质量的依据，因此，企业评价服务质量首先应对顾客期望进行调查。

2）建立服务质量信息系统，采用各种服务质量评价方法，收集服务质量评价信息。有效地收集服务质量评价信息是进行服务质量评价的重要环节。服务性企业应建立服务质量信息系统，使用前述多种调研方法，收集高质量的服务质量信息，以便对企业服务质量做出准确评价。

3）整理、分析服务质量评价信息，向管理人员提交服务质量评价报告。企业的服务质量信息系统不仅应收集服务质量信息，还应对收集到的信息进行有效的整理和分析，并以适当的方式显示质量评价结果。服务质量信息系统研究人员通常采用平均数、百分比、相关分析、回归分析、因子分析、价值曲线分析、重要性-绩效分析、排列图等方法，整理和分析服务质量信息，并形成服务质量评价报告，用文字、录像、图表等方式显示服务质量评价结果。

4）反馈服务质量信息。研究人员不仅应向管理人员报告服务质量评价结果，而且还应向企业的每一位员工反馈服务质量信息，可通过培训班、内部通信、录像片等方式向员工提供服务质量信息。管理人员为员工提供各类服务质量信息，如顾客期望、顾客对服务质量的评价等信息，有利于员工理解顾客的期望，了解顾客的反应，及时调整服务方式和服务行为，提高顾客感知的服务质量。

5）确定服务质量改进重点，实施有针对性的质量改进措施。在服务质量评价结果中对各个评价结果进行比较分析，找到影响服务质量的关键因素，进而有针对性地确定服务质量改进措施，提升改善服务质量的效果。

6）定期评价服务质量，分析服务质量评价和改进活动的效果。服务质量评价是一项长期的任务，企业应定期评价本企业的服务质量，并对前后各期的服务质量水平进行比较，了解本企业服务质量发展趋势，分析服务质量评价和改进活动的效果。

二、汽车共享服务质量评价指标体系

服务质量评价以指标体系构建为基础，在服务质量评价相关的基础上结合汽车共享服务的特征，对汽车共享服务质量评价指标体系进行构建。

（一）服务质量评价指标体系构建的原则

建立科学合理的服务质量评价指标体系，关键在于能否正确选择质量指标和维度。在服务指标和质量的设定过程中必须注意以下原则：

（1）**注重全面性的同时兼顾独立性**　全面性是指建立的评价指标体系能够较为全面地反映出汽车共享服务的质量。汽车共享服务不是传统的线下服务模式，也不是一般的B2C运营模式，而是一种将线上和线下相结合的运营模式，因此，需要对汽车共享服务企业的运营机制进行全面的了解。以汽车共享服务企业的运营模式为依据，遵循全面性，从线下线上评价体系出发，创建科学、合理的体系。

独立性是指建立指标体系时维度之间、指标之间相对独立，每个维度能准确反映汽车共享服务的属性，且维度之间不能出现特征重叠，指标要素之间也相对独立。在构建汽车共享服务质量评价指标体系时，应兼顾全面性与独立性。全面性是从指标体系的整体出发，而独立性则注重内部的层次结构，只有兼顾，才能选取更加合适的质量维度和指标。

（2）**注重准确性的同时兼顾导向性**　若注重全面性的同时兼顾独立性原则考虑的是整体性与结构性，那么注重准确性和导向性考虑的则是内容的合理性。准确性是指质量维度与指标要素选取的准确度。对于汽车共享服务来说，因为具有线上、线下两种模式，所以在确定质量维度时需综合考虑线上、线下服务质量维度与指标。为了保障维度和指标的准确性，可借鉴SERVQUAL量表、E-S-QUAL量表对其内容进行调整。

导向性是指根据指标体系构建的目的有导向地选取指标。虽然建立评价指标体系的目的都是改进服务质量，但是出发点有所不同。有的从企业角度出发，有的从政府角度出发，有的从全社会角度出发，因此根据构建体系的目的有导向地选取质量维度和指标要素是很有必要的。汽车共享服务质量评价指标体系以企业提升服务质量为导向，基于顾客服务质量感知,对企业现存在的缺点进行分析改进,为企业提供正确的依据,使企业服务质量得到提升。

(二) 汽车共享服务质量评价指标的选取

1. 汽车共享服务质量特征

(1) **服务自助性** 汽车共享服务相较于传统的服务行业,增加了线上的自助服务;相较于 B2C 电子商务企业,具有线下的自助服务体验;相较于 O2O 企业,线下并没有服务人员的直接接触,因此服务具有自助性。共享汽车基本是依靠线上、线下的自助服务,因而与传统服务的企业相比,员工的服务职能有所弱化。比如分时租赁,通过 APP 线上自助完成租赁服务,而寻找汽车、解锁汽车、汽车驾驶、停车等过程则是线下自助服务的主要体现。

(2) **服务交互性** 服务的交互性主要由线上和线下构成。由于在共享汽车提供服务的过程中,用户基本接触不到服务人员,而是通过 APP 与共享汽车产生联系,同时在线下也是自助操作服务设施(如充电、加油等)。因此在借鉴 SERVQUAL 量表、E-S-QUAL 量表(电子服务质量量表,PZB 于 2000 年提出)构建汽车共享服务质量评价指标体系时,服务人员所提供的服务一部分会由 APP 所代替,一部分会转移到线下服务设施。因此,服务的交互性既体现在线上模块、线下模块的交互服务质量感知中,还体现在线上模块内的人机交互感知和线下模块内的人车交互感知过程中。

(3) **服务连贯性** 汽车共享服务的连贯性主要表现在线上与线下的衔接方面。用户在共享汽车由线上向线下转移的过程中,需要一定的时间来完成自助式服务,倘若用户等待时间过长,将会失去消费意愿,因此在构建指标体系时要考虑过程的连贯性。

汽车共享服务具有自助性、交互性、连贯性等特点,因此汽车共享服务具有其特殊性。在构建服务质量评价体系时,不能直接选用传统的服务质量量表,而是应该在借鉴各个量表的基础上结合汽车共享服务的特点构建指标评价体系。

2. 汽车共享服务质量评价维度

(1) **线上人机交互维度** 线上人机交互维度主要体现线上的平台服务质量,包括在使用过程中平台是否能够保证信息的真实可靠和交易安全,能够提高用户的使用效率。在 E-S-QUAL 量表中,PZB 对线上平台服务质量的维度进行了概括。效率针对的是用户进入平台以及使用平台过程中的快捷程度,注重的是快速性与便捷性;系统可用性针对的是平台技术的保证性,注重的是在平台技术支撑下功能的持续可用性;履行性针对的是平台在订单提交后的履行程度以及商品承诺的实现性,注重的是提供的服务与承诺的一致性;隐私性针对的是交易环境安全性与信息的安全性,注重的是对隐私的保护。

(2) **线下人车交互维度** 线下交互维度主要体现的是线下体验,在于人员进行接触服务时表现为人机交互维度,主要包括售前服务、售中服务和售后服务的感知。对汽车共享服务而言,在线下服务体验的过程中基本接触不到服务人员,汽车是线下服务的主要设施。因此,线下交互维度的确定过程中,应考虑用户接触共享汽车前、中、后的服务质量感知,即线下人车交互维度。

对于线下服务质量评价,传统的 SERVQUAL 量表主要提供指标体系和质量维度。在原始量表中,有形性针对的是实际的服务设施以及服务人员,强调他们的外表形象等;在汽车共享服务的线下评价过程中则考虑的是共享汽车的外表、形象等。可靠性针对的是企业的整体履行能力,强调的是准确、可靠的履行承诺的程度;对于共享汽车来说更多地表现为车辆的易得性和易放性。响应性针对的是企业与员工，强调其愿意帮助顾客并对顾客的问题迅速反应来提供服务质量；对于共享汽车来说，用户提出问题是依赖于线上 APP，线上 APP 是提出问题与解决问题的桥梁，因此响应性体现在线上质量维度中。保证性针对的是传递服务的人员，强调的是服务人员在服务过程中拥有专业的知识、恰当的礼节以及友善的态度，从而保证服务的传递；对于共享汽车来说，设备质量为用户提供保证性。移情性是针对企业提出的，强调的是企业和员工关心顾客需求并为顾客提供个性化的服务；在共享汽车服务过程中，对应的则是汽车共享服务企业针对不同顾客群体或个人提供个性化的服务。

（3）综合质量维度　从线上与线下质量维度来看，虽然分隔开来都是独立的、准确的，但是如果同时评价线上、线下服务质量，那么维度之间的部分属性有重叠。线下的可靠性和线上的履行性都含有可靠性这一属性。保证性与系统可用性也有部分重合属性。因为 APP 所提供的服务是为用户的出行做辅助，人们真正需要的还是线下的运输服务，所以在量表制作的过程中以 SERVQUAL 量表为核心，调整具有重叠属性的维度，删除不合适的维度，添加更准确的维度，真正体现全面性与独立性相互结合、准确性与导向性相结合的原则。

通过与专家的反复交流和沟通，结合汽车共享服务的特点，确定了经济性、隐私性、移情性、保证性、可靠性、响应性、有形性 7 个质量维度。其中，经济性维度是新增的，为了指标体系更加全面，根据汽车共享服务行业特点而添加。人们的消费在很大程度上会受到经济性的作用和影响，特别是当前存在品牌各异的共享汽车。基于此，用户会考虑经济性因素。

3. 汽车共享服务质量评价指标

在 SERVQUAL 量表基础上确定了汽车共享服务质量评价维度，其 7 个维度（见表 8-2）对于评价体系来说依然是一个不可量化的，只能概括评价体系的属性、范畴，因此还需选取具体可量化的指标。

1）有形性是指用户对共享汽车线上、线下服务设备的外形感知、仪表等方面的需求，具体通过页面中功能模块简洁、区分明确、车辆外观内饰干净等指标来反映。

2）可靠性是指用户在使用共享汽车全过程中，对可靠地完成运输服务的需求。比如分时租赁，对于线下来说，是指用户从寻找车辆到车辆驾驶结束的车辆可靠性，此过程中能反映可靠性指标的因素主要包括明确引导停车区域、方便寻找车辆、及时更新车辆信息、准确定位车辆位置等。

3）经济性是指用户在获得服务过程中对经济方面的需求，即企业是否提供了高性价比的服务，具体通过用车价格合理、押金金额合理、押金退还及时等指标来反映。

4）移情性是指用户对特殊服务方面的需求，即企业通过线上移动设备与线下设备是否关心用户并为用户提供个性化服务。就线下服务而言，它以共享汽车的基础设施为基础，保证所提供服务的针对性、个性化，使所有用户对车辆舒适度和车型的需求得到满足，具体通过信用积分制度合理、驾驶舒适性、车型多样性等指标来反映。

5）隐私性是指用户在隐私方面的需求，即在使用共享汽车过程中用户行为及信息是否被保护。就线下服务而言，隐私保护的主要内容是出行行为和路线；就线上服务而言，隐私保护的主要内容是出行数据信息，具体通过个人信息及出行信息不会被泄露、提供安全的支付环境等指标来反映。

6）保证性是指用户在获得服务的过程中，在驾驶过程中的安全保证性需求。就线下服务而言，保证的主要内容是共享汽车的行车安全和质量；就线上服务而言，保证的主要内容是正确地使用指引和运营状态，使用户使用车辆的整个过程得到保证，具体通过较好的车辆自身质量、较高的行车安全性、APP 无异常等指标来反映。

7) 响应性是指用户对服务速度和及时性等方面的需求，结合现阶段汽车共享服务提供的线上服务内容，具体通过用户投诉、反馈处理及时等指标来反映。

表 8-2 汽车共享服务质量评价指标体系量表

维度	具体指标
有形性	页面中功能模块简洁、区分明确 车辆外观、内饰干净
可靠性	车辆定位准确 车辆信息更新及时 车辆易于寻找 停车区域引导明确
经济性	用车价格合理 押金金额合理 押金退还及时
移情性	信用积分制度合理 驾驶舒适性 车型多样性
隐私性	个人信息及出行信息不会被泄露 提供安全的支付环境
保证性	APP 无闪退等问题 车辆自身质量好 行车安全性高
响应性	投诉、反馈处理及时

4. 汽车共享服务质量评价指标权重

权重是指在一个大系统中，各因素所占系统内容的大小比例或者重要性的高低，具体表现为一个确定的值来量化该比例或者重要性，通常采用因子分析法、相关系数法、专家赋权法、秩和比法、德尔菲法、均数法、累积法来确定权重。

因子分析法和相关系数法主要考虑评价因子的定量性指标、不同因子间的相关作用等来确定权重；专家赋权法和德尔菲法是根据专家通过专业性的见解和意见，来确定评价集中各元素的权重；秩和比法是通过表中行（或列）秩次合计的加权平均值来确定权重的大小；均数法、累积法则是综合上述几种排序法来确定权重。结合汽车共享服务的特征与实际情况，以及汽车共享服务质量评价指标众多、相关联性不高、专业性强的特点，可采用德尔菲法来确定汽车共享服务质量指标权重。

第三节 服务质量改进

根据汽车共享服务质量的构成和特征，汽车共享服务质量改进的基本点是：以顾客的需求为依据，以提高顾客满意程度为标准，以领导支持、全员参与、各种制度和持续改进为保证，以服务的专业技术和各种适用的科学方法为手段，以取得重大的社会和经济效益为目的。

一、服务质量改进的原则

ISO 9000 中对质量改进原则的描述是，"组织的产品、服务或其他输出的质量是由使用它们的顾客的满意度确定的，并取决于形成及支持它们的过程的效果和效率；质量改进通过改进过程来实现；质量改进应不断寻求改进机会，而不是等待出现问题再去抓住机会"。汽车共享服务质量改进也有需要遵循的原则，主要包括以下几项原则：

1. 过程改进原则

汽车共享服务质量改进的根本是服务过程的质量改进，质量改进通过过程而实现。在汽车共享服务质量改进过程中，改进模式的确定、改进组织和团队的建设、改进方案的制订、改进目标的评价及改进过程的实施和监控等共同构成了汽车共享服务改进过程的质量改进环。质量改进环上的每一个过程都将直接影响汽车共享服务质量改进的效果和结果。因此，首先应对汽车共享服务质量改进全过程进行细化分解，直至质量改进环的最基本单位；其次应明确汽车共享服务改进的目标和效果，从最小单位开始进行改进过程。

2. 持续原则

汽车共享服务质量改进应以追求更高的过程效果和效率为目标。比较通用的质量改进步骤为：寻找不足→改进→巩固→寻找新的不足→新的改进→巩固……汽车共享服务质量改进是以已有的汽车共享服务产品和服务过程为基础的，对服务过程中涉及的达不到顾客要求而造成顾客不满的问题进行原因分析，探讨解决问题的措施，并在征询顾客意见后有效实施这些措施并评价其有效性。在完成了这一阶段的质量改进后，汽车共享服务企业就应该进入下一轮新的改进，如此循环往复，持续不断。

3. 预防性原则

持续的质量改进包括"主动进攻型"改进，如通过头脑风暴法提出合理化建议等；也包括诸如纠正措施的"被动型"改进。但汽车共享服务质量改进的重点在于预防问题的发生，而不仅仅是事后的检查和补救。汽车共享服务质量改进的关键应该是消除、减少服务质量隐患，防止出现服务失误、顾客不满等问题。这就要求对影响汽车共享服务质量的诸多因素进行事前质量控制，如通过完善服务系统、修正服务标准和制度、提高服务人员素质、改善服务设施设备、确立科学的人性化的服务程序等方面来防止发生服务质量问题。只有这样，才能实现永久性的、根本性的质量改进。

其实除了这些原则外，还包括硬件质量与软件质量并重的原则，全员参与的原则、循序渐进的原则、持之以恒的原则、注重技能提升培训的原则等。

二、汽车共享服务质量改进工具

可以应用于汽车共享服务质量分析和改进的工具有很多，包括树图、水平对比法、对策表、因果图等。服务业广泛使用的、可有效用于服务企业服务质量问题诊断和改进的工具有 PDCA 循环管理法、重要性-绩效分析（IPA）、服务质量差距模型（GAPS model）等。

（一）运用 PDCA 循环管理持续改进服务质量

PDCA 循环是目前国内外认可的、应用于全面质量管理活动的一种基本方式和一种科学的工作程序，在很多行业已得到广泛应用。那么，在汽车共享服务中也可试着应用PDCA循环管理方法，加强汽车共享服务管理，持续改进汽车共享服务质量，提升汽车共享服务品质，进而提高顾客满意度。

1. PDCA 循环管理方法

PDCA 循环又称"戴明环"，是全面质量管理所应遵循的科学程序。具体来说，PDCA 循环是指 P——plan，计划；D——do，实施或者执行；C——check，检查或总结；A——action，行动或处置。PDCA 质量循环方法是适合于各层次管理的方法，既可用于质量管理体系的管理，也可用于现场质量管理。它包括四个阶段、八个步骤，如图 8-7 所示。

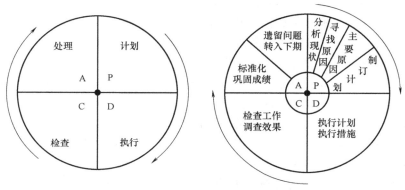

图 8-4　PDCA 循环示意图

PDCA 循环周而复始，它作为一种严密的科学管理工作程序，四个阶段缺一不可且不可颠倒，这样才能在改进活动中有效运行，同时应用于企业各个环节、各个方面的质量管理工作中，形成一个"大环套小环、一环扣一环、小环保大环、推动大循环"的综合管理体系。PDCA 循环把企业各项工作有机地联系起来，彼此协同，互相促进。当然，PDCA 循环管理法各阶段均离不开直方图、控制图、统计分析表等质量控制技术（见表 8-3）。

表 8-3　PDCA 循环与质量控制方法对照表

阶段		步骤	质量控制方法
P	1	分析质量现状，找出存在的质量问题	排列图、直方图、控制图等
	2	分析产生质量差距的各种原因或影响因素	分层法、因果图等
	3	从各种原因中找出影响质量的主要原因	排列图、相关图等
	4	拟定对策	制定对策表
D	5	执行措施计划	严格按计划执行、落实措施
C	6	检查效果和发现问题	排列图、直方图、控制图等
A	7	总结经验，纳入标准	工作结果标准化
	8	遗留问题转入下期	遗留问题转入下一个 PDCA

2. 运用 PDCA 循环管理法改进汽车共享服务质量

第一阶段——计划阶段：收集汽车共享服务质量信息，确定服务质量目标、计划，并制订相应的措施。汽车共享服务质量因不同顾客而要求各异，比如舒适度、速度及安全性的保证程度；成本水平及服务费用的满足程度；服务方式的满足程度等。汽车共享服务提供者必须要了解需求，通过访问、市场调查、了解国家计划指示等方式搜集服务质量信息。搞清楚用户的要求和标准，即用户需要什么类型的汽车共享服务及其相应的水平要求。在此基础上，分析自身服务质量现状、找出质量差异；分析影响质量产生差异的因素，找出影响质量的主导因素及影响程度，要客观准确，有数量分析。针对影响质量的主导因素，结合企业资源实际情况，制订出提高质量的技术组织措施，即制订出计划，并要具体落实到执行者、时间、地点和完成方法等方面。

第二阶段——执行阶段：按既定计划、目标、措施及其分工，严格组织计划实施，同时根据实际情况对原计划进行补充和调整。汽车共享服务活动涉及相关环节，在为顾客提供汽车共享服务的过程中，由于多种因素的共同影响，导致企业服务质量的变化。加强汽车共享服务质量管理需要随时了解和掌握汽车共享服务质量的现状、运行过程和发展趋势，及时发现问题、改进管理，提高企业服务与管理质量。汽车共享服务提供者可建立有效的服务质量管理信息系统，控制汽车共享服务过程，同时为企业提供服务质量改进决策必需的各种信息，能激励企业内部员工改进汽车共享服务工作。比如，通过汽车共享服务质量管理信息系统计量顾客对服务质量的期望，实时监控汽车共享服务质量状况等。此外，该阶段涉及相关部门和相关人员，要注意全员参与管理的重要性。

第三阶段——检查阶段：汽车共享服务提供者在计划执行过程中或者执行之后，检查执行情况是否符合计划的预期结果，如果实际与预订目标偏离，就需分析原因。这一阶段可建立一些具体的指标考核方法，比如汽车共享服务关键绩效考核方法，包括服务时间、准点率、问题处理及时率等。

第四阶段——处理阶段：对检查结果进行总结，有针对性地修改和制订有关标准和质量工作制度，防止问题再发生。必要时还应排查出这一循环尚未解决的问题，拟定措施和对策。遗留问题转入下一循环中去，继续解决。该阶段的重要性体现在对解决问题的成功经验进行总结，使质量水平提高了一个层次；同时指出此次循环的不足，推动下一循环的进行。

以上四个阶段、八个步骤循环往复，没有终点，只有起点，不是在同一水平原地循环，每循环一次，工作就上升一个台阶；到下一循环，又有新的内容。因此，伴随着这种循环，汽车共享服务质量改进的水平也跟着上了一个新的台阶。

（二）运用 IPA 模型改进服务质量

1. IPA 模型

Martilla 和 James 于 1977 年在分析机动车产品属性和绩效时提出了重要性-绩效分析（IPA，importance-performance analysis）方法。该分析方法的基本思想是顾客对产品/服务的满意感源自其对该产品/服务各属性的重要程度及对各属性绩效表现程度的评价，同时考量了产品/服务各属性的重要程度和绩效表现水平两个维度。IPA 分析法主要用于评估服务行业的服务质量要素的重要度与顾客实际感知满意度之间的对应关系。IPA 方法的理论基础是期望差异模型，是一种简单有效地优化资源的方法，通过比较各指标的重要性与顾客实际感知满意度来确定服务质量改进的轻重缓急，以利于企业对有限资源的再次分配，提高竞争优势。

IPA 分析法是一种偏于定性研究的诊断模型，且要满足两个前提假设条件。首先，重要性与绩效表现两个维度的变量是自变量，是相互独立的；其次，自变量与受访者总体感知之间呈线性及对称关系。在实际分析中，将影响服务质量的指标投射在二维坐标轴中，以重要性为横坐标轴、满意度为纵坐标轴，形成Ⅰ、Ⅱ、Ⅲ及Ⅳ四个象限，这四个象限区域分别代表优势区、过度区、机会区、加强区，各区域分布情况如图 8-5 所示。通过 IPA 矩阵示意图可以直观、形象地看出服务质量改进过程中的重点，能够帮助企业管理者调整战略重心，将有限的资源用在最能体现价值的位置上。对位于不同象限内指标的改进优先级会有所区别，位于第Ⅰ象限（即优势区）的指标具有较好的满意度和较高的重要性，需要保持该象限内指标的稳定性；位于第Ⅱ象限（即过度区）的指标具有高满意度和低重要性，说明该区域的满足程度比较大，其对总体满意度的影响力比较小，因此该区域指标的服务标准可以适当降低或者继续保持；位于第Ⅲ象限（即机会区）的指标具有低满意度和低重要性，该区域的指标可作为最低优先级的改进项目，如果其他区域改进情况良好可以适当提升该区域指标的满意度；位于第Ⅳ象限（即加强区）的指标具有高重要性和低满意度，由于该区域指标对整体服务质量满意度来说具有高重要性，因此这些服务因素是否让用户满意间接决定了用户对该服务总体质量的评价，因而该区域的指标应该被视为最高优先级改进的项目，应当引起企业管理者的高度重视，对这些因素的改善也将是提高企业整体服务质量的关键所在。

图 8-5　IPA 分析法四象限模型

2. 基于 IPA 模型提出汽车共享服务质量改进建议

由于该方法的科学性和有效性，故可以选用 IPA 分析法作为汽车共享服务质量的改进工具。一般情况下，IPA 的实施步骤如图 8-6 所示。

1）确定汽车共享服务质量评价指标，让顾客对其重要程度和满意度进行打分，并分别计算各指标的重要性和满意度的均值。假设 $\overline{W}$ 表示重要性均值，$\overline{P}$ 表示满意度的均值，其计算公式分别为

$$\overline{W} = \frac{1}{n}\sum_{i=1}^{n} W_i \tag{8-1}$$

$$\overline{P} = \frac{1}{n}\sum_{i=1}^{n} P_i \tag{8-2}$$

2）分别找出指标的重要性均值及满意度均值在 IP 图中的交叉点，并基于该交叉点延伸画出十字形状，画出坐标图。

3）根据重要性-满意度分值，将各指标分别定位在四个象限的不同位置上，并对其发展

状态和发展机会进行分析。

4）根据各指标的情况提出汽车共享服务质量改进建议。

汽车共享服务质量改进建议可以从以下几个方面提出：

1）集中资源、重点改善关键指标的发展状况。关键指标是处于 IPA 定位模型第Ⅳ象限"加强区"内的指标，需要汽车共享服务企业管理者与经营者将关键指标按重要性从高到低的程度进行排序，将此类指标作为服务质量提升的关键攻克点，集中优势力量及分配资源，重点改进，比如优化 APP 应用、完善安全保障条件等。

2）逐步改善次要指标的发展状况。次要指标是处于 IPA 定位模型第Ⅲ象限"机会区"内的评价指标，这些指标的特点是顾客的重要性期望值低且满意度也低，也就是说，顾客对这些的指标关注度不高。但是，顾客对于某些指

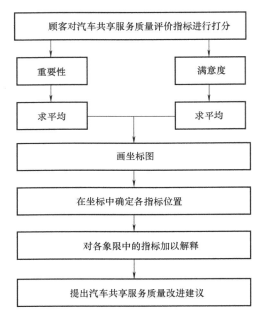

图 8-6 IPA 分析法的实施步骤

标的重要性认知并非是一成不变的，它可能会随着汽车共享服务的发展、顾客使用共享汽车的经验或者顾客情绪态度等逐渐发生变化，提高对指标的重要性期望。因此，应将次要指标列为汽车共享服务低优先级的发展指标，为汽车共享服务的长远发展夯实基础。

3）适度调整关注过度表现指标的发展状况。关注过度的指标是位于 IPA 定位模型第Ⅱ象限"过度区"内的评价指标，即顾客对其的重要性期望低而满意度却高，说明汽车共享服务对这部分指标在资源配置与发展布局上有所偏颇。因此，汽车共享服务要提高服务质量，赢取顾客的满意，则需要适当调整发展重心，合理优化资源的配置，比如提供个性化服务，满足顾客需求。

4）保持良好指标的竞争优势并发扬创新。良好指标是位于 IPA 定位模型中第Ⅰ象限"优势区"内的指标，表现为重要性认知高且满意度也高。因此，汽车共享服务在原发展基础上，保持良好指标的发展势头与竞争优势，并发扬创新，优化顾客的乘车体验，有利于形成自己的正面口碑。

（三）运用服务质量差距模型改进服务质量

1. 汽车共享服务质量差距模型

美国营销学家 A·帕拉索拉曼（A. Parasuraman）、泽丝曼尔（Zeithaml）和贝里（Berry）将消费者知觉、心理、社会因素及管理者知觉等纳入服务质量分析，形成服务质量系统结构，即"服务质量差距模型"（简称 5GAP 模型）。这一概念模型是最典型、应用最广泛的服务质量分析模型。它作为改进服务质量的基本框架，有助于分析服务质量问题产生的原因，帮助管理者了解如何改进服务质量。因此，通过对服务质量差距模型的分析，可以找到服务质量问题的根源，进而有针对性地改进服务质量。

因此，可将服务质量差距模型与汽车共享服务相结合，剖析汽车共享服务企业在为顾客

提供运输服务时产生的不能满足乘客需求的服务质量问题的根源，如图 8-7 所示。

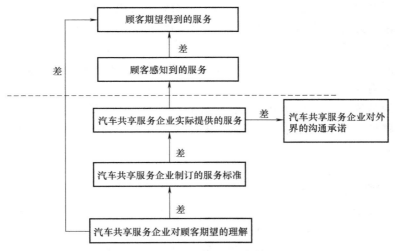

图 8-7 汽车共享服务质量差距模型

(1)"顾客期望-管理感知"差距（差距 1）　即顾客期望与汽车共享服务企业管理者对顾客期望的理解之间的差距，主要表现为汽车共享服务企业未开展或未能有效开展顾客服务需求调查，因此不能准确掌握顾客期望得到的服务。例如，汽车共享服务企业平时忽略服务质量管理工作，未能定期开展顾客沟通交流，不能随时掌握顾客对汽车共享服务管理的意见；又或者，在开展的顾客服务需求调查中，汽车共享服务企业未能合理设计调查问卷或采用不恰当的统计分析方法，使得调查结果不能客观、准确地反映顾客的实际需求。

(2)"管理感知-质量标准"差距（差距 2）　即汽车共享服务企业管理者理解的顾客期望与制订的服务质量标准规范之间的差距，主要表现为由于资源条件或管理水平限制，汽车共享服务企业未能依据感知到的顾客期望来建立与其相适应的服务标准规范，或制订的标准规范不能有效指引从而达到顾客期望。例如，通过顾客服务需求调查，汽车共享服务企业管理者了解到顾客期望早晚高峰能快速约到车或者快速找到车等，但由于车辆数量有限或者受调度策略影响，不能实现顾客期望；又或者，汽车共享服务企业管理者未能制订有效的共享汽车故障处理流程，造成顾客在使用共享汽车过程中因共享汽车故障造成长时间等待，无法安全、准确、高效到达目的地的现象。

(3)"质量标准-服务传递"差距（差距 3）　即服务质量标准规范与实际提供服务之间的差距，主要表现为汽车共享服务企业的员工或设施设备未能按照企业制订的服务标准规范为顾客提供服务。员工的服务或共享汽车外观性能表现对顾客感知服务质量有极大影响，尤其是与顾客直接接触的关键岗位或设施设备关键性能，如驾驶员驾驶技能水平或共享汽车的电量是否充足，虽然有相关的标准规范做指引，但其服务表现仍然会受到个人因素或外界因素的影响而出现偏差。例如，当驾驶员情绪低落时，为顾客提供服务时会出现态度冷淡，甚至讥讽顾客等现象，严重偏离服务规范。

(4)"服务传递-服务承诺"差距（差距 4）　即企业实际提供的服务与外界沟通承诺之间的差距，主要表现为汽车共享服务企业对外服务承诺超出了实际能够提供的服务水平。在汽车共享服务管理过程中，超现实的服务承诺会提高顾客期望，在服务未能如期兑现时则会降低顾客感知服务质量,从而影响汽车共享服务水平。例如,汽车共享服务企业未在承诺时限内妥善处理顾客投诉并给予满意答复,造成负面影响升级,严重影响企业形象。

(5) "顾客期望-服务感知"差距(差距5) 即顾客期望得到的服务与顾客在接受汽车共享服务过程中实际感知到的服务之间的差距,表现为差距1、差距2、差距3、差距4的总和。服务质量的好坏取决于顾客实际感受到的服务表现与他们所期望的服务表现之间的对比,优质的服务需要确保提供的服务满足或者超出顾客期望。例如,顾客无法找到共享汽车时,顾客期望的是汽车共享服务企业能有相关平台或者服务人员能够快速地告知顾客找到共享汽车的最短路径,如果在解决此项问题的基础上,还能告知顾客如何快速查询寻找共享汽车的途径以及避免再次发生此类问题的注意事项,那么整个服务表现将超过顾客期望,此时服务即为满意。

2. 汽车共享服务质量改进建议

(1) **定期开展服务质量调查研究**(对应差距1) 汽车共享服务应以顾客需求为导向,定期开展服务质量调查,掌握顾客对服务质量的评价。以定性和定量分析相结合的方法,找出对顾客有重要影响且顾客不认同不满意的服务项目并及时改进。汽车共享服务企业应以服务质量调查结果为导向,有计划、有目的地开展日常服务管理工作,从而提升服务效率,改善服务质量。

(2) **简化服务流程,科学设定标准**(对应差距2) 汽车共享服务企业在进行服务流程设计和制订服务标准规范时,应以方便顾客使用、节省顾客时间为原则,简化流程,去除冗余无效的服务环节,科学设定服务标准,体现汽车共享服务企业的人性化服务理念。

(3) **评选标杆培养优质服务人才**(对应差距3) 现代化的服务设备,使顾客通过自助服务即能完成服务全过程,不需要与服务人员直接接触。但当顾客遇到问题或意外情况时,服务人员的态度、综合素质及处理能力,决定了顾客对服务质量的认同度。可通过构建服务质量测评模型,明确"响应互动性"维度中包含的各项二级指标对服务质量有重要影响。

通过优化人才培养机制,为员工创造良好的工作环境,提升员工满意度。通过评选服务标杆、完善奖励机制,激发员工学优争优的积极性,宣扬优质服务文化,提升对外服务形象。

(4) **创新顾客体验兑现服务承诺**(对应差距4) 不同的顾客、不同的出行目的,决定了顾客选择汽车共享服务的不同需求。顾客需求和顾客期望与汽车共享服务企业提供服务之间的差距,决定了顾客如何评价汽车共享服务质量。因此,应制订合理的服务承诺,并依据承诺内容开展顾客体验活动,创新体验形式,使不同顾客群体了解并感受汽车共享服务特点,缩减顾客期望与服务承诺间的差距,从而提升顾客感知服务质量。

【知识应用与拓展】

SERVQUAL 评价方法

SERVQUAL 是英文 service quality(服务质量)的缩写。20 世纪 80 年代末,美国市场营销学家 A·帕拉索拉曼(A. Parasuraman)、泽丝曼尔(Zeithaml)和贝里(Berry)三人在《SERVQUAL:一种多变量的顾客感知服务质量度量方法》的文章中首次提出了 SERVQUAL 一词。SERVQUAL 是一种建立在对顾客期望服务质量和顾客感知服务质量的基础之上的,依据全面质量管理理论而提出的全新服务质量理论。它的核心内容是"服务质量差距模型",即服务质量取决于顾客所感知的服务水平与顾客期望的服务水平之间的差距程度,顾客的期望是开展优质服务的先决条件,提供优质服务的关键就是要超过顾客的期望值。SERVQUAL 评价方法主要包括衡量服务质量的 5 个评价维度,即有形性、可靠性、相应性、保证性和移情性。这 5 个维度又可以细分为若干个不同的问题,通过问卷调查、顾客打分等形式让顾客针对每个问题给出实际服务感知的分数、最低可接受的分数以及期望服务水平的分数,然后通过综合计算得出服务质量分数,其模型如图 8-8 所示。

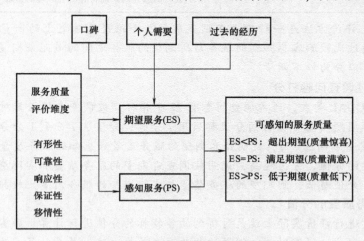

图 8-8　PZB 顾客感知服务质量

他们三人提出的衡量服务质量的 5 个评价维度包括 22 个问题项的调查表,学者们将其称为 SERVQUAL 评价方法,见表 8-4。

表 8-4　SERVQUAL 量表

维度	定义	组成项目
有形性	服务中的实体部分,包括服务设施、设备和员工仪容仪表	1. 有现代化的服务设施 2. 服务设施具有吸引力 3. 员工有整洁的仪容仪表 4. 公司设施与其所提供的服务相匹配
可靠性	可靠、准确地提供所承诺的服务的能力	5. 公司向顾客承诺的事情能及时完成 6. 顾客遇到困难时,公司能表现出关心并提供帮助 7. 公司是可靠的 8. 能准确地提供所承诺的服务 9. 正确记录相关的服务内容
响应性	乐于帮助顾客,提供及时的服务	10. 他们能告诉顾客提供服务的准确时间 11. 他们能提供及时的服务 12. 员工总是愿意帮助顾客 13. 员工不会因为太忙而无法提供相关服务
保证性	员工的知识与态度使顾客信赖、放心	14. 员工是值得信赖的 15. 在从事交易时,顾客会感到放心 16. 员工是有礼貌的 17. 员工可以从公司得到适当的支持,以提供更好的服务

(续)

维度	定义	组成项目
移情性	关心并为顾客提供个性化服务	18. 公司能针对不同的顾客提供个性化服务 19. 员工会给予顾客个别的关怀 20. 员工了解顾客的需求 21. 公司能优先考虑顾客的利益 22. 公司的服务时间能符合所有顾客的需求

SERVQUAL 评价方法是一种建立在服务质量 5 个维度基础之上的衡量顾客感知服务质量的工具，通过比较顾客感知到的服务与所期望的服务之间的差距来衡量服务质量。具体的评价步骤可以分为以下两步。

1. 顾客通过调查问卷打分

根据 SERVQUAL 量表，通常调查问卷有 22 个指标，被调查者根据其对服务的期望与实际体验来回答问题（每个指标的分值都采用 7 分制，分值从 7 分到 1 分分别代表着"完全同意"至"完全不同意"），说明顾客期望的服务质量和感知的服务质量，由此确定总的感知服务质量的分值。分值越高，说明被调查者期望的服务质量和实际感知的质量的差距越大；相反，分值越低，则期望的服务质量与实际感知的服务质量比较接近。

2. 计算服务质量的分值

对服务质量进行评价实际上就是对得到的各指标的分值进行计算。顾客的实际感受与期望往往不同，因此，顾客对某一问题的打分存在差异，这一差异就是在这个问题上服务质量的分数，即

$$SQ = \sum_{i=1}^{22}(P_i - E_i) \tag{8-3}$$

式中，SQ 为总的顾客感知服务质量；P_i 为第 i 个问题在顾客感受方面的分数；E_i 为第 i 个问题在顾客期望方面的分数。

式（8-3）表示的是单个顾客的总的感知质量。所得的总分值平均（即除以 22）后就得了单个顾客的 SERVQUAL 分值。然后把调查中所有顾客的 SERVQUAL 分数加总后再除以顾客的数量，就得到了企业的平均 SERVQUAL 分值。

当然，式（8-3）中存在一个假定条件，即对于企业提供服务的 5 个属性来说，在每个顾客心中的重要程度是相同的，即所占权重是一样的。在实际生活中，5 个属性在每个顾客心中所占的分量显然是各不相同的。例如，在汽车售后服务中可靠性最重要，而汽车共享服务企业的顾客则不一定认为可靠性最重要，他们认为响应性更为重要。因此，在评估企业服务质量时要进行加权平均。在式（8-3）的基础上可以得到加权计算的公式为

$$SQ = \sum_{j=1}^{5} W_j \sum_{i=1}^{R}(P_i - E_i) \tag{8-4}$$

式中，SQ 为总的顾客感知服务质量；W_j 为每个属性的权重；R 为每个属性的问题数目；P_i 为第 i 个问题在顾客感受方面的分数；E_i 为第 i 个问题在顾客期望方面的分数。

三位专家指出"感受-期望"差异理论体现的是一种与特定标准的比较关系，而不是描述期望的服务与获得的服务之间的具体差别，该理论及上述的式（8-3）和式（8-4）不是一套用来预测的模型，而是一套用来评估与"感受-期望"相关的感知服务质量的评估方法。

思考与练习

1. 如何利用 SERVQUAL 进行服务质量的评价？
2. 服务质量改进的原则有哪些？
3. 服务质量评价方法有哪些？
4. 服务质量评价指标体系构建的原则有哪些？
5. 汽车共享服务质量评价指标有哪些？
6. 汽车共享服务质量改进具体对策有哪些？

第九章

汽车共享服务人力资源管理

导读

秦昭王五跪范雎

战国时代的秦昭王,是一位雄心勃勃的君主,立志要一统天下。同时他也深知,要达成这一目的,需要有雄才大略的人辅佐。隐士范雎熟知兵法,颇有远略。秦昭王见到范雎后,斥退左右人员,跪在地上向范雎说:"请先生教我。"但范雎支支吾吾,欲言又止。于是,秦昭王第二次跪在地上向范雎请教,而且神态更加恭敬,但范雎仍然不说话。秦昭王又跪在地上,说道:"难道先生就不肯赐教吗?"这第三跪打动了范雎,说出了自己不愿进言的重重顾虑。秦昭王听后,第四次下跪,说道:"先生不要有什么顾虑,更不要对我怀有疑虑,我是真心向您请教。"范雎还是不放心,就试探着问道:"大王的用计也有失败的时候。"秦昭王对此责难并没有发怒,并领悟到范雎可能要进言了。于是,秦昭王第五次跪下,说:"我愿意听先生详细解说。"言辞更加恳切,态度更加恭敬。这一次,范雎觉得时机成熟了,便答应辅佐秦昭王。后来,范雎鞠躬尽瘁地辅佐秦昭王成就霸业,使秦国在乱世中变得越来越强大。而秦昭王千百年来也被人们所称誉,成为引才纳贤的楷模。

 第一节 人力资源与人力资源管理

一、人力资源的基本概念

(一)人力资源的含义

人类社会的生产以资源供给为基础,经济要不断增长,必须有充分的资源作为保障。经济学家认为,资源是指为了创造物质财富而投入生产活动中的一切要素。自人类出现以来,财富的来源无外乎两类:一类是来自自然界的物质,可称为自然资源,如森林、矿藏、河流、草地等;另一类则来自人类自身的知识和体力,可称为人力资源。在相当长的一段时间里,自然资源一直是财富形成的主要来源,但随着科学技术的突飞猛进,人力资源对财富形成的贡献越来越大,并逐渐占据了主导地位。

"人力资源"这个词曾经先后于1919年和1921年出现在美国经济学家约翰·R.康芒斯(John R. Commons)的两本著作《产业荣誉》和《产业政府》中。康芒斯也被认为是第一个使用"人力资源"一词的人,但他当时所指的人力资源与我们如今所理解的人力资源在含义上相差甚远。当前探讨"人力资源"最精彩的论述出自美国管理学家彼得·德鲁克(Peter Drucker)1954年出版的《管理的实践》一书:"人力资源是所有资源中最富有生产力,最多才多艺,也是最丰富的资源,它最大的优势在于具有协调、整合判断和想象的能力。"自此,"人力资源"一词开始受到关注并逐渐被广泛使用。

德鲁克虽然提出了人力资源的概念并指出了其重要性,却未给出详细定义。其后,国内外众多学者从不同角度给人力资源下了不同定义。对人力资源的内涵,理论界目前还没有一致的见解。根据研究角度的不同,可以将人力资源的定义分为两大类。第一类主要是从能力角度出发来解释人力资源的含义,可称为人力资源的"能力观"。其代表性观点如:所谓人力资源,是指能够助推整个社会和经济发展的劳动者的能力,即处在劳动年龄的已直接投入建设和尚未投入建设的人口的能力。第二类主要是从人的角度出发来解释人力资源的含义,可称为人力资源的"人员观"。其代表性的观点如:人力资源是指能够推动社会和经济发展,具有智力和体力劳动能力的人员总称。

对两大类定义进行解读可以发现:无论"能力观"还是"人员观",归根到底都认为人力资源的本质就是能力,是人所具有的知识、经验、技能、体能等能力。但这些劳动能力是依附在人身上的,和劳动者是密不可分的。本书中,人力资源是指一定范围内的人口中具有智力和体力劳动能力的人的总和,它是一种包含在人体内的生产能力,并以劳动者的数量和质量来表示的资源。这个解释包括以下几个要点:

1)任何资源均有归属,人力资源也不例外,总是属于"一定的范围"。宏观意义上如一个国家或地区,微观意义上如某一社会组织,像事业单位、企业等。

2)人力资源的本质是人所具有的智力和体力等各种能力,可统称为劳动能力。

3)人力资源包含质与量两个方面,除了强调各种"能力",也强调人员的"总和",是质量与数量的有机结合。

(二)人力资源的数量与质量

人力资源作为社会财富形成的基本要素,具有质的规定和量的要求,无论是国家、地区,还是组织的人力资源,都是数量和质量的统一。

1. 人力资源的数量

对于用人单位而言,人力资源的数量一般来说就是其员工的数量。

对于国家而言,人力资源的数量可从现实人力资源数量和潜在人力资源两个方面来计量。潜在人力资源数量,可依据一个国家具有劳动能力的人口数量加以计量。我国现行的劳动年龄规定:男性 16~60 岁,女性 16~55 岁。在劳动年龄上下限之间的人口称为"劳动适龄人口"。小于劳动年龄下限的称为"未成年人口",大于劳动年龄上限的称为"老年人口",一般认为这两类人口不具有劳动能力。

但在现实中,劳动适龄人口内部存在一些丧失劳动能力的病残人口,还存在一些因各种原因暂时不能参加社会劳动的人口,如在校就读的学生。在劳动适龄人口之外,也存在一些具有劳动能力、正在从事社会劳动的人口,如常见的退休返聘人员。因此,在计量人力资源时,对上述两种情况都应当考虑,这也是划分现实人力资源与潜在人力资源的依据。

按照上述思路,我国人力资源数量构成情况示意图如图 9-1 所示。

由图 9-1 可知,潜在的人力资源数量由适龄就业人口、未成年就业人口、老年就业人口、失业人口、暂时不能参加社会劳动的人口和其他人口构成。而现实的人力资源数量则由适龄就业人口、未成年就业人口和老年就业人口数的人力资源量构成。人力资源的数量构成受到很多因素的影响,概括起来主要有以下几个方面。

图 9-1　我国人力资源数量构成情况示意图

（1）**人口总量**　人力资源属于人口的一部分，因此人口的总量会影响到人力资源的数量。人口的总量由人口基数和自然增长率两个因素决定，自然增长率又取决于出生率和死亡率两个因素。用公式表示如下

$$人口总量 = 人口基数 \times [1+（出生率-死亡率）]$$

（2）**人口的年龄结构**　人口的年龄结构直接决定了人力资源的数量。劳动适龄人口是人口总量的一部分，在人口总量相同的情况下，不同的年龄结构决定了可供人力资源数量的不同，劳动适龄人口所占比例越大，可供人力资源数量就相对较多；相反，可供人力资源数量就相对较少。

（3）**人口迁移**　人口迁移会使一个地区的人口数量发生变化，继而使人力资源数量发生变化。人口迁移是由多种因素引起的，如大规模的自然灾害或气候变化、某一地区自然资源的发现与开发、异地求学或工作、婚嫁与投靠亲朋等。

2. 人力资源的质量

人力资源是人所具有的智力和体力，因此劳动者的综合素质就直接决定了人力资源的质量。人力资源质量的直观表现有劳动者的身体健康状况、科学文化水平、专业技能水平、工作态度等。人力资源质量构成如图 9-2 所示。

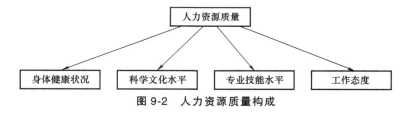

图 9-2　人力资源质量构成

3. 人力资源的数量与质量关系

人力资源的数量和质量是相互统一、密不可分的两个方面，人力资源的丰富程度不仅需要数量来表现，还需要通过质量来评价，一定数量的人力资源是一个国家或地区、一个用人单位或其他社会组织存在和发展的物质基础。人口数量较少的国家或地区一般

很难具有人力资源方面的优势。然而，随着经济社会的不断进步、科学技术的快速发展，整个社会对于人力资源质量的要求越来越高，现代化的生产体系要求人力资源具有极高的质量水平。一般来说，复杂的劳动只能由高质量的人力资源来从事，简单劳动则可以由低质量的人力资源从事。从人力资源内部替代性的角度出发，也可以看出其质量的重要性。高质量的人力资源对低质量的人力资源的替代性很强，而低质量的人力资源却难以甚至不能替代高质量的人力资源。因此，提高人力资源的质量已成为人力资源开发与管理的重要目标和发展方向。

（三）人力资源具有独特的性质

（1）**能动性** 能动性是指能够按照主观意愿，有目的地改造外部客观世界。能够对自身和外界具有清楚的认识，并对自身行动做出选择，调节自身与外部之间的关系。这种社会意识表现出的能动作用主要表现在三个方面：首先是积极的态度，主要体现在以一种积极乐观的态度进行劳动，这种态度能够使人力资源发挥出巨大的潜力，同时也是人力资源能动性的主要体现；其次是不断提高，教育和学习是提升自我能力的手段，通过教育和培训，学习理论知识和实际技能，能够获得更高的劳动素质和能力；最后是市场选择，人力资源是通过市场经济环境来进行调节的，优秀的人才能够得到市场的重视；通过市场的筛选作用，整体才能会得到提高。人才市场是将人力资源和物质资源相结合的场所。

（2）**两重性** 人力资源作为一种特殊的资源，以人作为载体包含着丰富的知识内容，是一种活的资源，具有巨大的潜力，是其他资源无法比拟的。人力资源的双重性是指在现代经济社会中，人是商品的创造者，但是与此同时，商品创造出来是为了更好地生活，最终在经济社会中商品仍会被人所消耗。

（3）**时效性** 自然资源如果不经开采利用，一般能够在较长的时期内保持不变质，而在生产的过程中则一直处于消耗减少的状态。相比较而言，人力资源的时效性要短得多，并且在生产的过程中人的技能和工作效率会不断地提高。若将人力资源储而不用，则在一定的时期后必将会出现荒废和退化的现象。一般情况下，人在25~45岁是个人发展的黄金时期，人力资源的时效性便要求在这一时期积极进取、努力创新，从而创造出巨大的社会价值。

（4）**社会性** 不同的文化背景和历史时期都会对人的自身意识、思考方式产生巨大的影响。人力资源的发展在某种程度上反映的是社会的变化，在人力资源的开发过程中，社会文明、技术革命、国家政策、政治制度等因素的影响都不可忽视。

（5）**连续性** 人力资源的连续性要求人力资源的开发是一个不间断的过程，是集开发、培训、积累、创造为一体的连续过程。人力资源的连续性要求在使用过程中要对人才进行持续的重视，特别是在快速发展的社会中，只有不断提高自我，不断学习新的技能，才能够避免因无法适应时代的发展需要而被淘汰。

二、人力资源与相关概念

（一）人力资源和人口资源、人才资源

人口资源是指一个国家或地区所拥有的人口总量，是以人口总数来表示的资源，它是人力资源、人才资源的基础。人力资源主要强调的是数量概念。人才资源是指一个国家或地区中具有较多科学知识、较强劳动技能，在价值创造过程中起关键或重要作用的人的总和。人才资源是人力资源的一部分，即优质的人力资源，主要强调的是质量概念。三者在数量上存在着一种包含关系，如图9-3所示。

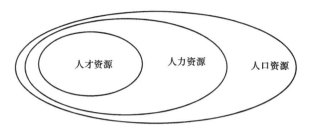

图9-3　人口资源、人力资源和人才资源的数量关系图

人口资源、人力资源和人才资源三者之间的数量关系为：人口资源>人力资源>人才资源。在数量上，人口资源是最多的，它是人力资源形成的数量基础；人口资源中具备一定智力和体能的人员才是人力资源；而人才资源又是人力资源中的一部分，是人力资源中质量较高的那部分人员，是具有特殊知识和技能的人力资源，也是数量最少的。

（二）人力资源与人力资本

人力资源和人力资本是容易混淆的两个概念，很多人甚至将它们通用，其实这两个概念是有一定区别的。

西奥多·舒尔茨（Theodore Schultz）是美国芝加哥大学的教授，他在1960年出任美国经济学会会长时发表的题为"人力资本投资"就职演讲，被认为是人力资本理论诞生的标志，给学术界留下了极为深刻的印象。他因此被西方学术界誉为"人力资本之父"，并获得了1979年的诺贝尔经济学奖。舒尔茨认为，人力资本（human capital）是体现在具有劳动能力（现实或潜在）的人身上的，以劳动者的数量和质量（即知识、技能、经验、体质与健康）所表示的资本，它是通过投资形成的。人力资本是对人力资源进行教育、培训实践经验、迁移、保健等各方面的投资而形成的一种资本形态，这种资本的有形形态就是人力资源。人力资本是人力资源的价值体现，它强调了以这种资本付出某种代价所获得的能力和技能的价值。

人力资源与人力资本可简单理解为：人力资本存在于人力资源之中，人力资源经过教育、培训等投资可转化为人力资本。比较公认的区别是：人力资源更多是强调生理性、物理性和来源性等特点；而人力资本则更多地强调人力的经济性、功用性和利益性。具体地说，人力资源与人力资本存在以下关系。

（1）**联系**　第一，人力资源和人力资本都是以人为基础产生的概念，研究的对象都是人所具有的脑力和体力，即两者所依附的载体都是人，离开了人，两者都没有存在的意义。第二，现代人力资源理论大都以人力资本理论为依据，人力资本理论是人力资源理论的基础，人力资源经济活动及其收益的核算要依据人力资本理论。

（2）**区别**　第一，两者的概念范围不同。人力资本存在于人力资源之中，必须经过后天教育、培训、迁移等系列的投资行为后，获得知识、技能与经验。人力资源不仅包括资本性人力资源，即人力资本，还包括人与生俱来的潜在体能和脑力等自然性人力资源。第二，两者存在形式不同。人力资源是一种资源形式，强调具有体能、智能和技能的人的资源性；人力资本是对人力资源进行投资的资本形式，强调人的体能、智能和技能的资本性，表现为资本价值,并追求资本价值的最大化。第三,两者关注焦点和研究角度不同。人力资源属于管理学范畴,开发人力资源强调的是人员的开发、使用和合理配置,提高劳动生产率;人力资本属于经济学范畴,开发人力资本强调的是实现人力投资回报收益和财富的增长,关注的是人力资本价值增值的速度和幅度问题。

三、人力资源管理的基本概念

人力资源管理(human resource management,HRM)这一概念,是德鲁克1954年提出人力资源的概念之后出现的。1958年,怀特·巴克(Wight Bakke)出版了《人力资源职能》一书,首次将人力资源管理作为管理的普通职能加以论述。国内外从不同侧面对人力资源管理的概念进行阐释,综合起来可以分为五大类:

第一类主要从人力资源管理的目的出发解释其含义,认为它是借助对人力资源的管理来实现组织的目标。代表性观点如,人力资源管理就是通过各种技术与方法,有效地运用人力资源来达成组织目标的活动(Mondy 和 Noe,1996)。

第二类主要从人力资源管理的过程或承担的职能出发来进行解释,把人力资源管理看作一个活动过程,代表性观点如,人力资源管理是负责组织人员的招聘、训练及报酬等功能的活动,以达成个人与组织的目标(Sherman,1992)。

第三类主要揭示了人力资源管理的内容,认为它就是与人有关的制度、政策等。代表性观点如,人力资源管理是对人力资源进行有效开发、合理配置、充分利用和科学管理的制度、法令、程序和方法的总和。

第四类主要从人力资源管理的主体出发解释其含义,认为它是人力资源部门或人力资源管理者的工作,持这种观点的人所占比例不多。代表性观点如,人力资源管理是指那些专门的人力资源管理职能部门中的专门人员所做的工作(余凯成,1997)。

第五类主要从目的、过程等方面出发综合进行解释,持这种观点的人所占比例较大。代表性观点如,人力资源管理是对人力资源的取得、开发、保持和利用等方面所进行的计划、组织、指挥和控制的活动,是通过协调社会劳动组织中人与事的关系和共事人的关系,来充分开发人力资源,挖掘人的潜力,调动人的积极性,提高工作效率,实现组织目标的理论、方法、工具与技术。

应当说,从综合的角度来解释人力资源管理的含义更有助于揭示其内涵。综合众多观点,本书认为:人力资源管理是依据组织发展需要,对人力资源获取(选人)、整合(留人)、开发(育人)、利用(用人)等方面所进行的计划、组织、领导和控制活动,以充分发挥人的潜力和积极性,提高工作效率,进而实现组织目标和个人发展的管理活动。

正确理解人力资源管理的含义,必须避免两种错误的看法:一种是将人力资源管理等同于传统的人事管理,认为两者是完全一样的,只不过换了一下名称而已;另一种是将人力资源管理与传统的人事管理彻底割裂,认为两者是毫无关系的。其实,人力资源管理与人事管理之间是一种继承和发展的关系:一方面,人力资源管理是对人事管理的继承,人力资源管理的发展历史告诉我们,它是从人事管理演变来的,人力资源管理依然要履行人事管理的很多职能;另一方面,人力资源管理又是对人事管理的发展,它的立场和角度又明显不同于人事管理,可以说是一种全新视角下的人事管理。两者之间的区别可用表9-1概括。

表 9-1 人力资源管理和人事管理的区别

比较项目	人事管理	人力资源管理
管理理念	以事为中心	以人为中心
管理视角	视员工为负担、成本	视员工为第一资源
管理目标	组织短期目标的实现	组织和员工目标的共同实现
管理内容	档案管理、人员调配、职务职称变动、工资调整等具体的事务管理	将人作为资源进行开发、利用和管理
管理活动	重使用、轻开发	重视培训与开发
管理方式	命令式、控制式	强调民主、参与
管理策略	战术式、分散式	战略性、整体性
管理部门地位	执行层	战略层
管理部门性质	单纯的成本中心	生产效益部门

四、人力资源管理的基本职能

1. 人力资源规划

人力资源规划是实施人力资源管理战略的重要步骤，它可将人力资管理战略转化为中长期目标、计划和政策措施，包括对组织在一定时期内的人力资源需求和供给做出预测，根据预测结果制订出平衡供需的计划，等等。

2. 职位分析与胜任素质模型

职位分析是人力资源管理的基础性、支持性工作环节。职位分析包括两块活动，一是对组织内各职位所要从事的工作内容和承担的工作职责进行界定；二是确定各职位所要求的任职资格，如学历、专业、年龄、技能、工作经验、工作能力及工作态度等。除了采用职位分析来确定职位规范，在现代人力资源管理中，越来越多的用人单位开始采用胜任素质模型来分析完成工作所需具备的深层次特征。胜任素质模型是指为完成某项工作，达成某一目标所需要的一系列不同胜任素质的组合。它是对职位分析所确定的职位规范的补充，弥补职位分析的不足。

＊＊专车招聘：汽车共享服务企业的岗位职责及任职要求示例

运营专员

岗位职责

1）协助部门负责人做好公司运营工作，制定、健全公司运营的各项规则和管理规范。

2）监控规则和规范的施行并不断改进完善，加强内部管理的流程化和标准化。

3）熟练运用系统平台，善于通过数据进行运营管控，制订各种监控报表，提升运营效率。

4）负责对运营中存在的问题进行及时反馈及跟踪，使公司产品不断优化，提升运营效率和服务质量，提升客户体验。

5）协助司管工作，协助车辆、人员预警及应急情况处理。

6）完成领导安排的其他工作。

任职资格

1）全日制大学本科及以上学历，年龄35岁以下。

2）有网约车等出行服务或物流管理等方向的运营经验者优先。

3）积极进取，学习能力强，逻辑思路清晰，注重客户体验及服务创新，有很强的执行力及沟通协调能力。

4）善于妥善处理突发事件，富有责任心、事业心及创业精神，具有较强的抗压能力，能接受加班。

备注：本岗位属于＊＊集团与＊＊集团的合资公司（网约车平台"＊＊专车"），具有宽广的发展平台，薪酬具有竞争性及激励性。

司管

岗位职责

1）负责驾驶员日常管理和业务支持工作，引导、协同驾驶员完成各项KPI指标，对业务成本和驾驶员服务质量负责。

2）监督驾驶员日常服务流程、服务规范、管理规定的落实工作。

3）对驾驶员的违规行为进行约谈，根据公司制度对驾驶员进行批评教育和处罚。

4）解决日常驾驶员出现的各种问题，解决乘客投诉及司乘矛盾。

5）通过有效的活动策划与执行，采取精细化运营手段，提升驾驶员活跃度。

6）完成领导安排的其他工作。

任职资格

1）本科及以上学历，50岁以下。

2）具备良好的团队管理能力和人际沟通协调、计划、组织能力，能有效处理各类事件。

3）擅长使用Office软件，有一定的数字敏感性，能挖掘数字背后的意义，有建模能力更佳。

4）积极进取，学习能力强，逻辑思路清晰，注重客户体验及服务创新，有很强的执行力。

5）富有责任心、事业心及创业精神，具有较强的抗压能力，能接受加班。

6）有相关工作经验者优先。

备注：本岗位属于＊＊集团与＊＊集团的合资公司（网约车平台"＊＊专车"），具有宽广的发展平台，薪酬具有竞争性及激励性

车务经理

岗位职责

1）负责公司的车务管理工作，对车辆的购置、上牌、过户保险、理赔等工作进行管理。

2）制订及优化车辆管理体系，推动并确保各项规章制度的落实与实施。

3）负责运营车辆安全日常管控，车辆档案及监控的目标设定和业务指导。

4）寻找资源合作，维护保险公司、GPS合作商的各种关系，增持公司的车牌指标。

5）收集相关车辆数据，确保车辆能满足业务的需求。

6）降低车辆运营成本，管理逾期车辆风控。

7）分析维保数据，调研竞争对手情况，定期输出市场、竞品、运营报告并不断迭代优化。

8）完成领导安排的其他工作。

任职资格

1）本科及以上学历，50岁以下。

2）熟悉车辆管理体系流程，有自营运营车队管理经验者优先。

3）擅长使用Office软件，有一定的数字敏感性，能挖掘数字背后的意义，有建模能力更佳。

4）具备良好的团队管理能力和人际沟通协调、计划、组织能力，能有效处理各类事件。

5）积极进取，学习能力强，逻辑思路清晰，注重客户体验及服务创新，有很强的执行力。

6）富有责任心、事业心及创业精神，具有较强的抗压能力，能接受加班。

备注：本岗位属于＊＊集团与＊＊集团的合资公司（网约车平台"＊＊专车"），是公司的核心岗位，职责要求很高，但具有宽广的发展平台，每年享受公司分红，待遇从优。

3. 员工招聘

员工招聘是用人单位获取人力资源的重要途径，是用人单位人力资源管理的基本职能之一。根据人力资源规划和职位分析的要求，采用科学的方法，为用人单位招聘选拔所需要的人力资源，并将其安排到合适的工作岗位上。招聘是用人单位采取多种措施吸引候选人来申报用人单位空缺职位的过程；是用人单位采用特定的方法对候选人进行评价，以挑选最适合人选的过程。

4. 绩效管理

绩效管理是对员工实施培训、晋升、薪酬分配等人事决策的重要依据，也是用人单位调控员工的重要手段。具体而言，绩效管理是根据既定的目标，运用不同的考核办法，对员工的工作结果做出评价，发现其工作中存在的问题，促进员工绩效改进，包括制订绩效计划、进行绩效考核，以及实施绩效反馈沟通等活动。

5. 薪酬与福利管理

根据组织目标的需要，设计对内具有公平性、对外具有竞争力的薪酬体系，这是人力资源管理的重要工作。合理的薪酬政策不仅能有效调动员工积极性，而且能在激烈的市场竞争中吸引和留住高素质的人力资源。这一职能所要进行的活动有：确定薪酬的结构和水平，实施职位评价，制订福利和其他待遇的标准，进行薪酬的测算和发放等。

6. 员工培训与开发

员工培训与开发是组织提升员工素质与技能进而实现组织发展的重要手段。组织应当有计划、有目标、有步骤地对新员工和在职员工进行培训与开发，提升其能力，激发其活力，增强用人单位的竞争优势。这一职能包括建立培训体系，确定培训需求和计划，组织实施培训过程，对培训效果进行反馈总结等活动。

7. 职业生涯规划和管理

作为现代用人单位管理者，熟悉并掌握职业生涯管理的相关知识是人力资源管理的重要内容。关心员工的个人发展，帮助员工制订职业发展规划，帮助员工建立职业发展通道，不断开发员工的潜能，促进员工的成长。

8. 员工关系管理

用人单位与员工在生产劳动过程中产生的员工关系是否融洽、健康，直接关系到用人单位的经营活动能否正常进行，员工能否忠实于用人单位，能否正常发挥人力资源的作用。这一职能要求协调劳动关系，进行用人单位文化建设，营造融洽的人际关系和良好的工作氛围。

第二节 人力资源规划

一、人力资源规划与供需平衡

（一）人力资源规划的基本含义

1. 人力资源规划的概念

所谓人力资源规划（human resource plan，HRP）也叫人力资源计划，是指为实施组织的发展战略，完成组织的生产经营目标，根据组织内外环境和条件的变化，通过对组织未来的人力资源的需要和供给状况进行分析及估计，运用科学的方法进行组织设计，对人力资源的获取、配置、使用、保护等各个环节进行职能性策划，制订组织人力资源供需平衡计划，以确保组织在需要的时间和需要的岗位上，获得各种必需的人力资源，保证事（岗位）得其人、人尽其才，从而实现人力资源与其他资源的合理配置，有效激励、开发员工的规划。

人力资源规划是组织从战略规划和发展目标出发，根据其内外部环境的变化，预测组织未来发展对人力资源的需求，以及为满足这种需要所提供人力资源的活动过程，是将组织经营战略和目标转化成人力需求，以组织整体的超前和量化的角度分析和制订人力资源管理的一些具体目标。它有三层含义：一是组织进行的人力资源规划是一种预测；二是人力资源规划的主要工作是预测人力资源的供需状况，并据此制订必要的人力资源政策和措施；三是人力资源规划必须与组织的战略相适应。

为了准确地理解人力资源规划的含义，还必须把握以下几点：

1）人力资源规划要在组织发展战略和经营规划的基础上进行。人力资源管理作为组织经营管理系统的子系统，必须为组织经营与发展提供人力资源支持，因此，人力资源规划必须以组织的最高战略为目标。

2）人力资源规划要适应组织内外部环境的变化。组织的内外环境处在不断变化之中，当环境要素的变化达到一定程度时，组织发展战略与经营规划必须相应地做出调整和改变，因此，人力资源规划也将随之改变。

3）人力资源规划的基本任务是使组织人力资源供需平衡，为此，人力资源规划应当包括紧密相连的两个部分的活动：一是预测组织在特定时期的人员供给和需求；二是依据预测结果采取有效的政策措施达成供需平衡。预测是平衡的基础，没有预测就无法进行人力资源的平衡；平衡又是预测的目的，若不采取措施平衡供需，预测就毫无意义。

4）人力资源规划对组织人力资源供给和需求的预测既要注重数量，又要关注质量。组织对人力资源的数量需求是在一定的质量条件下的需求，人力资源的供给和需求不仅要在数量上平衡，还要在结构上匹配。

2. 人力资源规划与组织战略的关系

人力资源规划是组织战略的重要组成部分。

1) 组织战略决定了人力资源规划的方向。组织战略的全局性和规划性特点，要求人力资源规划必须依据组织战略目标来制订。

2) 组织战略制约了人力资源规划的过程。人力资源的总体规划必须与组织战略目标相一致，人力资源的业务计划必须与组织的短期目标相匹配。

3) 人力资源规划保障了组织战略的实施。根据组织目标和任务的变化以及人力资源的现状，人力资源规划分析组织对人力资源的数量与质量要求平衡供求，以确保组织获取所需的人力资源。

4) 人力资源规划有助于完善组织战略目标。人力资源规划有助于组织以发展的视角完善自身的战略目标，从而增强组织对环境的适应力，提高核心竞争力。

(二) 人力资源规划的主要内容

一份完整的人力资源规划一般包括总体规划和业务规划两大部分。

1. 总体规划

人力资源总体规划是指以组织战略目标为依据，对规划期内人力资源开发利用管理的总目标、总方针与政策、实施步骤、时间安排表、费用预算等做出总体的安排。人力资源总体规划主要包括：阐述在战略规划期内组织对人力资源的需求和配置的总框架；阐明组织与人力资源管理方面有关的重要方针、政策和原则；确定人力资源投资预算。

2. 业务规划

人力资源业务规划，是指组织对总体规划的具体实施和人力资源管理具体业务的部署。人力资源业务规划包括职位编写规划、人员增补规划、人员裁减规划、人员流动规划、人员晋升规划、人员培训开发规划、薪酬激励规划、员工职业生涯规划等。

(1) **职位编写规划** 职位编写规划是人力资源各项业务计划的基础，是组织依据自身发展目标而制订的，主要陈述组织的结构、职务设置、职务描述和职务资格等内容。

(2) **人员增补规划** 人员增补规划是对组织中长期内由于规模扩大等原因而可能产生的空缺职位加以弥补的计划，主要陈述组织吸收员工的依据，需要增加的人力资源数量、质量和结构等内容。

组织人员增补规划主要有三种形式：内部选拔、个别补充和公开招聘。在制订补充规划时，必须在职位分析基础上，注明需要补充的人力资源类型、技能等级，并明确需要补充的部门、人数、方式、时间及补充以后可能增加的效益与支出等。

(3) **人员减裁规划** 组织因采用新的生产设备、进行技术创新或管理创新，或因市场没有扩大、产品滞销等因素而减少人力资源需求；面对经济不景气、人员过剩等情况时，也需要人力资源管理部门制订人员减裁计划。

(4) **人员流动规划** 人员流动规划即有计划地安排人员流动，以优化组织内部人员配置。主要在以下几种情况下使用：

1) 当组织需要培养高素质的复合型人才时，将使之有计划地流动。

2) 当晋升职位较少而可以晋升人员较多时，依据配备计划进行人员的水平流动。

3) 当组织人员过剩时，依据配备计划改变工作分配方式，调整组织中不同职位的工作量，解决工作负荷不均的问题。

4）定期安排员工在不同类型的工作岗位上工作，能提高员工的工作效率。

（5）**人员晋升规划** 人员晋升规划是组织根据自身现实需要和未来在技术层次、管理层次等层级结构上的人力资源分布情况所制订的员工职务提升计划，具体包括规划目标、实施方案和实现方法等，目标在于：尽量将员工放在最能发挥其作用的工作岗位上，调动员工的劳动积极性并降低人力资源使用成本。人员晋升规划主要包括晋升政策和晋升计划。晋升政策主要由晋升比率、晋升时间限制和晋升最低条件等组成。

（6）**人员培训开发规划** 人员培训开发规划是组织有计划地对员工进行培训，引导员工的技能适应组织的发展。人员培训开发规划的目的就是要设计一套针对现有人员的培训、生理保健方案。培训内容一般包括技术能力培训、人际关系能力培训和创新决策能力培训三大类。

（7）**薪酬激励规划** 对组织来说，薪酬激励规划是为了确保组织人工成本与组织经营状况保持相当的比例关系，更是为了充分发挥薪酬的激励作用。

（8）**员工职业生涯规划** 员工职业生涯规划是指员工对自己职业生涯的事先策划，设定自己的奋斗目标和计划。组织可以通过员工职业生涯规划，设法留住有发展前途的员工，使他们在工作中逐步成长和发展，成为组织宝贵的资源。员工职业生涯规划的目的是充分发挥组织成员的集体潜力和效能，最终实现组织的经营战略目标。

（三）人力资源规划的流程

一般来说，组织人力资源规划的流程如图9-4所示。

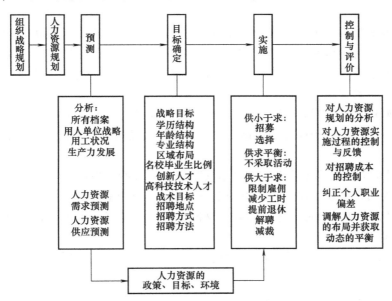

图9-4 人力资源规划的流程

人力资源规划的起点是组织的战略规划，它是高层管理者用于确定组织总目的与目标及其实现途径的过程，而人力资源规划应该与组织战略相联系。制订出组织的战略规划后，就可将战略规划转化为具体的定量和定性的人力资源需求。

（1）**人力资源需求预测** 人力资源规划实质性的一步是进行人力资源需求预测，主要任务是分析组织需要什么样的人及需要多少人。对人力资源需求预测可以根据时间的跨度、收集信息的类型等采用不同的预测方法。

(2) **人力资源供给预测**　供给预测一般包括两个方面：即清查组织内部现有人力资源情况和外部供给量预测。组织应把重点放在内部人员拥有量的预测上，外部供给量的预测应侧重于关键人员。

(3) **人力资源供需分析比较**　人员需求和供给预测完成后，人力资源规划的关键一步就是把组织人力资源需求预测的结果与供给预测的结果进行对比分析，得出组织人力资源的净需求。供需分析要特别注意组织人力资源供需的结构性失衡，有时会出现供需总体平衡，但个别部门和层次则供不应求。

(4) **制订具体的业务计划**　在人力资源短缺时，组织需要进行外部招聘，开展内部晋升和实行人员接续计划，调整人力资源结构，聘用兼职职工，把工作外包等。在人力资源过剩时，组织则需要进行转岗培训；从事新的工作；提前退休；工作分享，这是以降低薪金为前提的；辞退员工；减少工作时间等。

(5) **规划实施、评估与反馈**　组织将人力资源的总规划与各业务计划付诸实施，并对实施结果进行评估，如预测的准确度如何、专项人力资源计划间是否平衡、人力资源规划和组织的其他规划是否协调等。

二、人力资源需求预测

人力资源需求预测（requirement forecast），是指根据组织的战略规划和内外部条件，选择预测技术，对组织人力资源需求的数量、质量和结构进行预测的活动。人力资源需求预测是组织人力资源规划中一个必不可少的环节，它以组织的战略目标、发展规划和工作任务为出发点，综合考虑各种因素的影响，对组织未来人力资源的数量和质量的需求进行事前估计，预测的准确性决定着人力资源规划的成败。汽车共享服务行业人才需求是基于互联网化服务四类人才，主要包括：

1) 互联网软件和硬件服务人员：互联网的发展促进行业的服务更加及时高效，大大降低了管理成本。同时，电子商务的渗透使租赁方式更加灵活，汽车租赁行业的管理水平和竞争力不断提高。

2) 大数据营销与技术运营人才：汽车共享服务与金融、保险、客服、酒店服务等多行业业务结合更为紧密，通过对客户需求的全方位服务，实现持续的业务发展。

3) 客户服务与快速救援人才：随着共享汽车使用的增多，车辆维修人员的服务职能向快速救援等服务职能过渡。

4) 金融、保险等跨界人才：从场地谈判、公众号"吸粉"到客户推广，汽车共享行业需要各类营销人才。

（一）人力资源需求的影响因素

影响组织人力资源需求的因素很多，主要包括组织外部环境、组织内部因素和人力资源自身因素三个方面。

1. 组织外部环境

外部环境主要包括：

1) 经济环境的变化会极大影响组织对人员的需求。例如，桐乡乌镇被确定为世界互联网大会永久会址，极大地刺激了乌镇会展、酒店、餐饮、旅游等相关产业的发展，从事相关产业工作的人员需求也相应增加。

2）社会、政治、法律因素也会影响组织人力资源需求。

3）技术的进步与革新也会引起人员需求的变化，比如，网约车服务平台智能客服系统替代人工客服系统使得组织对客服人员的需求显著减少，因分时租赁运营大数据的调度优化需要，而孕育出了运筹优化技术岗位。

2. 组织内部因素

组织内部因素主要有：

1）组织的发展战略和经营规划，决定着组织的发展方向、速度、市场占有率等方面，从而影响组织对人员的需求。

2）组织的产品或服务的社会需求状况。在生产技术和管理水平不变的条件下，社会对组织产品或服务需求越大，组织对人力资源需求也越大。

3）组织财务资源对人员需求数量与质量的制约。

4）组织现有的人才资源状况。

3. 人力资源自身因素

人员需求的变化也可能是由于人力资源自身的因素造成的。退休、员工辞职、合同终止解聘等都会产生工作岗位的空缺，需要招聘正式或临时的员工来补充。而员工工作熟练程度的提高、自身素质技能的提升等会使得组织对人员的需求相对减少。

（二）人力资源需求预测步骤

1）根据职位分析的结果来确定职位编制和人员配置。

2）进行人力资源盘点，统计出人员的缺编、超编，以及是否符合职位资格的要求。

3）将上述统计结论与部门管理者进行讨论，修正统计结论。

4）该统计结论为现实人力资源需求。

5）对预测期内退休的人员进行统计。

6）根据历史数据，对未来可能发生的离职情况进行预测。

7）将统计和预测结果进行汇总，得出未来流失人力资源。

8）根据组织发展规划，如引进新产品，确定各部门的工作量。

9）根据工作量的增长情况，确定各部门还需要增加的职位及人数，并进行汇总统计。

10）该统计结论为未来增加的人力资源需要。

11）将现有人力资源需求、未来流失人力资源和未来人力资源要求汇总，即得组织整体人力资源需求预测。

（三）人力资源需求预测方法

预测组织人力资源需求的方法众多，可以归纳为统计法（定量）和推断法（定性）两大类。

1. 统计法

统计法即通过对过去某一时期的数据资料进行统计分析，确定与组织人力资源需求相关的因素，找出两者之间的关系，建立相应的预测模型，继而对组织未来人力资源需求进行预测的方法。具体方法有多种，其中最常用的是趋势分析法、比率分析法、回归分析法和工作负荷预测法。

（1）**趋势分析法** 趋势分析法是利用组织过去一定时间的历史资料，根据某个因素的变化趋势来预测相应的人力资源需求情况。如根据一个公司的销售额以及历史上销售额与人力资源需求的关系，确定一个相对合理的未来比例，然后推断未来某一时间组织人力资源需求。要注意的是，趋势分析法作为一种人力资源需求预测的工具，确实很有价值，但仅仅使用该方法还是不够的，因为一个组织的人力资源使用水平很少只由过去状况决定，其他很多因素都会对组织未来的人力资源需求产生影响，所以，不可机械地加以应用。

（2）**比率分析法**　比率分析法是在组织的技术工艺与管理模式相对稳定情况下，通过计算某种组织活动因素和该组织所需人力资源数量之间的比率来确定未来人力资源需求的数量与类型的方法。如根据一线生产工人的需求量预测辅助人员、专业技术人员与管理人员数量，从而预测总体人力资源需求；另外如师生比、销售量与销售人员数量比、单位食堂服务人员与用餐人员比，等等。有些大型组织有着严格的劳动定员标准，这些标准也可以用于比率分析法。

（3）**回归分析法**　回归分析法是根据组织过去的情况和资料，寻找和确定某一事物（自量）与另一事物（因变量）之间的关系，建立数学模型并由此对组织未来人力资源需求数量做出预测的方法。

（4）**工作负荷预测法**　工作负荷预测法是根据工作分析的结果算出劳动定额，在按未来的产品/服务量目标测算出总工作量，然后折算出所需人力资源数量的方法。可以用公式表示

未来每年所需员工数＝未来每年工作总量/每年每位员工所能完成的工作量

或　　　　未来每年所需员工数＝未来每年总工作时数/每年每位员工工作时数

2. 推断法

（1）**德尔菲法**　德尔菲法又称专家意见法，是指专家们对影响组织某一领域发展的看法达成一致的一种结构性方法。

（2）**经验预测法**　经验预测法是根据以往的经验对组织未来某段时间内人力资源需求进行预测的方法。具体步骤是：先由基层管理者根据自己的经验和对未来业务量的估计，提出本部门各类人员的需求量，再由上一层管理者估算平衡，再报上一级管理者，直到最高决策层做出决策，最后由人力资源管理部门制订具体的执行方案。经验预测法受主观因素的影响较大，比较适用于技术稳定组织的中短期人力资源预测，具有方法简便易懂、成本低的优点。

三、人力资源供给预测

人力资源供给预测是指对组织在未来一段时期组织内部和外部所能供应的或经过培训可能补充的各类人力资源的数量、质量和结构所进行的预测。人力资源供给预测包括组织外部与组织内部人力资源预测两个方面。

（一）人力资源供给的影响因素

1. 外部人力资源供给影响因素

对人力资源外部供给进行预测时，要考虑的主要因素有：行业性因素、地区性因素、全国性因素等。

（1）**行业性因素**　行业性因素包括：组织所处行业的状况、行业发展前景、行业内竞争对手的数量实力及其在吸引人才方面的因素等。

(2) **地区性因素** 地区性因素包括：组织所在地区的人力资源现状、组织所在地对人力资源的吸引程度、组织所在地的住房、交通、生活条件等。

(3) **全国性因素** 全国性因素包括：今后几年国家经济发展情况的预测、科学技术发展和变化的趋势、全国人口的增长趋势、全国范围内的劳动力市场状况、处于变动中的劳动力结构和模式、预期失业率、国家的政策法规等。

(4) **劳动力市场或人才市场** 劳动力市场或人才市场的变化能反映出人力资源供给的数量和质量，反映求职者对职业的选择，反映当地经济发展的现状与前景等。

(5) **人口发展趋势** 从我国人口发展情况看，以下变化趋势必将影响人力资源供给的预测：人口绝对数增长较快，人口老龄化，男性人口的比例增加，沿海地区和城市人口的比例增加等。

(6) **科学技术发展** 科学技术的发展对组织人力资源供给有以下影响：组织对掌握高科技的白领员工需求量增大；因办公自动化普及，组织会大规模削减中层管理人员；特殊人才相对短缺；第三产业人力资源需求量逐渐增加等。

2. 内部人力资源供给影响因素

影响组织内部人力资源供给的因素包括：组织人员年龄阶段分布、员工的自然流失、内部流动跳槽、新进员工的情况、员工填充岗位空缺的能力等。

（二）人力资源供给预测步骤

1) 对组织现有的人力资源进行盘点，了解组织员工状况。
2) 分析组织的职位调整政策和员工调整的历史数据，统计员工调整的比例。
3) 向各部门的人事决策者了解可能出现的人事调整情况。
4) 将步骤 2 和步骤 3 的情况汇总，得出组织内部人力资源供给预测。
5) 分析影响外部人力资源供给的地域性因素。
6) 分析影响外部人力资源供给的全国性因素。
7) 根据步骤 5 和步骤 6 的分析，得出组织外部人力资源供给预测。
8) 将组织内部人力资源供给预测和组织外部人力资源供给预测汇总，得出组织人力资源供给预测。

（三）内部人力资源供给预测方法

1. 技能清单法

技能清单是一张记录员工的教育水平、培训情况、以往经历、技能特长以及主管评价等一系列信息的，能够反映员工工作能力和竞争力的图表。人力资源规划人员可以根据技能清单的内容来预测哪些员工可以补充到可能出现的空缺岗位，从而保证岗位匹配到合适的员工。

技能清单通常包括三个方面的内容：员工过去、现在以及未来的信息。不同的技能清单所包含的内容可能有较大的差异，既可以是一份简单的档案，也可以是个庞大、系统和复杂的数据库。由于一名员工的工作兴趣、发展目标、绩效水平等诸多因素是不断变化的，因此，技能清单在编制完成后需要及时进行更新维护。

技能清单法的优点是能够迅速和准确地估计组织内可用技能的信息，为组织进行人力资源管理提供便利。缺点是它是一种静态的人力资源供给预测技术，不能反映组织未来由于组织战略发展而导致对组织人力资源需求的变化，它只适用于小型静态组织短期内的人力资源供给预测。

2. 管理人员替换法

管理人员替换法是对现有管理人员的状况进行调查评价后，记录各个人员的各种绩效、晋升的可能性以及所需要的培训等内容，由此决定未来可能的管理者人选也称为人员接替计划。该方法是对主要管理者的综合评价。主要管理人员的现有绩效和潜力、发展计划、所有接替人员的现有绩效和潜力，其他关键职位的现职人员的绩效潜力及对其评定意见。

3. 马尔可夫转移矩阵法

马尔可夫法是一种定量预测方法，常用来预测组织内部各个层次或各种类型人员的未来分布情况。其基本思路是找出过去的人力资源变动规律，来推测未来人力资源的变动趋势。它假设组织内部员工流动的方向与概率基本保持不变，然后收集资料，找出组织内部员工流动的规律。它是一种转换概率矩阵、使用统计技术预测未来的人力资源变化的方法，用公式表达如下

某类人员的转移概率（P）= 转移出本类人员的数量/本类人员原有总量

马尔可夫转移矩阵法不仅可以处理员工类别简单的组织中的人力资源供给预测问题，还可以解决员工类别复杂的大型组织中的内部人力资源供给预测问题。但这种方法的精确性与可行性还需要进一步研究。

（四）外部人力资源供给预测方法

组织外部人力资源供给预测主要是对未来几年中外部人力资源的供给情况所做的预测。它是在调查全国的、组织所在地域的人力资源供给情况基础上，结合同行业或同地区其他组织对人力资源的需求情况而进行的测算。人力资源外部供给预测十分复杂，但是对组织制订人力资源的具体计划至关重要。

组织外部人力资源供给的渠道主要有：大中专院校应届毕业生、复员转业军人、技校毕业生、待业人员、其他组织人员和流动人员。

组织外部人力资源供给预测常用的方法有：

（1）**查阅资料** 组织可以通过网络、统计部门、人力资源和社会保障部门的统计数据等，及时了解劳动力市场信息，并获得国家和地区的相关政策法规的变化。

（2）**直接调查** 组织可以就自己所关注的人力资源状况进行专项调查。除了与猎头公司、人才中介机构等专门组织保持长期联系外，也可与高校合作，了解毕业生情况和可能为组织提供的合适人才的状况。

（3）**对雇佣人员和应聘人员进行分析** 组织通过对应聘人员和已经雇佣的人员进行分析，也可能得到对未来人力资源供给状况的估计。

一、人员招聘概述

用人单位的人员招聘就是其获取人才的一个过程，是指用人单位为实现组织目标，通过招聘、选拔和录用配置等环节而获得组织所需要的、与工作相适应的合格人员的过程。人员招聘作为人力资源管理中的一个重要环节，与用人单位其他的人力资源管理活动之间存在密

切关系。人员招聘工作本身是为了寻求和吸引更多、更好的候选人前来应聘而组织的系列活动;同时,招聘过程中的各项活动又能促使候选人更好地了解用人单位,发挥宣传的作用。

(一) 人员招聘的意义

用人单位的竞争归根结底是人才的竞争。在用人单位的发展过程中能不能确保在恰当的时候获取用人单位所需的各种人才,是用人单位能否在激烈的市场竞争中取得胜利的关键环节。人员招聘主要有以下几个方面的意义。

(1) **人员招聘关系到用人单位的生存与发展** 用人单位在生产运行过程中需要拥有各种高质量的人力资源,在快速变化的市场竞争环境下,没有较高素质的员工队伍和科学合理的人事安排,用人单位在市场中就将无立足之地。人员招聘就是为确保用人单位获得高质量人力资源而进行的一项重要工作。

(2) **人员招聘是用人单位调整人才结构的必要手段** 用人单位发展的每个不同阶段都会需要不同类型和数量的人才,这是用人单位能够持续发展的前提和保证。用人单位人员招聘的根本目的,是为用人单位获取满足其生产经营需要的人员,根据用人单位发展的实际需要,利用各种科学选拔技术,为不同岗位挑选出最合适的人选,以实现人、岗和组织的最佳匹配,最终达到因事设岗、人尽其才、才尽其用的互赢目标。受组织内部的人事变动,如升迁、降职、辞职、退休、解雇、死亡等诸多因素的影响,使得用人单位的人力资源状况时刻处于变化中,人员招聘的每一个步骤都需要经过精心挑选,最后会录用用人单位相对满意的人员。这些人员的基本素养、所掌握的技能等都是用人单位所需要的。有效的招聘可在一定程度上确保员工队伍能够适应用人单位发展的要求。

(3) **人员招聘是展示用人单位良好形象的重要途径** 人员招聘的过程也是用人单位对外宣传自我形象的机会。有研究结果显示,公司招募过程的好坏会明显影响应聘者对用人单位的看法。人员招聘不仅是用人单位在吸引和招聘人才,应聘者还可通过人员招聘过程了解该用人单位的组织结构、经营理念、管理特色和用人单位文化等,不管应聘成功与否,这都是一扇让别人了解用人单位的大门。招聘是用人单位在其特定目标人群中树立独特的雇主形象、扩大组织影响力和知名度,从而更好地吸引、激励和留住最优秀人才,实现组织竞争优势的重要手段。

(二) 内部人员招聘

内部招聘是指用人单位将职位空缺向员工公布并鼓励员工竞争上岗,是一种通过用人单位内部获得用人单位所需要的各种人才的招聘方式。对用人单位来说,进行内部招聘有助于增强员工岗位升迁和变化的流动性,因此也是一种有效的激励手段,可以提高员工的满意度,从而留住人才。

1. 内部招聘的优点

相对于外部招聘而言,内部招聘有如下优点。

1) 内部招聘的准确度更高,有效性更强。由于内部招聘的员工本身来自组织,用人单位管理人员对该员工的性格特征、工作动机、业绩表现、发展潜力以及团队合作精神等方面都有比较客观、准确的认识,在一定程度上减少了"逆向选择",甚至是"道德风险"等方面的问题,从而可减少用人方面的失误,为用人单位避免不必要的损失。

2) 内部员工适应性更强。内部选拔的员工更了解本组织的运作模式,熟悉用人单位的基本情况、工作环境和工作流程,熟悉用人单位的领导和同事,了解并认可用人单位的文化及核心价值观，因此与引入新员工相比，他们能更好地适应新工作，有更高的责任心和忠诚度，更能胜任新岗位。

3）能够激发组织员工的内在积极性。对员工而言，内部招聘往往意味着晋升或换岗，晋升可以让员工获得更大的个人发展空间和工作挑战，换岗则是让员工找到更符合自身工作能力或兴趣爱好的工作岗位。对晋升或换岗成功的员工来说，由于自己的能力和表现得到用人单位认可，会产生强大的工作动力，其绩效和对用人单位的忠诚度也会随之提高。对其他员工而言，由于组织为员工提供晋升机会，从而感到晋升有望，工作就会更加努力，增强对组织的忠诚度和归属感。因此，如果有良好内部招聘传统，员工就会感受到用人单位可为自己提供充足的发展空间，对于晋升充满希望。

4）人员招聘的费用较低。公开招聘的各个环节都需要消耗用人单位大量的时间和财力，内部招聘员工则可以节约不少费用，如广告宣传费、招聘人员的差旅费等；同时还可以节省岗前培训和岗位适应性训练等费用，从而减少了间接损失。

2．内部招聘的缺点

相对于外部招聘而言，内部招聘存在如下缺点。

1）容易造成用人单位内部矛盾。当用人单位出现岗位空缺（尤其是管理岗位空缺）时，总会引起若干人的同台竞争，而竞争的结果是失败者占多数。竞争失败的员工可能会心灰意冷、士气低下，不利于组织的内部团结。内部招聘还可能导致部门之间"挖人才"现象，使用人单位内部的人际关系更复杂，不利于部门之间的团结协作。

2）容易造成"近亲繁殖"，影响用人单位的竞争力。内部招聘，流动的员工和用人单位之间原本在价值观、文化理念上彼此认同，同一组织内的员工有相同的文化背景，可能产生"团队思维"现象，抑制个体的变革和创新思维，不利于组织的长期发展。

3）失去选取外部优秀人才的机会。内部招聘，虽然可以规避识人与用人的失误，但一味寻求内部招聘，也降低了外部"新鲜血液"进入本组织的机会，表面看是节约了成本，其实也会降低用人单位的竞争力和向上发展力。

4）除非有很好的发展或培训计划，内部晋升者很难在短期内达到组织对他们的预期要求，内部培养员工的成本远比雇佣外部人才的花费要高，而且被提升员工由于"彼得原理"可能无法很好地适应工作，从而影响组织整体的运作效率和绩效。

（三）外部人员招聘

外部招聘是指按照一定的标准和程序，从组织外部的候选人中挑选符合空缺岗位所需人员的过程。由于用人单位的健康快速发展，用人单位需要的各类人才难以全部在组织内部获得满足，外部招聘是用人单位补充人才的主要渠道。在当今激烈的人才竞争环境下，用人单位能否通过有效的外部招聘方式获取更多的优秀人才，是用人单位竞争成败的关键所在。

1．外部招聘的优点

相对于内部招聘而言，外部招聘具有以下优点：

1）有利于树立用人单位形象。外部招聘是一种有效地与外部沟通的方式，可以帮助公司了解外部市场的行情、行业的发展动态、招聘岗位的市场薪酬水平等。同时，外部招聘可起到广告的作用，在公开、公正的选拔和严格、谨慎的考核过程中，用人单位在其员工、客户和其他外界人士中宣传了自己，有利于公司树立良好的形象，形成良好的口碑。

2）可以缓解内部竞争者间的紧张关系。通过外部招聘获得优秀人才无形中会给公司的

第九章 汽车共享服务人力资源管理

现有员工施加压力，使之形成危机意识，激发其斗志，促使所有员工共同进步。而且，通过外部招聘新员工有利于平息和缓解内部员工之间的紧张关系。

3）带来新理念、新方法，使用人单位充满活力。外来的求职者会为公司带来新的观念、新的信息、新的思维、新的文化和价值观，包括新的社会关系，从而为公司带来思想的碰撞，激活用人单位不断向上的活力。另外，通过从外部引进优秀的技术和管理专家，能够给组织现有员工带来一种无形的压力，使其产生危机意识，激发其斗志和潜能，从而产生"鲶鱼效应"。

4）外部选择余地大，有利于选出优秀人才。外部招聘面向广阔的外部人力资源市场，人才来源广泛，选择余地充分，能够确保公司根据岗位情况，从各类条件和不同年龄层次的求职人员中匹配到合适的人才，从而使公司节省培训费用和培训时间。

2. 外部招聘的缺点

1）筛选难度大，决策有风险。在组织外部招聘的各阶段，用人单位的招聘团队必须能够比较准确地测定应聘者的能力、性格、态度、兴趣等素质，从而准确预测他们在未来的工作岗位上能否达到组织所期望的要求，这中间要耗费较长的时间；而且通过若干次面试或者各种素质的测评，就必须判断候选人是否符合本组织空缺岗位的要求，有一定的难度。用人单位招聘团队很可能因为一些外部的原因（如信息不对称、逆向选择及道德风险）而做出不准确的判断，从而增加招聘决策风险。

2）新员工适应角色状态较慢。外部招聘的员工需要花费较长的时间才能了解组织的工作流程和运作方式，才能了解用人单位的文化并融入其中。这个较长时间的磨合和定位，导致新员工学习、培训、适应用人单位的成本较高，很可能会出现"水土不服"的现象，影响工作的开展和创造力的发挥。

3）人才获取成本高。无论通过代理机构招聘还是用人单位自行公开招聘，都需要花费一笔不小的招聘费用，这其中可能包括招聘人员的差旅费、广告宣传费、测试费、专家咨询费、猎头公司的费用等。而且由于外部应聘人员相对较多，测试选拔的过程也非常烦琐与复杂，不仅需要花费较多的人力、财力，还需占用大量的时间。

4）影响内部员工的积极性。外部招聘可能会挫伤有上进心、有事业心的内部员工的积极性和自信心。如果组织中有胜任的人才未被选用或提拔，内部员工得不到相应的晋升和发展机会，员工的积极性就可能会受到较大影响。同时，空降的外来人员也会引发组织内部两类人才之间的冲突和矛盾，对用人单位员工队伍的团结和稳定有消极影响。

二、招聘的渠道与程序

（一）招聘的渠道

1. 内部招聘的方式

内部招聘的方式通常有三种：用人单位内部的人力资源信息管理系统、组织成员推荐、竞聘上岗。

（1）用人单位内部的人力资源信息管理系统 用人单位人力资源管理部门通常备有组织中所有员工的个人档案。为方便对员工进行管理，人力资源管理部门需要对员工个人档案进行信息化管理。一个完整的内部人力资源信息管理系统一般由三部分的信息组成：一是员工个人的基本资料，包括年龄、性别、专业、学历、主要工作经历、教育培训经历等；二是员工个人特征资料，包括性格、特长、兴趣爱好、个人奖惩、职业偏好等；三是员工在本单位的表现，包括职位职务、工作业绩、工作责任心、团队意识、对用人单位文化的接受程度等。

当用人单位的工作岗位出现空缺时，根据该岗位对员工专业、能力、工作经验等各方面的要求，可快速在用人单位内部的人力资源信息管理系统进行搜索查找，帮助用人单位发现空缺岗位以及可匹配的员工。人力资源部在对匹配员工进行筛选的基础上，可结合员工本人意愿和组织期望挑选出最合适该岗位需求的人选。

（2）组织成员推荐　对用人单位组织来说，由组织成员（尤其是主管）来为某个空缺岗位推荐合适人选成功率是非常高的，因为引荐人对用人单位组织的情况比较熟悉，对空缺岗位的性质和工作职责也有比较深刻的了解；同时，引荐人对被引荐人的情况也有相当了解；这种推荐不仅有的放矢，也具有广泛的适用性。

（3）竞聘上岗　竞聘上岗是指组织将空缺岗位的工作职责、资格要求等信息在用人单位内部进行公开，通告给用人单位全体员工，同时公开竞聘流程，以客观、公正的方法选聘合适的人选。这种内部招聘方法既可为有才能的员工提供成长、发展的机会，又能体现公平竞争的用人原则。

2．外部招聘的方式

外部招聘的方式主要有四种：委托社会中介机构负责招聘、用人单位公开招聘、校园招聘、熟人推荐。

（1）委托社会中介机构负责招聘　随着社会分工的不断深化，社会上出现不少专门从事招聘代理的中介机构，可以帮助用人单位进行人员招聘。用人单位只需提供自己的招聘需求，中介机构便会承担寻找和筛选求职者的任务。中介机构主要有代理机构、管理咨询公司、猎头公司等。

1）代理机构。在我国，代理机构有公共代理机构和私人代理机构两种。公共代理机构主要由各级人力资源和社会保障部门直接设立，包括人才市场、劳务市场、就业安置办、就业服务中心等。用人单位通过公共代理机构招聘员工，不仅成本比较低、选择面比较广，而且有各类人才信息库可以寻找潜在的候选人。私人代理机构主要是各类职业介绍所。私人代理机构有更广泛的信息资源，而且服务效率较高，可以减轻用人单位寻找、联系、预先筛选求职者的负担；但是私人代理机构成分比较复杂，行业规范性有待加强。用人单位可以选择代理机构来解决大量急聘人员或临时用工需求，并尽量选择信誉较高的机构。

2）管理咨询公司。目前，社会上有许多管理咨询公司可为用人单位提供各类诊断和咨询服务。当用人单位有数量比较多、种类比较复杂的招聘需求时，可以委托管理咨询公司专门为自己提供招聘服务。接受委托的咨询公司通常会成立一个项目小组进驻用人单位，制订并实施一套专门的招聘方案，直到帮助用人单位录用到合格的人员。用人单位也可以借此机会建立科学的招聘制度，训练自己的招聘队伍，在一定程度上提升自己的人力资源管理水平。

3）猎头公司。猎头公司是指一些专门为用人单位员工招聘高级人才或特殊人才的就业中介机构。猎头公司的联系面很广，而且特别擅长接触那些正在工作并对更换工作还没有积极性的人。当用人单位需要高级技术人员或中、高级管理人员时，可以委托猎头公司代为选择人才。猎头公司凭借专业优势能够准确把握关键职位所需要的工作能力、关键品质，科学评价应聘的人选，从而快捷有效地完成用人单位的员工招聘。猎头公司可以帮助用人单位管理层节省很多选拔和招聘高级人才的时间，能为用人单位管理带来立竿见影的效果。但借助猎头公司招聘人才的方式所需费用较高，一般为所推荐人才年薪的1/4~1/3。

（2）**用人单位公开招聘** 用人单位公开招聘是指用人单位利用广播、电视、报纸、杂志、互联网和海报张贴等多种途径向社会公开宣布用人单位的员工招聘计划，为社会人员提供一个公平竞争的机会，从而择优录取合格人员的员工招聘方式。公开招聘是外部招聘中采用最多的一种方式，它适用于各种工作岗位的填补。公开招聘一般有以下几个步骤。

1）发布招聘广告。在公开招聘中，刊登广告是重要而关键的第一步骤。有效的招聘广告需要能够吸引潜在求职者的注意力，提供真实的现实工作预览，有对工作要求和所需资格的详细描述，以及为求职者提供必要的联系方式。只有在适当的时机，运用适当的渠道，刊登适当的广告，才能吸引用人单位所需要的人才来应聘。如果应聘的人素质不高，或人数太少，用人单位就很可能招聘不到合适的人选。

2）接受报名。在规定的时间内，要求应聘者到指定地点报名是公开招聘的第二步骤。用人单位要根据招聘的需要设计相应的报名程序：领取报名登记表，填写表格，上交表格。为便于了解应聘者的某些资格条件，可以要求应聘者提供证明材料。

3）参加招聘测试。报名截止后，用人单位需要在规定的时间内通知所有符合条件的应聘者参加招聘测试。测试要严格按照用人单位的招聘标准对求职者进行现实表现的考核和职业适应性的全面考察。

4）公开录用结果。录用就是把多种考核和测试结果结合起来综合评定，严格挑选出符合用人单位岗位要求的人员，确定录用名单。为确保公开招聘的可信度，录用结果需要向社会公开。

在公开招聘的各种渠道中，网络招聘是一种新兴的招聘方式。它具有费用低、覆盖面广、时间周期长、联系快捷方便等优点。用人单位可以将招聘广告发布在自己的网站上，也可以在一些专门的招聘网站上发布信息。网上招聘由于信息传播范围广、速度快、成本低，供需双方选择余地大，且不受空间的限制，因而被广泛采用。

（3）**校园招聘** 大中专院校和职业学校招聘是用人单位招聘管理人员和专业技术人员的重要途径之一，国内外一些著名的公司都非常重视校园招聘工作。校园招聘可通过校园网、招聘海报、招聘宣传讲座和专场招聘会等来进行。这种招聘方式费用较低，而且应届毕业生年轻有活力、可塑性强、成才比较快，是保证用人单位员工队伍稳定和提高员工整体素质的有效途径。校园招聘一般适用于招聘专业化水平不高、技术含量不高、工作要求不高的职业岗位。

（4）**熟人推荐** 熟人推荐一般是用人单位让员工推荐合格的朋友或亲属进行工作申请，并且常常为推荐合格候选人的员工提供一些奖励。目前，越来越多的公司重视熟人推荐这种招聘形式，因为通过这种招聘方式入职的员工一般更为可靠，跳槽率更低。但用人单位在操作该招聘方法的过程中，需要尽量避免出现"举人唯亲"的现象，加强对被推荐人员的考核，提高招聘人才的质量。

（二）**招聘的程序**

为了保证员工招聘的效果，员工招聘工作一般来说要按照下面的程序进行：首先评价应聘者的工作申请表和简历，然后进行选拔测试和面试；接下来审核应聘者材料的真实性，然后进行体检，应聘者被录用后经过一个试用期的考察，最后才能做出正式录用的决策（见图9-5）。

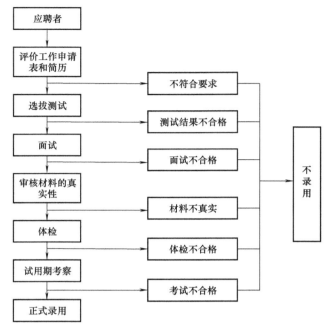

图 9-5　员工招聘程序示意

从图 9-5 可以看出，整个员工招聘过程包括工作申请表和简历筛选、选拔测试、面试、审核材料的真实性、体检、试用期考察和正式录用七个招聘步骤，其中，前六个步骤是招聘决策的六个关键环节，应聘者如果达不到该决策环节的要求就要被淘汰，只有通过该决策环节的应聘者才能继续参加后面的选拔。至于每个决策环节的标准应该是什么，应该由用人单位根据自己的情况来确定，但总的原则是要以空缺职位所要求的任职资格条件为依据。

需要强调指出的是，在员工招聘过程的每一个决策环节中，都会有一些应聘者因不符合要求而被淘汰。如何正确地对待这些落选者是一项非常重要的工作。如果不能妥善地处理与这些人的关系，可能就会影响到用人单位的形象，对今后的招聘工作不利。正确的处理方法应当是以面谈或书面的形式向落选者解释清楚落选原因。

1. 工作申请表和简历筛选

大多数组织对应聘者的了解开始于简历或工作申请表。简历提供了应聘者一些信息，如教育背景、工作经验、个人特长等。但仅根据简历对应聘者进行筛选是不够的，因为应聘者往往在简历中突出自身优点，避免提及自身不足，甚至编造虚假信息。另外，不同应聘者的简历所提供信息的全面程度也是不同的。为了更全面地了解应聘者的信息并在此基础上对应聘者进行比较，很多组织都设计格式化的工作申请表要求应聘者填写。应聘者可以在招聘会或公司的招聘网页上获得这些表格。

（1）用人单位对工作申请表的设计　工作申请表应该依据工作说明书来设计。目前，在多数用人单位的申请表中，一般要包括以下几个方面的信息：

1）个人情况。姓名、性别、年龄、婚姻状况、政治面貌、联系地址及电话、身份证号码等。

2）教育背景。毕业院校和专业，最后取得的学历、学位，受教育年限，在校期间的学习成绩，接受培训教育的经历及相关证书，外语水平及证书等。

3) 工作技能。通用的技能以及应聘岗位相关的特殊技能、个人特长等。

4) 工作经验。主要工作经历，包括以前的雇主名称、工作、职责、主要业绩等。

5) 个性品质。个人的特点及个人的兴趣爱好等。

6) 身体素质。身高、体重、健康状况等。

7) 其他情况。家庭成员构成及住址、发明与获奖情况、社会任职、欲离职的原因、应聘新职位的动机、工作意向、对薪酬和福利待遇的要求、培训期望等。

一般认为，工作申请表中的内容越丰富，越有利于组织进行筛选，但内容过多也可能降低筛选的概率。需要特别指出的是，工作申请表中不应含有歧视性项目和可能涉及个人隐私的敏感性内容。

（2）**用人单位对工作申请表或简历的筛选** 通过工作申请表或简历筛选，能够迅速从应聘者中排除明显不合格者，挑选出符合任职基本条件、有可能被录用的应聘者。筛选的依据是岗位的任职资格和条件。在筛选过程中应注意以下几个方面：

1) 做好人数控制。根据招聘人数的金字塔模型，组织应事先确定工作申请表筛选的通过人数。按照岗位任职资格进行筛选后，如果合格的应聘者人数过多，应再次进行筛选，以保证招聘计划的实施。如果合格的应聘者人数少于招聘计划所确定的人数，则应遵循宁缺毋滥的原则，只允许通过筛选的申请人进入下一阶段的测试。

2) 留有选择空间。真正确定为"面试人选"的应聘者应是具有多学科、多专业知识及综合素质较为突出的人，也可以是特别适合从事空缺职位的专业人才或拥有一技之长的特殊人才。如果有的应聘者具有某些方面的特殊才能或经验，即使其他方面不符合条件，也可酌情考虑让其参加下一阶段的测试。

3) 要做好拒绝的工作。拒绝时，要讲求拒绝艺术。通常是尽可能快地以正式信函的形式通知本人。信中要有感谢、鼓励之类的措辞。

2. 选拔测试

在对工作申请表或简历进行最初的筛选之后，已通过第一轮筛选的人员要接受选拔测试，这是人员测试的第二个环节。选拔测试指运用各种科学和经验的方法对应聘者进行评价，从中挑选出那些符合职位要求人员的过程。选拔测试是人员招聘的重要环节。在传统的人员招聘选拔中，主要依靠学历和档案简历对应聘者进行了解，但是学历仅能说明一个人具有某一方面的学习能力，或者说具有从事某一专业的可能性。具体岗位对人才都有特定的要求，如分析判断能力、沟通能力、组织能力等，都是学历无法反映的。而通过运用角色扮演、公文筐、管理游戏和无领导小组讨论为代表的评价中心技术等各种科学的方法进行选拔测试，招聘人员能够更全面、更深入地了解应聘者，从而做出更加准确的录用选择。

3. 面试

面试是现代人力资源管理中一种重要的测评技术，是发现人才、获取人才最常用且最重要的手段之一。面试招聘中，评价者通过结构化面试、非结构化面试等手段，对应聘者观察、交流等双向或多向沟通方式，了解应聘者的素质特征、能力状况以及求职动机等基本情况。与其他方法相比，这种方法更为灵活、深入，不仅可高效评价应聘者的学识水平和修养，还能评价出应聘者的能力、才智及个性心理特征等。面试题目的设计思路如图9-6所示。

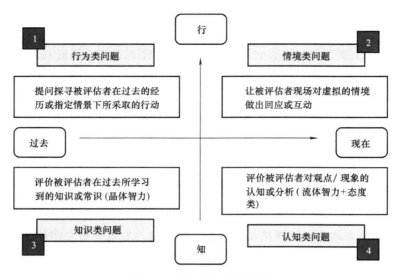

图 9-6 面试题目设计思路

4. 审核材料的真实性

审核材料的真实性主要通过背景调查这一具体工作来进行。背景调查是指通过外部应聘者提供的证明人或以前的工作单位搜集资料，以核实应聘者个人资料的行为，是一种能直接核实应聘者情况的有效方法。通过背景调查，可以证实应聘者的教育和工作经历、个人品质、交往能力、工作能力等信息。

组织应根据单位的规模、实力决定背景调查的强度。此外，背景调查的强度也取决于招聘岗位本身的职责水平，不同岗位对背景调查的要求不同。责任较大的岗位要求进行准确、详细的调查，对于管理人员以职能重要和岗位关键人员的聘用尤为重要。

背景调查的方法包括向证明人了解情况，到应聘者原工作或学习单位核实。在调查中，应聘者的原单位可能会有不同的反应。有的单位会拒绝提供任何情况；有的则可能仅提供最基本的信息，如工作起止时间、所从事的工作等，而对诸如人品、表现等问题则避而不答。这就要求调查者通过情感交流，与证明人建立融洽的关系，打消他们的戒备和疑虑。

在进行背景调查之前，组织必须征得应聘者的同意，并尊重其个人隐私；在调查过程中，只调查与工作相关的情况，特别是应聘者离开原单位的原因，并以书面形式记录下来作为录用依据。在调查之后，要充分评估背景资料的可信程度。

在国外，核查的内容多种多样，多数用人单位会通过电话向应聘者以前的雇主调查应聘者曾经的职位、工资以及一贯表现。有些用人单位则会通过向其以前的主管和同事询问，来了解应聘者的离职原因、求职动机、技能以及合作能力等问题。另外，也有不少用人单位利用商业调查公司更详细地了解应聘者的个人信用、家庭情况、资产负债等情况。

我国已经对近年来颁发的高校学历、学位证书进行了电子注册，目前能够比较便捷地对学历背景进行调查，对抑制学历造假行为起到了一定的作用。用人单位可以通过网络便捷地检查出学历的真伪。对没有进行电子注册的证书，可通过与高校有关部门联系来证实。

一般来说，只有在资料提供者实事求是地指出应聘者在过去工作中的长处和不足时，背景资料才能在用人单位对应聘者的筛选中起作用。但由于多数推荐材料对应聘者所提供的评

第九章 汽车共享服务人力资源管理

价都是非常积极的,因而这种检测方法的信度和效度都很低,很难利用它们对应聘者进行筛选。

5. 体检

对新录用的员工进行体检,是大部分组织的惯例。对于一般组织而言,通过体检来了解应聘者的健康状况,主要是为了避免录用有传染病或危险病症的人员。有的组织或岗位有特殊要求,还需要对应聘者进行更严格的身体检查,如餐饮业、一些进行危险操作的岗位等。需要指出的是,用人单位需要处理好体检标准和公平就业的问题。在我国,目前还没有明确的体检标准,很多用人单位在招聘录用过程中依据的健康标准非常随意,如因为应聘者身体轻微残疾而不予录用等,这些行为其实都是对公民就业权的侵犯,明显违背了我国《劳动法》的要求。

6. 试用期考察

体检合格的应聘者将获得成为用人单位正式成员的机会,但成为正式成员之前,还需要经过试用期的考察。在试用期内,用人单位和新员工之间已经建立起了劳动关系,但双方拥有以法定的方式和理由解除劳动关系的权利。试用期对用人单位和新员工来说都是一个重要时期,双方会深入了解彼此,甚至彼此进行考验。只有双方在互相认同的情况下,才会正式签约。从用人单位的角度来看,试用期是对前面各阶段测试结论的一种检验,通过员工实际工作表现进一步了解其能力、技能、工作风格以及组织文化适应度等。

在通过试用期对新员工进行进一步考察时,用人单位往往会陷入两个误区。第一个误区是过于强调对新员工的考察而忽视应该给予的培训和支持。在新环境中,即使新员工拥有合格的能力或技能,但由于不熟悉环境,也可能出现绩效不佳的情况。因此,用人单位应重视向新员工提供入职初期必需的培训和帮助。否则,双方都会得出对彼此的错误判断。第二个误区是用人单位在试用期内随意解除员工的劳动合同。按照《劳动法》要求,用人单位解除试用期内员工的劳动合同,必须满足该员工被证明不符合录用条件的情况。为避免法律风险,用人单位应在试用期内给新员工分派明确的工作任务,确定明确的工作标准,事先明确地告知新员工,并对其实际工作成果做出客观记录。只有这样,用人单位才能依法解除试用期员工的劳动合同,真正实现在试用期考察新员工的目的。

7. 正式录用

在试用期考核合格后,试用期员工将正式获得用人单位成员的身份,称为被正式录用,即我们通常所说的"转正"。员工能否被正式录用,关键在于试用部门对其试用期考核结果如何,用人单位对试用期员工应坚持公平、择优的原则进行录用。对试用期考核合格的员工正式录用,与员工签订正式的雇佣合同,给员工提供相应的待遇,制订员工发展计划,为员工提供必要的帮助与咨询等。

 第四节 绩效管理与激励

一、绩效管理概述

(一)绩效与绩效管理

绩效管理广泛存在于工作、学习、生活等各项事务中,但对于什么是绩效,目前尚未达成统一认识。目前对绩效这一概念有三种不同的理解，分别认为绩效就是结果，绩效就是行为，绩效就是能力。

将绩效视为结果的观点认为，绩效是工作所达到的结果，是个人工作业绩的记录。伯拉丁（Bernardin）等人认为："绩效应该定义为工作的结果，因为工作结果与组织的战略目标、顾客满意度及所投资金的关系最为密切。"凯思等人认为：绩效是"一个人留下的东西，这些东西与目的相对独立存在"。

将绩效视为行为的观点认为，绩效是员工在工作过程中表现出来的与组织目标有关的行动。一些观点认为："绩效是与一个人在其中工作的组织或组织单元的目标有关的一组行为。"另一些观点认为："绩效是行为，应该与结果区分开，因为结果会受到系统因素的影响。"

将绩效视为能力的观点认为，绩效是员工的素质及胜任能力。知识经济的到来带来了对知识型员工的考核和评价要求，知识型员工的考核应以素质为基础，关注员工的潜能。

综上所述，在绩效管理中，可以将绩效看成包括结果、行为和能力的宽泛概念，即绩效就是指员工在工作过程中所表现出来的与组织目标相关的并且能够被评价的工作业绩、工作能力和工作态度。

所谓绩效管理，是指为了更有效地实现组织目标，各级管理者和员工共同参与的绩效计划、绩效跟进、绩效考核、绩效反馈的持续改进组织绩效的过程。绩效管理的目的有三个层次：第一层是追求员工绩效的提升；第二层是实现员工的成长和发展；第三层是实现组织的发展。

绩效管理强调组织目标和个人目标的一致性，强调组织和个人同步成长，形成"多赢"局面；绩效管理体现着"以人为本"的思想，在绩效管理的各个环节中都需要管理者和员工的共同参与。

（二）常用的绩效评估方法

1. 排序法

（1）**直接排序法** 直接排序法是最简单的绩效评估方法，它是根据绩效评估要素，从最好到最差依次对员工进行排列，即先找出表现最好的员工，再找出表现次好的员工……以此类推，直到将所有员工排列完毕。直接排序法适用于需要评价的员工人数不多的情形。

（2）**交替排序法** 当员工间的绩效差别较小的时候，直接排序变得困难，这时可以采取交替排序法，即先在被评估者中挑出最好的和最差的，分别排在第一位和最后一位，再从剩下的被评估者中挑出次好的和次差的，排在第二位和倒数第二位……以此类推，直到将所有的被考核者排列完毕（见表9-2）。

表9-2 交替排序法示例

顺序	绩效表现	员工姓名
1	最好	张三
2	次好	王五
⋮	⋮	⋮
19	次差	赵六
20	最差	李四

（3）配对比较法 配对比较法也叫两两比较法。它将每一个被考核者按照评估要素分别与其他被考核者进行比较，根据比较结果排出次序。每一次比较时，给表现好的员工计"+"，给表现差的员工计"-"，所有员工比较完成之后，计算每个人"+"的个数即为最终得分（见表9-3）。

表 9-3 配对比较法实例

员工姓名		比较对象					得分	排名
		A	B	C	D	E		
被评估对象	A		-	-	+	+	2	3
	B	+		+	+	+	4	1
	C	+	-		+	+	3	2
	D	-	-	-		+	0	5
	E	-	-	-	+		1	4

2. 强制分布法

强制分布法是指按照事先确定的比例将员工分别分布到每一个工作绩效等级上去。强制分布法可以避免绩效评估中的过宽或过严误差，它假设员工的绩效是呈正态分布的，即"两头小，中间大"（见表9-4）

表 9-4 强制分布法

等级	优秀	良好	中等	较差	最差
比例	10%	20%	40%	20%	10%

强制分布法适合于人数较多情况下对员工总体绩效状况的考核；考核过程简易方便；可以避免考核者过宽、过严或者高度趋中等偏差；利于管理控制，特别是在引入员工淘汰机制的公司中，能明确筛选出淘汰对象；由于员工担心因多次落入绩效最低区间而遭到解雇，因此强制分布法具有较强的激励和鞭策功能。强制分布法如果用在被考核群体样本不够大或者群体绩效状况明显呈非正态分布的情景下，不仅其优势难以发挥，还会影响考核结果的客观公正性。

3. 业绩评定表法

业绩评定表法是一种被广泛使用的考评方法。采用这种方法，主要是在一个等级表上记录员工绩效状况。员工的绩效被划分为若干个等级（通常是5等级或7等级），采用优秀、良好、一般等形容词来进行定义（见表9-5）。

业绩评定表法简单迅速，但考核容易在进行等级评定时敷衍了事；较多的主管人员和员工习惯于被评定为较高的等级；评估等级的标准（如优秀、一般和较差）比较模糊和抽象，评估准确性低。

4. 关键事件法

关键事件法是由考核者观察、记录被考核者的关键事件，而对被考核者的绩效进行考评的方法。关键事件指员工在工作过程中表现出来的特别有效的或特别无效的行为，即关键事件包括两个方面：对组织绩效有积极影响的事件和对组织绩效有消极影响的事件。

表 9-5　业绩评定表法示例

员工姓名：	
员工职位：	考核说明：
现属部门：	每次仅考虑一个因素,不允许因某个因素的考核结果而影响其他因素的考核
评估人姓名：	考虑整个绩效周期的业绩,避免集中在近期事件或孤立事件中
评估日期：	

考核因数	考核等级				
	较差,不符合要求	低于一般,需要改进,优势不符合要求	一般,一般符合要求	良好,经常超过要求	优秀,不断超出要求
工作数量					
工作质量					
可靠性					
积极性					
适应能力					
合作精神					

关键事件法在应用时，通常是考核者将关键事件记录下来，然后每隔一段时间，如一个季度或者半年，考核者和被考核者就所记录的事件共同讨论被考核者的工作绩效。

关键事件法通常作为其他绩效考核方法的很好补充。它具有如下优点：①可以为考核者向被考核者解释绩效考核结果提供确切的事实证据；②绩效考核所取得的关键事件是在一定时间内累积而来的（如一个季度或者半年），考核者在对被考核者的绩效进行考察时，所依据的是被考核者在整个考核期的表现，可以避免近因效应的误区；③利于保存一种动态的关键事件记录，还可以使考核者获得关于被考核者是通过何种途径消除不良绩效的具体实例。

但关键事件法也存在一定的缺点，如：①应用关键事件法进行考核的周期较长，需要长期地观察和了解员工的工作行为，操作成本较高；②因为考核过程主要是针对被考核者的行为进行的，缺乏员工之间的比较，因此对于人力资源决策的参考性较差；③考核的结果依赖于考核者个人的评价标准，考核结果的主观随意性较大。

5. 行为锚定等级评定表法

行为锚定等级评定表法是业绩评定表法和关键事件法的结合。在行为锚定法中，会通过一张登记表反映出不同的业绩水平，并且根据员工的特定工作行为进行描述（见表 9-6）。

运用行为锚定法进行员工绩效考核，通常要求遵循以下五个步骤：

（1）获取关键事件　首先要求对工作比较了解的人员对一些代表优良绩效和劣等绩效的关键事件进行描述。这些人员通常包括任职者及其主管。

（2）建立绩效维度　再由前述人员将关键事件合并成为为数不多的几个维度（如 5 个或 10 个），并对绩效维度进行界定。

（3）重新分配关键事件　由另外一组同样对工作比较了解的人来对关键事件进行重新分类。先让他们看看已经界定好的维度以及所有的关键事件，再让他们将这些关键事件分别放入他们自己认为最合适的绩效维度中去。如果就同一关键事件而言，第二组中某一比例以上（通常是 60%～80%）的人将其放入的绩效维度与第一组人将其放入的绩效维度是相同的，那么，这一关键事件的最后位置就可以确定了。

第九章　汽车共享服务人力资源管理

（4）**对关键事件进行评定**　第二组人会被要求对关键事件中做描述的行为进行评定，以判断他们能否有效地代表某一绩效维度所要求的绩效水平。对行为进行评定大多会选择7点或9点等级尺度评定法。

（5）**建立最终的绩效评价体系**　对于每一个绩效维度来说，都将会有一组关键事件作为其"行为锚"。每组中通常会有6~7个关键事件。

行为锚定等级评定表法对绩效的考核更为准确，具有更好的反馈功能，但其开发和维护需要耗费大量的时间和精力。

表9-6　生产主管行为锚定法示例

等级	绩效维度：计划的制订与实施
	行为锚
7-优秀	制订综合的工作计划，编制好文件，获得必要的批准，并将计划分发给所有相关人员
6-良好	编制最新的工作计划完成图，使任何要求修改的计划最优化；偶尔出现小的操作问题
5-较好	列出每项工作的所有组成部分，对每一部分的工作做出时间安排
4-一般	制定了工作日期，但没有记载工作进展的重大事件；时间安排上出了疏漏也不报告
3-较差	没有很好地制订计划，编制的时间进度表通常是不现实的
2-很差	对将要从事的工作没有计划和安排；对分配的任务不制订计划或者很少做计划
1-不能接受	因为没有计划，且对制订计划漠不关心，所以很少能完成工作

二、绩效管理的流程

（一）绩效计划

绩效计划是绩效管理的首要环节，是实施绩效管理的关键和基础。绩效计划是一个确定组织对员工的期望并得到员工认可的过程，通常包括员工的工作目标、实现工作目标的主要工作结果、衡量工作结果的指标和标准、完成工作目标的过程中可能遇到的困难和障碍、部门主管所能够提供的支持和帮助等方面。

绩效计划具有以下几个特点：第一，绩效计划是关于工作目标和标准的契约，说明员工在考核期内要做什么、如何做以及做到什么程度；第二，绩效计划是管理者与员工双向沟通的过程。绩效计划强调通过互动式的沟通，使管理者与员工在确定评价周期内的绩效目标及如何实现预期绩效的问题上达成共识。在这个过程中，管理者和员工双方都负有责任。如果是管理者单方面布置任务，员工被动接受任务，就变成了传统的管理，就失去了绩效管理的意义。

（二）绩效跟进

绩效跟进是在绩效计划的执行过程中，管理者和员工双方随时保持联系，全面追踪工作的进展情况，了解影响绩效实现的潜在障碍和问题，共同探讨可行的解决措施。绩效跟进是一个双向的交互过程，贯穿于整个绩效管理的过程中。绩效跟进阶段的主要工作包括两个方面：一是持续的绩效沟通；二是绩效信息的收集。

1. 持续的绩效沟通

持续的绩效沟通就是管理者和员工共同工作，以分享有关信息的过程。管理者和员工通过沟通共同制订了绩效计划，但并不意味着目标会完全实现，工作会顺利完成。持续的绩效沟通可以使一个绩效周期里的每一个人，无论管理者还是员工，都可以随时获得有关改善工作的信息，并就随时出现的变化情况达成新的承诺。双方沟通的内容通常包括：工作进展情况，潜在的障碍和问题，可能的解决措施，管理者能为员工提供何种帮助等。

2. 绩效信息的收集

绩效信息的收集是一种有组织地、系统地收集员工工作情况和组织绩效的方法。概括起来，绩效信息收集有以下目的：提供真实的员工工作的绩效记录，为绩效评价及相关决策打基础；及时发现问题，提供解决方案；及时掌握员工优缺点，以便有针对性地提供培训与再教育；在发生法律纠纷时为组织的决策辩护。

信息收集的方法包括观察法、工作记录法、他人反馈法等。观察法是指主管人员直接观察员工在工作中的表现并将之记录下来的方法；工作记录法是指通过工作记录的方式将员工工作表现和工作结果记录下来；他人反馈法是指管理者通过其他员工的汇报、反映，来了解某些员工的工作绩效情况。

（三）绩效考核

绩效考核是按照事先确定的绩效目标及衡量标准，采用科学的方法，考察员工在绩效衡量周期内绩效完成情况的过程。绩效考核涉及考核主体、考核周期等方面。

1. 绩效考核主体

绩效考核主体即由谁来进行考核，合格的绩效考核者应了解被考核者职位的性质工作内容、要求以及绩效考核标准，熟悉被考核者的工作表现，最好有近距离观察其工作的机会，同时要公正客观。考核主体可分为主管考核、同事考核、下属考核、自我考核和外部专家考核等。

主管考核的优点是其对工作性质、员工的工作表现比较熟悉，也有机会与下属更好地沟通，了解其想法，发现其潜力。但也存在一定缺点，由于主管掌握着切实的奖惩权，考核时下属往往心理负担较重，因此难以保证考核的公正客观，可能会挫伤下属的积极性。

同事考核的优点是对被考评者了解得更为全面、真实。但由于彼此之间比较熟悉和了解，受人情关系影响，可能会使考核结果偏离实际情况。最适用的情况是在项目小组中，同事参与考核对揭露问题和鞭策后进起着积极作用。

下属考核，可以帮助上司发展领导管理才能，也能达到权力制衡的目的，使上司受到有效监督。但下属考核上司有可能片面、不客观；由下级进行绩效考核也可能使上司在工作中畏首畏尾，影响其工作的正常开展。

自我考核是最轻松的考核方式，不会使员工感到很大压力，能增强员工的参与意识；而且自我考核结果具有建设性，会使工作绩效得到改善。缺点是自我考核倾向于高估自己的绩效，因此只适用于协助员工自我改善绩效，在其他方面（如加薪、晋升等）则不足以作为评判标准。

外部专家考核的优点是其有绩效考评方面的技术和经验，理论修养高，与被考核者没有往来，较易做到公正客观。缺点是外部专家可能对公司的业务不熟悉，因此，必须有内部人员协助。此外，聘请外部专家的成本较高。

2. 绩效考核周期

绩效考核周期是指多长时间对员工进行一次绩效考核。用人单位可以按照具体情况和实际需要，进行月度考核、季度考核、半年度考核或年度考核。确定绩效考核周期时，需考虑以下几个因素：

（1）**职位的性质** 不同的职位，工作内容是不同的，因此绩效考核的周期也应当不同。一般来说，职位的工作绩效比较容易考核的，考核周期要相对要短一些。

（2）**指标的性质** 不同的绩效指标的性质是不同的，考核的周期也相应不同。一般来说，性质稳定的指标，考核周期相对要长一些；相反，周期相对就要短一些。

（3）**标准的性质** 在确定考核周期时，还应当考虑到绩效标准的性质，即考核周期的时间应当保证员工经过努力能够实现这些标准。

（四）绩效反馈

绩效反馈是绩效管理过程中的一个重要环节。它主要通过考核者与被考核者之间的沟通，就被考核者在考核周期内的绩效情况进行反馈，在肯定成绩的同时，找出工作中的不足并加以改进。绩效反馈的方式很多，其中绩效面谈是最主要的形式。面谈时要注意以下问题。

1. 做好面谈前的准备工作

面谈前要做的准备工作主要有：明确面谈的目的；确定一个对管理者和员工都适宜的谈话时间；选择一个不受干扰的面谈场所；准备面谈的相关材料，如绩效计划书、职位说明书、绩效考核表等。

2. 控制好面谈过程

由于绩效面谈的目的很明确，因此管理者可以开门见山地直接开始，而不必说一些客套的话来过渡。管理者在与员工就绩效考核结果进行沟通时，首先要向员工明确评价标准，然后逐项说明考核结果及总的绩效等级，沟通过程中要允许员工提出质疑，给员工提出发表自己看法的时间和机会，要耐心地解释考核评价结果。在面谈的过程中，管理者要对员工的工作进行全面客观的评价，在肯定员工优点的同时，也就事论事地指出员工的不足。要能够帮助员工找出有待改进的地方，制订改进计划并采取相应的措施，并确定下一周期的绩效目标。最后，管理者对绩效面谈过程和考核结果要进行简要的总结，与员工一同对考核结果确认签字，结束绩效面谈。

3. 运用好面谈技巧

要坦诚相待，把考核结果展示在员工面前，不要遮掩；反馈应对事不对人，不要将反馈，尤其是消极反馈上升到人格的高度；允许员工提反对意见和不同意见，并要认真对待；面谈过程中应激励员工，提高员工认知自己的能力，增强其改进的动力；提出对员工的支持帮助计划，管理者应该与员工共同研究造成工作失误的原因，以真诚的态度商议提出改进工作的意见与建议，并在工作中为员工提供支持和帮助。

三、激励方法

以人为基础的薪酬体系主要有两种形式：一是以人所具备的技能为基础，二是以人所拥有的能力为基础。以技能为基础的薪酬一般应用于所谓的蓝领工作，以能力为基础的薪酬一般应用于所谓的白领工作。

（一）技能（能力）薪酬体系

1. 技能（能力）薪酬体系的内涵及其特点

技能（能力）薪酬体系是指组织根据一个人所掌握的与工作有关的技能、能力以及知识的深度和广度支付基本薪酬的一种报酬制度。

以技能或能力为基础的薪酬制度依据的是个人所表现出来的技能水平，而不是他们所从事的特定的工作。与职位薪酬体系相比，最基本差别是：个人的薪酬是由经鉴定具有的技能决定的，而不管所开展的工作是否需要这些特定的技能。而以职位为基础的薪酬，员工的薪酬是根据他们从事的工作确定的，与他们所具备的技能无关。

技能（能力）薪酬体系向员工传递的是关注自身发展和不断提高技能的信息，它激励员工不断开发新的知识和技能，使员工在完成同一水平层次以及垂直层次的工作任务方面具有多功能性，在员工配置方面为组织提供了更大的灵活性，从而有利于员工和组织适应快速的技术变革，在一定程度上还有利于鼓励优秀专业人才安心于本职工作。

但技能（能力）薪酬体系往往要求组织在培训以及工作重组方面进行持续投资，结果很有可能会出现薪酬在短期内上涨的状况，而且在设计和管理上都比职位薪酬体系更为复杂。

2. 技能（能力）薪酬体系的设计流程

（1）**成立技能（能力）薪酬计划设计小组** 制订技能薪酬计划通常需要建立起两个层次的部门，一个是指导委员会，另外一个是设计工作小组。在一般情况下，设计工作小组至少应当由来自不同层次和部门的5个人组成才能开展工作。设计工作小组需要确定哪些技能或能力是支持公司战略、为组织创造价值、应当获得报酬的。

（2）**进行工作任务的技能（能力）分析** 该分析用于系统性地辨别和收集有关开展组织内某项工作所需的技能和能力的资料，这与工作分析有明显的相似之处。收集资料主要用于描述、鉴定和评价这些技能或能力。

（3）**评价工作任务，创建新的工作任务清单** 在技能（能力）分析的基础上，评价各项工作任务的难度和重要性程度，重新编排任务信息，对工作任务进行组合，为技能（能力）等级的界定和定价打下基础。

（4）**技能（能力）等级** 技能（能力）等级是指员工为了按照既定的标准完成工作任务而必须能够执行的一个工作任务单位或者是一种工作职能。对技能（能力）等级的定价实际上就是确定每一个技能单位的货币价值。

（5）**技能（能力）的分析、培训与认证** 对员工进行技能分析，鉴定员工当前处于何种技能水平，并将技能或能力与薪酬水平联系起来。同时针对技能或能力需求明确培训需求并制订培训计划，建立技能等级或能力资格的认证与再认证。

<h3 style="text-align:center">从职位薪酬到能力薪酬的过渡性方法</h3>

由于能力薪酬的开发成本比较高，因此人们在实践中探索了一些相对成熟的职位薪酬来强化"能力"的过渡性方法，往往更易操作。

1）在职位评价中强调能力要素的权重。职位评价的一个重要工作就是对要素的选择和赋权，如果需要强化对任职者能力的激励，我们可以通过加大评价要素中能力要素的权重来实现。

2）以职位评价确定薪酬等级，以能力评价确定薪酬定位。首先以职位评价得出职位的相对价值，由此得知某一职位分布于哪一个薪酬等级；然后对该职位上的任职者进行能力评价，由此确定任职者个体在这一薪酬等级内具体的薪酬水平。这是一种兼容职位评价和能力评价的方法。

3) 对应于职位等级开发基于任职资格等级的宽带薪酬。首先进行系统的职位评价并得到基本的职位工资结构，然后将某一序列人员的任职资格与职位等级相对照进行工资带的划分，使得工资带呈现宽带化趋势。在确定薪酬水平时，获得相应任职资格的任职者就可以得到相当于中位值的基本薪酬，再根据任职者的绩效表现来确定在该薪酬宽带内浮动的绩效工资。这样就实现了职位、能力和绩效三要素的综合处理。

(二) 可变薪酬体系

可变薪酬是指员工个人的薪酬随着个人、团队或者组织绩效的某些衡量指标所发生的变化而变化，随着工作绩效的变化而上下浮动的一种薪酬设计，通常被称为奖金或浮动薪酬。在设计可变薪酬时，需要考虑奖励的单位是员工个人层面、小组/部门层面还是组织层面。

1. 员工个人层面的奖励制度

个人奖励制度是针对员工个人的工作绩效给予奖励的一种报酬计划。个人奖励制度的共同点是将员工个人的绩效与已经制订的标准相比较。其主要形式有以下几种。

(1) 计件制　这是按员工个人所生产的符合要求的产品数量进行奖励的方式，薪酬随着单位时间生产产品的数量而浮动。工作标准通过工作测量研究决定，并通过集体的讨价还价加以调整；实际的计件工资率通过薪酬调查数据得出。这种激励系统对员工而言容易理解，但设定工作标准比较困难。

计件制的一种变异形式是差别计件工资制，包括泰勒计件工资计划和莫里克（Merrick）计件工资计划两种。差别计件工资制对不同产量水平的员工设计了不同的工资率水平，泰勒的计件计划设计了两种计件工资率，而莫里克则将计件工资率划分为三个等级。差别计件的目的是奖励生产率高的员工并惩罚生产率低的员工。

(2) 计时制　这是把时间作为奖励尺度，鼓励员工努力提高工作效率，节约人工成本和其他成本。计时制首先确定正常技术水平的工人完成某种工作任务所需要的时间，然后确定完成这种工作任务的标准工资率，是将工资建立在某一预期时间内完成一项工作或任务的基础上。具体做法有：

1）标准计时制。以节约时间的多少来计算应得的工资，当个人的生产标准确定后，按照节约的百分比给予不同比例的奖金，对每位员工都有最低工资保障。

2）海尔塞（Halsey）50-50 奖金制。组织确定标准工作时间，员工因节约时间而产生的收益（通过节约成本获得）在组织和员工之间平分。

3）罗恩（Rowan）制。基本思路与海尔塞相同，两者都主张在工人和雇主之间分摊来自工作时间低于定额时间的成本节余；不同的是，收益分享的比例随收益的增加而上升。

4）甘特（Gant）计时制。设定一个较高水平的标准工时，不能在标准工时内完成工作的员工得到一个有保证的工资率，而向能在标准工时内完成工作的人提供120%的工资率。

(3) 佣金制　支付给销售人员的佣金是另一个类型的个人奖励制度，佣金是建立在一定销售数量或金额的基础上的薪酬。市场上存在的销售人员佣金方案主要有以下几种：

1）纯佣金制。纯佣金制是指在销售人员的薪酬中没有基本薪酬部分，销售人员的全部薪酬收入都是由佣金构成的，通常是以销售额的一定百分比来提取的。纯佣金制类似于直接计件工资制。

2）基本薪酬加佣金制。销售人员每月领取一定数额的基本薪酬，然后再按销售业绩领取佣金。基本薪酬给予销售人员必要的生活保障，佣金是对其销售业绩的奖励。

3) 基本薪酬加奖金制。销售人员所达成的业绩只有超过了某一销售额,才能获得一定数量的奖金。奖金的数量取决于销售目标达成度。

4) 基本薪酬加佣金加奖金制。这种薪酬制度将佣金制和奖金制结合在了一起。

2. 小组/部门层面的奖励制度

当工作成果由小组或部门的合作所促成时,就很难对个别员工的贡献进行衡量,这时就要以小组/部门的绩效为单位,奖励小组/部门的所有员工。小组/部门奖励制度一般以节约成本或分享收益为基础。

(1) **斯坎伦计划** 斯坎伦计划的宗旨是降低公司的劳动成本而不影响公司员工的积极性,从生产率改变和成本控制的角度对财务结果进行衡量。奖励主要是根据员工的工资与组织销售收入的比例。所节约的成本的75%作为奖金分给工人,25%留给公司设为储备金,以便公司经营状况不佳时使用。

(2) **拉克计划** 在决定工人奖金时,拉克计划的原理与斯坎伦计划类似,但计算更为复杂,需要计算一个反映总工资中每一元生产价值的比率。根据类似斯坎伦计划的公式可将盈余作为奖金进行分配:75%直接分给员工,25%留作紧急资金。

(3) **集体收益分享计划** 集体收益分享计划下的奖金根据工作小组或部门的整体产出分发,是一种通过分享来提高生产率的计划。该计划的产量用工作团队在既定时间内生产的产量来衡量。由于合作对所有人都有利,因此可推动员工与组织之间更多的互动和支持。

3. 组织层面的奖励制度

组织层面的奖励制度多采用利润分享形式,当组织的利润超过某个预订的水平时,将利润中的一部分与全体员工分享。分享的形式包括发放现金、拨作退休金积累、发放公司股票等。

(1) **利润分享计划** 利润分享计划是根据组织绩效指标衡量的结果,向员工支付报酬的一种绩效奖励模式。一般会使用财务指标(如利润)作为衡量指标,奖励比例事先确定,奖励方式多种多样,全体员工都能获得以组织利润为基础的即期或延迟支付的奖励。利润分享计划旨在为员工提供通过为组织的发展做贡献而增加收益的机会。

(2) **股票所有权计划** 股票所有权计划实际上是指用人单位以股票为媒介所实施的一种长期绩效奖励计划。常见的股票所有权计划可以划分为三类:现股计划、期股计划和期权计划。

1) 现股计划。现股计划是指通过公司奖励的方式直接赠予,或者是参照股权的当前市场价值向员工出售股票。用人单位赋予员工一定比例的所有者权益,公司一旦给予员工现股,其相应份额的所有权便随之转移。公司一般规定员工在一定时期内必须持有股票,不得出售。

2) 期股计划。公司和员工约定在将来某一时期内以一定价格购买一定数量的公司股权,购股价格一般参照股权的当前价格确定。一旦双方确定了股权购买协议,获取方就必须购买,公司同时对员工购买期股后再出售股票做出规定。

3) 期权计划。公司给予员工在将来某一时期内以一定的价格购买一定数量股权的权利,获取方到期可以行使或放弃这种权利。购买期权的价格一般参照股权当前的价格确定,行权日以当初约定的价格购买相应数量的股权。同时,公司对购买股权后再出售股票的期限做出规定。

第九章 汽车共享服务人力资源管理

奖励制度是为了提高员工的工作积极性和生产效率，从而使得用人单位获得竞争优势，具有较大的针对性和灵活性，能够弥补基本薪酬体系的不足，将员工的个人发展与用人单位目标结合起来。奖励制度实施的好坏直接影响用人单位经营目标的实现，因此用人单位应对奖励制度进行科学分析和设计，并随着内外部环境的变化不断地进行改进和完善。

【知识应用与拓展】

春节刚过，老板的秘书被调去销售管理部做内勤，他看中的新秘书是我的人事助理。他说："你可以在实习生中找一个合适的做人事助理。"他在说这话的时候，似乎选择性地忘记了人事助理是占岗位编制的，而实习生没有编制。也就是说，如果这个实习生毕业后能转正，我还要为她额外申请一个岗位编制。由于经济形势不乐观，很多公司都在紧缩开支，因此，岗位编制的批准权限被提到了公司战略的高度。但老板的话，我显然不能置之不理，于是就授意人事主管杰克按职位描述去找。杰克很快就从正在公司实习的应届毕业生中初步选出了三个候选人。经过面试，我排除掉了两个。

一个候选人是曾任系学生会主席的优秀学生，因为她的职业生涯规划非常明确，第一规划是留学美国，第二规划是考公务员，第三规划是考研。鉴于她的"志愿"没有一个是留在公司做长远发展，我自然无法考虑。

被排除的另一个候选人也很优秀，目前任研发部门助理，正符合她的化学专业。她倒没有想出国或考公务员和研究生，想留在公司好好发展。但最大的问题是，这个女孩自视甚高，觉得人事助理的含金量不够，认为那是打杂的，不断问我一年能不能升主管，两年能不能当经理。我只好告诉她，在我们这种世界500强企业，不大可能。虽然她答应来试试，但我还是把她排除了。

我选中的这个人事助理叫莎莉，是当地最好的一所大学里的大四学生，从大三起就在公司研发部门实习。对人事管理工作非常感兴趣，条理性、逻辑性强，执行力一流，我觉得她就是我们要找的那种高潜力人才。

为了保险，我让杰克参加了第二轮面试，因为人以后在他手下工作，合适不合适他说了算。

杰克以前就和莎莉比较熟悉，但作为可能的同部门同事却是第一次坐在一起。杰克的第一个问题是："你了解人力资源管理吗？"莎莉说："有点了解。"于是讲了一番她对人力资源管理的理解，听得出，她是有备而来的。但杰克说："那不是我要的，我不要背书。"莎莉红了脸，停了一下，明显不如刚才自信："人力资源管理就是人事管理吧？"杰克又摇摇头，甚至不解释人力资源管理和人事管理的区别，说："我先来告诉你人力资源管理都做什么工作，然后你自己分析下，就知道什么是人力资源管理了。"莎莉立即正襟危坐，做极感兴趣倾听状地竖起耳朵。

"人力资源第一件事，是根据公司战略愿景和细分后的年度计划，做出我们自己的年度人力资源规划，目的是提供公司发展需要的人才。人力资源管理工作的基础是对每一个岗位做出分析，整理出职务说明书。"

"第二件，根据人力资源规划，展开招聘工作，目的是寻找和配置公司发展需要的人。"

"第三件，根据人力资源规划，展开培训工作，把不符合公司要求的人变为符合公司要求的人。"

"第四件，根据人力资源规划，展开绩效管理工作，衡量一名员工是否符合公司要求。"

"第五件，根据人力资源规划，展开薪酬福利工作，调动员工积极性，留住符合公司要求的员工。"

"第六件，根据人力资源规划和公司的实际发展情况，做好员工关系工作，把合适的员工放到合适的位置上。"

莎莉听杰克讲完，说："我听您刚才讲了六点，这是不是就是常说的人力资源的六大模块？我注意了一下，您在叙述上述六点的时候，几乎每句都提到'符合公司要求'这几个字。是不是人力资源的目的其实就是：提供符合公司需要的人才？"

杰克微笑了一下，没有正面回答："所以，之前你回答的是人力资源管理的定义，这不是我们需要的。刚才的回答才是我们要的。对于我们做人力资源基础工作的人，最需要杜绝的一个毛病就是好高骛远，你用十分钟帮公司解决一个人手，胜似你夸夸其谈一整天。提升自己的理论层次是重要的，但前提一定是务实，否则就成了'假大空'。"

听到杰克这番话，我知道，他已经接受莎莉了。

果然，面试结束后，他跟我说："老板，我觉得您替我选的这个助理挺好，又聪明，又低调，又善解人意，学习能力很强，虽然没有专业基础，专业又不对口，但我多教教她，应该很快可以出徒了。"

我点点头，对他说："不是我替你选的，是你自己挑的。春节后公司人员分配组织架构图不会有什么大的变动，没有紧急任务，所以她不会拖我们后腿。研发部门总监Connie已经同意莎莉调出，什么时候可以正式转过来你去跟踪一下，实习津贴不变，实习协议上也没写她的职位，所以协议也不用变。等她拿到毕业证，我们就和她签劳动合同，我再向SBU（跨国公司里的子事业部）申请岗位编制，那时，她在我们公司已经实习了一年半，问题应该不大。"

春节后上班的第一天，这个用最快速度搞清楚人力资源管理本质的小姑娘来报到，成为人力资源部的一员。

【分析案例掌握技巧】

1）从上述案例中可以看出，对人力资源部来说，最现实的是尽最大努力为公司提供符合要求的人才。这是人力资源管理的重心，也可以理解为人力资源管理在现实意义上的定义。

2）一个管理规范的企业，特别是世界500强这种大型跨国企业，都是严格控制人头（或岗位编制）预算的，有时候增一个人头数，都需要中国区级别人力资源部门的批准，绝不像管理不规范的小公司那样，没有固定的岗位编制，想加就加，想减就减。

3）招聘时，一定要考虑候选人的职业生涯规划，如那个学生会主席，很优秀，但不适合公司，因为她的志向不在于在公司发展，这样的人即使暂时留在公司，也不会长久。

4）有远见的公司一定会有一个实习计划，为未出校门的学生提供实习机会，这些实习生中的优秀部分将来会成为这个公司的员工，甚至逐步成长为精英员工。

5）未毕业的大学生还没有拿到毕业证，因此不能与公司签订劳动合同，只能签署实

第九章 汽车共享服务人力资源管理

习协议;他们每月获得的也不是工资,而是实习津贴;他们与公司的关系也不是劳动关系,不受劳动法律法规的调节。但这些学生一旦毕业,公司就可以与其签订劳动合同,发展成为劳动关系。

6) 人力资源有六大模块:人力资源规划、招聘与配置、培训与教育、绩效与发展、薪酬与福利和员工关系。在较大型的公司里,在人力资源总监下面,会有招聘经理、培训经理、绩效经理、薪酬福利经理以及员工关系经理,当然有时候一个经理可能承担不止一个模块。而人力资源规划是总监和各经理甚至全公司管理人员一起做的,往往不设专职的人力资源规划人员。

7) 人力资源的基础是:工作分析(也叫岗位分析)。通过实际工作了解每一个岗位的职责、任职资格等。工作分析的结果是岗位说明书。

思考与练习

1. 什么是人力资源?人力资源有什么特点?
2. 现代人力资源管理与传统人事管理有什么区别?
3. 汽车共享企业应选择什么样的人力资源管理模式?
4. 人力资源管理的发展趋势是什么?
5. 什么是人力资源规划?
6. 什么是人力资源需求预测和人力资源供给预测?
7. 人力资源需求预测和供给预测的方法分别有哪几种?
8. 人员招聘的前提是什么?
9. 内部招聘和外部招聘的优缺点分别是什么?
10. 常用的绩效考核方法有哪些?

第十章

汽车共享服务信息管理

导读

2015 年被认为是共享汽车发展的元年。我们暂时不去讨论这些年共享汽车的发展情况。在此，我们仅仅提出一个问题：为什么共享汽车元年是 2015 年，而不是更早？要回答这个问题，就涉及共享汽车所采用的一些信息技术的发展。共享汽车的出现是建立在移动互联网、物联网、大数据、人工智能及通信等信息技术的基础之上的。只有这些信息技术发展到一定的阶段，才会出现共享汽车这样的应用产品。因此，本章会对共享汽车涉及的信息技术进行归纳概述，并对共享汽车信息管理系统的实现进行相关的介绍。

第一节 信息管理概述

一、信息的概念

1. 数据和信息

数据和信息是信息管理中不可分离的两个概念，两者既有紧密的关联，又有本质上的区别。

（1）**数据** 数据产生于人类的各种活动，是对行为结果的一种记录形式。常用的数据记录形式仅有数值和符号，广义的数据记录形式有数字、文本、图形、图像和动态视频等物理形式，我们称之为符号。这些符号可以被识别、认知和解释，也可以对其进行某种计算转换产生另一种形式的数据。因此，数据的定义可以概括为：数据是记录客观事物的特征，并能够被人类识别和加工处理的符号集合。

例如，关于专车驾驶员基本身体情况的数据可以用符号集合表示为 {李四，男，25 岁，175cm，60kg，健康…}，关于车辆情况的数据可以用符号集合表示为 {CS85 COUPE，4720，1845，1665，…}。

（2）**信息** 信息的英文 information 一词的含义是消息、情报和资料。信息在社会中的作用越来越明显，也有很多和信息相关的学科在渐渐形成，对信息的解释和理解也在不断地发展。目前，对于信息的定义常见的有以下几种：信息是指客观存在的新的事实或新的知识；信息是代码符号序列所承载的内容；信息是经过加工解释后所得到的且对某个目的有用的数据。总结而言，可以将信息定义为：经过加工解释后，能对人类的行为决策产生影响的数据。

（3）**数据与信息的联系与区别** 数据和信息的联系表现为：数据是载荷信息的物理符号，本身并没有意义；信息是对数据的解释，是具有某种含义的数据，并能对客观事物产生一定的影响；数据经过加工后可能产生信息，也可能产生另一种形式的数据。

信息与数据的区别表现为：数据是未经处理的原始事实，需要对其进行处理以使其变得有意义，而信息是根据给定要求以有意义的方式处理的一组数据；数据没有任何特定目的，而信息具有通过解释数据指定的含义；数据从不依赖于信息，而信息则依赖于数据；信息与数据之间的关系也可用公式"信息＝数据+加工+解释"来表示（见图10-1）。

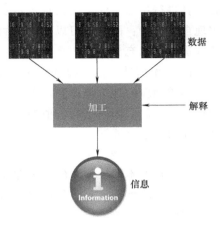

图10-1　信息和数据关系

2．信息的分类

信息的种类非常多。根据信息所反映的内容，可分为自然信息、生物信息和管理信息；根据信息的处理要求，又可分为一次信息、二次信息和三次信息；根据信息的应用，可分为管理信息、社会信息和科技信息等；根据信息对应的管理层次，可分为战略信息、战术信息和作业信息等；根据载体的不同，可分为数字信息、文字信息、图形图像信息和声音信息等（见图10-2）。

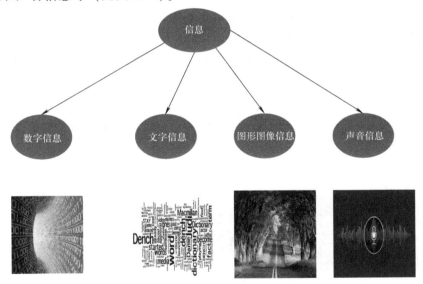

图10-2　信息分类

3．信息的性质

现在的世界是信息世界，信息无处不在，因此信息也具有很多性质。充分掌握了信息的性质，可以使我们更好地利用信息。信息的性质主要体现在以下几个方面。

（1）**客观性**　信息是客观事物特征的具体反映，一切客观事物都是信息源。客观存在是信息的基本性质，可以说，信息无处不在、无时不有。

（2）**时效性**　信息有时效性，要及时、充分地发挥信息的作用才有意义。随着时间的推移，信息的作用将会逐渐降低，直至全部消失。

（3）**变换和传递性**　信息可以根据需要在不同载体之间变换，也可以利用一定的方式和工具进行扩散，使需要信息者不受地域和时间的限制，随时可以获得信息，从而利用信息实现自身目的；同时还可以产生新的信息，实现信息的再生和再扩散。信息的可传递性可以使其价值得以充分发挥。

（4）**价值性** 信息经过相应的加工组织，可以被相应的学科所吸收，再加以抽象和概括，形成相应的理论体系和定理，从而被公认为知识并加以利用。这些有用的数据和知识是劳动所创造的，因而是有价值的。这种价值因其寿命较短需要及时转换和利用，否则会错失良机导致信息资源被浪费。

（5）**不完全性** 由于受时间、地点和空间的限制，认识、理解和能力的区别，方式、方法和工具的不同，信息的产生和获得不是客观事物对象特征的全部；另外，有时为了主观需要还有可能增加信息、忽略部分信息和改造某些信息，使得信息所反映的特征不是其客观事物的原形和全部，信息的使用者要认识到可能存在的差异带来的影响。信息的其他性质还有层次性、存储性和依附性。

二、信息管理

1. 信息管理概念

考察人类管理社会信息的发展过程（见图10-3），当信息生产出来之后，便要流向特定的利用者，于是在信息生产者和利用者之间形成源源不断的"流"，即信息流。信息流一般经由两条渠道从生产者流向利用者，一条渠道是信息从信息生产者直接流向信息利用者，另一条渠道是信息在信息系统的控制下流向信息利用者。前者称为信息传递的非正规渠道，后者称为信息传递的正规渠道。

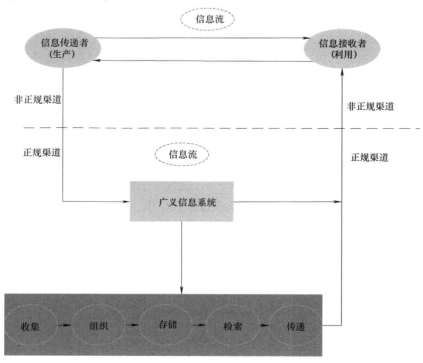

图10-3 信息管理过程

在人类社会发展的早期阶段，经济比较落后，信息量相对较小，人们通过非正规渠道比较容易获得所需要的信息，对信息流的控制没有给予足够的重视。随着社会经济的发展，人类接受的信息开始以飞快的速度增长，为了充分利用信息促进社会的发展，社会上出现了越来越多的信息管理行业，信息管理（information management，IM）引起了社会的普遍关注和广泛兴趣。

信息管理一般存在两种基本理解：一种理解认为，信息管理就是对信息本身的管理，即采用各种技术方法和手段（如分类、主题、代码、计算机处理等）对信息进行组织、控制、存储、检索和规划等，并将其引向预订目标；另一种理解认为，信息管理不单单是对信息的管理，而是对涉及信息活动的各种要素（信息、人、机器、机构等）进行合理的组织和控制，以实现信息及有关资源的合理配置，从而有效地满足社会的信息要求。显然，前一种理解是狭义的，后一种理解是广义的。

因为现代社会的飞速发展，需要管理的信息也日益增多，所以信息管理的对象也越来越复杂。信息管理的对象归纳起来主要包括信息资源和信息活动两大方面。

(1) **信息资源** 狭义的信息资源概念是把信息资源等同于知识、资料和消息，即只是指信息本身的集合，无论它是以声音、图形、图像等形式表达出来的，还是以文献、实物、数据库等载体记录下来的，其信息内容都是一样的，都是经过加工处理的、对决策者有用的数据。信息当然是构成信息资源的根本要素。人们开发利用信息资源的目的，就是充分发挥信息的效用，实现信息的价值。

(2) **信息活动** 信息的生命表现在丰富多彩的信息运动过程之中。信息从产生、传播到收集、加工，再到吸收、利用的过程，就是一个完整的"信息生命周期"。我们把与信息的产生、记录、传播、收集、加工、处理、存储、检索、传递、吸收、分析、选择、评价、利用以及系统开发、技术更新、运行维护、管理决策等与信息行为有关的全部社会活动统称为信息活动。也就是说，信息活动就是信息资源的开发利用过程。人类社会的信息活动包括三个基本层次：个人的、组织的和社会的。信息系统的发达程度能够反映出各级组织的信息资源开发利用水平。随着信息活动发展规模的不断扩大，信息资源的开发利用对人类社会进步的影响日益显著。

2. 信息管理目标与任务

管理都有明确的目标，否则就不会有正确的管理行动和效果。信息管理也是如此。信息管理的目标不仅是信息管理活动的预期结果，也是指导信息管理活动的行动纲领。因此，我们需要确立信息管理的目标。

信息管理目标一般可分为总目标和分目标两个方面。总目标是信息管理要达到的最终目的和最根本的行动纲领，也是信息管理的主体系统与被管理的客体系统相互作用的最后结果。信息管理体系中子系统的独立的和具体的目标，是信息管理的分目标。分目标为保证总目标的实现服务，并受到总目标的制约。每一个信息管理系统都既有总目标又有分目标，总目标与分目标之间以及各分目标之间相互联系、相互制约，共同形成统一的信息管理目标体系。

综上所述，我们可以将信息管理的总目标确定为：保证社会信息流在不同渠道中有序流动，信息的开发和利用在有领导、有组织的统一规划和管理下，协调一致、有条不紊地进行，使各类信息以更高的效率与效能、更低的成本，在国家社会进步、经济发展、人民物质文化生活水平提高方面充分发挥作用。为保证上述总目标的实现,可以进一步将其分解为一系列并行不悖且相互联系的分目标。这些分目标包括:

(1) **信息的生产与开发分目标** 这主要是指根据社会经济的发展来合理组织、规划信息的生产和开发,确保相关的潜在信息能及时地、经济地转化为现实的信息资源,供人们使用。

(2) **信息利用分目标** 这主要是指按照社会化、专业化和产业化的原则合理组织信息的流通和分配,确保信息能得到充分、有效的利用。

(3) **信息管理机制分目标** 按照社会信息管理过程的特征和规律,建立科学、合理的信息管理机制,完善信息开发利用的保障体系。明确了信息管理的目标,便可以在宏观和微观两个不同层次上讨论信息管理的任务。

3. 信息管理流程

信息是一种具有生命周期的资源,会随着在生命周期中所处阶段的不同而起起落落,而信息生命周期(information life cycle)则是信息运动的自然规律。在信息生命周期基础上衍生出来的信息生命周期管理(information life cycle management)不仅是某种或某几种软硬件产品,更是一种结合了人员、流程和技术,旨在有效管理数据和信息的战略。也就是说,信息生命周期管理是一种信息管理模型,对信息进行贯穿其整个生命周期的管理,从创建到使用,再到归档和处理,它是一种针对信息主动管理的过程策略,其宗旨在于保证信息传播的连续性。

1986年,霍顿与另一位信息资源管理学家马尔香在两人合著出版的 *Infortrends:Profiting from Your Information Resources* 一书中提出了"信息生命周期管理"概念,把信息管理视为与制造一种产品或开发一种武器系统一样,存在一种逻辑上相关联的若干阶段或步骤,每一步都依赖于上一步。根据信息运动的特点,信息生命周期管理在横向的管理阶段包括信息创建(产生/发布)、采集、组织、存储、利用、清理(销毁/回收)6个部分(见图10-4),每个阶段都可能使信息得到增值。

(1) **信息创建(产生/发布)阶段** 创建阶段是信息生命周期的初始阶段,是进行信息生命周期管理的起点。除了原先规范的信息机构等信息生产者之外,目前还有相当一部分信息在网络环境下由用户产生,因此,信息的发布具有很大的自由度和随意性。这就对信息创建阶段的规范性提出了更高的要求,即要求在信息产品的创建阶段对

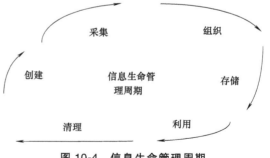

图10-4 信息生命管理周期

信息资源的后续利用进行充分考虑,使得该信息最终能够被轻松地开发、利用和保存,因而在信息创建阶段需要保持文档格式、规范及元数据描述的一致性。

(2) **信息采集阶段** 采集是信息资源得以开发和利用的基础和起点。没有这个环节,开发利用就成了"无米之炊"。面对增长速度快、多载体、多格式、多渠道的信息内容,首先需要制定信息的采集政策,明确信息采集的内容和范围;之后采用相应的采集方法。信息采集的方法通常有两种:手工采集和自动获取。手工采集的优点在于信息在采集前要接受手工的一致性检查,可以避免机器无法识别的错误。自动获取方式则可以利用相应的网络程序

来抓取捕获网络上的信息资源，特别对于动态更新的信息，这种方式效率更高，但其也存在信息价值无法判断的缺陷。

（3）**信息组织阶段**　这一阶段的任务是为信息集合提供有序化的结构，使之形成一个有机整体，以便于存取和利用信息。具体来说，就是采用一定的方法，将所采集到的大量的、分散的、杂乱的信息经过筛选、分析、标引、著录、整序、优化，形成一个便于用户有效利用的系统的过程。目前，信息组织的对象从各种类型的数据发展到具有丰富内容的知识，组织形式从数据结构发展到知识表示，组织方式从手工单一方式发展到网络群体方式，组织结果从静态的文本格式发展到动态的多模式链接等。

（4）**信息存储阶段**　信息存储是实现信息价值的基础，该阶段的主要任务是依托相关存储应用技术，将存储在相应载体和介质上的信息从不可得状态变为可得状态，可得状态变为可用状态，低水平的使用状态变为高水平的使用状态，使信息的管理、共享、保护、备份、恢复、复制等功能以自动化的方式实现；在存储网络中建立服务等级层次，部署初始信息管理工具，按照信息运动或价值的变化，将信息转移到相应的服务等级中。

（5）**信息利用阶段**　信息利用是信息生命周期管理的宗旨，信息利用是用户对所提供的信息有效加以运用的过程。信息生命周期管理的主要目标是：确保信息可以支持业务决策，为企业和用户提供长期的价值。因此，信息必须便于访问和利用。信息利用阶段采用的主要方式包括：建立专业的数据库，借助专业搜索引擎，形成特色数据库，满足特定用户的信息需求；提供专业信息导航，选定特定领域的研究机构、实验室、电子书籍、电子刊物、学术论坛、专家等有关信息资料，形成有效的信息集合；开展信息增值服务，包括网上信息服务、专题分析研究、专题检索代理以及针对特定用户的需要进行创造性的信息产品深度加工。

（6）**信息清理**（销毁/回收）**阶段**　随着信息老化失去价值，许多信息总会在一段时期后没有再继续保存的价值，这时就需要制订相关规则，对没有保留或保存必要的信息进行清理或销毁。被清理或销毁的信息将从活动和非活动系统，以及数据仓库等系统中清除掉。对一些不能轻率地进行销毁操作的信息，需要对其进行迁移。因此，这一阶段的主要工作就是建立科学明确的数据回收（销毁、清理、迁移）规则。

共享汽车源于移动互联网等信息技术的发展，具有远程操作控制等特征，因此信息化管理是其中重要的一环。对于汽车共享企业来说，必须组织好人力资源、物力资源和财力资源，协调好各方面的关系。为了加快其业务网络化的进程，提高企业的管理水平和工作效率，实现客户异地还车、修车等服务业务，汽车共享行业急需一套完善、稳定、安全、可靠的管理信息系统，来实现汽车共享服务的规范化、网络化、自动化和规模化，从而实现资源的共享与优化配置。

第二节　信息技术

一、信息技术概述

伴随着信息技术的快速发展，全球信息化浪潮席卷了世界的每一个角落。毫无疑问，这股浪潮正在并必将继续对人类的思想观念和生活方式产生深远的影响。目前，我国正推行"以信息化带动工业化"战略，而这一宏观战略的实现有赖于作为微观经济主体的企业实现其自身业务运作的信息化。事实上，我国已经有越来越多的企业，尤其是服务企业认识到，将企业信息化战略融入其总体发展战略对于提升企业业务层次和综合竞争能力是极其重要的。在汽车共享系统设计中涉及各种先进的信息技术（见图10-5）之后将依次加以介绍。

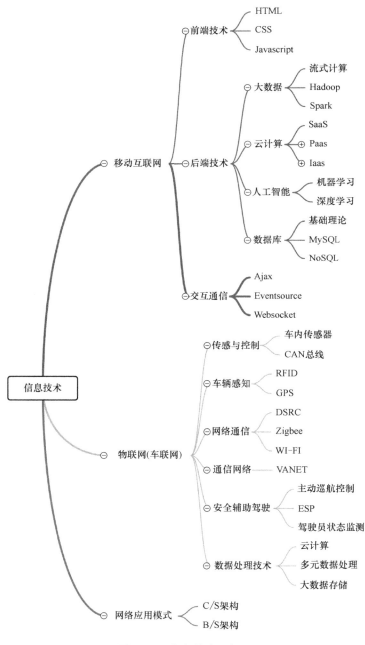

图 10-5　信息技术总框图

二、相关信息技术

1. 移动互联网

移动互联网是 PC 互联网发展的必然产物,将移动通信和互联网二者结合起来,成为一体。它是互联网的技术、平台、商业模式和应用与移动通信技术结合并实践的活动的总称。

相对传统互联网而言,移动互联网强调可以随时随地,并且可以在高速移动的状态中接入互联网并使用应用服务,主要区别在于:终端、接入网络以及由于终端和移动通信网络的特性所带来的独特应用。此外还有类似的无线互联网。一般来说,移动互联网与无线互联网并不完全等同:移动互联网强调使用蜂窝移动通信网接入互联网,因此常常特指手机终端采用移动通信网接入互联网并使用互联网业务;无线互联网强调接入互联网的方式是无线接入,除了蜂窝网外还包括各种无线接入技术,图 10-6 为移动互联网的参考模型。

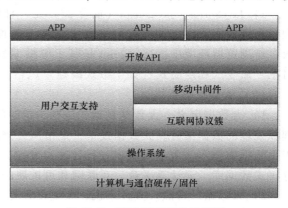

图 10-6　移动互联网参考模型

移动互联网支持多种无线接入方式,根据覆盖范围的不同,可分为无线个人局域网(WPAN)接入、无线局域网(WLAN)接入、无线城域网(WMAN)接入和无线广域网(WWAN)接入,如图 10-7 所示。各种技术客观上存在部分功能重叠的相互补充、相互促进的关系,具有不同的市场定位。

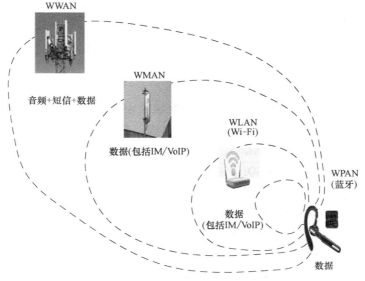

图 10-7　移动互联网接入方式

(1) 前端信息技术

1) HTML。HTML 被称为超文本标记语言,是一种标识性的语言。它包括一系列标签,通过这些标签可以将网络上的文档格式统一,使分散的互联资源连接为一个逻辑整体。HT-

ML文本是由HTML命令组成的描述性文本，HTML命令可以说明文字、图形、动画、声音、表格、链接等。

2）CSS。层叠样式表（cascading style sheets，CSS）是一种用来表现HTML（标准通用标记语言的一个应用）或XML（标准通用标记语言的一个子集）等文件样式的计算机语言。CSS不仅可以静态地修饰网页，还可以配合各种脚本语言动态地对网页的各元素进行格式化。

3）JavaScript。JavaScript（简称JS）是一种具有函数优先的轻量级、解释型或即时编译型的高级编程语言。虽然它是作为开发Web页面的脚本语言而出名的，但是它也被用到了很多非浏览器环境中。JavaScript是基于原型编程、多范式的动态脚本语言，并且支持面向对象、命令式和声明式（如函数式编程）风格。

（2）大数据体系概述

1）大数据定义。大数据是指无法在一定时间内用常规软件工具对其内容进行抓取、管理和处理的数据集合。大数据技术，是指从各类型数据中快速获得有价值信息的能力。适用于大数据的技术，包括大规模并行处理（MPP）数据库、数据挖掘电网、分布式文件系统、分布式数据库、云计算平台、互联网和可扩展的存储系统。

2）大数据的特点。具体来说，大数据具有四个基本特征。

① 数据体量巨大。百度资料表明，其新首页导航每天需要提供的数据超过1.5PB（1PB=1024TB），这些数据如果打印出来将超过5000亿张A4纸。有资料证实，到目前为止，人类生产的所有印刷材料的数据量仅为200PB。

② 数据类型多样。现在的数据类型不仅是文本形式，更多的是图片、视频、音频、地理位置信息等多类型，个性化数据占绝对多数。

③ 处理速度快。数据处理遵循"1秒定律"，可从各种类型的数据中快速获得高价值的信息。

④ 价值密度低。以视频为例，一小时的视频，在不间断的监控过程中，可能有用的数据仅仅只有一两秒。

3）大数据相关技术。

数据采集：ETL工具负责将分布的、异构数据源中的数据（如关系数据、平面数据文件等）抽取到临时中间层后进行清洗、转换、集成，最后加载到数据仓库或数据集市中，成为联机分析处理、数据挖掘的基础。

数据存取：关系数据库、NOSQL、SQL等。

基础架构：云存储、分布式文件存储等。

数据处理：自然语言处理（natural language processing，NLP）是研究人与计算机交互的语言问题的一门学科。处理自然语言的关键是要让计算机"理解"自然语言，因此自然语言处理又叫作自然语言理解（natural language understanding，NLU），也被称为计算语言学（computational linguistics），一方面它是语言信息处理的一个分支，另一方面它是人工智能（artificial intelligence，AI）的核心课题之一。

统计分析：假设检验、显著性检验、差异分析、相关分析、T检验、方差分析、卡方分析、偏相关分析、距离分析、回归分析、简单回归分析、多元回归分析、逐步回归、回归预测与残差分析、岭回归、logistic回归分析、曲线估计、因子分析、聚类分析、主成分分析、

第十章　汽车共享服务信息管理

快速聚类法与聚类法、判别分析、对应分析、多元对应分析（最优尺度分析）、bootstrap技术等。

数据挖掘：分类（classification）、估计（estimation）、预测（prediction）、相关性分组或关联规则（affinity grouping or association rules）、聚类（clustering）、描述和可视化（description and visualization）、复杂数据类型挖掘（text、Web、图形图像、视频、音频等）。

模型预测：预测模型、机器学习、建模仿真。

结果呈现：云计算、标签云、关系图等。

(3) 云计算体系概述

1) 云计算定义。云计算到底是什么呢？在这个问题上，可谓众说纷纭。网络上给出的定义是"云计算是一种基于互联网的计算新方式，通过互联网上异构、自治的服务为个人和企业用户提供按需即取的计算"；著名咨询机构Gartner将云计算定义为"云计算是利用互联网技术来将庞大且可伸缩的IT能力集合起来作为服务提供给多个客户的技术"；而IBM则认为"云计算是一种新兴的IT服务交付方式，应用、数据和计算资源能够通过网络作为标准服务在灵活的价格下快速地提供给最终用户"。

虽然这几个定义都有一定的道理，但是没抓住云计算的核心。云计算是新一代IT模式，它能在后端庞大的云计算中心的支撑下为用户提供更方便的体验和更低廉的成本。

2) 服务类型。通常，云计算的服务类型分为三类，即基础设施即服务（IaaS）、平台即服务（PaaS）和软件即服务（SaaS）。这三种云计算服务有时被称为云计算堆栈，因为它们构建堆栈，它们位于彼此之上。

① 基础设施即服务（IaaS）。基础设施即服务是主要的服务类别之一，它向云计算提供商的个人或组织提供虚拟化计算资源，如虚拟机、存储、网络和操作系统。

② 平台即服务（PaaS）。平台即服务是一种服务类别，为开发人员提供通过全球互联网构建应用程序和服务的平台。PaaS为开发、测试和管理软件应用程序提供按需开发环境。

③ 软件即服务（SaaS）。软件即服务也是其服务的一类，通过互联网提供按需软件付费应用程序，云计算提供商托管和管理软件应用程序，同时允许其用户连接到应用程序并通过全球互联网访问应用程序。

(4) 人工智能技术

1) 概述。人工智能（artificial intelligence）的英文缩写为AI，是研究、开发用于模拟、延伸和扩展人的智能的理论、方法、技术及应用系统的一门新的技术科学。

人工智能是计算机科学的一个分支，它试图了解智能的实质，并生产出一种新的、能以人类智能相似的方式做出反应的智能机器。该领域的研究包括机器人、语言识别、图像识别别、自然语言处理和专家系统等。人工智能从诞生以来，理论和技术日益成熟，应用领域也不断扩大，可以设想，未来人工智能带来的科技产品将会是人类智慧的"容器"。人工智能可以对人的意识、思维的信息过程加以模拟。人工智能不是人的智能，但能像人那样思考，甚至可能超过人的智能。

2) 研究内容。人工智能的研究是高度技术性和专业的，各分支领域都是深入且各不相通的，因而涉及范围极广。人工智能学科研究的主要内容包括：知识表示、自动推理和搜索方法、机器学习和知识获取、知识处理系统、自然语言理解、计算机视觉、智能机器人、自动程序设计等方面。

281

① 知识表示是人工智能的基本问题之一，推理和搜索都与表示方法密切相关。常用的知识表示方法有：逻辑表示法、产生式表示法、语义网络表示法和框架表示法等。

② 常识，自然为人们所关注，已提出多种方法，如非单调推理、定性推理，就是从不同角度来表达常识和处理常识的。

③ 问题求解中的自动推理是知识的使用过程，由于有多种知识表示方法，相应地有多种推理方法。推理过程一般可分为演绎推理和非演绎推理。谓词逻辑是演绎推理的基础。结构化表示下的继承性能推理是非演绎性的。由于知识处理的需要，近几年来提出了多种非演绎的推理方法，如连接机制推理、类比推理、基于示例的推理、反绎推理和受限推理等。

④ 搜索是人工智能的一种问题求解方法，搜索策略决定着问题求解的一个推理步骤中知识被使用的优先关系，可分为无信息导引的盲目搜索和利用经验知识导引的启发式搜索。启发式知识常由启发式函数来表示，启发式知识利用得越充分，求解问题的搜索空间就越小。典型的启发式搜索方法有 A*、AO* 算法等。近年来，搜索方法研究开始注意那些具有百万节点的超大规模搜索问题。

⑤ 机器学习是人工智能的另一重要课题。机器学习是指在一定的知识表示意义下获取新知识的过程，其知识体系包括监督学习、深度学习、工具框架等（见图10-8）。

（5）数据库服务　数据库即服务（database as a service，DaaS）是以传统数据库技术为基础，将数据库资源以标准服务的形式提供给一个或多个租户的服务能力。数据库即服务平台为用户提供一个统一的数据库访问服务，它屏蔽了底层的异构数据库，为上层应用提供了简单方便的数据库访问接口，将应用和数据库隔离开来，降低了耦合性，增强了系统的灵活性和健壮性，为增强数据访问控制提供了可能。数据库服务器平台包括 SQL Server、Oracle、MySQL、DB2 等多种类型。MySQL 属于中小型数据库系统，与大型数据库软件平台相比，具有规模小、对于硬件要求较低的特点，在中小型软件项目开发中得到了广泛应用。基于本项目的数据存储规模，其能够满足系统运行期间实现数据持久化保存的需求。

（6）交互通信技术

1）AJAX。AJAX 是一种用于创建快速动态网页的技术。通过在后台与服务器进行少量数据交换，AJAX 可以使网页实现异步更新。这意味着可以在不重新加载整个网页的情况下，对网页的某部分进行更新。

2）EventSource。不同于 AJAX 轮询的复杂和 WebSocket 的资源占用过大，EventSource（sse）是一个轻量级的、易使用的消息推送 API。

3）WebSocket。WebSocket 协议最大的特点就是解决了超文本传送协议（http）只能单方面发送请求的问题，服务器端可以主动向客户端推送信息，客户端也可以主动向服务器端发送信息，是真正双向平等的对话，属于服务器推送技术的一种。

2. 车联网体系及主要技术

传统的车联网概念来自物联网，是指通过射频等识别技术，提取车辆属性的信息和车辆静态、动态信息，监管所有运行车辆，根据不同的功能需求提供综合服务。随着车联网技术的发展，车联网的定义也在发生改变。目前，根据车联网产业技术创新战略联盟的定义，车联网是以车内网、车际网和车载移动互联网为基础，按照约定的通信协议和数据交互标准，在车与人、车与路、车与行人以及车与互联网之间进行无线通信和信息交换的大系统网络，是能够实现智能化交通管理、智能动态信息服务和车辆智能化控制的一体化网络。

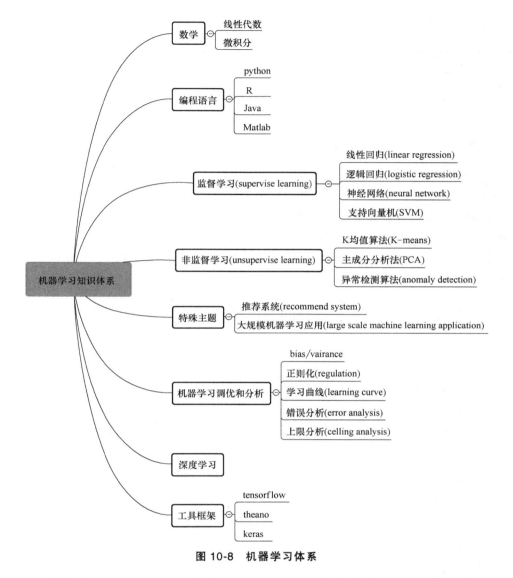

图 10-8　机器学习体系

（1）**车联网技术**　车联网是物联网的重要分支。按照物联网的层析分布架构，车联网也可以分成三个层次，分别是感知层、传送层和应用层。

车联网的感知层是信息采集层，利用 RFID、传感器、蓝牙、红外、车辆定位等技术实时感知当前道路环境，收集车辆与车辆、车辆与人等信息，为车联网的应用层提供信息服务，是车联网的神经末梢。

车联网的传送层又可以细分为接入层、网络层和支持层。接入层兼容不同的网络技术，为感知层提供统一的网关接口；网络层负责信息传送，保证信息的可靠性和完整性；支持层提供一种智能的信息处理方式。传送层为应用层提供强大的应用支撑。

车联网的应用层根据不同的用户需求，为用户提供相应的服务，如车辆信息查询、信息订阅、事件告知等。

车联网技术涉及多领域技术，包括传感、通信、控制、网络传输、数据处理等，主要可分为六大类（见表10-1）。

表 10-1　车联网技术分类

分类	说明
车内传感与控制	车内传感器、CAN 总线等
车辆整体感知	RFID、GPS 等
无线网络通信	DSRC、Zigbee、Wi-Fi 等
车载通信网络	VANET
安全辅助驾驶	主动巡航控制、ESP、驾驶员状态监测等
数据处理技术	云计算、多元数据处理、大数据存储等

（2）**电动汽车共享服务中的车联网技术**　电动汽车共享服务中，电动汽车是运营载体，目前其可靠性不如燃油汽车，可将车联网技术运用于电动汽车共享中，提升电动汽车的可靠性，提高用户对电动汽车共享服务的信任度和依赖度。从用户角度来看，互联网及车联网技术为现今的汽车共享服务实现了以下功能，见表10-2所示。

表 10-2　汽车共享服务实现的功能

服务	互联网	智能手机	智能卡	车载系统
在线会员注册	●	●		
在线用车预约	●	●		
车辆状态查询	●	●		●
站点分布及状态查询	●	●		●
解锁/锁车门		●	●	●
启动车辆		●	●	●
导航、路径规划	●	●		●
剩余服务时间提醒		●		●
电量/续航里程提醒	●	●		●
订单延长/取消变更		●		●
自动计费系统			●	●

从电动汽车共享运营公司的角度出发，车联网及互联网技术可以被分为四类（见图10-9）。

车载设备：包括各类传感器、智能读卡器、导航设备等。

用户端：智能手机、无线通信设备等。

公司后台：汽车共享公司后台数据处理中心。

充电设备端：充电状态监控、电池电量监测等。

电动汽车作为共享车辆时，充电设施、充电信息记录和传输将作为确保正常运营的重要管理依据。

这些技术被汽车共享公司集成起来，完成整个电动汽车共享车队的运营和管理。共享汽车中车联网技术的应用及功能分类见表10-3。

第十章　汽车共享服务信息管理

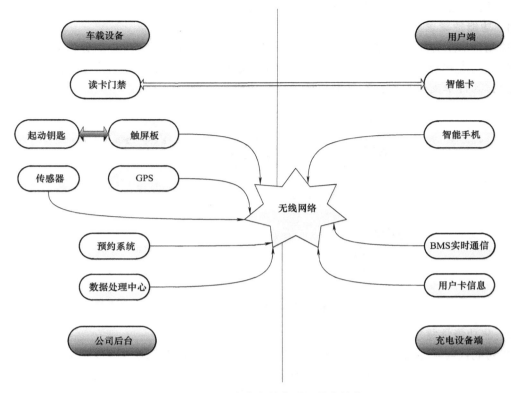

图 10-9　共享汽车中的车联网技术结构

表 10-3　共享汽车中车联网技术与功能分类

功能类别	典型汽车共享公司的集成技术
进入车辆及起动	智能卡（RFID 电子标签） 车辆启动装置（需要 PIN 码开启）
车辆追踪	GPS 全球卫星定位 车辆位置及状态数据传输
数据采集	用车会员 ID 等个人信息 进入车辆时间，离开车辆时间 VMT（车辆的行程 km 数） 电池电量余量 车辆运行状态信息（电机温度、轮胎气压） 用户偏好、用户驾驶习惯
预约及计费	在线预约及变更系统（PC/智能手机） 自动计费系统

 第三节　共享汽车管理信息系统

一、共享汽车管理信息系统需求分析

　　共享汽车管理信息系统囊括了共享汽车服务的所有环节，将原始的人工统计方法转换成了先进的运营平台和终端管理模式。要实现共享汽车管理信息系统，首要的任务是进行需求

285

分析，具体包括两大部分的需求分析：功能性需求分析和非功能性需求分析。

1. **功能性需求**

功能性需求分析是对系统所需提供给用户的功能点进行分析，可以划分为如下几大主要功能需求：①注册/登录功能；②查看站点/车况信息功能；③下单预约汽车功能；④汽车归还功能；⑤订单支付功能；⑥咨询、评价反馈功能（见图10-10）。

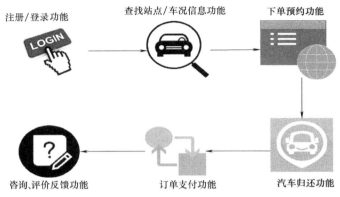

图 10-10　用户功能选择图

2. **非功能性需求**

非功能性需求主要是指共享汽车管理信息系统性能方面的需求，即该系统在运行过程中需要具备的一些最为基本的要求，包括安全可靠性、稳定性、交互简易性、可管理和可维护性等。

（1）**安全可靠性**　通过各种安全手段保证用户信息和网络支付的安全与可靠，能够有效地防止恶意攻击与人为破坏；具备完善的权限管理和日志记录功能；提供完备的应用级备份方案，以确保数据丢失时运营商能够快速恢复系统。

（2）**稳定性**　共享汽车管理信息系统能够可靠运行，经过压力测试，具备系统恢复能力，保证系统可以支持每周7天，每天24h的系统运作模式。

（3）**交互简易性**　共享汽车信息管理系统的 APP 操作简单、界面友好、支持第三方登录（如支付宝、微信）的实现；系统开发的目标使用对象为非专业技术人员，提供图形化按钮及菜单；系统功能界面布局遵循用户操作习惯，设置向导式操作引导，拥有完备的在线帮助，可以使用户轻松熟悉 APP 操作流程。

（4）**可管理和可维护性**　系统的建设和运行维护要方便易用，符合业务工作的特点和实际需要，能够方便有效地进行管理。系统设计考虑到用户对系统进行日常维护的工作难度，尽量自动完成一些维护管理工作，并完成全系统数据及应用统一管理的目的。

二、共享汽车管理信息系统功能模块

共享汽车管理信息系统主要包括系统登录/注册模块、区域管理员管理、汽车信息管理、用户信息管理、租赁信息管理、信息统计、订单管理、支付结算八大模块（见图10-11）。

1. **登录/注册模块**

用户首先输入手机号码。当用户登录/注册 APP 时，需要输入 11 位手机号码，接着短信接口会自动触发短信平台下发随机的短信验证码到注册/登录的手机号码上。用户输入验

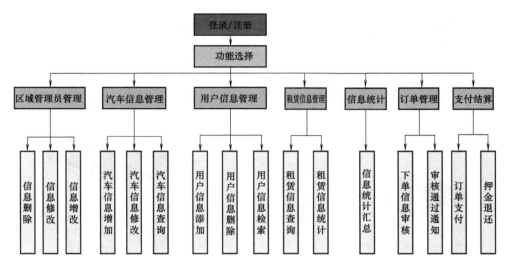

图 10-11 系统功能结构图

证码，然后平台通过数据库内数据和用户输入的数据进行数据校验。如果校验结果正确则进入系统，如果校验结果错误则退出系统，并且用弹出对话框的形式来提醒用户重新输入正确的验证码信息，从而使用户可以通过输入正确的登录验证码再次登录系统。首次输入验证码登录成功的用户会默认加入到共享汽车运营服务商的会员列表中。

成功登录系统后，进入系统及功能模块选择，用户对需要选择的功能模块进行选择。登录/注册模块的详细状态流程如图 10-12 所示。

2. 区域管理员管理模块

区域管理员管理模块主要针对的是区域管理员。每个区域的汽车均设有管理人员。系统管理员在共享汽车管理系统上对区域管理员的信息进行操作。上级对下级人员进行增、删、改、查功能操作。而对于下级来说，只能进行修改密码和查询、意见反馈等操作，没有过多的权限。每个区域在设有的管理员中有部分人员是变动的，当管理员信息有变动时，系统管理员则对相应的信息进行修改。修改好后，数据库对对应的信息进行修改。当系统管理员对区域管理员信息需要调用查看的时候，在系统上输入相关信息进行查询。而对于区域管理员离职的时候，则是直接将区域管理人员信息删除，数据库则会将对应的相关数据删除。在对区域管理员进行信息的增、删、改、查的基础上，数据库进行对应的数据操作。区域管理员管理模块流程如图 10-13 所示。

3. 汽车信息管理模块

汽车信息的管理可以说是共享汽车管理信息系统的重中之重。汽车信息的管理必须严格要求，而且信息反馈必须及时准确，这样才能有力地保障共享汽车的安全。在共享汽车的管理上，需要对汽车进行信息登记，比如要登记车辆牌照号、品牌型号、采购时间、是否入库。需要实时显示车辆的位置、油量或者用电量以及预计能行驶的里程数，便于管理人员对共享汽车进行管理，也有利于向用户提供更优质的服务。

当共享汽车正式开始运行以后，汽车信息管理模块内会对使用中的共享汽车进行信息记录，记录状态为"使用中"。未使用的车辆对用户显示为"可预订该车辆"。

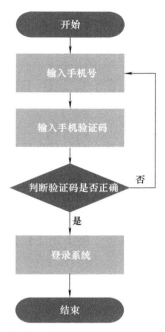

图 10-12　登录/注册模块状态流程

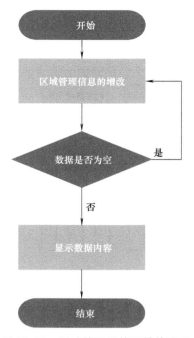

图 10-13　区域管理员管理模块流程

对于共享汽车管理功能，主要实现的功能就是对共享汽车相关信息的增加、修改及查询。系统管理员在使用该功能时，对应需要进行相关功能的选择和实现。汽车信息管理模块流程如图 10-14 所示。

4. 用户信息管理模块

共享汽车管理信息系统不仅是对汽车租赁的管理，还是对区域管理员的管理和对用户信息的管理。用户信息管理是对使用共享汽车的用户进行信息管理。每个用户在使用共享汽车软件时会进行个人信息的登记。系统平台会将这部分数据共享在共享汽车管理信息系统上，管理员会通过管理信息系统对用户信息进行管理。用户信息主要包括：姓名、身份证号码、驾驶证信息、个人电话号码、紧急联系人等。

系统平台会将个人信息存储在数据库内，当管理员进行信息调用时可通过平台直接调取相关信息。对于新建立的用户信息，需要在共享汽车管理信息系统中增加新用户信息。当用户信息有误或者有其他变动的时候，则需要对用户信息进行相应的修改。用户信息管理模块的相关流程如图 10-15 所示。

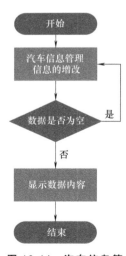

图 10-14　汽车信息管理模块流程

5. 租赁信息管理模块

租赁信息管理模块主要是对共享汽车用户在租车时候留下的相关汽车租赁信息进行管理。每个用户在使用共享汽车软件时会对系统平台进行一次信息登记，这有利于系统平台对共享汽车的统计和定位以及对车辆位置的追踪。

对于信息查询来说，则是对相关信息进行系统查询显示，可显示用户详细信息、所租车辆信息以及使用时间和租金。对于信息汇总来说，则是对共享汽车的总数量和总租金进行信息汇总并呈报给系统平台。

在所有操作的过程中都是由共享汽车管理信息系统与数据库进行数据交互。租赁信息管理模块的相关流程如图 10-16 所示。

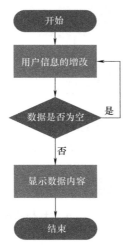

图 10-15　用户信息管理模块流程

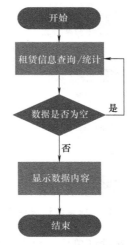

图 10-16　租赁信息管理模块流程

6. 信息统计模块

信息统计模块主要是对在租车辆数统计、库存车辆数统计、用户总计统计、押金统计、租金统计数据的信息汇总。在用户使用共享汽车时，系统会生成对应的订单信息，租出去的车辆和库存的数量对于再下单的用户来说是一个信息量的统计，而这个信息量将直接影响运营服务商的收益。因此，信息统计就显得格外重要。在所有操作的过程中都是由共享汽车信息管理系统与数据库进行数据交互，信息统计模块流程如图 10-17 所示。

7. 订单管理模块

订单管理模块主要是对用户下单进行处理。针对用户的预约进行预约审核、审核处理、审核通过处理、审核不通过处理等。订单管理模块的具体数据流程如下：

1) 用户在手机 APP 上预约并提交平台审核。用户提交预约审核材料后，数据库记录数据，并将数据传输到共享汽车管理信息系统数据库内。

2) 共享汽车管理信息系统管理员收到申请信息后，进行预约审核。审核材料不符合平台管理内容时，则进行预约失败处理，并反馈给用户。

3) 用户在接收到审核不通过的信息后按照反馈内容进行修改，并再次提交申请。

4) 当预约审核成功后，用户可取车。

订单管理模块流程如图 10-18 所示。

8. 支付结算模块

支付结算模块主要是对用户到达目的地确认还车后申请结算费用以及押金退还进行处理。支付结算模块的具体数据流程如下：

1) 用户完成系统规定的行为后（包括停车到指定位置、关闭发动机等），接着在手机 APP 上确认还车。共享汽车上的传感器检测到车辆已安全到达站点，将数据传到共享汽车管理信息系统审核后，用户即可进入在线支付界面。若检测到未安全停车，则会要求用户完成操作行为后再进行在线支付。

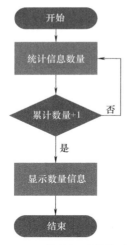
图 10-17　信息统计模块流程

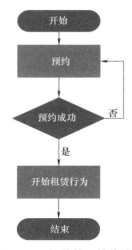
图 10-18　订单管理模块流程

2）用户支付订单后，可选择申请押金的退还。

3）共享汽车管理信息系统管理员收到申请信息后，会对车辆进行审核。根据其车辆的损坏情况以及违章信息对用户押金退还申请进行处理并反馈给用户。

4）当押金退还申请审核成功后，押金会原路退还到用户支付账户。

三、共享汽车管理信息系统的实现

共享汽车管理信息系统的正常运行主要由云端服务器、用户端、支付中心和运营管理端一起实现（见图 10-19）。

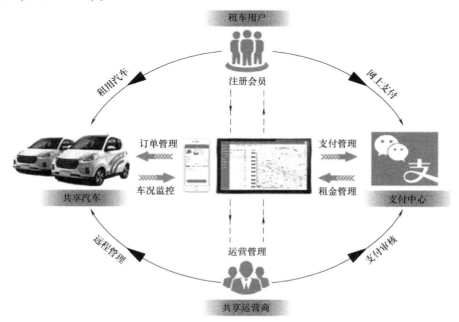
图 10-19　系统框架

（1）**用户端**　用户端为用户所使用，主要负责执行前台功能，比如注册登录、个人信息录入、下单、在线结算等。

（2）**支付中心**　支付中心有三个方面的功能：对审核通过的用户使用汽车收取押金；用户订单结束后对订单的结算；共享运营商审核通过用户退还押金的申请后，对用户押金进行退还。

（3）**运营管理端**　运营管理端可实现多个用户信息共享与功能操作、执行后台服务，如控制共享数据库的操作等，主要实现对共享汽车及管理人员的远程管理以及支付审核等相关功能。

（4）**云端服务器**　云端服务器是用户、共享汽车、支付中心、共享运营商的数据交互中心。用户注册登录后可以通过 APP 查看云端服务器储存的共享汽车的站点信息及车辆电量或油量信息。共享运营商可通过云端服务器进行订单的管理以及支付的管理。同时，共享汽车可通过 GPS 等技术将用户正在使用的车辆情况反馈给云端服务器，服务器再将车辆情况提供给运营商查看，从而实现对车辆的远程管理。

通过共享汽车信息管理系统，用户可以查询附近站点情况、车辆信息、在线预约咨询。使用中，用户可通过手机 APP 开启车门、启动车辆，实时查询车辆状况、行驶里程、路况信息、停车站点。用车完成后，用户可通过手机 APP 关闭车门、在线结算、索要发票等。对于运营企业而言，企业端手机 APP 可以实时监控车辆状态；还可以实时查看用户的用车状态，同时加密对比操控指令，确保共享汽车的安全。可以进行用户管理、车辆控制、租金退还和后台管理；同时可以对共享汽车进行 GPS 监控、跟踪、定位、轨迹回放等。

第四节　信息化管理的发展趋势

随着信息管理的不断发展以及在各个方面的广泛使用，汽车服务管理也逐渐采用信息化管理。管理者为了更好地对信息进行管理，对信息管理的技术有了新的要求。另外，信息管理是建立在 IT 技术之上的，IT 技术的飞速发展有力地推动了信息管理的发展，为信息管理系统在更广阔的领域扮演更重要角色提供了可能。基于信息管理技术发展的趋势，更重要的是基于企业对于信息管理技术的应用和渴求，我们对管理信息系统未来的发展趋势做出展望。

总体来说，信息化管理的发展趋势体现在以下几个方面。

（1）**信息化管理系统开发方法的变革**　主要体现在可视化、规范化方面，开发技术本身将不再是关注的重点，开发者会将注意力集中在用户的需求和系统功能的完善方面。

（2）**信息化管理将更加注重以人为本**　管理科学的发展有科学管理理论、行为管理理论和现代管理理论三个发展阶段，正在向着越来越人性化的方向发展，即以人为本。基于管理学的这一研究视角，共享汽车信息化管理也将向着更加人性化的方向发展，更加关注用户的意见和诉求，努力把服务做得更好。在今后的管理信息系统中将会越来越注重人的因素，以人为出发点和中心，围绕激发和调动人的主动性、积极性、创造性开展实现人与社会共同发展的一系列管理活动。而且这种人性化还会贯穿于汽车共享管理信息系统的开发设计与研究中，具体表现为今后的管理信息系统将具有更加友好的人机界面，更易于驾驶员操作，也会考虑到不同用户的不同需求，更加个性化。对知识的关注由显性变为隐性，管理重点从评估管理现有信息转变到强调信息增值、知识创造;将组织学习纳入信息管理范围,使企业成为更有活力的有机体,不断以自我组织、自我适应的形式进行持续的知识创新。只有这样,才能使汽车共享服务始终走在汽车行业的前列。

(3) **信息化管理开发方法的规范化和可视化** 新阶段,系统分析和系统设计方法不断完善,系统实施阶段的程序设计方法上也做出了重大的改革,也就是从结构化程序设计方法转向了面向对象的程序设计方法。结构化程序设计方法的特点是采用顺序结构、循环结构和选择结构这三种基本逻辑结构来编写程序。这时系统是过程化的,即整个运行过程是由程序规定的。用户除了可以运用多层菜单和在循环、判断等语句下选择路径外,无法控制程序的运行路径。而面向对象的程序设计方法则允许用户通过事件来控制对象的运行,用这种方法编写的软件可重用性强、易于维护、适应性强,系统在内外环境变化的过程中,易于保持较长的生命周期。面向对象的程序设计方法极大地提高了系统开发的效率,但是,困难仍然是如何弄清和描述需求的问题。于是,系统开发方法的统一化问题被提上了日程,人们在各种面向对象方法的基础上,发展了统一建模语言。统一建模语言(UML)是为面向对象开发方法设计的一种通用的可视化建模语言。UML 的"理性化"在于用它建立的模型能够更真实、更全面,并清晰地定义和描述客观系统;在系统开发的各个阶段,不需要转换概念和表示的方法,而且可以为采用不同编程语言和不同开发平台的应用系统建模。更突出的是理性统一化开发方法,不仅可以运用前向工程从模型生成程序源代码和关系数据库中的表,而且可以使用反向生成器工具实现反向工程,将程序源代码转换为 UML 模型的图,这就为反复修改、采用迭代式系统开发过程和实现业务流程优化创造了条件,可以明显地提高系统的适应性和可维护性。同样,未来汽车共享服务管理系统的设计也将规范化和可视化。

(4) **信息化管理功能趋向于智能化和自动化** 随着决策支持系统与人工智能相结合,出现了智能化决策支持系统。智能化决策支持系统是将人工智能技术引入决策支持系统而形成的一种信息系统,它最初由专家系统和决策支持系统结合而成,在结构上比原来的决策支持系统增加了知识库与推理机。过去,机器减轻了人的体力劳动,使人的体力放大,而现在,智能决策支持系统则正在为满足系统运行智能化的要求而实现智力放大。管理信息系统的这种发展过程充分体现了人们对系统运行智能化的要求。

近年来,决策过程智能化的重要发展是智能体概念的出现。智能体是一种在特定环境下能在感知环境后自觉地工作去实现预订目标的程序。在管理中,它能对问题进行查询和决策、与其他智能体协作或控制其他智能体的行为。

新一代的生产力是智能生产力,新一代的生产力系统是人机智能系统。汽车服务管理系统运行的智能化正是符合新时代对信息管理系统发展的迫切要求。相信未来的共享汽车服务管理信息系统将会更加智能化和便捷化。

【知识应用与拓展】

某网约车平台背后的大数据应用

某网约车平台每天产生超过 70TB 的数据(相当于 7 万部电影),每日处理超过 90 亿次路径规划请求,日均定位数据超过 130 亿条。2015 年,该出行平台完成 14.3 亿订单,这相当于在中国平均每个人都使用该平台打过一次车;累计行驶里程达 128 亿 km,累计行驶时间达 4.9 亿 h，相当于昼夜不歇地行驶 56000 年。2016 年，该平台日峰值订单超过 2000 万单，全年订单量远超前一年。

该网约车平台的数据来源有两方面，一个是自身手机软件的数据，一个是和政府合作，获取公共数据。在其智能交通云平台上，通过收集到的出行大数据，可以实现区域热力图、OD 数据分析、城市运力分析、城市交通出行预测、城市出行报告及信号灯动态配时等，同时还能在公共出行服务，如实时路况、实时公交、ETA、城市运力补充等方面发挥巨大作用。未来通过将传感器数据、静态道路数据、道路事件等数据与该网约车平台的 OD 数据、驾驶员数据、GPS 轨迹数据、运力等数据整合，将为交通出行提供更好的服务。

该平台将数据主要应用在以下几个方面：

1）通过大数据精准分析和预测，实现预估费用和实际费用一致。
2）使用热力图提前预测需求，蜂窝动态调价，提升整体成交率。
3）智能拼车，通过虚拟站点设计，撮合不同地点乘客拼车。
4）通过和政府合作，和城市一起实现智能交通。例如，智能信号灯控制，"通过数据模型算出整个区域的车流量情况，理想情况下，可以靠区域的红绿灯协调，实现让车在主干道上通行效率更高。"

思考与练习

1. 信息管理流程经历了哪些阶段？简要概述各个阶段的具体作用。
2. 你认为管理信息系统的基础理论有哪些？
3. 说明开发方法在信息化建设中的重要作用。
4. 管理信息系统开发方法有哪些？比较其优缺点。
5. 说明适用于汽车共享服务管理信息系统的开发方法，并说明原因。
6. 根据你的观点，未来信息化管理还可能有哪些变化？

第十一章

汽车共享服务创新

导读

近年来,随着共享单车、网约车的兴起,"共享"概念逐渐深入人心,共享经济理念的渗透让更多用户愿意尝试共享产品。共享汽车通过提供汽车使用权代替拥有权的方式,为城市出行提供了一种新的选择,能够满足用户个性化的出行需求。找到创新的驱动力,明确干扰驱动力的影响因素,把目光着眼于未来共享汽车服务创新点上,进而探索汽车共享服务的创新。

第一节 创新与服务创新概述

一、创新

(一) 创新的定义

创新(innovation)一词起源于拉丁语,它原意有三层含义,第一,更新;第二,创造新的东西;第三,改变。创新从哲学上说是人的实践行为,是人类对于发现的再创造,是对于物质世界的矛盾再创造。人类通过物质世界的再创造,制造新的矛盾关系,形成新的物质形态。从社会学的角度来看,创新是指人们为了发展的需要,运用已知的信息,不断突破常规,发现或产生某种新颖、独特的有社会价值或个人价值的新事物、新思想的活动。创新的本质是突破,即突破旧的思维定式和旧的常规戒律。创新活动的核心是"新",它或者是产品的结构、性能和外部特征的变革,或者是造型设计、内容的表现形式和手段的创造,或者是内容的丰富和完善。

经济学上,创新的概念起源于美籍经济学家约瑟夫·熊彼特(Joseph Alois Schumpeter)在1912年出版的《经济发展概论》。熊彼特认为,创新就是把一种从来没有过的关于生产要素和生产条件的"新组合"引入生产体系,可以从5个方面进行组合:

1) 引入一种新产品或提供一种产品的新质量。
2) 采用一种新的生产方式。
3) 开辟一个新市场。
4) 获得一种降低成本的新来源。
5) 实行一种新的企业组织形式。

从工程的角度来看,创新就是从新思想、新概念开始,通过不断地解决所面临的各种问题,拓展思维模式,积累经验的过程。其目的是设计出一个新的产品,或将新技术、新工艺、新的管理方法等应用到实际工作中去,并产生良好的经济价值和社会价值。因此,创新存在于人类社会经济、政治、文化等各个领域。我国将创新行为分为四大类：知识创新、技术创新、制度创新和管理创新。

（二）服务经济及其创新

工业革命以来，社会经济获得了空前的发展，但也为此付出了巨大的环境代价。Herman E. Daly 提出了可持续发展的概念，这就是建立以福利为中心原则的质量性发展观。在 Herman E. Daly 看来，产品提供的福利比产品本身更重要。人们能否获得福利，主要是看产品能否满足人们的需求。据此，Stahel 提出了与"工业经济"相对应的"服务经济"理论。工业经济的主要特征是以最低成本使产量最大化，产品销售是最终衡量标准，企业利润取决于能否以最低成本向市场提供更多的产品。服务经济则强调，经济价值从系统功能中获取，强调销售产品的使用价值，通过产品系统的质量和向顾客提供服务来获得利润，服务经济还强调通过技术、组织创新来使资源生产出满足消费需求的服务单位系统。从服务经济的视角看，经济增长率不是最重要的，多少资源、能源能转化为对社会有用的产品和服务才是最重要的。根据上述分析可知，要以最少的资源投入，最大限度地生产出终端结果，就必须创新研发，从现有产品中扩大服务功能，进行技术和组织机构的创新等。

（三）创新的意义

在不同的行业和环境中，创新思维有多种多样的表现形式，但本质上是人的一种思维能力的体现。创新思维在日常生活中有着超乎寻常的作用，使今天各行各业的人都必须予以重视。

1. 创新思维可以促使知识融会贯通、优化组合

知识是多种多样的，个人只能掌握一定范围内的知识，而由于知识产生的土壤绝不是贫瘠和单一的，这样就促使知识形成"上至天文，下至地理"的多个领域，使知识的门类涉猎更广、体系化更强。因此，只有不断地思考和学习，才能使各种知识融会贯通，优化组合。

2. 创新是民族振兴，国家富强的动力

创新是一个民族进步的灵魂，是一个国家兴旺发达的不竭动力。在激烈的国际竞争中，唯创新者进，唯创新者强，唯创新者胜。当今是一个飞速发展的时代，创新精神显得尤为重要。只有拥有创新精神的国家，才能使自己立于世界强国之林。市场是无情的，竞争是残酷的，只有坚持创新，个人才能体现价值，企业才能获得优势，国家才能繁荣富强。

二、服务创新

（一）服务创新概念的界定

"服务创新"是一个相当宽泛的概念。所谓宽泛，是指服务创新活动发生的范畴不只局限于服务业本身，在其他产业和部门中也同样大量出现。服务创新发生的范畴可以划分为三个层次：服务业，制造业工业，非营利性的公共部门。认识这点对理解服务创新的本质以及提升服务创新在国民经济中的地位有重要作用。因此，可以从广义和狭义两个层面对服务创新概念的进行界定。从广义上讲，服务创新是指一切与服务相关或针对服务的创新行为与活动，从狭义上讲，服务创新是指发生在服务业中的创新行为与活动。本书着重对狭义的服务创新进行探讨，因为服务业本身创新活动的出现更为频繁和丰富，而它也是理解其他部门服务创新的基础。服务在本质上是一个过程，具有"无形性""生产和消费的同时性""易逝性"和"不可储存性"等特性,因而服务创新也具有不同于技术创新的独特性质。对服务创新概念的理解要重视以下几个要素:①创新的无形性;②创新的新颖度范围;③创新形式的多样性;④创新的顾客导向性;⑤创新的适用性。

1. 创新的无形性

技术创新主要表现为一种有形活动,其结果是一种有形产品,摸得着、看得见。服务创新是一种概念性和过程性的活动,其结果是一种无形的概念、过程和标准,如一款新的保险规程、一种新的传递方式等。这种概念性的创新在当前的经济活动中扮演着越来越重要的角色,只是表现形式与传统的技术创新有较大差异。因此,关于服务创新概念的第一个特征描述是:创新具有无形性。

2. 创新的新颖度范围

技术创新的新颖度范围较为狭窄,其变化是一种显著的、可见的有形变化,并且仅局限于可复制的变化,不可复制的变化未被列入创新的范畴。

创新在一般意义上用来表现明显变化的发生,而服务业中的创新既包含明显的变化,也包含程度较低的、渐进性的变化。因此,服务创新的一个显著特点是创新范围较为宽广,"创新谱"较宽,从渐进性的小变化到根本性的重大变化都可以包含在服务创新的范畴里,甚至这种变化只是偶然性的、随机的现象,而不是持续的、可重复的变化。

Heany(1983)按照服务提供的结果对服务创新的新颖度进行了界定,见表 11-1。

表 11-1 服务创新的新颖度界定

类型	描述
重大创新	对市场而言的全新服务;由信息和计算机为基础的技术驱动的创新
创始业务	在现有服务市场中引入新的服务
在当前服务市场中引入的新服务	对现有顾客和组织提供新服务(该服务可以在其他企业得到)
服务产品线扩充	现有服务的扩展,如增加新的菜品或新的过程(进程)
服务改进	当前被提供服务的特性及其某种程度上的变化
风格和形式变化	对顾客感知、感情和态度有影响的适度形式的可见变化,不改变服务基本特性的风格变化,或仅是外形变化

服务创新的另一个显著特点是,它经常是针对顾客特定问题的一种新的解决办法或方案,并可能只出现一次而不重复出现,如咨询服务。尽管只发生一次,对特定的顾客而言也仍旧是一种创新,而且是一种很重要的创新。这是服务创新区别于技术创新的一个显著特点。在制造业中,一个新产品必须能够大量生产和大量销售,一种新的生产过程或组织形式能被持久引入,创新必须具有某种程度的可复制性。服务业中的创新很多不具有可复制性,但它仍是一种普遍存在的且相当重要的创新。因此,关于服务创新概念界定的第二个特征描述是:新颖度范围广,不一定具有可复制性。

3. 创新形式的多样性

制造业中的创新主要是由技术引发的相关创新,技术维度占据主导地位。对技术创新最简单的界定就是从最初有关新技术的想法或概念到技术在商业中获得应用并取得商业效益的全过程,或者说是与技术有关的想法或概念的商业化过程,是否获得最终商业应用并取得商业利益是最终评判标准。在服务业中，创新有多种诱发因素或者说创新维度多种多样，技术只是其中的一个维度。非技术形式的创新在服务业中更为重要，技术创新并不是服务创新的主导形式，而且经常与其他形式的创新一起出现。服务创新的类型不仅包括产品创新、过程创新、市场创新和组织创新，还包括"专门创新""传递创新""形式化创新"以及"社会创新"等独特形式。因此，关于服务创新概念界定的第三个特征描述是：服务创新的形式具有多样性。

4. 创新的顾客导向性

在制造业的技术创新中，技术是中心要素，创新的技术导向性非常明显，因此它更多地表现为一种供应方现象。虽然技术创新目前也更多地考虑了顾客需求，但技术推动型创新仍占据主导地位。此外，顾客虽然也参与技术创新，但只在有限的程度上，所起的作用并不明显。服务创新更多以顾客需求为导向，顾客不仅推动了创新的出现，还亲自参与了创新过程，并作为"合作生产者"对创新结果产生重要影响，因此服务创新更多地表现为一种需求方现象，与市场下游相关。关于服务创新概念界定的第四个特征描述是：服务创新是以顾客导向为主的创新。

5. 创新的适用性

制造业的技术创新主要是针对整个产业而言的创新，如某项全新技术的引入带来整个产业的发展和变化，它较少关注企业层次上的创新。服务业中的创新更多的是企业层次上的变化，这种变化可以通过扩散和传播而在整个产业内得到应用。综上所述，服务创新的内涵包含以下几方面关键内容：

1) 服务创新是一种（准）无形活动，其最终表现形式也以无形为主，同时融合了部分有形性（如实现无形创新的是有形载体）。

2) 服务创新的新颖度范围较广，并且是可复制创新和解决特定顾客问题的不可复制创新的混合体。这意味着我们必须将传统创新理论（关注可复制创新——新产品被大量生产，一种新的过程要素在组织里被广泛和重复使用）和以积累为基础的持续变化理论结合起来理解服务创新，任何单个理论都不足以解释服务创新的全部内涵。在两种理论中，创新理论更关注"组织创造性"，持续变化理论更关注"组织学习"。

3) 服务创新形式具有多样性，技术只是其中一个维度，有几种创新形式是服务业特有的，如"专门创新""传递创新""形式化创新"以及"社会创新"等，这些创新形式在服务业中占有重要地位。

4) 服务创新的"顾客导向性"非常明显，顾客作为"合作生产者"积极参与进整个创新过程，创新更多是一种需求推动现象。

5) 服务创新具有较强的企业专有性和一定的产业扩散性，一方面可模仿性较强，进入障碍较低；另一方面某些创新是一种特定创新，具有不可模仿性。因此，它较一般的制造业技术创新的复杂性更强。在考察服务创新时，对以上两方面都要有所关注。

在上述五个要素中，"无形性"是核心要素，其他四个要素都是以它为基础的某种程度的衍生。此外，不同要素间还存在相互关联和相互作用，由此可以得到服务创新概念的要素示意图（见图11-1）。

袁健红（1999）从知识和学习的角度对服务创新进行了研究。她认为服务创新的实质是不可编码知识向可编码知识的转化、新的信息和通信技术在服务创新过程中发挥了重要作用，它消除了不可言传知识和可编码知识间的界限。同时，服务创新过程是一个新知识不断"积累—学习—积累"的螺旋运动。该方法在本质上仍以技术为基础，强调技术对服务创新的作用，却没有考虑到其他形式的创新模式，因此仍属于服务创新"技术方法"类研究。袁健红的研究从知识转化角度阐明了技术在服务创新中所起的重要作用。

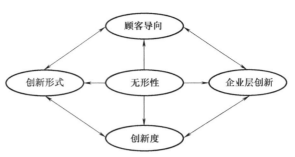

图 11-1 "服务创新概念维度"示意

（二）服务创新的特性

服务创新的特性来源于服务本身具有的特性。服务创新主要有以下特性：

（1）**服务创新的内涵较制造业创新丰富得多，从形式到内容都与制造业创新有较大差异** 服务创新可能是技术创新，但更多的是非技术创新。对服务创新的理解不能从过于狭隘的"技术决定"的观点出发，而要从广阔和多维度的角度进行考察。服务创新或是新服务产品的创造，或是新技术的引入，或是新知识和信息的产生，或是对待某事或某人的新途径和方法，或是服务员工新的行为，或是新的组织形式，或是新的市场等。

（2）**服务创新过程是一个较技术创新更为复杂的过程，包含了相当丰富的内部和外部交互作用** 与制造业技术创新相比，服务创新最显著的一个特点就是顾客积极参与服务创新过程。同时，服务创新过程包含了很多部门和个人的参与，其中部门与部门、部门与个人、个人与个人之间都存在较为复杂的交互作用。正是顾客和众多行为主体的参与，表明服务创新是一个较制造业技术创新复杂得多的过程。

服务创新首先是一个与外部行为者，特别是与顾客的交互作用过程。服务创新以顾客需求为导向，在与顾客的互动过程中创新。顾客不仅是创新思想的重要来源，而且作为"合作生产者"参与创新。服务企业只有与顾客进行持续不断的交互作用，才能更好地了解顾客需求，并由此改善服务质量，提高顾客满意度。因此，服务企业与顾客间的交互作用是创新产品在市场上被接受的一个关键变量。除了与顾客的交互作用，服务企业还与知识和技术供应商、设备供应商等外部行为者发生交互作用，交互作用质量的好坏同样会影响创新的最终效果。

服务创新在企业内部同样也是一个交互作用过程。服务创新过程通常是一个集体性的、非系统性的过程，员工和经理人员以正式和非正式的方式参与到不同的交互作用当中。服务创新过程中，顾客积极参与的特性可以从"服务生产"的特殊性中得到解释。"服务生产"和制造业"产品生产"的一般过程如图 11-2 所示。

在制造业的生产过程中，顾客只是最终产品的被动接受者和使用者，并不参与产品的生产和传递过程，也不与制造商发生交互作用。从顾客参与的角度出发，可以将这种生产过程称为"独立生产"过程。在服务业中，顾客积极参与整个生产和传递过程，并与员工发生大量交互作用，因此这是一种"合作生产"过程。"独立生产"与"合作生产"的对比反映了服务业与制造业性质上的差异，并导致两者创新过程的重大差异。

服务企业不可能像制造企业那样以一种"解码"和事先精确决定的形式生产出最终产

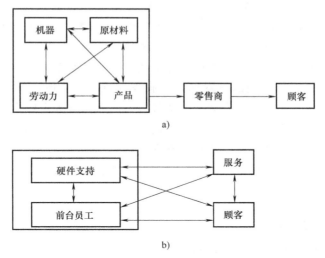

图 11-2 服务生产与产品生产对比
a) 制造业 b) 服务业

品，而是在与顾客的交互作用中根据顾客需求，或是在不同环境中针对非标准化的特定问题进行"生产"，因此它是一种"特制"产品。顾客以各种不同的形式积极参与创新过程是服务创新最重要的特性，知识密集型服务更是如此。服务创新过程的复杂性还体现在实施过程的灵活性上。服务企业可以根据需要和实际情况跳过创新的某些阶段，有时还可以几个阶段同时进行。这种灵活性对于确保服务创新的顺利进行具有重要意义。

(3) 在服务业中区分产品创新和过程创新要比在制造业中区分困难得多　服务不是一个有形的实物产品，而是一个标准、一种概念、一个过程。在本质意义上，服务"产品"就是服务"过程"。服务在大多数情况下不能被存储，它必须在消费的同时被生产出来，这意味着在服务过程中产品不能完全和过程分离，很难在没有改变过程的情况下改变产品。因此当创新发生时，很难在产品创新和过程创新间划出一条明显的界限，两者经常是同一创新。

(4) 服务创新以渐进性创新为主，根本性创新较少　服务创新的新颖度范围虽然很广泛，但在实际中它经常是一种渐进性创新，而不是根本性创新。服务创新通常是在原来服务基础之上的较小的变化，只有很少一部分是对市场而言的全新创新。

(5) 服务创新遵循的轨道形式多种多样　服务创新经常以某些轨道为基础，其轨道类型比制造业的轨道类型更为丰富，包括"服务专业轨道""技术轨道""社会轨道""制度轨道"和"管理轨道"等。需要指出的是，服务企业在创新活动中保持有相当大的灵活性，可以同时包含几个轨道。

(6) "信任"是服务创新中的一个重要维度　服务活动是一个过程，它在本质上是无形的。因此在创新过程中，服务企业与顾客间的关系就非常重要。但这种关系通常是主观、暗默和难以解码的，究其原因是由信息不对称引起。因此，顾客和企业间的相互"信任"就成为创新能否顺利进行的一个重要因素，它对最终的创新质量有相当大的影响。

(7) 服务创新的生产方式具有多样性　服务企业不仅可以根据顾客需求采用"顾客化（定制化）"的生产方式提供创新服务产品，还可以根据新服务产品的特性采用"标准化"

的生产方式提高效率和扩大规模。除此之外，越来越多的服务企业开始将"标准化"和"顾客化"整合进一个模块化系统当中，采用"模块化"的方式进行新服务的开发和生产。这种方法既在一定程度上提高了创新的效率，又能较好地满足顾客需求。由此可见，服务创新的生产方式较制造业较为单一的大规模、标准化的生产具有多样性的特点。

（8）**开发周期短，没有专门的研发部门** 服务创新不像制造业技术创新需要较长的开发周期，其开发时间通常较短，投资回报期也较短。此外，服务企业中几乎没有传统意义上的研发部门，也较难发现相应的研发活动。即使存在创新部门，其职能与制造业中创新部门也有很大差别，它主要是一种诱发、搜集和整理创新概念的部门。此外，服务创新和技术创新研发活动的科学基础不同，前者以社会科学和人力资源科学为基础，后者以自然科学技术为基础。

三、汽车共享服务创新

（一）汽车共享服务创新的概念及作用

在服务创新定义的基础上，可将汽车共享服务创新定义为：汽车共享服务创新是指汽车共享的模式为了不断满足各类型顾客的需求或为各类型顾客创造更大的价值，重新组合现有的各种汽车共享发展要素，或应用前所未有的新服务，提高汽车共享服务价值的过程或行为。

上述对于汽车共享服务创新定义的表述有三层含义：

1）汽车共享服务创新是以顾客为导向的，为各类型顾客提供更好的便利服务创造更大的价值。

2）汽车共享服务创新具体表现在汽车共享服务要素的创新和重新组合上，它可以表现为有形的物质形态，如新流程、新组织等；也可以表现为无形的非物质形态，如新服务理念、新服务方式等。

3）汽车共享服务创新最终的目的是通过创造新的市场价值，建立汽车共享服务在市场中的竞争优势，实现汽车共享经济的可持续成长。

汽车共享服务创新的积极作用表现在：

1. 提高了汽车市场的运作效率

1）提高了汽车市场对信息反应的灵敏度。汽车共享服务创新通过提高市场组织与设备的现代化程度，使汽车共享市场的交易双方能够对所有可得到的信息做出迅速灵敏的反应，提高了汽车共享服务市场变动的灵敏度，使汽车运营企业能够快速及时地对所获乘车信息做出反应，从而保证位置的准确性和路线规划的合理性。

2）增加了可供选择的乘车方案种类。现代创新中大量新型共享汽车乘车软件的出现，使得汽车市场所能提供的汽车商品种类繁多，用车的选择性增大。面对各具特色的众多汽车商品，各类需要用车的乘车者很容易实现与他们自己满意的效率组合。

3）增强了剔除个别风险的能力。汽车共享服务创新还通过提供大量的新型使用共享汽车工具的加入方式、交易技术，增强了剔除个别风险的能力。用车者能进行多元化的效率组合，还能够及时调整其组合，在保持效率组合的过程中，用车者可以通过分散或转移法，把个别风险降到较低程度。

4）降低交易成本，使双方的可得利益都有相对上升，吸引了更多的人进入汽车共享市场,提高交易的活跃程度。

2. 提高了汽车运营机构的运作效率

1)汽车共享服务创新通过提供大量具有特定内涵与特性的乘车工具、汽车共享服务、交易方式或共享服务技术等成果,从数量和质量两方面同时提高需求者的满足程度,提高了共享汽车商品和服务的效用,从而增强了汽车运营机构的基本功能,也提高了汽车运营机构的运作效率。

2)提高了支付清算能力和速度。把计算机引入支付清算系统后,使汽车运营机构的支付清算能力和效率上了一个新台阶,提高了乘车支付速度和使用效率,节约大量流通费用。

3)大幅度增加汽车运营机构的资产和盈利率。现代汽车共享创新涌现出来的大量新工具、新技术、新交易、新服务,使汽车运营机构积聚资金的能力大大增强,信用创造的功能得到发挥,也使汽车运营机构拥有的资金流量的资产存量急速增长,提高了汽车运营机构经营活动的规模报酬,降低了成本,加之经营管理上的创新,使得汽车运营机构的盈利能力增强。

3. 汽车共享作用力大为加强

汽车共享作用力主要是指共享对于整体汽车市场经济运作的共享经济发展的作用能力,一般是通过对总体共享和经济总量的影响及其作用程度体现出来的。

1)提高了汽车资源的开发利用与再配置效率。

2)社会参与和交易双方的满足度及便利度提升。主要表现为:①参与成本降低,有力地加深了交易者参与的程度;②汽车运营机构和汽车市场能够提供更多、更灵活的交易安排,从总体上满足不同交易双方的各种需求,使全社会的乘车交易更为便利;③各种交易的限制逐渐被消除,汽车共享服务创新后,各类交易实际上都进入了市场参与活动。

3)汽车的产值的迅速增长,直接增加了经济总量,提高了汽车市场对经济发展的贡献度。

(二)汽车共享服务创新特性

对汽车共享服务创新特性的理解是进一步研究服务创新过程的必要基础,也是把握汽车共享服务创新与技术创新之间诸多差异的关键所在。

汽车共享服务创新的特性主要表现在以下几个方面:

1. 创新的参与性

汽车共享服务创新不是一家汽车企业可以单方面进行的,它还需要各个相关企业与各类型客户共同参与,更多时候还需要与其相关的零件供应商也参与进来。与以往乘客被动接受乘车服务的不同,强调服务的汽车共享行业发展需要从顾客需要出发,结合汽车共享服务的发展战略,必要时还需要对相关共享服务供应商进行培养,在服务方式等方面实现突破。

2. 创新的互动性

汽车共享服务创新是在与乘客互动中实现的创新,是一种持续的循环过程。汽车共享服务的运营机构需要了解不同乘客的需求,根据乘客的需求提升服务、创新服务。对于汽车共享服务来说,乘客就是顾客,顾客和市场的需求不是一成不变的,互动可以让汽车共享服务的发展根据市场做出灵活的应变与提升。稳定的互动是服务创新有效性的重要保证,可以防止出现"为创新而创新"的局面。

3. 创新的渐进性

创新可以分为激进性创新和渐进性创新，汽车共享服务创新应属于渐进性创新，很难想象在服务方面的激进性创新可以被相关人员和乘客很快适应并产生良好的效果。技术创新可以是渐进性的，也可以是激进性的，而且后者对汽车共享服务的发展，甚至产业的提升都可能更明显。与技术创新不同，汽车共享服务的激进性创新会有很大的破坏性，容易对整个体系产生撕裂效应。

4. 创新的综合性

汽车共享服务创新往往伴随着流程创新、组织创新和模式创新，有时候还会伴随着技术创新。此外，无论从纵向的价值链还是从横向的不同环节来看，汽车共享服务创新都是综合性的，成功的汽车共享服务创新需要多方面的参与和支持，是一种综合性的创新。

第二节 创新思路与动力

一、创新思路

（1）**把注意力集中在对顾客期望的把握上** 在竞争对手云集的市场中，不必轻易改变创新共享服务产品本身，而应该把注意力集中在对顾客期望的把握上，认真听取顾客的反应以及修改建议。一般80%的服务概念来源于顾客。

（2）**善待顾客的抱怨** 顾客对于汽车共享服务的抱怨往往表明服务有缺陷或服务方式应当改进，这正是服务创新的机会。对待顾客的抱怨，应立即妥善处理、设法改善，以耐心、关怀来巧妙解决顾客的问题，这是服务创新的基本策略。

（3）**汽车共享服务创新要有弹性** 汽车共享服务的对象相当广泛，有不同期望及需要，因此，良好的创新服务需要保持一种弹性。服务有许多难以衡量的东西，一味追求精确，非但难以做到，反而容易作茧自缚。

（4）**汽车共享服务链的员工比规则更重要** 创新就是打碎一种格局以创造一种新的格局，最有效的策略就是向现有的规则挑战，挑战的主题是人。通常，顾客对汽车共享服务品质好坏的评价是根据他们同汽车共享服务人员打交道的经验来判断的。

（5）**用超前的眼光进行推测创新** 汽车共享服务创新是靠顾客推动的。当人们生活水平低于或等于生存线时，其需求模式是比较统一的。随着富裕程度的提高，消费需求由低层次向高层次递进，由简单稳定向复杂多变转化。这种消费需求的多样化意味着人的价值观念的演变。

（6）**汽车共享服务的产品设计要与建立一揽子服务体系结合起来** 产品从设计开始，汽车共享服务也从设计开始。要在产品中体现服务，就必须把顾客的需要体现在汽车共享服务产品设计上。在产品设计中体现服务，是一种未雨绸缪的创新策略。要使顾客满意，汽车共享服务机构必须建立售前、售中、售后的服务体系，并不断更新体系中的服务项目。服务的品质是一个动态的变量，只有不断地更新才能维持其品质不下降。售前的咨询、售中的指导、售后的培训等内容会随着时间的推移使其性质发生变化，原来属于服务的部分被产品吸收，创新的部分才是服务。因此，汽车共享服务机构不创新，就没有服务。

（7）**把"有求必应"与主动服务结合起来** 不同的行业对服务的理解不同，很多时候

第十一章 汽车共享服务创新

对服务的定义过于狭窄。餐饮企业对服务的理解可能就是笑容可掬，设备销售企业可能把服务理解为"保修"，银行可能认为服务就是快捷并不出差错，商品零售企业可能认为服务就是存货充足和免费送货。这些理解都只是把服务限定在"有求必应"的范围内，满足于被动地适应顾客的要求。一个行业要想在竞争中取胜，仅仅做到"有求必应"是不够的，还应不断地创新服务，由被动地适应变为主动地关心、主动地探求顾客的期望。比如，IBM 公司认为，公司的发展是由顾客和市场推动的，主张把公司的一切交给顾客支配。

虽然许多公司的产品在技术上胜过 IBM 公司，其软件用起来也很方便，但是，只有 IBM 公司肯花工夫来了解顾客的需要。他们反复细致地了解顾客的业务需求，因此，顾客愿意选用 IBM 的产品。由此可见，如果不去主动地探求顾客需要哪些服务，或仅仅做到符合标准而不去创新，就注定要被消费者所抛弃。

（8）**把无条件服务的宗旨与合理约束顾客期望的策略结合起来** 汽车共享服务要创新，首先要不遗余力地满足顾客的需要，无条件地服务顾客，这是达到一流服务水平的基本原则。但在策略上必须灵活。合理约束顾客的期望常常是必要的。顾客对服务品质的评价，容易受其先入为主的期望的影响，当他们的期望超过企业提供的服务水准时，他们就会感到不满；但当服务水准超过他们的期望时，他们会非常满意。汽车共享服务创新有必要严格控制广告和推销员对顾客的承诺，以免顾客产生过高的期望；而在实际服务时要尽可能地超出顾客的期望。正确地处理无条件服务与合理约束两者的关系，是汽车共享在服务创新中面临的挑战。

汽车的本质用途是出行的代步工具，人们进行汽车消费的主要目的是提高出行效率与便利程度，为此付出购车成本、养护成本及停车成本等。通常情况下，消费者的出行场景与出行时间相对稳定，私家车辆主要用于通勤与出游，车辆在 90% 的时间里处于闲置状态。另外，城市交通拥堵问题日益严重，限号等行政性措施降低了私家车出行便利程度，汽车共享应运而生。

许多行业的传统经济模式伴随着互联网技术的融入，产生了一种新的经济模式——"互联网+"。随着社会的进步与经济的发展，许多传统产业的资源需要被优化整合，资源的利用率需要被提高，为了解决资源利用率的问题，市场上便诞生出了一种新的经济形式——共享经济。随着智能化、信息化技术的进步，对汽车等交通资源的配置能力不断提高，用户对汽车的需求逐步向出行这一本源目的回归，从汽车的所有权向使用权转移的趋势显现，带动分时租赁、网约车等汽车共享模式发展，以提升汽车资源利用率为核心的汽车共享化被广泛接受。汽车共享服务整体上可划分为互联网租车服务及互联网约车服务两大类别，汽车作为一种占比很大的交通工具，被广泛地使用在人们的生活工作中，给人们的生活带来了极大的便利。

二、创新的驱动力与影响因素

（一）创新的驱动力

创新是服务发展的核心竞争力，服务创新依赖于技术、知识和关系网络三个相关要素。服务创新的主要驱动力，包括网络与研发、信息和交流技术、人力资本、组织变革、知识产权、竞争和规则的变革。服务创新的维度有四个：新的服务理念、新的顾客界面、新的服务交付系统以及新技术的选择。影响创新的主要因素有六个方面：知识与信息的可得性、战目标、绩效测量、人力资源管理系统、组织结构和技术。对于汽车共享服务，从汽车共享服务内部来看，汽车共享服务创新受到相关开发运营企业战略的驱动；从外部环境来看，受到外部空间和外部用车客户的影响。汽车共享服务创新是为了适应环境的变化和需要，在竞争中获得优势。

1. 竞争环境、共享服务环境和顾客服务需求

自共享经济发展以来，共享汽车处于不断变换的环境中，汽车共享服务企业的竞争环境发生了巨大的变化，面对经济全球化，外部竞争环境越来越激烈，从单个汽车共享企业之间的竞争变成了多个汽车共享企业的竞争，乔布斯曾说过，现代企业的竞争是一条供应链与另一条供应链之间的竞争。除了汽车共享竞争环境，共享服务环境也出现了顾客服务需求多样化、个性化、定制化以及共享服务一体化、经济全球化下的汽车共享服务全球化、汽车共享信息化、网络化与汽车共享技术自动化等趋势。在这样的环境下，传统的汽车共享服务模式已经不能满足顾客需要，迫切需要新的汽车共享服务理念、方法和模式。

2. 不断变化的汽车共享服务市场竞争态势与商业模式

汽车传统的规模化经营、库存式生产已不适应环境的要求，更多的是满足乘客个性化的需求。市场竞争态势也从传统的你死我活的竞争转变为双赢基础上的合作式竞争。汽车共享服务商与供应商、顾客的交易关系转变为战略合作伙伴关系。汽车共享的企业求"大"的经营理念转变为求"强"，将一些非核心业务外包，专注于自己的核心业务开发是现代企业的商业模式。

（二）创新的影响因素

1. 知识因素

知识、技术和关系网络是服务创新的关键因素，知识在汽车共享服务创新中扮演着重要的角色，技术和能力是知识的表现。在汽车共享服务的公司内部和公司之间进行知识管理是创新汽车共享服务的关键。整合资源以及与之相关的学习可以创造一个创新的环境，可以提高专业化和创新水平。编码服务链知识的发展和服务创新之间存在着正相关的关系，结构资本、关系资本和服务链知识的发展对创新绩效有积极的影响。在社会中，一个国家的发展，要靠人类用学来的知识去改变它；一个正确理论的产生，也要靠人类用学来的知识去总结。知识在创新中起着举足轻重的作用，是创新的影响因素之一。

2. 技术因素

提供汽车共享服务的企业在克服时间、空间和沟通不便时，技术扮演了一个重要的角色；技术可以提供更多有效的知识共享。为了适应新技术工具的应用，促使汽车共享服务企业进行操作流程创新，通过改变汽车共享服务的基础设施设备的技术，能提高汽车共享服务水平。

3. 关系网络因素

关系网络特别是合作可以引发创新。从满足客户需求的角度看，汽车共享服务的服务过程中的相关公司通过协作，比如汽车分时租赁、网约车企业和汽车供货商的合作，能有效促进双方的发展和资源的有效利用，同时更能理解客户的需求及其潜在的需求。关系网络的另外一种表现是战略联盟，服务链中企业之间的纵向和横向联盟可以为汽车共享服务公司带来新的知识。服务链上的合作伙伴的创新能促进和激发另一个合作伙伴的创新。

4. 其他因素

服务运营公司的经营环境对公司的创新能力会产生影响。但是，在国外服务创新的研究中很少有考虑环境因素的影响。我们可以制订合适的规则，促进进行服务的企业采取激励措施来创新服务过程或服务项目。同时，也应该注意公司高管对服务创新的影响超过了服务操作过程创新和设备创新。

第三节　创新的方法

汽车共享服务创新的实现可以采用一些创新的方法。一些较为普遍采用的创新方法有智力激励型创新方法、逻辑推理型创新方法、组合型创新方法、系统分析型创新方法及矛盾分析型创新方法等。

1. 智力激励型创新方法

现代科学技术发展史表明：一项技术革新或科技成果大都先有一个创造性设想，一般说来，创造性设想越多，发明也越容易获得实践成功。有一个成语叫作集思广益。在创造发明活动中，应用"集思广益"的例子是屡见不鲜的。例如，日本三菱树脂公司曾急需研制一种新兴净化池。公司领导召集十余名技术人员提出了 70 多种方案，并从中选了 10 种最优秀的方案；然后，他们将根据 10 种最优方案设计的净化池的结构画成图纸，贴在黑板上，再将各人对新方案提出的改进设想写在纸条上，贴在净化池结构图的相应部位，通过公司内部科技人员的评审，最后得出一种研制新型净化池的最佳方案。

由此可见，集思广益是一种有效的创造方法。创造学家在此基础上创造了一种科学开发创造性设想的创造技法——智力激励法。智力激励法又名"头脑风暴法"，创建者是创造工程学的奠基者奥斯本。智力激励法是利用群体思维的互激效应，针对专门问题进行集体创造活动的方法。智力激励法是一种走群众路线开展发明创造活动的方法，它以一种特殊的会议形式使与会者畅所欲言，达到集思广益的目的。它是美国的奥斯本先生于 1939 年创立的。该技法能有效打开创造者的想象大门，可以为人们创造性地解决问题提供许多新的设想，因此很快就被各国所采用和推广，有人也称这种技法为"头脑风暴法"。而且结合各国的实际已开发出了一系列新的、实用的技法。因此，科学创造工作者又称它为创造技法的"母法"。智力激励的核心是"集智"和"激智"。"集智"就是把众人的智慧集中起来，其基础是相信人人都有创造力。"激智"就是把众人潜在的智慧激发出来。首先，时间上的限制制造了紧张气氛，使参加者的大脑处于高度兴奋的状态之中，有利于激励出创造性设想。其次，人数上的限制，使得每个参加者都能充分发表自己的意见，提高了大家的热情，人们在这里，自我价值得到了体现。不管书面的还是口头的意见，都能得到充分交流，人们可以从各个方面、各种角度进行思想交锋，有助于思维流程在数量和质量上的提高。因而可以这样说，智力激励法是从"独奏"开始到引起"共振"结束，从而获得成果，因而此法应用广泛，受到人们的普遍重视。国外有人曾对 38 次智力激励会议提出的 4356 条设想进行分析，发现其中有 1400 条设想是在别人的启发下获得的。一些科学测试也证实，在集体联想时，成年人的自由联想可以提升 65%～93%；而且在集体竞争时，人的心理活动效应可以增强 50% 以上。由于智力激励法的种种非同寻常的特殊规定和方法技巧能形成一种有益于激励而不会压抑创造力的气氛，使与会者能够自由思考、任意遐想，并在相互启发中引出更多、更新颖的创造性设想。

2. 逻辑推理型创新方法

逻辑学是研究人类思维形式和思维规律的一门科学。如果把逻辑学知识应用于创新思维当中，用于探索问题的本质及其一般规律和特点，这就是逻辑推理型创新方法。逻辑推理型创新方法按照思维操作的特点，又可以被细分为类比法、移植法、归纳法、演绎法等。这些方法常常能够揭示出事物的相关关系或者因果关系，从而使创新活动从最初的朦胧状态逐渐变得更为清晰和准确。其中，类比创造法是指在比较中找到比较对象之间的相似点或不同点，在异中求同或在同中求异的逻辑推理中寻求创造的方法。移植创造法是指吸收、借用某领域的科技成果或信息，引用或渗透到新的领域以实现新的创造的方法。归纳创造法是指运用归纳推理在个别事物上概括出新的事物的创造的方法。演绎创造法是指运用演绎推理从一般规律或已有知识触发获得鲜为人知的新知识的创造方法。

3. 组合型创新方法

组合是客观世界中十分普遍的现象，小至微观世界的原子、分子，大至宇宙中的天体、星系，到处都存在形形色色的组合现象。组合不仅处处有，它还创造了千姿百态的世界以及人类丰富多彩的生活。组合是无穷无尽、纷繁复杂的。组合的类型也是多种多样的。组合创新能够涵盖人类生活的方方面面，人类巨大的创新潜力就包含在组合里。以组合为基础的创新活动，在所有创新实践中都占据着主导地位。

运用组合进行创新，是人类很早就已经自觉进行的实践活动。龙的形象，就是最典型的例子。从龙的形象可以看出，中华民族是一个富于创新精神、想象力和善于组合的民族。在龙的形象背后，可以发现这样一个本质特征，就是把不同的事物大胆组合在一起，可以形成我们想要的新的事物。

在微观世界中，同样是碳原子，由于组合构造不同，便有了异常坚硬的金刚石和脆弱的石墨。在文学中，组织好的语言就是千古美文。在音乐中，7个基本音符能组合出无尽的美妙乐曲。在化学中，具有相同的分子式的物体，由于内部结构不同，而表现出不同的特性。在生物学中，苦涩的柿子枝嫁接上甘甜的柿子枝，长出来的就全是甜柿子。在日常生活中，更有众多我们大家熟悉的组合：组合贷款、组合音响、组合家具、有计数的跳绳、组合文具……多得数不胜数。

以组合为基础的组合类创新方法，已成为人们经常使用的主要创新方法之一。例如，住宅小区与花园组合成了花园小区；集商场、写字楼、酒楼、住宅楼于一体的都市大厦越来越多；生态与农业组合叫生态农业；生态与旅游组合叫生态旅游；洗发水与护发素组合就有了二合一洗发水，等等。经过这样的创新组合之后，它们都有了十分鲜明的增值效应，成为广受欢迎的创新成果。显而易见，以组合为核心的组合类创新方法，在创新活动中发挥着日益广泛的作用。

"巧妙的组合就是创新"似有夸大其词之嫌，但却道出了组合的真谛。组合绝不是各种事物的简单合体。组合的本质是想象和创新，某些组合看起来不合理，其实，在这不合理中却融入想象，在标新立异中开辟出一片新天地。在一定的目标下，把若干事物、元素等按照一定的原则进行组合，极有可能生成创新成果。其中，各个组成事物、元素相互协调、有机组合、相互作用。当然，组合创新的事物必须具有创新的特征，组合创新事物的功能之和应大于内部各组成事物、元素的单独功能之和。因此，进行组合创新，找到组合对象并不难，困难在于找到组合对象后,如何有机地把它们组合在一起。要做到这点,除了要有知识和经验之外,还需要有丰富的想象力。

组合能力是创新者的基本技能。如今是个以互联网为主要载体、以各种传媒融合为主要特征的时代,知识纵横成网,信息瞬息万变,组合在创新中的地位更为重要。美国科学家基文森在《发明的科学和艺术》一书中,把组合创新放在他概括出的人类创新方式的首位,并把组合法作为最重要、最有效的创新方法加以介绍。有人在统计1900年来的480项重大创新成果后发现:20世纪40年代的创新成果是以突破型为主、组合型成果为次;20世纪五六十年代,两者大体相当;至20世纪80年代,突破型成果渐趋居次要地位,而组合型成果则占主导地位。据统计,在现代技术开发中,技术组合型的创新成果已占全部发明的60%~70%,这一情况说明组合创新已经成为当前创新的主要方式。

近年来也有人曾经预言,组合代表着技术发展的趋势。亨利·福特说:"我没发明任何新东西,只是把他人几百年来的发明组装成了汽车。"晶体管发明者之一的美国发明家肖克莱也曾说:"所谓创新,就是把以前独立的发明组合起来。"肖克莱和另外两位专家巴丁、布拉克一起获得了1956年度诺贝尔物理学奖。日本创造学家高桥浩指出:"创造的原理,就是最终信息的截断和再结合。把集中起来的信息分散开,以新的观点再将其组合起来,就会产生新的事物或方法。这恰似孩子们玩的积木,把没有什么意义的、七零八落的圆的、四角的、三角的积木垒起来,便建成了房子;把房子推倒改换下堆积办法,这次船又出来了。"

关于"巧妙的组合就是创新",要注意的问题是:

1)组合要有选择性。世界上的事物千千万万,把它一样一样不加选择地加以组合是不可能的,应该选择适当的物品进行组合,不能勉强凑合。

2)组合要有实用性。通过组合提高效益、增加功能,使事物相互补充、取长补短、和谐一致。例如,将普通卷笔刀、木屑盒、橡皮、毛刷、小镜子组合起来的多功能卷笔刀,不仅能削铅笔,还可以盛木屑、擦掉铅笔写错的字、照镜子,大大增加了卷笔刀的功能,很有实用性。

3)组合应具创新性。通过组合要使产品内部协调,互相补充,相互适应,进而更加先进。组合必须具有突出的实质性特点和显著的进步,才具备创新性。

4. 系统分析型创新方法

系统分析型创新方法是指把要解决的问题作为一个系统,对系统要素进行综合分析,找出解决问题的可行方案的咨询方法。系统分析型创新方法包括等价交换法、物场分析法以及价值分析法。

(1)**等价交换法** 任何事物都不是从天而降的,都是从原事物中发展演变来的;它不是对原有事物的彻底否定,而是舍弃过时的、消极的东西,保留积极的、合理的内容,并对保留的内容赋予新的关系、新的秩序和新的形式。也就是说,新旧事物之间总是存在某种等价性(即相性和共性),如果寻找到这种等价的共性,并按照新的要求进行变化,便可实现创新。例如,从古代的动物油灯到煤油灯的发展可以看出,灯的形态、灯芯的形式、隔热装置等都有所不同;低级的不断被抛弃,高级的不断增添,但它们却保留着共同特征相同的道理,都有燃料油,都有以毛细作用为原理的灯芯和盛油装置。等价交换法又称等值变换法,其理论基础是等值变换原理,它认为事物之间的等价性不仅表现在形状的相似、类别和属性的相同,而且存在更广泛的原理等价。等值交换法是通过相互模拟、借鉴、产生联想来改变原来的对象而进行创造的方法。等值变换法同类比发明法一样，都是从已有的事物中通过类比创造发明出新的产品。类比发明是通过异中求同、同中求异来产生新的设想，而等值变换法则是通过模拟、借鉴、产生联想来进行创造的一种方法。日本的市川龟久弥教授把自然界的各种等值变换形式归结为3种类型。

1）自我成长型等值变换，即类似于蚕从幼虫变化为成虫的变换过程。如宇宙的演化过程、生物进化过程等。

2）被加工型等值变换，即类似于从桑叶到蚕丝这一变换过程。

3）综合型等值变换，即综合以上两种特点的一种等值变换。

（2）**物场分析法**　物场分析法是苏联学者P.C.阿利赫舒列尔首创的一种创造技法，是指通过分析技术系统内部构成要素间的相互关系、相互作用而引发技术创造的一种方法。物场分析法是使用符号表达技术系统变换的建模技术，以解决问题中的各种矛盾为中心，通过建立系统内问题的模型，正确描述系统内的问题。该方法的优点在于：传统设计方法中是用文字对问题进行描述，由于人的知识背景不同，因此对文字有不同的理解。实验证明很少有两个人对同一段文字有相同的认识。由于文字不能清楚地表达需要描述的问题，因此不能正确地分析和理解问题。实验发现，用图形描述问题引起的歧义相对少些。物场分析法中的物场语言就是一种用图形表达问题的符号语言，它可以清楚地描述问题。

（3）**价值分析法**　价值分析法20世纪40年代起源于美国，麦尔斯（L.D.Miles）是价值分析法的创始人。1961年美国价值工程协会成立时，他当选为该协会第一任会长。在第二次世界大战之后，由于原材料供应短缺，采购工作常常碰到难题。经过实际工作中孜孜不倦的探索，麦尔斯发现有一些相对不太短缺的材料可以很好地替代短缺材料的功能。后来，麦尔斯逐渐总结出一套解决采购问题的行之有效的方法，并且把这种方法的思想及应用推广到了其他领域，例如，将技术与经济价值结合起来研究生产和管理的其他问题，这就是早期的价值工程。1955年，这一方法传入日本后与全面质量管理相结合，得到进一步发扬光大，成为一套更加成熟的价值分析方法。麦尔斯发表的专著《价值分析的方法》使价值工程很快在世界产生了巨大影响。

价值分析法是建立在价值分析或价值工程技术上的一种创新技法。它以降低成本为主要目的，通过定量化研究的技术和方法，系统地分析研究人力、财力和资源的合理运用，以提供物美价廉、能够满足用户要求的产品。进行一项价值分析，首先需要选定价值工程的对象。一般说来，价值工程的对象必须考虑社会生产经营的需要以及对象价值本身有被提高的潜力。例如，选择占成本比例大的原材料部分，如果能够通过价值分析降低费用，提高价值，那么这次价值分析对降低产品总成本的影响也会很大。当我们面临一个紧迫的问题，如生产经营中的产品功能、原材料成本都需要改进时，研究者一般会采取经验分析法、ABC分析法以及百分比分析法。选定分析对象后需要收集对象的相关情报，包括用户需求、销售市场、科技技术进步状况、经济分析以及本企业的实际能力等。价值分析中能够确定的方案的多少以及实施成果的大小与情报的准确程度、及时程度、全面程度紧密相关。有了较为全面的情报之后，就可以进入价值工程的核心阶段——功能分析。在这阶段要进行功能的定义、分类、整理、评价等步骤。经过分析和评价，分析人员可以提出多种方案，从中筛选出最优方案并加以实施。在决定实施方案后应该制订具体的实施计划，提出工作的内容、进度、质量、标准、责任等方面的内容，确保方案的实施质量。为了掌握价值工程实施的成果,还要组织成果评价。成果的鉴定一般以实施的经济效益、社会效益为主。作为一项技术经济的分析方法,价值分析法做到了将技术与经济紧密结合,其独到之处还在于它注重提高产品的价值、注重研制阶段开展工作,并且将功能分析作为自己独特的分析方法。

5. 矛盾分析型创新方法

(1) **基本概念** 矛盾分析型创新方法又称作 TRIZ 创新理论,TRIZ 的含义是发明问题解决理论,其全称是 teoriya resheniya izobreatatelskikh zadatch(俄语),其英文全称是 theory of the solution of inventive problems(发明问题解决理论),在欧美国家也可缩写为 TIPS。

TRIZ 理论是由苏联发明家阿利赫舒列尔(G. S. Altshuller)在 1946 年创立的,Altshuller 也被尊称为 TRIZ 之父。1946 年,Altshuller 开始了发明问题解决理论的研究工作。当时 Altshuller 在苏联里海海军专利局工作,在处理世界各国著名的发明专利过程中,他总是考虑这样一个问题:当人们进行发明创造、解决技术难题时,是否有可遵循的科学方法和法则,从而能迅速地实现新的发明创造或解决技术难题呢?答案是肯定的! Altshuller 发现任何领域的产品改进、技术的变革、创新和生物系统一样,都存在产生、生长、成熟衰老、灭亡的过程,是有规律可循的。人们如果掌握了这些规律,就能能动地进行产品设计并能预测产品的未来趋势。此后数十年中,Altshuller 穷毕生精力致力于对 TRIZ 理论的研究和完善。在他的领导下,苏联的研究机构、大学、企业组成了 TRIZ 的研究团体,分析了世界近 250 万份高水平的发明专利,总结出了各种技术发展进化遵循的规律模式,以及解决各技术矛盾和物理矛盾的创新原理和法则,建立了一个由解决技术问题,实现创新开发综合理论体系,并综合多学科领域的原理和法则,建立起了 TRIZ 理论体系。

(2) **主要内容** 创新从最通俗的意义上讲就是创造性地发现问题和创造性地解决问题的过程,TRIZ 理论的强大作用正在于它为人们创造性地发现问题和解决问题提供了系统的理论和方法。现代 TRIZ 理论体系主要包括以下几个方面的内容。

1) 创新思维方法与问题分析方法。TRIZ 理论提供了如何系统分析问题的科学方法,如多屏幕法等;而对于复杂问题的分析,则包含了科学的问题分析建模方法(物场分析法),它可以帮助人快速确认核心问题,发现根本矛盾所在。

2) 技术系统进化法则。针对技术系统进化演变规律,在大量专利分析的基础上,TRIZ 理论总结提炼出了八个基本进化法则。利用这些进化法则,可以分析确认当前产品的技术状态,并预测未来发展趋势,开发富有竞争力的新产品。

3) 技术矛盾解决原理。不同的发明创造往往遵循着共同的规律。TRIZ 理论将这些共同的规律归纳成 40 个创新原理,针对具体的技术矛盾,可以基于这些创新原理、结合工程实际寻求具体的解决方案。

4) 创新问题标准解法。针对具体问题的物场模型的不同特征,分别对应有标准的转换、物质与场的添加等。

5) 发明问题解决算法 TRIZ。主要针对问题情境复杂,矛盾及其相关部件不明技术系统。它是一个对初始问题进行系列变形及再定义等非计算性的逻辑过程,实现对问题的逐步深入分析,问题转化,直至问题的解决。

6) 基于物理、化学、几何学等工程学原理而构建的知识库。基于物理、化学、几何学等领域的数百万项发明专利的分析结果而构建的知识库可以为技术创新提供丰富的方案。

（3）TRIZ 理论的特点和优势　　相对于传统的创新方法，比如试错法、头脑风暴法等，TRIZ 理论具有鲜明的特点和优势。它成功地揭示了创造发明的内在规律和原理，着力于澄清和强调系统中存在的矛盾，而不是逃避矛盾，其目标是完全解决矛盾，获得最终的理想解，而不是采取折中或者妥协的做法，而且它是基于技术的发展演化规律，研究整个设计与开发过程，而不再是随机的行为。实践证明，运用 TRIZ 理论可大大加快人们创造发明的进程，而且能得到高质量的创新产品。它能够帮助我们系统地分析问题情境，快速发现问题本质或者矛盾；它还能够准确确定问题探索方向，不会错过各种可能，而且它能够帮助我们突破思维障碍，打破思维定式，以新的视角分析问题，进行逻辑性和非逻辑性的系统思维，还能根据技术进化规律预测未来发展趋势，帮助我们开发富有竞争力的新产品。

第四节　创新的模式

　　服务业中的创新模式多种多样，在内容和形式上与制造业创新都会有较大区别。由于服务业内部各个行业的多样性，某些创新模式并不在所有的服务部门中都出现，服务创新的模式存在较强的部门差异性。一般而言，服务的无形性和与顾客相互关系特性越强的服务业，创新模式越独特；有形度越强，创新模式与制造业就越接近。

　　对服务创新模式的研究起源于熊彼特关于制造业的产品、过程、市场、投入、组织等创新的分类，尤其是制造业中的技术创新。最早的 Pavitt 提出了四种创新模式：供给主导型、规模密集型、专业提供者型和以科学为基础型，虽然初衷在于描写在企业层面上的技术创新模式，但他提出了技术变革的部门分类法，而服务部门在技术变革中属于技术供给主导型创新。不过他又提到，虽然技术对于提高服务的绩效有着巨大的作用，但在一些行业中的很多创新其实具有非技术的性质，技术和非技术是如此强地联系在一起，因此很难区分他们。其后，Barras 关注于服务部门的技术创新过程的结果阶段的解释，提出了服务创新周期与制造业产品生命周期各阶段顺序相反的"逆向生命周期"假说，他根据引入的某种特定技术系统对服务创新不同阶段的作用特点，把服务创新活动分为渐进的过程创新、剧烈的过程创新和产品创新三个阶段，因此也把服务部门的创新归属于技术供给主导型创新。其后一段时间内，服务被经常地分类为供给主导型的，即是说大多数服务公司并不具有自发的创新功能，只是在 20 世纪 90 年代后，随着 ICT（information communications technology）技术在服务领域的应用，这个被动的形象才得以纠正。随着非技术创新的研究在服务部门内部逐渐地展开，后来人们论述了服务部门的创新特性、服务管理的创新、客户接触创新的重要性以及新兴服务部门中已有元素的重新组合式创新的重要性等。直到 20 世纪 90 年代末期，关于服务创新的模式定义才正式了很多。前人在研究服务创新时提到了 4 种创新模式，即链条式创新、组合创新、客户创新和技术创新。也有学者区别了几种技术创新模式，同时也对三种非技术创新进行了分类：新的服务概念、新的顾客接触、新的服务传递系统，并区分了供给主导的、顾客引导的、企业自发的和综合的服务创新模式。

　　最著名的服务创新模式分类就是服务创新的四维度模型。Bilderbeek 等人在前人研究的基础上提出了服务创新模式的四维度模型，实际上是对服务创新模式的整合性分类。以服务创新的"四维度"标准来衡量其他的服务分类，就可以看出每一种创新模式都只是这四个维度的不同整合。

(一) 服务概念的创新

一个解决问题的新方法、新主意,这种新是针对一个特定市场的新(即使在其他地方已经存在过)。例如,门到门的交通服务,国家制定法律对人道救助免税等。

(二) 客户接触的创新

在客户经济时代下,客户为中心已不再是教科书里理论化、理想化的一种信念了。客户接触的创新关键就是客户体验及客户满意。客户体验是客户在同公司各个接触点上的实际感官认知和情感记忆,通常情况下包括视觉、听觉、嗅觉、味觉与触觉上的感知感受。客户满意是任何企业希望成功所追求的目标或手段,而客户体验实质上是实现这一目标的过程方法。客户满意强调的是结果,而客户体验强调更多的是公司对客户提供服务或产品的过程和过程管理。应该结合公司的战略定位和资源状况,合理地对承诺和品牌印象进行理性限定,以使客户期望能够适度控制在公司可以引导的范围之内。因此,新的环境和条件下,要想提高客户对公司的满意度和忠诚度,实现公司的战略目标,我们必须要对客户体验以及如何管理客户体验进行创新性思考。为提高满意度,汽车共享服务平台可在每个地区的分部建立一个专门的事故处理中心,并配上一定数量的车辆,要求半数以上的员工具备驾车资格,以保证平台可以及时处理、解决相关意外事件。当平台车辆发生意外事件时,距离最近的分部派相关部门的员工带着行驶证等相关资料及时驱车前往事发地,为用户及时、积极地解决相关事宜,提高公司的信誉,从而加强竞争力。

(三) 服务传递的系统和组织创新

服务企业通过内部组织的调整和员工培训,更好地提供创新的服务产品。这类创新与用户接触紧密相连,关系到如何授权于员工,这种创新必须确保在任何地点,每个用户可以同样地、及时地得到标准化的产品,这就需要服务公司对企业员工和企业的组织架构进行深度调整。汽车共享服务的角色架构里整个交通角色,分为汽车共享服务运营商服务平台、智能手机终端、会员/智能卡、汽车类型(比如电动汽车)、站点、站点监控系统与管理系统。图 11-3 所示为电动汽车共享角色互化。

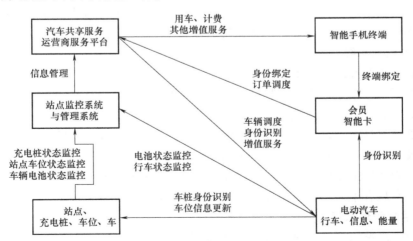

图 11-3 汽车共享服务关系示意图

用户在取车、还车时,需要与站点车位之间进行信息交互,站点收集停车位信息,向站点管理系统更新车位状态信息。

(四) 技术创新

技术创新是技术引领的创新的催化剂，涉及多个方面，如外部的硬件技术或软件技术必须符合服务企业定制化的要求，培训员工来使用新的技术，改变服务传递系统，而且要在技术的基础上发展新的服务。在这个过程中，服务企业并不是技术的消极接受方，因为虽然这些技术本身为服务创新的发展提供了基础，但是这些新技术的发展也是以现实的服务创新需求为基础的，需要综合考虑服务概念、服务接触、服务传递系统之后才可能实现。汽车共享关键技术支持主要有以下几个方面：

1. 互联网应用系统

北美第一家汽车共享公司波特兰汽车共享公司（Car Sharing Portland）率先研发并推广了 Autovera 互联网应用系统作为其推广业务的关键技术一。Autovera 系统是成功经营汽车共享业务的必要组成部分，其在注册入会、预约、汽车共享管理、计费、会员服务、反馈等方面都提供了必要的技术支持，提供自定义 Web 应用系统。具体过程如下：

1) 预约：快速的在线预约共享网络。在行驶中，可通过移动电话呼叫中心运营商预订汽车。

2) 注册：专业定制的申请表格，方便新会员加入。设置一系列智能的自动申请审批工作，包括驾驶记录的检查和收取申请费等。

3) 汽车管理：强大、灵活的车辆管理系统使所有的车辆能够顺利地完成共享任务，并最大限度地提高利用率。

4) 计费：根据汽车共享地区的整体交通背景，设定最为合理的共享费率。Autovera 系统为会员管理其账户内金额，并且每月生成月度发票。

5) 会员服务：用于处理汽车共享运营中的一些不可避免的问题，比如延迟交车时间、额外的罚款等，只要在网上点击鼠标，系统即可提供有效的解决方法。

6) 反馈：系统将为会员公开完整的报告，包括行业标准的使用情况报告、会员的统计、资料准确的会计明细、会员人数统计等。互联网应用为用户和管理者提供了合理的控制，同时也为搜索以及便民服务提供了一个可靠的平台。在此过程中，大众市场的个人通信技术发展也保证了 Autovera 互联网应用系统的成功。

2. 智能卡识别系统

智能卡识别系统开发采用了 RFID 技术（无线射频识别，即电子标签），Zipcar 公司的每辆车都安装了一个嵌入式的系统监控器，一方面用于和智能卡信息对接，另一方面用于动态掌握汽车的实时态。此外，Zipcar 公司的中央 IT 系统租用了无线网络，这样智能卡和汽车监控器就能通过这套无线网络将所有信息在 Zipcar 和每辆汽车之间进行即时的同步交换。智能卡识别技术采用远程智能信息处理硬件和软件系统，方便汽车共享公司管理会员和汽车。智能卡识别系统主要作用有：汽车预订和使用过程的监控和管理；记录会员出行数据和成本统计；整合现有车辆、财务和人力资源系统；节省量化的运营成本。

3. 车载监控管理系统

车载监控管理系统可以实时监控车辆的使用状况。如果汽车发动机或者电池等发生故障，监控系统就会自动发送电子邮件通知相关人员来处理。车内安装 GPS 定位跟踪系统，为汽车的安全使用提供保障。系统将自动记录行车里程并计算费用。清洁人员也可通过此系统安排闲置车辆的清洁工作。

第十一章 汽车共享服务创新

【知识应用与拓展】

共享出行领域的头部玩家 GoFun

据易观发布的报告显示，2018 年，我国共享经济交易规模为 29420 亿元，其中，共享出行规模为 2478 亿元，对比 2017 年实现了 23.5% 的增长，位居共享经济市场交易规模第三。

而作为共享出行的重要组成部分之一，汽车共享出行的表现同样可圈可点。如图 11-4 所示，截至 2019 年 5 月，我国分时租赁平台月活用户数量在过去的 4 个月实现了较好的增长（见图 11-5），增长率由 2 月的 0.68% 上升到 5 月的 9.05%。在租赁主流平台活跃人数方面，首汽集团旗下的 GoFun 出行以 169.94 万的月活跃用户数排名第一，EVCARD、摩范出行分别以 102.59 万和 26.33 万位列二、三位。

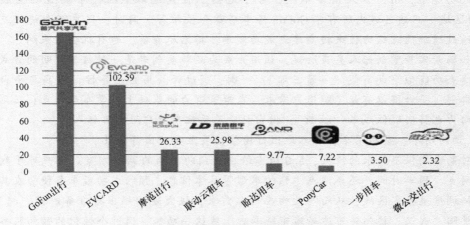

图 11-4　2019 年 5 月分时租赁主流平台活跃人数（万人）

图 11-5　我国分时租赁平台月活用户数量

可以说，在日渐火热的共享出行赛道上，不少头部玩家们期望在购买车辆、传统租车服务外，让用户从关注"所有权"转向关注"使用权"，提供一种按需使用的便捷出行。然而这种模式又需各玩家打破陈规，围绕用户体验不断迭代升级。

在这样的思维引导下,近期共享出行领域的头部玩家 GoFun 出行就在 APP 5.0 版本的基础上进行了大刀阔斧的调整,不仅实现了技术升级,还再度创新了出行体验,通过提升服务品质,引领共享汽车玩法进阶。

一、GoFun 进一步升级共享出行 APP

理想很丰满,现实很骨感。尽管共享出行理念逐渐被更多人认可与接受,但鉴于行业刚起步、网点少、运营效率低等问题,使得整体用户满意度不够理想。因而在洞悉了体验缺失后,GoFun 出行于应用交互、运营规则等用户体验维度进行了系统性升级,全新上线 5.0 版本,进一步强化用户的参与感及话语权,带来用车体验的一大飞跃。

1)用户可推荐"停车网点",提升运力匹配效率。

在此功能中,用户如果用车不便,可于地图上任意选取点位,系统随之生成半径 500m 的区域,而该区域内所有非 GoFun 停车场都会被推荐。同时,用户可邀请好友前来助力,通过增加网点热力值来提高建点成功概率,排名越靠前,越有机会被采纳。

正如场景实验室创始人吴声所说,让用户成为品牌共创者是一种极其聪明的方式。因而推荐建点功能似乎也有望"一箭三雕":一则,通过释放用户主导性,提高与平台间的互动;二则,平台得以有效了解用户需求,在群策群力的基础上科学布局网点;三则,邀请好友助力也将实现低成本"拉新",借由社交关系辐射更广泛的目标人群。

2)预约用车、整租用车,从本地出行场景拓展至异地出行场景

针对高峰期供不应求的情况,5.0 版本给出了预约用车的贴心方案。用户可于线上提交取车网点、用车时间、还车网点、预约车型等具体信息,预约成功后车务便会在其取车前将车辆调度至指定区域,从而高效响应用车需求,极大地缩短出行准备时间。据了解,北京、贵阳、武汉、杭州、宁波等城市将率先上线这一功能,通过个性化的预约服务让用车体验更趋灵活,打破"一车难求"的窘境。

3)"超停 2.0 & 随意停",通过降低还车门槛,离"想还即还"的理想情况更近一步。

数据显示,2018 年,我国乘用车的保有量达到 2.7 亿台,而停车位的缺口高达 6000 万个;在一线城市,驾驶员更是要花费 30% 的驾驶时间用于找车位,"停车难"痛在心头。在如此背景下,共享汽车的还车同样堪称一大痛点。鉴于此,GoFun 出行在 4.0 版本上进一步放开超停上限,不受网点合作车位限制,有空车位即可还车;同时基于出行潮汐规律与还车需求之间的矛盾,其还增设大量虚拟点位,支持特定时间段内的随意停。据易观最新报告显示,目前 GoFun 出行单车拥有的车位比已达 1.23,使用户用车还车更为方便快捷,进一步提升了车辆调度灵活性,降低了调度成本。

多管齐下,GoFun 出行 5.0 版本充分赋权用户,也得以保证各用车环节的友好体验,由此提升了出行整体的自由度。

二、内功叠加,升级背后的三重逻辑

如果说,诸如此类创新功能是冰山之上的外显部分,那么冰山之下便是 GoFun 出行驱动版本升级的多重内功。

GoFun出行已于B2B2C阶段形成了一定的网络密度，积累了大量出行数据与行业经验，可以复用并指导C2B2C阶段的战术迭代，借由成熟的方法论持续领跑行业。凭借B2B2C模式，GoFun出行得以在早期快速扩大供给规模：一则背靠首汽集团获取了丰富的车源，二则与上游主机厂合作实现了批量拿车，完成汽车的"共享化"改造。更与上汽大众、东风签约合作，围绕汽车研发制造、出行服务、车辆回收整备、高质量二手车再流通等打造生态闭环，在创新车源合作模式的基础上保证了与市场需求的高度适配。

而为了进一步扩充车源，降低资金投入压力，介入车辆全生命周期管理，GoFun出行还向C2B2C模式延伸，依托1.89亿辆的私家车保有量为平台持续"输血"。具体而言，其通过私家车主的招募，帮助车主将闲置闲时车辆运营变现，在增进平台与车主信任度的同时，也盘活了存量资源，并将资产模式"跑轻"，使共享汽车逐渐蜕变为汽车共享，这也足见平台的长期主义与野心。

而不同城市间采取的差异化运营，也使得GoFun出行流淌着强运营的基因，无疑为5.0版本的运营规则升级提供了丰厚的经验支撑。

无论预约用车还是超停功能，5.0版本在便利用户的同时，也为平台带来了运营层面的严峻挑战。好在三年多的深度出行服务中，GoFun出行已然打造出了"金刚钻"。

GoFun出行CEO曾提到，"一城一策"的城市布局战略是GoFun出行的核心竞争力，即每个城市都有不同的汽车投放策略。GoFun出行针对每个城市的特点制订了更具针对性的投放战术与定价策略，让共享汽车服务与所在城市的出行需求尽可能地相匹配，由此也修炼了差异化的强运营实力。2019年上半年，GoFun出行已覆盖我国84座城市，运营车辆数超过3万辆。

此外，其还围绕出行生态提供了产业规划、选址服务、资源配置等一揽子运营管理方案，既充分锻炼了平台的车辆管理能力，又进一步实现了精细化运营，有效支撑了预约取车、超停等新服务。

值得一提的是，战术的落地又需以技术为依托，因此在业内创下多个第一的GoFun出行也得以保持高速前进的步伐。

作为首家拿到区块链服务备案的出行公司，GoFun出行已将区块链技术应用至用户端风险控制及信誉层面，通过解决用户身份验证、信用体系、数据共享、数据安全等核心难题，避免"信任问题"产生的运营损耗。同时，GoFun也在马不停蹄地探索自动驾驶技术于共享汽车出行领域的运用，并已与百度AVP（apollo valet parking，阿波罗自动泊车）达成合作，有望依托自动取还车辆再度升级用车体验。

而这似乎也只是GoFun出行在技术应用维度的冰山一角，T-box、大数据、智能调度、车联网等诸多技术的支持同样推动了平台的数字化、智能化进程，让5.0版本中的"随意停"服务水到渠成，不断满足用户对未来出行的更多期待。

三、共享汽车赛道拐点已至

创新将是可持续化的关键驱动力，而在共享汽车行业完成初期的市场教育后，行业玩家已经走到跳出同质化玩法的十字路口。因而也只有回到用户体验的原点，不断完善服务细节，延展产业链上下游拓宽业务范围的平台，才有望突出重围。由此，持续创新功能的

GoFun 出行无疑成了行业值得效仿的标杆案例。

　　用户思维的进一步落地,最直接的受益者非用户莫属,能够依托诸多创新功能获得出行最优解。

　　从横向来看,GoFun 出行已于分时、整租、深度自驾、跨城用车多个场景切入,持续满足用户休闲、商务等不同的用车需求;而从纵深来看,预约用车、超停功能等环节的优化,则将保证每次出行的流畅度与便捷性。

　　和其他平台网点少、定点还车等硬性要求相比,GoFun 此次升级向用户让渡更多决定空间,重新定义平台与用户间的关系,划出了共享汽车行业的分水岭。而受益于平台的双线并进战略,用户能享受更趋人性化、多元化的出行方案,回归驾驶乐趣,获得更具性价比的出行体验。

　　随着用户至上理念的深化,共享汽车行业也将回归理性,从拼资金到拼实力,更多着眼于出行痛点的解决层面,营造良性的竞争氛围。

　　共享汽车领域曾一度行业虚火,融资总额虽已高达百亿乃至千亿元,但因盲目竞争,走向倒闭的并不在少数。而用户主义的推进需要大量履约成本,一味靠外部输血更不可取,还是需要平台锻造精细化运营实力、真正解决痛点的硬核功夫,抬升行业竞争门槛。

　　作为精细化运营的典型玩家,GoFun 出行结合底层运营和技术实力,围绕车前、车中、车后等用车过程不断提升便捷度,以可持续的模式进阶,终结行业的粗放式增长,由此引领整个赛道迈入用户主权时代,让各大平台深刻洞察用户的个性化出行需求,并以此修炼内功、迭代服务,共同做大整个市场蛋糕。

　　极光大数据报告显示,截至 2018 年 11 月,装有共享汽车 APP 的用户规模已达 952.4 万名,相较去年同期增长达 1.4 倍,虽然涨幅较快,但行业渗透率仍未达到 1%,而理性发展下的共享汽车玩家在这蓝海市场中无疑将大有可为(见图 11-6)。

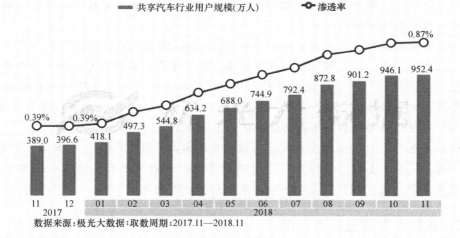

图 11-6　共享汽车行业 APP 用户规模和渗透率

第十一章 汽车共享服务创新

长期来看，汽车作为第三生活空间潜力巨大，GoFun出行未来可以通过布局金融、保险、车后服务等一站式车辆管理获取更大市场，并将以5.0版本为起点，开启下一阶段的征程。

此次版本升级，印证了GoFun出行于分时租赁领域的不断深耕：一则借由服务升级打造差异化用户体验，进一步夯实品牌形象；二则以用户痛点为指导反向迭代业务，也将助力平台高效升级。

但始于分时租赁的GoFun出行并不会止步于分时租赁，其能基于出行服务继续延伸产业链，通过切入金融、保险、车后服务等领域，渗透至用户用车的全生命周期，从而掘金更广阔的市场空间。尤以车险为例，鉴于国内汽车保有量的不断提升，商业汽车险的需求随之增长，数据显示，2018年互联网车险保费收入高达84亿元，同比增长了13.7%。由此看来，打开思维的GoFun出行也将在后续的诸多落地中收获更大增量。

总体来说，长业务链条、宽护城河是租赁业务的左膀右臂，因而业内玩家不仅要存活下来，更需不断迭代产品，由此向其他细分领域渗透、分食更大市场。

与此同时，这种业态一则于供给侧层面极大提升了社会闲置资产的利用效率，二则也在需求侧为用户提供了一站式无焦虑服务，因此颇具商业价值与社会价值。

那么，作为租赁业务中链条更重的模式，GoFun汽车共享也将凭借较长的演化路径坐享更高的竞争壁垒，在共享出行这一漫漫长路上释放更为持久的竞争力与引导力。

思考与练习

1. 如何认识现在我国汽车共享服务追求创新的标准？
2. 现在共享汽车发展迅猛，但伴随着很多"陷阱"，哪些"陷阱"值得注意？谈谈怎样避免"陷阱"。
3. 你对创新共享汽车服务模式与方法有哪些新想法？谈谈你的想法。

参 考 文 献

[1] 陈轶嵩，赵俊玮，刘永涛. 面向未来智慧城市的汽车共享出行发展战略 [J]. 中国工程科学，2019，21（3）：114-121.
[2] 杨嘉倩，李雪莹，唐金环. 基于未来汽车共享的发展论述 [J]. 商业经济，2020（7）：61-62.
[3] 樊根耀，高原君，鲁利川. 共享出行的演化与创新 [J]. 长安大学学报（社会科学版），2020，22（2）：38-47.
[4] 杨海霞，张晶晶，张克险，等. 网约车监管存在的问题及对策研究 [J]. 法制与社会，2020（1）：46-47.
[5] 黄文泽. 共享经济下共享汽车发展现状问题及对策 [J]. 物流工程与管理，2020，42（5）：125-128.
[6] 舒伯阳，徐静. 服务运营管理 [M]. 武汉：华中科技大学出版社，2016：138-162.
[7] 赫斯克特，萨塞，施莱辛格. 服务利润链 [M]. 牛海鹏，等译. 北京：华夏出版社，2001.
[8] 王波，周小兰，施春艳. 服务利润链下的员工-顾客关系管理 [J]. 商业时代，2006（36）：30-31.
[9] 徐明，吉宗玉. 服务蓝图及其应用 [J]. 价值工程，1999（6）：3-5.
[10] 左文明，李诗欣，陈华琼，等. 基于服务蓝图法和TRIZ理论的网约车服务创新：滴滴出行的案例研究 [J]. 管理案例研究与评论，2018，11（5）：438-454.
[11] 咸文文. 电动汽车分时租赁运营模式研究 [D]. 北京：北方工业大学，2016.
[12] 陈少杰. 基于PCN的网约车分享经济服务质量管理研究 [D]. 广州：华南理工大学，2018.
[13] 张虹. 旅游资源供求平衡研究 [M]. 北京：北京航空航天大学出版社，2009.
[14] 王丽华. 服务管理 [M]. 北京：中国旅游出版社，2012.
[15] 李雯，樊宏霞. 服务企业运营管理 [M]. 重庆：重庆大学出版社，2016.
[16] 陆传赉. 排队论 [M]. 北京：北京邮电大学出版社，2009.
[17] 交通运输部道路运输司. 汽车租赁概论 [M]. 北京：人民交通出版社，2012.
[18] 田贺新. 分阶段投资决策优化研究：以汽车共享服务项目为例 [D]. 杭州：杭州电子科技大学，2012.
[19] 伊二妮. 基于排队论的汽车共享服务系统车辆配置优化研究 [D]. 青岛：山东科技大学，2018.
[20] 蒋步健. 共享租赁模式下的汽车供需匹配问题研究 [D]. 合肥：合肥工业大学，2017.
[21] 王宁，舒雅静，唐林浩，等. 基于动态定价的共享汽车自适应调度策略 [J]. 交通运输系统工程与信息，2018，18（5）：12-17.
[22] 姚玉群. 人力资源开发与管理 [M]. 2版. 北京：高等教育出版社，2005：167.
[23] 付滨，王萍. 人力资源管理 [M]. 2版. 杭州：浙江大学出版社，2012：47-53.
[24] 杨河清. 人力资源管理 [M]. 3版. 大连：东北财经大学出版社，2013：59.
[25] 曾湘泉. 薪酬：宏观、微观与趋势 [M]. 北京：中国人民大学出版社，2006：244-250.
[26] 何泽恒，胡晶. 管理信息系统 [M]. 2版. 北京：科学出版社，2014.
[27] 马费成，宋恩梅. 信息管理学基础 [M]. 武汉：武汉大学出版社，2011.
[28] 李刚. 基于J2EE的汽车租赁信息系统设计实现 [D]. 天津：天津大学，2015.
[29] 左静. 车联网对电动汽车共享服务的支持 [J]. 汽车实用技术，2016（6）：123-127.
[30] 陈清泰. 汽车产业和汽车社会：一个汽车人的思考 [M]. 北京：中信出版社，2014.
[31] 冯亮. 共享汽车展望与未来 [J]. 科技经济导刊，2019，27（21）：51.
[32] 李堃. 我国汽车共享为汽车产业发展带来的困境和机遇 [J]. 现代商业 2019，（20）：58-59.
[33] 赛迪智库工业经济研究所. 汽车共享化发展趋势 [N]. 中国计算机报，2019-8-19（16）.

[34] 郭思琪. 汽车共享的法律与政策问题研究 [D]. 南京：东南大学，2016.
[35] 美国交通部，联邦高速公路管理局. 共享出行：原则与实践 [M]. 路熙，陈徐梅，杨新征，译. 北京：人民交通出版社，2018.
[36] 王震坡，邓钧君，孙逢春，等. 汽车分时租赁：共享经济与交通出行解决方案 [M]. 北京：机械工业出版社，2018.
[37] 徐同昕. 蔚蓝未来：可预见的新能源汽车与共享出行 [M]. 北京：电子工业出版社，2018.
[38] 李旭，王建春，周勇，等. 共享汽车概论 [M]. 北京：北京大学出版社，2017.
[39] 陈冬林，姚梦迪，刘慧. 共享汽车调度优化方法及平台研究 [M]. 北京：电子工业出版社，2020.
[40] 桑秀丽，马中东，付晶. 服务质量与管理 [M]. 昆明：云南人民出版社，2016.
[41] 马勇，李应军. 旅游服务质量管理 [M]. 武汉：华中科技大学出版社，2019.
[42] 韩经纶，董军. 顾客感知服务质量评价与管理 [M]. 天津：南开大学出版社，2006.
[43] 徐玥. 首汽智行公司共享汽车服务质量评价研究 [D]. 兰州：兰州理工大学，2018.
[44] 荣伟. 地铁服务质量测评及优化改进：以天津地铁为例 [D]. 天津：天津大学，2017.
[45] 夏凯旋. 国外汽车共享服务的理论与实践 [D]. 哈尔滨：哈尔滨工业大学，2006.
[46] 叶寒青. 网约车顾客满意度研究 [D]. 广州：广州大学，2017.
[47] 科特勒，凯勒. 营销管理：第15版 [M]. 何佳讯，等译. 上海：上海人民出版社，2016.
[48] 高玉民. "共享汽车"：全新的汽车消费模式 [J]. 城市公用事业，2007（4）：12-14.
[49] 刘文秀. 北美"汽车共享"考察 [J]. 交通和运输，2006（6）：34-35.
[50] 薛跃，杨同宇，闻素彬. 汽车共享消费的发展模式及社会经济特性分析 [J]. 技术经济与管理研究，2008（1）：54-58.
[51] 李永芳. 影响我国汽车租赁业发展的因素分析 [J]. 技术与市场，2009（7）：44-46.
[52] 瞿良. 我国汽车租赁经营与管理，交通与运输 [J]. 2009（3）：15-16.